兩晉南北朝史

晉南北朝政治制度至宗教

呂思勉 ——著

解析賦稅、諸多迷信、佛教流傳、道教建立……

詳述政體、封建、官制、選舉、稅制及兵制等政治制度的演變
分析儒玄諸子之學、史學、文學美術、自然科學和經籍的發展狀況

呂思勉深析晉南北朝，探討當時的兵制刑法、
學術發展和宗教信仰

目錄

目 錄

第二十二章　晉南北朝政治制度 ────

第一節　政體

　　漢世執政權者稱皇帝，皇則徒為尊稱，已見《秦漢史》第十八章第一節。晉、南北朝之世，此義仍存。石勒以大興二年（西元 319 年）偽稱趙王，咸和五年（西元 330 年）僭號趙天王，行皇帝事，後乃僭即皇帝位。蓋稱王猶同於人臣，稱天王則已無所降屈，然其號猶未及皇帝之尊。勒死後，子弘為季龍所替，群下勸稱尊號。季龍下書曰：「朕聞道合乾坤者稱皇，德協人神者稱帝，皇帝之號，非所敢聞。且可稱居攝趙天王，以副天人之望。」其視天王之尊不如皇帝，較然可見。咸康三年（西元 337 年），史稱其僭稱大趙天王，蓋去居攝之號也。勒之僭號趙天王也，尊其祖曰宣王，父曰元王，立其妻劉氏為王后，世子弘為太子。逮僭即皇帝位，乃追尊其高祖曰順皇，曾祖曰威皇，祖曰宣皇，父曰世宗元皇帝，妣曰元昭皇太后，而立劉氏為皇后。諡父為帝，已違漢人追諡定陶徒稱共皇之義；季龍僭稱大趙天王，乃追尊祖為武皇帝，父為太宗孝皇帝，則去古彌遠；又立其妻鄭氏為天王皇后，以子邃為天王皇太子，王皇並建，尤為不辭。時又貶親王之封為郡公，藩王為縣公，則尤不可解。《魏書》謂虎自立為大趙王，年號建武；又云：初虎衣衮冕，將祀南郊，照鏡無首，大恐怖，不敢稱皇帝，乃自貶為王；又云：虎又改稱大趙天王；則當其僭稱天王之前，實曾但自號為王，故貶其親王、郡王之號，《晉書·載記》記事不具，又有錯亂也。石鑒之死也，石只僭稱尊號於襄國，逮為冉閔所攻，乃去皇帝之號，稱趙王，使詣慕容儁、姚弋仲乞師，蓋自同於人臣，故並不敢稱天王。冉閔誅石鑒，便即皇帝位。後為慕容儁所獲，立而問之曰：「汝奴僕

下才，何自妄稱天子？」閔曰：「天下大亂，爾曹夷狄，人面獸心，尚欲篡逆，我一時英雄，何為不可作帝王邪？」閔蓋以誅逆胡自負，故一得志即稱尊，且始終無所降屈也。儁送閔龍城，斬於遏陘山，山左右七里草木悉枯，蝗蟲大起，五月不雨，至於十二月，乃復遣使祀之，謚曰武悼天王，猶不與以皇帝之號也。

劉淵之至左國城也，其下劉宣等上以大單于之號，（見第三章第四節。）蓋自謂恢復舊業。其後則以是為統御夷人之稱，故石勒之稱趙王，以其子為大單于，當時群臣請者，謂以鎮撫百蠻也。是時以季龍為單于元輔。及勒僭號，季龍謂大單于必在己，而勒更以授其子弘。季龍深恨之。私謂其子邃曰：「成大趙之業者我也，大單于之望，實在於我，而授黃吻婢兒，每一憶此，令人不復能寢食。待主上晏駕之後，不足復留種也。」蓋其時漢人不甚樂與夷狄之爭鬥，夷酋所恃以攘竊篡奪者，實以諸夷之眾為主，故其爭之甚力，爭而不得，則怨毒形於辭色也。冉閔欲攘斥夷狄，而亦署其子為大單于，以降胡一千配為麾下，蓋亦為此，已見第五章第三節。苻健之入長安，其下表為侍中大都督關中諸軍事大單于秦王，健不樂，改稱天王大單于，蓋亦不欲為人臣，然終不去單于之號者，蓋亦欲撫用諸夷也。赫連勃勃稱天王、大單于，意亦不過如此，彼非知民族之義者，未必有恢復舊業之意也。（參看第六章第九節。）

苻堅初亦稱大秦天王，蓋其人少知治體，故未敢遽自尊大，姚興，《晉書·載記》謂其以日月薄蝕，災眚屢見，降號稱王，下書令群公、卿、士、將、牧、守、宰各降一等。姚緒、姚碩德以興降號，固讓王爵，興弗許。案興即欲自貶抑，無容與緒、碩德同號，《北史》云：興去皇帝之號，降稱天王，蓋是？然則緒、碩德之讓，即石虎時貶親王、藩王之封之故事也。呂光初亦稱天王。及病篤，立其太子紹為天王，乃自號太上皇帝。案魏獻文之禪位也，群公奏曰：「昔三皇之世，澹泊無為，故稱皇，是以漢

高祖既稱皇帝，尊其父為太上皇，明不統天下。今皇帝幼沖，萬機大政，猶宜陛下統之，謹上尊號太上皇帝。」其言頗合古義。呂氏未必知此；光既病篤，亦必不能更知政事；蓋徒取皇帝、天王之稱為尊卑之等差耳。觀呂纂、呂隆亦皆稱天王，而隆追諡其父寶為文帝可見也。慕容雲、馮跋亦稱天王，蓋亦以國小民寡，不敢自尊。慕容盛去皇帝之號，稱庶人大王，庶人蓋謂無爵，以知政事，故曰大王，則彌自貶損矣。

索虜非知故事者，而獻文禪位時，群公之奏，顧頗合古義，蓋臣虜士夫，知故事者尚多也。然虜終不免沐猴而冠。胡靈后之秉政也，追尊其母京兆郡君為秦太上君。及其父國珍死，追號為太上秦公，張普惠為諫議大夫，陳其不可。左右畏懼，莫敢為通。會聞胡家穿壙，下有磐石，乃密表言之。太后覽表，親至國珍宅，集王、公、八坐、卿、尹及五品以上，博議其事。遣使召普惠，與相問答。然卒不用其言。孝莊之立，尊其考為文穆皇帝，（廟號肅祖。）妣為文穆皇后。將遷神主於太廟，以高祖為伯考。臨淮王彧與吏部尚書李神儁表諫，不聽。時又尊其兄劭為無上王，尋遇害河陰，又追諡為孝宣皇帝。（妻李氏為文恭皇后。）彧又面諫，謂：「歷尋書籍，未有其事。」帝不從，及神主入廟，復敕百官悉陪從，一依乘輿之式。彧上表，以為「爰自中古，迄於下葉，崇尚君親，襃明功德，乃有皇號，終無帝名。今若去帝留皇，求之古義，少有依準」。又不納。胡三省曰：「自唐高宗以後，率多追諡其子弟為皇帝，作俑者魏敬宗也。」虜不足責，中國人亦因其失，則誠不免野哉之誚矣。前廢帝之立，以魏為大魏，詔曰：「三皇稱皇，五帝云帝，三代稱王，迭沖挹也。自秦之末，競為皇帝，忘負乘之深殃，垂貪鄙於萬葉，今稱帝已為襃矣，可普告令知。」蓋亦以喪亂薦臻，故頗自貶損也。

周孝閔帝始纂魏，亦稱天王。時則追尊考文公為王，妣為文后，至明帝武成元年八月，乃改天王稱皇帝，追尊文王為帝。〈崔猷傳〉云：時依

周禮稱天王，又不建年號。猷以為世有澆淳，運有治亂，故帝王以之沿革，聖哲因時制宜。今天子稱王，不足以威天下。請遵秦、漢稱皇帝，建年號，朝議從之。蓋時習以天王之稱為卑於皇帝，後周制作，最為泥古，然卒不能變易世人之耳目，終不得不隨之而變也。宣帝之立，尊皇后為皇太后。（阿史那氏，突厥木桿可汗女。）又尊所生李氏為帝太后。靜帝立，一稱為太皇太后，一稱為太帝太后。又稱天元太皇后楊氏為皇太后，天大皇后朱氏（靜帝所生。）為帝太后。蓋亦以在位者為帝，帝之父為皇，正后系其夫所生系其子名之邪。

　　《抱朴子》有〈詰鮑〉之篇，載時人鮑敬言無君之論，而己駁之，其言在今日，已不足論，然亦可見其時好老、莊之書者之見地也。敬言之言曰：「儒者曰：天生蒸民而樹之君，豈其皇天諄諄言之，亦欲之者為之辭哉？夫強者陵弱，則弱者服之矣。知者詐愚，則愚者事之矣。服之故君臣之道起焉，事之故力寡之民制焉。然則隸屬由爭強弱而校愚知，彼蒼天果無事也。」又曰：「天地之位，二氣范物，樂陽則云飛，好陰則川處，各附所安，本無尊卑也。」此闢君臣之位出乎自然之說也。又曰：「曩古之世，無君無臣。穿井而飲，耕田而食，日出而作，日入而息，泛然不系，恢爾自得。不競不營，無榮無辱。川谷不通，則不相併兼。士眾不聚，則不相攻伐。勢利不萌，禍亂不作，干戈不用，城池不設。」此言無君之世天下之晏然無患也。侈言君道之美者，每謂君之出令，乃所以使民獲遂其生。敬言則云：「促轡銜鑣，非馬之性，荷軛運重，非牛之樂。穿本完之鼻，絆天放之腳，蓋非萬物並生之意？」治人者之所求，不過「役彼以養此」，「貴者祿厚，而民困矣」。「下疲怨則知巧生」，亂之既作，乃以「忠義孝慈」救之，幸而有濟，亦所謂「死而得生，不如鄉無死」也，況乎「茅茨土階，棄織拔葵」，不過「盜跖分財，取少為讓」；其恩之及下，亦不過「陸處之魚，相呴以沫」哉？「關梁所以禁非，而猾吏因之以為非；衡量所以

檢偽，而邪人因之以為偽；大臣所以扶危，而奸臣恐主之不危；兵革所以靖難，而寇者盜之以為難」。信乎「君臣既立，眾慝日滋，而欲攘臂乎桎梏之間，愁勞於塗炭之中，猶闢滔天之源，激不測之流，而塞之以撮壤，郭之以指掌也」。「桀紂窮驕淫之惡，用炮烙之虐，若令斯人，並為匹夫，性雖凶奢，安得施之？」且夫「細人之爭，不過小小，匹夫校力，亦何所至？無疆土之可貪；無城郭之可利；無金寶之可欲；無權柄之可競；勢不足以合徒眾；威不足以驅異人；孰與王赫斯怒，陳師鞠旅，殭屍則動以萬計，流血則漂鹵丹野」哉？此鮑生以世事之紛紜，舉歸咎於立君之大略也。其言善矣，然君臣之制，非孰欲立而立之也，其事亦出於自然。何策使之不作？既作矣，何道使之可替？於此無言，則論有君之弊，雖極深切著明，亦徒為空談耳。葛生詰鮑之辭，頗多拘墟之論，然亦有其可採者。如曰：「遠古質樸，蓋其未變，譬彼嬰孩，知慧未萌，非知而不為，欲而忍之。」「有欲之性，萌於受氣之初，厚己之情，著於成功之日，賊殺並兼，起於自然，必也不亂，其理何居？」「橡芋可以生鬥訟，藜藋足用致侵奪。」則「私鬥過於公戰，木石銳於干戈」矣，作始也簡，將畢也巨，亂源既伏，何計可止其遷流乎？且也「古者生無棟宇，死無殯葬，川無舟楫之器，陸無車馬之用；吞啖毒烈，以致殂斃；疾無醫術，枉死無限。後世聖人，改而垂之，民到於今，受其厚惠。機巧之利，未易敗矣」。「太極渾沌，兩儀無質」，固未若「玄黃剖判，七曜垂象，陰陽陶冶，萬物群分」。由斯言之，社會之開化，勢固不可以已，昔賢心儀邃古之世人與人相處安和之美，疾後世之不仁，乃欲舉物質之文明而並去之，豈不悖哉？然物質之文明，雖不可去，社會之組織，固未嘗不可變，亦且不可不變，而昧者又欲並此而尼之，則其失，又二五之於一十也。

第二節 封建

晉初封建之制，及其時之人論封建之語，已見第二章第二節。《晉書・地理志》云：「古者有分土，無分民。若乃大者跨州連郡，小則十有餘城，以戶口為差降，略封疆之遠近，所謂分民，自漢始也。」案古之建國，本為理民，其後此意無存，而徒以封爵為榮祿，則終必至於此而後已。此亦欲藉封建為屏藩者，所以卒無所就也。斯時也，封君之腏取其民，誠不如古代之悉，然邑戶粟米，盡歸私室，（徐陵食建昌，邑戶送米至水次，見第二十一章第六節。）仍有損於國計。故度支窘促之時，所以分其下者，亦不能厚。〈地理志〉又云：「江左諸國並三分食一。大興元年（西元 318 年），始制九分食一。」《陳書・世祖高宗後主諸子傳》云：「江左自西晉相承，諸王開國，並以戶數相差，為大小三品。武帝受命，自永定訖於禎明，唯衡陽王昌，特加殊寵，至五千戶，其餘大國不過二千戶，小國千戶而已。」蓋為物力所限也。

以無治民之實，故王侯多不居其國，而朝聘之典亦寖荒。《晉書・禮志》云：「魏制藩王不得朝覲。明帝時有朝者，皆由特恩，不得以為常。及泰始中，有司奏諸侯之國，其王公已下入朝者，四方各為二番，三歲而周。周則更始。若臨時有故，卻在明年。明年來朝之後，更滿三歲乃復朝，不得違本數。不朝之歲，各遣卿奉聘。奏可。江左王侯不之國，其有受任居外，則同方伯、刺史、二千石之禮，亦無朝聘之制，故此禮遂廢。」是其事也。

王侯兼膺方面之寄，似足以舉屏藩之實，然西晉已事，徒成亂源；宋武欲以上流處諸子，亦開喪亂之端；其事皆已見前矣。齊世諸王，受禍尤酷，事見第十章第三節。《南史・齊武帝諸子傳》：明帝遣茹法亮殺巴陵王子倫，子倫時鎮琅邪城，有守兵，子倫英果，明帝恐不即罪，以問典簽華伯茂，伯茂曰：「公若遣兵取之，恐不即可辦，若委伯茂，一小吏力耳。」

既而伯茂手自執鴆逼之，左右莫敢動者。子倫整衣冠出受詔，謂法亮曰：
「積不善之家，必有餘殃。昔高皇帝殘滅劉氏，今日之事，理數固然。」
舉酒謂亮曰：「君是身家舊人，今銜此命，當由事不獲已。此酒差非勸酬
之爵。」因仰之而死。時年十六。法亮及左右皆流涕。此蓋當時之人，哀
殺戮之甚，為此慘楚之辭，非必實錄。（如所記，子倫慷慨如此，何待伯
茂執鴆逼之？故知《南史》此處，亦兼採兩說也。）然時制之極弊，則可
想見矣。李延壽論之曰：「齊氏諸王，並幼踐方岳，故輔以上佐，簡自帝
心。勞舊左右，用為主帥。州國府第，先令後行。飲食遊居，動應聞啟。
端拱守祿，遵承法度，張弛之要，莫敢厝言。行事執其權，典簽掣其肘。
處地雖重，行止莫由。威不在身，恩未接下。倉卒一朝，事難總集，望其
釋位扶危，不可得矣。路溫舒云：秦有十失，其一尚存，斯宋氏之餘風，
及在齊而彌弊。」然使諸王皆長大能自專，則又成梁世之禍矣。秉私心以
定制，固無一而可哉！是時行事、典簽，亦有因守正而為諸王所害者。
《南史·齊高帝諸子傳》：長沙威王晃，為豫州刺史，每陳政事，輒為典簽
所裁，晃殺之。晃乃粗人，典簽之裁之，未必不合於義。又〈梁武帝諸子
傳〉：南康簡王績，子會理，為湘州刺史。多信左右。行事劉納每禁之。
會理心不平，證以臧貨，收送建業。納嘆曰：「我一見天子，使汝等知。」
會理令心腹於青草湖殺之，百口俱盡。此則其曲必在會理矣。抑且不必會
理所為也。大抵行事尚有正人，典簽則多佞幸，故其弊更甚。〈江革傳〉：
革為晉安王長史尋陽太守，行江州府事。徙盧陵王長史，太守行事如故。
時少王行事，多傾意於簽帥，革以正直自居，不與典簽趙道智坐，道智因
還都啟事，面陳革惰事好酒，遂見代，可以見其一斑也。

　　《魏書·官氏志》云：皇始元年（西元 396 年），始封五等。天賜元年
（西元 404 年），九月，減五等之爵，始分為四：曰王、公、侯、子，除
伯、男二號。皇子及異姓元功上勳者封王。（《北史·陸俟傳》云：初尒朱

榮欲循舊事庶姓封王，由是封子彰濮陽郡王，尋而詔罷，仍復先爵，則異姓封王之制久廢。）宗室及始蕃王皆降為公。諸公降為侯。侯、子亦以是為差。於是封王者十人，公者二十二人，侯者七十九人，子者一百三人。王封大郡，公封小郡，侯封大縣，子封小縣。王第一品，公第二品，侯第三品，子第四品。延興二年（西元 472 年），五月，詔舊制諸鎮將、刺史假五等爵及有所貢獻而得假爵者，皆不得世襲。又云：舊制諸以勳賜官爵者，子孫世襲軍號，太和十六年（西元 492 年），改降五等，始革之，止襲爵而已。《文獻通考》云：「元魏時封爵所及尤眾。蓋自道武興於代北，凡部落大人與鄰境降附者，皆封以五等，令其世襲，或賜以王封。中世以後，不緣功而封者愈多。〈程駿傳〉載獻文崩，初遷神主於太廟，有司奏舊事廟中執事官例皆賜爵，今宜依舊。詔百寮詳議，群臣咸以宜依舊事。駿獨以為不可。表曰：臣聞名器帝王所貴，山河區夏之重，是以漢祖有約，非功不侯，未聞與事於宗廟，而獲賞於疆土。雖復帝王制作，弗相沿襲，然一時恩澤，豈足為長世之軌乎？書奏，從之，可見當時封爵之濫。然高允在大武時以平涼州勳封汶陽子，至文成時，史言其為郎二十七年不徙官，時百官無祿，允第唯草屋，衣唯縕袍，食唯鹽菜，恆使諸子採樵自給，則雖有受封之名，而未嘗與之食邑。又道武以來，有建業公、丹陽侯、會稽侯、蒼梧伯之類，此皆江南土地，可見當時五等之爵，多為虛封。前史雖言魏制侯、伯四分食一，子、男五分食一，（案《魏書·高祖紀》：太和十八年（西元 494 年），十二月，詔王、公、侯、伯、子、男開國食邑者，王食半，公三分食一，侯、伯四分食一，子、男五分食一。）然若真食五分之一，則不至如高允之貧。且受封丹陽、會稽、等處者，雖五分之一，亦於何取之乎？」案《魏書·地形志》言：「魏自明、莊，寇難紛糾，攻伐既廣，啟土逾眾，王公錫社，一地累封，不可備舉，故總以為郡。」一地累封，食祿更於何取給？足證馬氏所云之弊，至叔世而愈甚。

然〈張普惠傳〉言：普惠為尚書右丞。時詔訪冤屈，普惠上書言：「故尚書令臣肇，未能遠稽古義，近究成旨，以初封之詔，有親王二千戶，始蕃一千戶，二蕃五百戶，三蕃三百戶，謂是親疏世減之法；又以開國五等有所減之言，以為世減之趣；遂立格奏奪，稱是高祖遺意，仍被旨可。今諸王五等，各稱其冤，七廟之孫，並訟其切，陳訴之案，盈於省曹，朝言巷議，咸云其苦。」然則不給祿者乃漢人如高允之儔，彼其所謂親戚、勳臣者，固未嘗不朘我以生也，亦可見非我族類，其心必異矣。

周武帝保定二年（西元 562 年），四月，詔曰：「比以寇難猶梗，九州未一。文武之官，立功效者，雖錫以茅土，而未及租賦。諸柱國等勳德隆重，宜有優崇。各準別制邑戶，聽寄食他縣。」則初亦未能給祿也。三年（西元 563 年），九月，初令世襲州、郡、縣者改為五等爵。州封伯，郡封子，縣封男。此則以封建之名，去封建之實矣。閔帝元年（西元 557 年），正月，詔封李弼為趙國公，趙貴為楚國公，獨孤信為衛國公，于謹為燕國公，侯莫陳崇為梁國公，中山公護為晉國公，邑各萬戶。宣帝大象元年（西元 579 年），五月，以洺州襄國郡為趙國，齊州濟南郡為陳國，豐州武當、安富二郡為越國，潞州上黨郡為代國，荊州新野郡為滕國，邑各一萬戶，令趙王招、陳王純、越王盛、代王達、滕王逌並之國。史論其事曰：「太祖之定關右，日不暇給，既以人臣禮終，未遑藩屏之事。晉蕩輔政，爰樹其黨。宗室長幼，並據勢位，握兵權。雖海內謝隆平之風，而國家有磐石之固矣。高祖克翦芒刺，思弘政術。懲專朝之為患，忘維城之遠圖。外崇寵位，內結猜阻。自是配天之基，潛有朽壤之墟矣。宣皇嗣位，凶暴是聞。芟刈先其本枝，削黜遍於公族。雖復地唯叔父，親則同生，文能附眾，武能威敵，莫不謝卿士於當年，從侯服於下國。號為千乘，勢侔匹夫。是以權臣乘其機，謀士因其隙，遷邑鼎速於俯拾，殲王侯烈於燎原。悠悠邃古，未聞斯酷。豈非摧枯拉朽易為力乎？」（《周書·文閔明武宣諸

子傳論》。）周勢之孤，誠如所論。然使武帝不能去其芒刺，周之亂，又寧俟靜帝時乎？秉私心以定制，固無一而可哉？

第三節　官制

　　晉、南北朝之官制，蓋承漢、魏而漸變。漢初官制，皆沿自秦，秦則沿自列國之世，不盡宜於統一之局，其後乃隨事勢而遷移，此自西京至南朝之末皆然。拓跋氏起北方，其為部族時之規制，已見第十一章第二節。佛貍以降，模仿中國，稍有建置，實亦非驢非馬。王肅北走，孝文用之，以定眾職，則幾與南朝無異矣。北齊因之。後周太祖，以為漢、魏官繁，思法周禮。大統中，命蘇綽掌其事。未成而綽卒，盧辯繼之。依《周禮》建六官，置公、卿、大夫、士。並撰次朝儀，車服、器用，多依古禮，革漢、魏之法。於魏恭帝三年（西元 556 年）行之。其後世有損益。此實不切於時務，故至宣帝嗣位，而內外眾職，又用秦、漢以來之制焉。（見《周書·文帝紀》魏恭帝三年及〈盧辯傳〉。〈辯傳〉云：先是已置六卿官，為撰次未成，眾務猶歸臺閣，至是年畢，乃命行之。又〈崔猷傳〉言：猷與盧辯創修六官。薛寘、裴政，亦嘗參與其事，皆見本傳。〈武帝紀〉：保定元年（西元 561 年），正月，己巳，祠太廟，班太祖所述六官，蓋至是而其制始大成也。）

　　相國、丞相，自魏、晉以來，已非復尋常人臣之職。（漢獻帝建安十三年（西元 208 年），置丞相，以魏武帝為之。文帝代漢，其官遂廢。此後為之者，如晉之趙王倫、梁王肜成都王穎、元帝、南陽王保、王敦、王導，宋南郡王義宣等，皆非尋常人臣。其為相國如晉景帝、宋武帝、齊高祖等，則篡奪之階而已，齊世相國，與太宰、太保、大將軍並為贈官。陳丞相、太傅、大司馬，亦為贈官。）晉取《周官》之說，置太宰、（以景

帝諱，改太師為太宰。）太傅、太保，而漢世三公之官仍存。（太尉、司徒、司空。）其大司馬、大將軍，漢世與太尉不併置者，（漢靈帝末，以劉虞為大司馬，而太尉如故，非恆典。）至魏亦各自為官。晉武帝即位之初，嘗八公同時並置。而開府、儀同三司，驃騎、車騎、衛將軍、伏波、撫軍、都護、鎮軍、中軍、四征、（征東、征南、征西、征北。）四鎮、（鎮東、鎮南、鎮西、鎮北。宋世又有安東、安南、安西、安北，謂之四安，平東、平南、平西、平北，謂之四平。）龍驤、典軍、上軍、輔國等大將軍，左、右光祿、光祿三大夫，開府者皆為位從公。諸公及開府位從公者，皆得置官屬，此實多費無謂，故自隋、唐以降，遂專以無官屬之三師為榮寵也。後魏放南朝之制，亦有三師、（太師、太傅、太保。）二大、（大司馬、大將軍。）三公、（太尉、司徒、司空。）特進、儀同、開府、左、右光祿、金紫、銀青光祿及諸將軍之號，以褒賞勳庸，而北齊因之。孝莊初，拜尒朱榮為柱國大將軍，位在丞相上。又拜大丞相、天柱大將軍，而以元天穆為太宰，此亦非尋常人臣之職矣。北齊乾明中，置丞相，河清中分為左、右。然趙彥深、元文遙、和士開同為宰相，皆兼侍中，則實權初不在是也。後周初置大塚宰。後置左、右丞相。大象二年（西元580年），又以隋文帝為大丞相，而罷左、右丞相焉。

治理之權，實歸臺閣。尚書有令、僕。令職無不總，僕射副令，（置二則為左、右僕射。令闕則左為省主。）又與尚書分統諸曹。（漢世尚書，雖有曹名，不以為號。靈帝以梁鵠為選部尚書，始見曹名。及魏，改選部為吏部，又有左民、客曹、五兵、度支，凡五曹尚書、二僕、一令為八坐。及晉，置吏部、三公、客曹、駕部、屯田、度支六曹。咸寧二年（西元276年），省駕部。四年（西元278年），又置。太康中，有吏部、殿中、五兵、田曹、度支、左民為六曹。惠帝世又有右民，尚書止於六曹，不知此時省何曹也。渡江有吏部、祠部、五兵、左民、度支五尚書。祠

部尚書，常與右僕射通職，不恆置。宋高祖初增都官曹。其起部尚書，營宗廟宮室則置，事畢則省。）又有左、右丞，佐令、僕知省事。郎主作文書，分曹數十。（魏世凡二十三，後為二十五。晉武帝時三十四，後為三十五。置郎二十三人，更相統攝。江左初十七，後十八，最後十五。宋初十九，後二十。梁二十二。）下有都令史、令史等，分曹如尚書。正始以降，俗尚玄虛，丞、郎以上，簿領文案，不復經懷，皆成於令史之手焉。（姚察說。）錄則尚書權重者為之，不恆置也。尚書為庶政總匯，然自魏、晉以後，又不敵中書、門下之親。中書者，魏武帝為魏王，置祕書令、丞，以典尚書奏事。文帝代漢，改為中書。置監、令，以劉放、孫資為之。其後遂移魏祚，事已見《秦漢史》。晉因之，各置一人。魏文帝又置通事郎，次黃門郎。黃門郎已署事過，通事乃署名。已署，奏以入，為帝省讀書可。晉改曰中書侍郎。晉初又置舍人及通事。江左令舍人通事，謂之通事舍人。掌呈奏案章。後省，以中書侍郎一人直西省，又掌詔命。宋初又置，而侍郎之任，遂寖輕焉。（見第十章第四節。）魏文之置中書令，祕書改令為監，以掌藝文圖籍。明帝太和中，置著作郎，隸中書省。晉武帝並祕書於中書，而著作之局不廢。惠帝復置祕書監，著作改隸焉。後別自置省，而猶隸祕書。郎一人，謂之大著作郎，專掌史任。又有佐著作郎八人。侍中之與機要，自宋文帝時始。侍中世呼為門下；給事黃門侍郎，與侍中俱管眾事，世呼為小門下；遂以門下名其省。散騎常侍者，秦置散騎，又置中常侍，漢東京省散騎，中常侍用宦者，魏黃初置散騎，合之於中常侍，是為散騎常侍。魏末又有在員外者，曰員外散騎常侍。晉武帝使二人與散騎常侍通員直，謂之通直散騎常侍。魏初又置散騎侍郎。晉武帝置員外散騎侍郎，元帝使二人與散騎侍郎通員直，謂之通直散騎侍郎。自魏至晉，散騎常侍、侍郎與侍中、黃門侍郎共平尚書奏事，江左乃罷。給事中，西漢置，掌顧問應對。東漢省。魏世復置。奉朝請，本不為

官。漢東京罷三公、外戚、宗室、諸侯，多奉朝請。晉武帝亦以宗室、外戚為奉車、駙馬、騎三都尉而奉朝請焉。東晉罷奉車、騎二都尉，唯留駙馬，諸尚主者為之，後遂沿為故事。自散騎常侍以下，宋別為集書省，散騎侍郎、員外散騎侍郎、通直散騎侍郎，齊謂之直書省，而散騎常侍、員外、通直稱東省官，其二衛、四軍、四校、稱西省官焉。魏、齊有中書、門下、集書、祕書諸省，設官略與南朝同。魏門下之官尤重，世呼侍中、黃門為小宰相。（見《魏書·王慧龍傳》。）

　　尚書行臺之制，起自魏末，晉文帝討諸葛誕，散騎常侍裴秀、尚書僕射陳泰、黃門侍郎鐘會等以行臺從。晉永嘉四年（西元 310 年），東海王越率眾許昌，亦以行臺自隨。後魏、北齊亦有之。《隋書·百官志》云：「行臺在《令》無文。其官置令、僕射。其尚書、丞、郎，皆隨權制而置員焉。其文未詳。」行臺兼統人事，自辛術始，見《北齊書》本傳。留臺之名，起自晉惠帝西遷時。置於洛陽，以總留事。

　　總眾職者丞相，居列職者，則九卿一類之官也。自丞相之權，移於三省，而九卿亦寖失其職矣。魏世裴秀議改官制，以尚書三十六曹統事，準例不明，宜使諸卿任職。（見《晉書》本傳。）晉初劉頌上疏，言：「秦、漢已來，九列執事，丞相都總，今尚書制斷，諸卿奉成，於古制為重，事所不須。然今未能省並，可出眾事付外寺，使得專之，尚書為其都統，若丞相之為。唯立法創制、死生之斷、除名、流徙、退免大事，及連度支之事，臺乃奏處。其餘外官皆專斷之。歲終，臺閣課功校簿而已。於今親掌者動受成於上，上之所失，不得復以罪下，歲終事功不建，不知所責也。」荀勖議省官，亦謂九寺可並於尚書。皆可見九卿寖失其職：故其官亦時有省並。晉世，太常、光祿勳、（晉哀帝興寧元年（西元 363 年），並司徒，孝武帝寧康元年（西元 373 年）復置。）尉衛、（渡江省，宋孝建元年（西元 454 年）復置。）太僕、（渡江後或省或置，宋以來，郊祀權置執

彎，事畢即省。）廷尉、大鴻臚，（江左有事權置，無事則省。）宗正、（晉哀帝省，並太常。）大司農、（晉哀帝省，並都水。孝武復置。）少府、（晉哀帝省，並丹陽尹。孝武復置。）將作大匠、（晉以來有事者置，無事則省。）太后三卿、（衛尉、少府、太僕，隨太后宮為名，無太后則闕。）大長秋，（有后則置，無后則省。）並為列卿。宋、齊同。梁於諸名之下，皆加卿字。以太常、宗正、大司農為春卿，太府、少府、太僕為夏卿，衛尉、廷尉、大匠（即將作大匠。）為秋卿，光祿、（即光祿勳。）鴻臚、（即大鴻臚。）大舟（都水使者，漢水衡之職。漢又有都水長、丞。東京省都水，置河堤謁者。魏因之。晉武帝省水衡，置都水使者，以河堤謁者為都水官屬。江左省河堤謁者，都水置謁者六人。梁初稱都水臺，後改。）為冬卿，北朝亦以太常、光祿、衛尉、宗正、太僕、廷尉、（齊曰大理。）鴻臚、司農、少府（齊曰太府。）為九卿，稱為九寺。又有國子、長秋、將作三寺。又有昭玄寺，以掌諸佛教，亦有都水臺之官。

自漢改御史大夫為司空，而中丞出外為臺主，東京以後皆因之。其屬官：有治書侍御史，漢宣帝所置也。（見《秦漢史》第十八章第七節。）魏又置治書執法，掌奏劾，而治書侍御史掌律令。晉唯置治書侍御史，與侍御史分掌諸曹。魏蘭臺遣二御史居殿中，伺察非法，晉遂置殿中侍御史，歷代沿之。魏、晉《官品令》，又有禁防御史；晉孝武太元中有檢校御史，則其後無聞焉。符節御史，秦符璽令之職，漢因之，至魏別為一臺。晉武帝省並蘭臺，置符節御史。梁、陳唯有符節令史而已。謁者，亦秦官，漢、魏因之，魏又置僕射，掌大拜授及百官班次，統謁者十人。晉武帝省僕射，以謁者並蘭臺。（漢世屬光祿勳。）江左復置僕射。後又省。宋大明中又置。魏、齊御史臺，設官略同南朝，而謁者別為一臺。

魏武帝為相，以韓浩為護軍，史奐為領軍。建安十二年（西元207年），改為中領軍、中護軍。文帝置領軍將軍，主五校、（即漢世屯騎、

步兵、越騎、長水、射聲五校尉。）中壘、武衛三營。護軍將軍，主武官選。（隸領軍，晉世不隸。）晉武帝省領軍，使中軍將軍羊祜統二衛。（晉文帝為相國，相府置中衛軍，武帝受命，分為左、右。）前、後、左、右、（魏明帝時有左軍將軍，右及前、後，皆晉武帝置。）驍騎（驍騎、游擊皆魏置，為內軍。晉世以領、護、二衛、驍騎：游擊為六軍。）七軍，即領軍之任也。祜遷罷，置北軍中候。懷帝改日中領軍。元帝永昌元年（西元 322 年），省護軍，並領軍，改領軍日北軍中候。尋復為領軍。明帝太寧二年（西元 324 年），復置護軍。成帝世，領軍又為北軍中候。尋亦復焉。魏、晉領、護各領營兵，江左以來，領軍不復領營，但總統二衛、驍騎、游擊諸營而已。資重者為領軍護軍將軍，資輕者為中領軍中護軍。又有左、右中郎將，（晉武帝省，宋大明中復置。）虎賁中郎將，（漢期門。）尤從僕射，（魏置。）羽林監，（漢有羽林中郎將，又有左右監，晉罷中郎將，又省一監。虎賁、尤從、羽林，是為三將。晉哀帝省。宋高祖復置，江右領營兵，江左則無。）積射將軍，強弩將軍，（晉太康十年（西元 289 年），立射營、弩營，置積射、強弩將軍主之。宋泰始後，多以軍功得此官，無員。）殿中將軍，殿中司馬督，（晉武帝時，殿內宿衛，號日三部司馬，置此二官，分隸左右二衛。江右初員十人。孝武太元中改選，以門閥居之。宋高祖初，增為二十人。其後過員者謂之殿中員外將軍、員外司馬督。又其後並無復員。）武衛將軍，（宋大明中置，代殿中將軍之任。）武騎常侍，（宋大明中置。）皆以分司丹禁，侍衛左右。梁天監六年（西元 507 年），置左右驍騎、左右游擊將軍。改舊驍騎日雲騎，游擊日遊騎。又置朱衣直將軍，以經方牧者為之。此外諸號將軍甚多，皆無復統馭，（《晉書·王廙傳》：弟子彪之上議，謂無兵軍校，皆應罷廢。）實即後世之武散官也。（散官之名始於隋，古但不任事而已，非徒以為號。）宋、齊、梁、陳諸九品官，皆以將軍為品秩，謂之加戎號。梁武帝以其高下舛雜，命加

鼇定。於是有司奏置百二十五號將軍，備其班品，敘於百司之外焉。魏、齊禁衛設官，略同南朝。亦有諸號將軍，無所統馭。柱國之職，見第十四章第五節，後亦為散秩，如後世之勳官矣。

東宮官，漢世分屬二傅及詹事。後漢省詹事，悉屬少傅。晉武帝泰始三年（西元268年），建太子太傅、少傅，事無大小皆屬焉。咸寧元年（西元275年），以楊珧為詹事，二傅不復領官屬。及珧為衛將軍，領少傅，省詹事，惠帝元康元年（西元291年）復置，愍、懷建官，乃置六傅，通省尚書事。詹事文書，關由六傅。永康中，復不置詹事。太安已來，置詹事。終孝懷之世。渡江後有太傅、少傅，不立師、保。王國：晉世置師、友、文學。師即傅也，景帝諱，故改師為傅。宋世復為師。改太守為內史。有中尉以領軍。此外設官尚多。公、侯已下遞損焉。北朝，東宮亦置六傅及詹事。王國置師一人。餘官亦略同南朝。

司隸校尉，歷東京、魏、晉不替，渡江乃罷。州置刺史；郡置太守，京師所在則曰尹，王國以內史掌太守之任；縣大者曰令，小者置長，為國者為相；歷代皆同。魏、齊於司州，周於雍州，亦皆置牧。魏於代、河南，齊於清都，周於京兆皆置尹。魏州、郡、縣皆分上中下，齊則於上中下之中，又分上中下，凡九等。周以戶數為差。（州分戶三萬以上，二萬以上，一萬以上，五千以上。郡分一萬五千以上，一萬以上，五千以上，一千以上，一千以下。縣分七千以上，四千以上，二千以上，五百以上，五百以下。）屬官、佐史，皆隨高下而異其員數。魏舊制緣邊皆置鎮都大將，統兵備御，與刺史同。城隍、倉庫，皆鎮將主之。北齊亦有三等鎮、戍，各置鎮將、戍主。此則專以兵力控扼為重者也。（《魏書・韓茂傳》：子均。廣阿澤在定、相、冀三州之界，土廣民希，多有寇盜，乃置鎮以靜之。以均在冀州，劫盜止息，除廣阿鎮大將，加都督三州諸軍事。）

晉、南北朝官制之弊，莫如刺史之握兵。《宋書・百官志》云：「持節

都督，無定員。前漢遣使，始有持節。光武建武初，征伐四方，始權時置督軍御史，事竟罷。建安中，魏武帝為相，始遣大將軍督軍，二十一年征孫權還夏侯惇督二十六軍是也。魏文帝黃初二年（西元 221 年），始置都督諸州軍事，或領刺史。三年（西元 222），上軍大將軍曹真都督中外諸軍事，假黃鉞，則總統內外諸軍矣。明帝太和四年（西元 230），晉宣帝征蜀，加號大都督。高貴鄉公正元二年（西元 255），文帝都督中外諸軍。尋加大都督。晉世則都督諸軍為上，監諸軍次之，督諸軍為下。使持節為上，持節次之，假節為下。使持節得殺二千石以下，持節殺無官位人，若軍事得與使持節同，假節唯軍事得殺犯軍令者。江左以來，都督中外尤重，唯王導居之。（以上《晉志》同。此句作「唯王導等權重者居之。」）宋氏人臣則無也。江夏王義恭假黃鉞，假黃鉞則專戮節將，非人臣常器矣。」《齊書・百官志》云：「魏、晉世州牧隆重，刺史任重者為使持節都督，輕者為持節督。起漢順帝時御史中丞馮赦討九江賊，督揚、徐二州軍事。而何、徐《宋志》云：起魏武遣諸州將督軍；王珪之《職儀》云：起光武；並非也。晉太康中，都督知軍事，刺史治民，各用人。惠帝末乃並任。非要州則單為刺史。」案都督緣起，二說俱可通，不必深辯。晉初羊祜督荊州，別有刺史羊肇；王渾督揚州，別有刺史應綽；其後王浚督幽州，亦別有刺史石堪，皆都督刺史分職之證。然兼二職者究多，故刺史亦稱州將。（《通鑑》齊東昏侯永元二年（西元 500 年）《注》。）《晉書・溫嶠傳》：嶠代應詹為江州刺史，鎮武昌。陳「古鎮將多不領州，宜選單車刺史，別撫豫章，專理黎庶。」能言此者蓋寡矣。其時州郡之增置日廣，鎮將之所督，亦即隨之而增。然亦間有都督不兼州，（如紀瞻以鎮東將軍長史加揚威將軍都督京口以南至蕪湖諸軍事，非刺史。）又有於某州但督其數郡者；而曰都督，曰監，曰督，曰使持節，曰持節，曰假節，許可權亦各有不同。（如檀道濟監南徐、兗之江北、淮南諸郡軍事，南兗州刺史，

又都督江州之江夏，豫州之曲陽、新蔡、晉熙四郡諸軍事，江州刺史。）諸史皆各如其事書之。《南》、《北史》但曰某州刺史加都督，或曰都督某州刺史，而於所督不復詳書，則求簡而失其實矣。周明帝武成元年（西元559年），初改都督諸州軍事為總管。自此史文但云某州總管，不云刺史。然齊王憲除益州總管益、寧、巴、盧等二十四州諸軍事益州刺史，則但改都督之名為總管，而其責任初未嘗異。（《北史》亦間有全書者，如〈長孫儉傳〉：授總管荊、襄等五十二州諸軍事，行荊州刺史，轉陝州總管七州諸軍事陝州刺史是也。）以所任州冠於總管之上，但云某州總管，亦取文辭之簡，而非當日結銜本然也。（隋有揚、並、益、荊四大總管，又諸總管皆以某州為名，如蜀王秀以益州刺史總管二十四州諸軍事，則其例仍與周同。《尉遲敬德碑》云：授襄、鄀、鄧、析、唐五州都督襄州刺史，貶使持節都督並、蔚、嵐、代四州諸軍事並州刺史，則唐制亦與隋同也。以上兼採《十七史商榷》、《廿二史考異》。）刺史握兵，易致疏於政事；本以武人為之者，尤偃蹇不易駕御；其弊不可勝窮。《北齊書·高隆之傳》云：魏自孝昌已後，天下多難，刺史太守，皆為當部都督，雖無兵事，皆立佐寮，所在頗為煩擾。隆之表請：自非實在邊要：見有兵馬者，悉皆斷之。則有握兵之名者，已足擾民，而有其實者無論矣。

　　《通鑑》：晉安帝義熙二年（西元406年），正月，魏主珪如犲山宮。諸州置三刺史，郡置三太守，縣置三令長。刺史、令、長，各之州、縣，太守雖置而未臨民。功臣為州者，皆徵還京師，以爵歸第。此事他處不見，蓋行之未久？（《魏書·官氏志》云：自太祖至高祖初，內外百官，屢有減置，或事出當時，不為恆目。）淮北之亡，虜於東兗、東徐及冀州，皆並置兩刺史，事見第九章第五節，蓋一以資鎮懾，一以事撫綏；太守並不臨民，則徒資其榮祿；疑當時三人並置，其意亦如此也。薛安都為偽雍、秦二州都統，州各有刺史，都統總其事，見第八章第五節。以軍御政，亦

猶南朝都督攘刺史之權也。

　　州、郡、縣之增置，晉、南北朝，可云最劇。其原因，蓋有由於控扼要重，戶口滋殖，蠻夷鄉化，政理殷繁者，如漢末及三國，多以諸部都尉為郡是也。（《宋書‧百官志》。）然其大端，則實由喪亂薦臻，人民蕩析離居之故。蓋斯時一統未久，屬人之治猶盛，屬地之義未昌，人民之轉徙異地者，不得不別設官司以撫綏之，招徠之，而僑置之事多矣。（如康絢，本華山藍田人。祖穆，宋永初中，舉鄉族三千餘家入襄陽之峴南。宋為置華山郡藍田縣，以穆為秦、梁二州刺史。未拜卒。絢世父元隆，父元撫，並為流人所推。相繼為華山太守。絢在齊世，亦除華山太守。此流人來歸，即用其酋豪設郡縣以撫之者也。寇贊上谷人，因難徙馮翊萬年。姚泓滅，秦、雍人千餘家推贊為主，歸魏拜綏遠將軍魏郡太守。其後秦、雍之民，來奔河南、滎陽、河內，戶至數萬，拜贊安遠將軍南雍州刺史軹縣侯，治於洛陽，立雍州之郡縣以撫之。由是流民襁負，自遠而至，參倍於前。此撫其已至，兼以招其未來者也。可參看第十七章第三、第四兩節。）《宋書‧諸志總序》云：「魏、晉已來，遷徙百計。一郡分為四五，一縣割成兩三。或昨屬荊、豫，今隸司、兗。朝為零、桂之士，夕為廬、九之民。去來紛擾，無暫止息。版籍為之渾淆，職方所不能記。自戎狄內侮，有晉東遷，中土遺氓，播遷江外，莫不各樹邦邑，思復舊井。既而民單戶約，不可獨建。故魏邦而有韓邑，齊縣而有趙民。且省置交加，日回月徙。寄寓遷流，迄無定託。邦名邑號，難或詳書。」可見斯弊，由來已久。然終以錯雜為憂，則仍鮮治理之便矣。（此土斷之所以亟，參看第十七章第三節。張普惠省減郡縣，史稱宰守因此綰攝有方，姦盜不起，民以為便，可見僑置之有害於治理也。）南北分張，此弊彌甚。《魏書‧韓麒麟傳》：子顯宗上言：「自南偽相承，竊有淮北，欲擅中華之稱，且以招誘邊民，故僑置中州郡縣。皇風南被，仍而不改。凡有重名，

其數甚眾。」《北齊書·文宣帝紀》：天保七年（西元 556 年），十一月，詔曰：「魏自孝昌已來，豪家大族，鳩率鄉部，託跡勤王，規自署置。或外家公主，女謁內成，昧利納財，啟立州郡。牧、守、令、長，虛增其數。求功錄實，諒足為煩。損害公私，為弊殊久。且五嶺內賓，三江回化。要荒之所，舊多浮偽。百室之邑，便立州名，三戶之民，空張郡目。譬諸木犬，猶彼泥龍。今所並省，一依別制。」於是並省三州、一百五十三郡、五百八十九縣、三鎮、二十六戍云。（《通鑑》：梁武帝大同五年（西元 539 年），十一月，朱異奏：「頃來置州稍廣，而小大不倫。請分為五品。其位秩高卑，參僚多少，皆以是為差。」詔從之。於是上品二十州，次品十州，次品八州，次品二十三州，下品二十一州。時上方事征伐，恢拓境宇。北逾淮、汝，東距彭城，西開牂柯，南平俚洞，紛綸甚眾、故異請分之。其下品皆異國之人，徒有州名，而無土地。或因荒徼之民所居村落，置州及郡、縣。刺史、守、令，皆用彼人為之。尚書不能悉領。山川險遠，職貢罕通。五品之外，又有二十餘州，不知處所。凡一百七州。又以邊境鎮戍，雖領民不多。欲重其將帥，皆建為郡。或一人領二三郡太守。州郡雖多，而戶口日耗矣。觀此文，知齊文宣之詔，非過甚之辭也。）《晉書·傅玄傳》：玄子咸上言：「舊都督有四，今並監軍，乃盈於十。夏禹敷土，分為九州，今之刺史，幾向一倍。戶口比漢，十分之一，而置郡縣更多。」晉初以是為病，況於南北朝之末？魏道武罷戶不滿百之縣，（〈本紀〉天賜元年（西元 404 年）。）而後周以戶數秩郡縣，縣下者亦不盈五百而已。奚翅十羊九牧哉？

　　外官僚屬：郡、縣各有舊俗，分曹往往不同。吏、卒皆有定員，視戶口多少為差。晉初嘗議省州、郡、縣半吏，以赴農功。（《晉書·荀勖傳》。）蘇綽六條詔書曰：「善官人者必先省其官。官省則善人易充，善人易充，則事無不理。官煩則必雜不善之人，雜不善之人，則政必有得失。

故語曰：官省則事省，事省則民清，官煩則事煩，事煩則民濁。案今吏員，其數不少。昔民殷事廣，尚能克濟，況今戶口減耗，依員而置，猶以為少？如聞在下州郡，尚有兼假。擾亂細民，甚為無理。悉宜罷黜，無得習常。」觀此，知吏員雖云依戶口而定，實未必能遵行也。

　　《晉志》云：縣五百已上皆置鄉。三千已上置二鄉，五千已上置三鄉，萬已上置四鄉。鄉置嗇夫一人。縣率百戶置里吏一人。其土廣人希，聽隨宜置。里吏限不得減五十戶。此等制度，宋、齊、梁、陳，度當沿之。《魏書·大武五王傳》：臨淮王譚曾孫孝友表言：「今制百家為黨族，二十家為閭，五家為比鄰。百家之內，有帥二十五，徵發皆免，苦樂不均。羊少狼多，復有蠶食。此之為弊久矣。京邑諸坊，或七八百家，唯一里正二史，庶事無闕，而況外州？請百家為四閭，閭二比。計族有十二丁，得十二匹賮絹。略計見管之戶，應二萬餘族，一歲出賮絹二十四萬匹，十五丁出一番兵，計得一萬六千兵。此富國安人之道也。」《隋書·食貨志》：北齊河清三年（西元 564 年）定令，命人居十家為比鄰，五十家為閭里，百家為族黨，較魏制實省十二丁，即孝友之志也。蘇綽六條之詔，謂「正長者治民之基，基不傾者上必安。黨族、閭里，皆當審擇，各得一鄉之選，以相監統。」然暴政亟行之世，在上者之誅求愈烈，則在下者之困辱愈增，而其自視卑而不得有所為也亦愈甚。劉曜為石勒所獲，北苑市三老孫機上書求見曜，（見《晉書·曜載記》。）尚有新城三老遮說漢王，壺關三老上書訟戾太子之遺風，後此則無聞矣。《魏書·高祖紀》：太和十一年（西元 487 年），十月，詔曰：「孟冬十月，民間歲隙，宜於此時，導以德義。可下諸州：黨里之內，推賢而長者，教其里人。」未嘗不欲復前代之遺規，然其效卒不可睹也。《北史·魏宗室傳》：河間公齊之孫志，為洛陽令。員外郎馮俊，昭儀之弟，恃勢恣擅所部里正。志令主史收系，處刑除官。由此忤旨，左遷太尉主簿。輦轂之下，里正之見陵如此，況其遠

者乎？

　　都邑之地，豪猾所萃，則擊斷之治尚焉。《晉志》：縣皆置方略吏四人，而洛陽置六部尉。江左以後，建康亦置六部尉。餘大縣置二人，次縣、小縣各一人。（此指方略吏言。《宋志》云：太祖元嘉十五年（西元438年），縣小者又省之。）鄴、長安置吏如三千戶以上之制。此等制度，歷代亦當略同也。北朝尚擊斷尤甚。《魏書・甄琛傳》：琛遷為河南尹。表言：「國家居代，患多盜竊。世祖廣置主司、里宰，皆以下代令、長及五等散男有經略者為之，又多置吏士，為其羽翼，崇而重之，始得禁止。遷都已來，天下轉廣。四遠赴會，事過代都。五方雜沓，難可備簡。寇盜公行，劫害不絕。此由諸坊混雜，釐比不精，主司闇弱，不堪檢察故也。里正乃流外四品，職輕任碎，多是下才，人懷苟且，不能督察。故使盜得容奸，百賦失理。邊外小縣，所領不過百戶，而令、長皆以將軍居之。京邑諸坊，大者或千戶、五百戶；其中皆王公、卿尹，貴勢、姻戚，豪猾僕隸，蔭養奸徒，高門邃宇，不可干問；又有州郡俠客，蔭結貴遊，附黨連群，陰為市劫。比之邊縣，難易不同。請取武官中八品將軍已下，干用貞濟者，以本官俸恤，領里尉之任，各食其祿。高者領六部尉，中者領經途尉，下者領里正。不爾，請少高里尉之品，選下品中應遷者為之。」詔曰：「里正可進至勳品，經途從九品，六部尉正九品。諸職中簡取，何必須武人也？」琛又奏以羽林為遊軍，於諸坊巷司察盜賊。於是京邑清靜，至今踵焉。〈高崇傳〉：子謙之，為河陰令。舊制，二縣令得面陳得失。時佞幸之輩，惡其有所發聞，遂共奏罷。謙之乃上疏曰：「豪家支屬，戚里親媾，繆緝所及，舉目多是。皆有盜憎之色，咸起怨上之心。縣令輕弱，何能克濟？先帝昔發明詔，得使面陳所懷。臣亡父先臣崇之為洛陽令，常得入奏是非。所以朝貴斂手，無敢干政。乞新舊典，更明往制。」（崇奏在胡靈后時。）此皆可見都邑之難治也。北齊制：鄴令領右部、南部、西

部三尉，又領十二行經途尉。凡一百三十五里，里置正。臨漳領左部、東部二尉。左部管九行經途尉。凡一百一十四里，里置正。成安領後部、北部二尉。後部管十一行經途尉。七十四里，里置正。

　　刺史之設，本所以資巡察，其後寖成疆吏，則司巡察者又別有其人，此亦猶明代於巡按之外，復遣巡撫也。《宋書‧禮志》，謂古者巡守之禮，布在方策。秦、漢、曹魏，猶有巡幸之事，至晉世巡守遂廢。引武帝泰始四年（西元 269 年）詔，謂：「古之王者，以歲時巡守方岳，其次則二伯述職，不然則行人巡省，撢人誦志。今使使持節侍中副給事黃門侍郎，銜命四出，周行天下。親見刺史、二千石長吏，申喻朕心懇誠至意。訪求得失損益諸宜。觀省政治，問人間患苦。還具條奏，俾朕昭然，鑒於幽遠，若親行焉。」下敘宋武帝永初元年（西元 420 年）遣使，文帝元嘉四年（西元 427 年）、二十六年（西元 449 年）東巡之事，其視之猶甚重。然克舉其實者似鮮。（其事亦僅間有之。如宋元嘉三年（西元 426 年）、九年（西元 432 年）、三十年（西元 453 年），明帝泰始元年（西元 466 年），皆嘗遣使。北朝則高宗太安元年（西元 455 年），高祖延興二年（西元 472 年），太和八年（西元 484 年）、十四年（西元 490 年），皆嘗遣使。孝靜帝天平二年（西元 535 年），齊獻武王以治民之官，多不奉法，請送朝士清正者，州別遣一人問疾苦。周武帝建德五年（西元 576 年）遣使，詔意亦頗重視，皆見〈紀〉。）至齊孝武，徵求急速，以郡縣遲緩，始遣臺使，則擅作威福，其弊無窮，詳見《齊書‧竟陵王子良傳》。後人所由訾遣使縱橫，本非令典也。晉武帝訪王渾以元會問郡國計吏方俗之宜。渾言：「舊侍中讀詔，詔文相承已久，非留心方國之意。請令中書，指宣明詔，不復因循常辭。又先帝時正會後東堂見徵、鎮長史、司馬，諸王國卿，諸州別駕。今若不能別見，可前詣軒下，使侍中宣問，以審察方國。」其視之意亦甚重。然後亦寖成具文。（北齊尚有其禮，見《隋書‧禮儀志》。）晉武帝泰始三年（西

元 268 年），嘗詔郡、國守、相，三載一巡行屬縣。然范寧為豫章太守，欲遣十五議曹下屬城採求風政，並吏假還訊問長吏得失，而徐邈與書，謂：「非徒不足致益，乃是蠹漁所資。」「自古已來，欲為左右耳目者，無非小人。」則雖守、相，欲明目達聰，猶不易也，況天朝乎？

晉武帝置南蠻校尉於襄陽，西戎校尉於長安，南夷校尉於寧州。元康中，護羌校尉（後漢官。）為涼州刺史，西戎校尉為雍州刺史，南蠻校尉為荊州刺史。江左初，省南蠻校尉。尋又置於江陵。改南夷校尉曰鎮蠻校尉。及安帝時，於襄陽置寧蠻校尉。（以授魯宗之。）宋世祖孝建中，省南蠻校尉。齊建元元年（西元 479）復置。三年（西元 481 年）省。延興元年（西元 494 年）置。建武省。護三巴校尉，宋置。建元二年（西元 480 年），改為刺史。平蠻校尉，永平三年（西元 510 年）置，隸益州。護匈奴、羌戎、蠻夷、越四中郎將，晉武帝置，或領刺史，或持節為之。武帝又置平越中郎將，居廣州，主護南越。

官品之制，蓋始曹魏？故《通典》敘魏官，皆明列品第。《宋書・百官志》備列九品之官，謂其定自晉世，晉殆亦沿之於魏也？（晉初限田及衣食客、佃客，皆以官品差多少。《隋書・經籍志》職官門，梁有徐宣瑜《晉官品》一卷。）梁武帝天監初，命尚書郎蔡法度定令為九品。至七年革選，徐勉為吏部尚書，又定為十八班。以班多為貴。（將軍敘於百司之外，分十品、二十四班。《南史・勉傳》云：天監初，官名互有省置。勉撰立選簿，有詔施用。其制開九品為十八班。自是貪冒苟進者，以財貨取通，守道淪退者，以貧寒見沒。則班蓋為選舉而設。）陳亦分十八班。皆見《隋志》。元魏九品，皆分正從，一品之中，復析為上中下，則一品而分為六矣。太和二十三年（西元 499 年），高祖次〈職令〉，世宗頒行之。四品已下，正從各分上下階，一品猶析為四。北齊因之。周盧辯依《周禮》定官制，內外皆分九命，以多為貴，實亦九品也。（《周書・文帝紀》：

魏廢帝三年（西元 554 年），正月，始作九命之典，以敘內外官爵。以第一品為九命，第九品為一命。改流外品為九秩，亦以九為上。）《宋志》所載，雜流技術，亦皆入品。至陳世則《隋志》云：官有清濁，又有流外七班，寒微之人為之。《魏書‧劉昶傳》載高祖臨光極堂大選，亦言八族已上，士人品第有九，九品之外，小人之官，復有七等云。

　　官祿：《晉志》唯載諸開府位從公、（食奉日五斛。太康二年（西元281 年），又給絹，春百匹，秋絹二百匹，綿二百斤。元康元年（西元 291年），給菜田十頃，騶十人。立夏後不及田者，食奉一年。）特進、（食奉日四斛。絹春五十匹，秋百五十匹，綿一百五十斤。菜田八頃，騶八人。）光祿大夫、（奉日三斛，絹春五十匹，秋百匹，綿百斤。菜田六頃，騶六人。）尚書令、（奉月五十斛，絹春三十匹，秋七十匹，綿七十斤。菜田六頃。騶六人。）太子二傅（同光祿大夫。）五官。宋、齊、梁、陳，史皆不載。北齊之制，見於《隋志》。齊制多循後魏，蓋魏亦如是也。（《通鑒》陳宣帝太建七年（西元 575 年）《注》，即以此為魏、齊之制。）其制：官一品，每歲祿八百匹，二百匹為一秩。從一品，七百匹，一百七十五匹為一秩。二品六百匹，一百五十匹為一秩。從二品五百匹，一百二十五匹為一秩。三品四百匹，一百匹為一秩。從三品三百匹，七十五匹為一秩。四品二百四十匹，六十匹為一秩。從四品二百匹，五十匹為一秩。五品一百六十匹，四十匹為一秩。從五品一百二十匹，三十匹為一秩。六品一百匹，二十五匹為一秩。從六品八十匹，二十匹為一秩。七品六十匹，十五匹為一秩。從七品四十匹，十匹為一秩。八品三十六匹，九匹為一秩。從八品三十二匹，八匹為一秩。九品二十八匹，七匹為一秩。從九品二十四匹，六匹為一秩。祿率一分以帛，一分以粟，一分以錢。事繁者優一秩，平者守本秩，閒者降一秩。長兼、試守者，亦降一秩。官非執事、不朝拜者，皆不給祿。又自一品已下，至於流外、勳品，各給事力。一品

至三十人。下至流外、勳品，或以五人為等，或以四人、三人、二人、一人為等。繁者加一等，平者守本力，閒者降一等。州、郡、縣制祿之法：刺史、守、令下車，各前取一時之秩。上上州刺史，歲秩八百匹，與司州牧同，上中、上下，各以五十匹為差。中上降上下一百匹。中中及中下，亦以五十匹為差。下上降中下一百匹。下中、下下，亦各以五十匹為差。上郡太守，歲秩五百匹，降清都尹五十匹。上中、上下，各以五十匹為差。中上降上下四十匹。中中及中下，各以三十匹為差。下上降中下四十匹。下中、下下，各以二十匹為差。上上縣，歲秩一百五十匹，與鄴、臨漳、成安三縣同。上中、上下，各以十匹為差。中上降上下三十匹。中中及中下，各以五匹為差。下上降中下二十匹。下中、下下，各以十匹為差。州自長史已下，逮於史吏，郡縣自丞已下，逮於掾佐，亦皆以帛為秩。郡有尉者減丞之半。皆以其所出常調課之。其鎮將、戍主、軍主副、幢主副，逮於掾史，亦各有差。諸州刺史、守、令已下，幹及力皆聽敕乃給。其幹出所部之人，一干輸絹十八匹，幹身放之。力則以其州、郡、縣白直充。盧辯之制：下士（一命。）一百二十五石。中士（再命。）以上，至於上大夫（上士三命，下大夫四命，中大夫五命，上大夫六命。）各倍之。上大夫是為四千石。卿（七命。）二分，孤（八命。）三分，公（九命。）四分各益其一。公因盈數為萬石。其九秩一百二十石，八秩至於七秩，每二秩六分而下各去其一，二秩俱為四十石。凡頒祿，視年之上下。畝至四釜為上年，上年頒其正。三釜為中年，中年頒其半。二釜為下年，下年頒其一。無年為凶荒，不頒祿。

魏初百官無祿，讀史者或以為異聞。然周制凶荒便不頒祿，與魏初亦何以異？歷代喪亂之際，減祿或不頒祿者甚多，又不獨一周世。（《晉書‧武帝紀》：泰始三年（西元 268 年），九月，議增吏奉，賜王公已下帛有差。咸寧元年（西元 275 年），又以奉祿薄，賜公卿已下帛有差。可見前此奉

祿甚薄，是時雖增，亦不為厚。〈簡文帝紀〉：咸安二年（西元 372 年），三月，詔曰：「往事故之後，百度未充，群僚常奉，並皆寡約。今資儲漸豐，可籌量增奉。」是東渡之初，又曾減於西都也。孝武帝太元四年（西元 379 年），三月，詔以「年穀不登，百姓多匱，九親供給，眾官廩奉，權可減半。」據〈簡文三子傳〉，是時司徒已下，僅月稟七升，則又不止於減半已。宋文帝元嘉之治，見稱江左，而二十七年二月，以軍興減百官奉三分之一。三月，淮南太守諸葛闡求減奉祿，同內百官，於是州及郡、縣丞、尉，並悉同減。至孝武帝大明二年（西元 458 年），正月，乃復郡縣田秩，並九親祿奉。《齊書・武帝紀》：永明元年（西元 483 年），正月，詔曰：「守宰祿奉，蓋有恆準。往以邊虞，沿時損益。今區宇寧宴，郡、縣丞、尉，可還田秩。」則齊初又嘗以兵事減外官奉。北魏班祿，始於太和八年（西元 484 年），而及十九年（西元 495 年），〈紀〉即言其減閒官祿以裨軍國之用。〈于忠傳〉云：太和中，軍國多事。高祖以用度不足，百官之祿，四分減一。忠既擅權，欲以自固，乃悉歸所減之祿。則又不僅閒官。《北史・齊本紀》，於文宣篡位後書：自魏孝莊已後，百官絕祿，至是復給焉，則其末造又嘗無祿也。）蓋行政經費，本在祿奉之外；而服官者當任職之時，隨身衣食，悉仰於官，古人亦視為成法；則無祿者亦不過無所得耳，原不至不能自給，此凶荒之所由可絕祿也。郡縣之官，取諸地方者，送迎之費為大。《晉書・虞預傳》：太守庾琛，命為主簿。預上記陳時政所失，曰：「自頃長吏，輕多去來。送故迎新，交錯道路。受迎者唯恐船馬之不多，見送者唯恨吏卒之常少。窮奢極費，謂之忠義，省煩從簡，呼為薄俗。轉相放效，流而不反。雖有常防，莫肯遵修。加以王途未夷，所在停滯，送者經年，永失播殖。一夫不耕，十夫無食，況轉百數，所妨不訾？愚謂宜勒屬縣：令、尉去官者，人船、吏侍，皆具條列，到當依法減省，使公私允當。」曰有常防而莫肯遵修，欲使條列而為之減省，則因

之為利，雖云貪黷，資以去來，原非違法，故《隋志》所載：梁世郡縣吏有迎新送故之員，各因其大小而置；陳世郡縣官之任、代下，有迎新送故之法，並以定令；可裁之以正而不能徑去也。（漢世黃霸，即以長吏數易，送故迎新。公私費耗為病，見《秦漢史》第十八章第四節。《南史·恩幸傳》云：晉、宋舊制，宰人之官，以六年為限。近世以六年過久，又以三周為期，謂之小滿。而遷換去來，又不依三周之制。送故迎新，吏人疲於道路。《魏書·高祖紀》：延興二年十二月詔，亦以「官以勞升，未久而代，送故迎新，相屬於路」為病。然此自遷代大數，送迎所費大多為之，於法、於理，之任、代下者，原不能令其自籌川費也。）居官時之所資，《齊書·豫章王嶷傳》言之，曰：宋氏已來，州郡秩奉及供給，多隨土所出，無有定準。嶷上表曰：「伏尋郡縣長、尉，奉祿之制，雖有定科，其餘資給，復由風俗。東北異源，西南各緒，習以為常，因而弗變。緩之則莫非通規，繩之則靡不入罪。臣謂宜使所在，各條公用。公田秩石，迎送舊典之外，守、宰相承，有何供調，尚書精加洗核，務令優衷。事在可通，隨宜開許。損公侵民，一皆止卻。明立定格，班下四方，永為恆制。」從之。此所謂其餘資給，蓋即後世之陋規。取之者雖或損公侵民，循其本原所以供公用，故亦可洗核而不可禁絕也。《齊書·王秀之傳》：出為晉平太守。至郡期年，謂人曰：「此邦豐壤，祿奉常充。吾山資已足，豈可久留，以妨賢路？」遂上表請代。夫曰豐壤祿奉常充，則瘠土有不給者矣。此亦所謂各由風俗者歟？《南史·范雲傳》：遷零陵內史。舊政公田奉米之外，別雜調四千石。及雲至郡，止其半。百姓悅之。此蓋本供公用而浮取之者，能去其浮取之額，則為賢者矣。《梁書·良吏傳》：伏暅為東陽太守。郡多麻苧，家人乃至無以為繩。《北齊書·裴讓之傳》：弟諏之，為許昌太守。客旅過郡，出私財供給，民間無所豫。是則當時守、令，日用交際，悉出民間。此似為非法，然祿既薄矣，不於此取之，將安取之？此亦

未違隨身衣食，悉仰於官之義。朱修之為荊州刺史，去鎮之日，計在州然油及私牛馬食官穀草，以私錢六十萬償之。褚玠為山陰令，在任歲餘，守奉祿而已，去官之日，不能自致，留縣境種菜自給。儉不可遵，轉未免賢知之過也。特資用不由官給而由自籌，因之貪取者必眾，故以立法論則究非良規。北魏崔寬，拜陝城鎮將，誘接豪右，宿盜魁帥，得其忻心。時官無祿力，取給於民。寬善撫納，招致禮遺，大有受取，而與之者無恨。此已為非道。若《南史‧宗元饒傳》言：合州刺史遣使就渚斂魚，又令人於六郡丐米；《梁書‧宗室傳》言：益州守、宰、丞、尉，歲時乞丐，躬歷村里：則更不成事體矣。令長為真親民之官，故其所取，皆在民間。若州郡則有更取之於縣者。〈朱修之傳〉言其刺荊州時，百城贶贈，一無所受，可見時以有所受為常。《南史‧傅昭傳》言：昭遷臨海太守，縣令嘗餉粟，置絹於簿下，昭笑而遣之，此亦必非獨餉昭者也。侯景之亂，京官文武，月別唯得廩食，多遙帶一郡縣官而取其祿，（《隋書‧食貨志》。）則京官取資於外前世又早啟其端矣。外官祿奉供給，取諸地方，蓋隨土所出，無畫一之法。即內官亦或諸物雜給，但以錢論直。《梁書‧武帝紀》：大通元年（西元527年），五月，詔曰：「百官奉祿，本有定數。前代以來，皆多平準。頃者因循，未遑改革。自今已後，可長給見錢。依時即出，勿令逋緩。」蓋用實物者，平準或難優衷，故欲革其弊也。其給田者，亦病斂穫之時，不能與在任之日相應。《宋書‧良吏阮長之傳》言：時郡縣田祿，以芒種為斷，此前去官者，則一年秩祿，皆入前人，此後去官者，則一年秩祿，皆入後人。元嘉末始改此科，計月分祿。此皆沿用實物之弊也。《隋書‧蘇孝慈傳》云：先以百寮供費，臺、省、府、寺，咸置廨錢，收息取給，孝慈以為官民爭利，非興化之道，上表請罷之。請公卿已下，給職田各有差。廨錢之制，當亦沿自南北朝時。蓋許其回易，非如後世之存商取息，故以與民爭利為病也。

第四節　選舉

　　晉、南北朝選法，最受人詆諆者，九品中正之制也。《三國・魏志・陳群傳》云：文帝即王位，徙為尚書，制九品官人之法，群所建也，則其制實始漢末。魏時，弊即大著，夏侯玄極言之。晉初，劉毅、衛瓘、段灼、李重等又以為言。皆見《三國志》、《晉書》本傳：然其制迄未能廢。北朝亦放之。至隋乃罷。《梁書・敬帝紀》：太平二年（西元557年），正月，詔諸州各置中正，依舊訪舉，不得輒承單狀序官，皆須中正押上，然後量授，此遭亂曠絕，非法廢也。《魏書・官氏志》：正始元年（西元504年），十一月，罷郡中正。正光元年（西元520年），十二月，罷諸州中正，郡定姓族，後復。其制：於州置大中正，郡置小中正，大中正亦稱州都，《廿二史考異》云：由避隋諱，《隋書・韋師傳》：以楊雄、高熲為州都督，乃校者不達，妄加督字，《北史》亦同誤，其說是也。然劉毅疏中，即有州都之名，則似非始於隋。《晉書・傅玄傳》：子咸，遷司徒左長史。豫州大中正夏侯駿上言：魯國小中正司馬孔毓，四移病所，不能接賓，求以尚書郎曹馥代毓，旬日，復上毓為中正。司徒三卻，駿故據正。咸以駿與奪唯意，乃奏免駿大中正。司徒魏舒，駿之姻屬，屢卻不署。咸據正甚苦。舒終不從。咸遂獨上。舒奏咸激訕不直，詔轉咸為車騎司馬。〈孝友傳〉：盛彥本邑大中正，劉頌舉為小中正。據此二事，小中正用舍，大中正似可參與。以他官或老於鄉里者為之。（說據《十七史商榷》。故其名不見於〈職官志〉。梁太平二年（西元557年），詔選中正每求者德該悉，以他官領之。北齊之制，州大中正以京官為之，見《北齊書・許惇傳》。劉毅年七十告老，久之見許，後司徒舉為青州大中正，此則老於鄉里者也。）平騭人物，分為九品，而尚書據以選用。魏制三年一清定，晉世因之。（《晉書・石季龍載紀》：季龍下書曰：「魏始建九品之制，三年一清定。從爾以來，遵用無改。自不清定，三載於茲，主者其更銓論。」）

　　九品中正之制，何自起乎？曰：古代用人，以德為主。德行必本諸實事，而行實必徵之鄉里，故漢世風氣，最重鄉平。「魏氏承顛覆之運，起喪亂之後，人士流移，考詳無地」。（衛瓘語。）「銓衡之寄，任當臺閣。由是仕馮借譽，學非為己」。（《宋書·臧熹徐廣傅隆傳論》。）此實選法之大弊。又其時輿論所獎，率在虛名。負虛名者不必有才，即德行亦多出矯偽。（參看《秦漢史》第十八章第四節。）故魏武下令，欲求盜嫂受金之士。（《三國·魏志·武帝紀》建安十五年（西元 210 年）春、十九年十二月、二十二年八月令。顧亭林極詆之，謂「經術之治，節義之防，光武、明、章數世為之而未足，毀方敗常之俗，孟德一人變之而有餘。」見《日知錄·風俗條》。不知漢世所謂經術之治，節義之防，舉矯偽而不足信也。參看《秦漢史》自明。）然此乃一時矯枉之為，未可用為恆典。故何夔建議，謂自「軍興以來，用人未詳其本，各引其類，時忘道德。自今所用，必先核之鄉閭，使長幼順敘，無相踰越」。毛玠、崔琰典選，史稱其所舉用，皆清正之士。雖於時有盛名，而行不由本者，終莫得進。即欲核其行實，以破借譽之局也。欲核行實，必先使人有定居。人有定居，而中正之制可廢矣。故李重言「九品始於喪亂，軍中之政，非經國不刊之法」。病當時「人物播遷，仕無常朝，人無定處，郎吏蓄於軍府，豪右聚於都邑」。欲除九品而開移徙，「明貢舉之法，不濫於境外」。衛瓘亦欲「蕩除末法，一擬古制。以土斷定，自公卿已下，皆以所居為正，無復懸客，遠屬異土，使舉善進才，各由鄉論」也。然人士流移，非一朝可復；而吳平未幾，五胡之亂復起，南北隔越，僑置之州郡縣遂多，土斷之法，蓋終晉、南北朝之世，未能盡行；此則九品中正之法，所以相沿而不廢也。

　　九品中正之弊，果何如乎？論者皆曰：用人不容不論其才，才又各有攸宜，中正品平，皆不能具。若論考績，尤不應舍功實而採虛名。（劉毅論九品曰：「人才異能，備體者寡。器有大小，達有早晚。前鄙後修，宜

受日新之報。抱正違時，宜有質直之稱。度遠闕小，宜得殊俗之狀。任直不飾，宜得清實之譽。行寡才優，宜獲器任之用。是以三仁殊塗而同歸，四子異行而均義。陳平、韓信，笑侮於邑里，而收功於帝王。屈原、伍胥不容於人主，而顯名於竹帛。是篤論之所明也。」案此等玄鑒，知人則哲，存乎其人，實非可責諸凡為中正者。然毅又日：「凡官不同事，人不同能。得其能則成，失其能則敗。今品不就才能之所宜，而以九等為例。以品取人，或非才能之所長，以狀取人，則為本品之所限。」又日：「既已在官，職有大小，事有劇易，各有功報，此人才之實效，功分之所得也。今則反之，於限當報，雖職之高，還附卑品；無績於官，而獲高敘，是為抑功實而隆虛名也。」此則確為中正之所負矣。）故中正之法，必不可用，似也。然中正之設，本所以核行實；而鄉里清議，大都只能見其德行，論才任用，據功考課，本當別有專司；（論九品之語甚多，其實夏侯玄之言，已盡之矣。玄謂「銓衡專於臺閣，上之分也。孝行存乎閭巷，優劣任之鄉人，下之敘也。夫欲清教審選，在明其分敘，不使相涉而已。」欲「令中正但考行倫輩，官長各以其屬能否，獻之臺閣，臺閣據之，參以鄉閭德行之次，擬其倫比。」即欲使中正唯論德行，餘事委之他司也。）以是為中正咎，中正不任受怨也。中正之設，據行實以登下其品第，以是立名教之防，使知名勇功之士，不敢有裂冠毀冕之為；（中正所論，唯在德行，尤重當時所謂名教之防。陳壽遭父喪，有疾，使婢丸藥，客見之，鄉里以為貶，坐是沉滯累年。閻纘父卒，繼母不慈。纘恭事唯謹，而母疾之愈甚。乃誣纘盜父時金寶，訟於有司。遂被清議十餘年。謝惠連愛幸郡吏杜德靈，居父憂，贈以五言詩十餘首，坐廢不豫榮伍。《文獻通考》引此三事，病其法大拘。此等事若悉舉之，尚更僕難盡。然如《晉書·孔愉傳》：謂愉為司徒長史，以溫嶠母亡，遭喪不葬，乃不過其品。及蘇峻平，嶠有重功，愉往石頭，詣嶠，嶠執愉手而流涕日：「天下喪亂，忠孝遂廢，能持

古人之節，歲寒不凋者，君一人耳。」時人咸稱嶠居公，而重愉之守正。愉之執持，曷嘗有妨於嶠之宣力，而使名教之防益峻，豈能謂為無益？若云其所謂名教者本不足存，此則別是一義，不能以責當時之士也。）抑且考論輩行，使登用雁行有序，則可以息奔競之風；原不能謂為無益。所可惜者，其後並此而莫能舉。欲以息奔競之風，而奔競更甚。終至上品無寒門，下品無世族。（劉毅語。中正之弊，蓋以此為最深。《宋書·恩幸傳》論其事曰：「漢末喪亂，魏武始基，軍中倉卒，權立九品，蓋以論人才優劣，非為世族高卑。因此相沿，遂為成法，自魏至晉，莫之能改。州都、郡正，以才品人，而舉世人才，升降蓋寡，徒以馮藉世資，用相陵駕。都、正俗士，斟酌時宜，品目少多，隨事俯仰。劉毅所謂下品無高門，上品無賤族者也。歲月遷訛，斯風漸篤。凡厥衣冠，莫非上品。自此以還，遂成卑庶。」可見其法立而弊即生，且降而彌甚矣。中正之設，原欲以息奔競，然劉毅譏其「隨世興衰，不顧才實，衰則削下，興則扶上」；段灼亦謂「據上品者非公侯之子孫，則當塗之昆弟」；是益其奔競也。《魏書·世宗紀》，載正始二年（西元 505 年）詔，謂「中正所銓，唯在門第」，可謂南北一轍。然〈孫紹傳〉：紹表言：「中正賣望於鄉里，主案舞筆於上臺，真偽渾淆，知而不糾。」則並辨別姓族而有所不能矣。晉武帝咸熙二年（西元 265 年），嘗詔諸郡中正，以六條舉淹滯，可知立法之意，正與後來之所行相反也。）而其人又或快意恩仇，（《晉書·何曾傳》：曾子劭薨，子岐嗣。劭初亡，袁粲弔岐，岐辭以疾，粲獨哭而出，曰：「今年決下婢子品。」王銓謂之曰：「知死弔死，何必見生？岐前多罪，爾時不下，何公新亡，便下岐品，人謂中正畏強易弱」，粲乃止。使如粲意行之，則誠所謂衰則削下，興則扶上者矣。）受納貨賄，（李宣茂兼定州大中正，坐受鄉人財貨，為御史所劾，除名為民，見《魏書·李靈傳》。又陽尼，出為幽州平北府長史，帶漁陽太守，未拜，坐為中正時受鄉人財貨免官。）結

交朋黨，(劉毅言：「前九品詔書，善惡必書，以為褒貶。當時天下，少有所忌。今之九品，所下不彰其罪，所上不列其善，廢褒貶之義，任愛憎之斷，清濁同流，以植其私。故反違前品，大其形勢，以驅動眾人，使必歸己。天下安得不解德行而銳人事？」案衛瓘亦言：「魏立九品之制，其始造也，鄉邑清議，不拘爵位，褒貶所加，足為勸厲，猶有鄉論餘風。中間漸染，遂計資定品。使天下觀望，唯以居位為貴人。」是中正之初，嘗有激揚之效，而後乃至於敗壞也。然其敗壞亦可謂速矣。)而上之人選任之亦日輕。(《晉書‧李含傳》：隴西狄道人，僑居始平。司徒選含領始平中正。據傳咸表，含自以隴西人，雖戶屬始平，非所綜悉，反覆言辭，是中正必以當地人為之也。〈劉毅傳〉：司徒舉毅為青州大中正。尚書以毅縣車致仕，不宜勞以碎務。孫尹表言：「臣州茂德唯毅，裁毅不用，則清談倒錯矣。」〈何充傳〉：領州大中正。以州有先達宿德，固讓不拜。是中正必以耆德為之也。然《魏書‧文苑傳》：聿修年十八而領本州中正，則幾於乳臭矣。又恩幸，如王仲興、茹皓、趙邕、侯剛、剛子詳，奄官如平季、封津，皆為中正，則正人君子，必羞與為伍矣。仲興世居趙郡，自以寒微，云舊出京兆霸城縣，故為雍州大中正。皓舊吳人，父家居淮陽，上黨。既宦達，自云本出雁門。雁門人諂附者，因薦皓於司徒，請為肆州大中正。則並籍貫而不能理矣。)於是正論湮而怨訟敵仇之事且因之而起矣。(《晉書‧王戎傳》：孫秀為琅邪郡吏，品於鄉議。戎從弟衍將不許，戎勸品之。及秀得志，朝士有宿怨者皆被誅，而戎、衍獲濟。劉毅論九品之弊曰：「自王公以至於庶人，無不加法，置中正委以一國之事，無賞罰之防。人心多故，清平者寡，故怨訟者眾。聽之則告訐無已，禁絕則侵枉無極。與其理訟之煩，猶愈侵枉之害。今禁訟訴，則杜一國之口，培一人之勢，使得縱橫，無所顧憚」。此已為非體，然能禁其訟訴，而不能禁其私相仇。故毅又謂其「恨結於親親，猜生於骨肉，當身困於敵仇，子孫罹其殃咎也。」

其為禍可謂博矣。）此亦行法者之弊，不能盡歸咎於立法也。

秀、孝為州、郡常舉，晉、南北朝，亦沿漢法。後漢避光武諱，改秀才曰茂才。魏復曰秀才。晉江左，揚州歲舉二人；諸州舉一人，或三歲一人，隨州大小。並對策問。孝廉：魏初制口十萬以上歲一人，有秀異不拘戶口。江左以丹陽、吳、會稽、吳興並大郡，歲各舉二人。（《宋書·百官志》。）周宣帝詔制九條，宣下州郡。八曰州舉高才博學者為秀才，郡舉經明行修者為孝廉。上州、上郡歲一人，下州、下郡三歲一人。（《周書·本紀》。）高齊亦下州三歲一舉秀才。（見《北齊書·文苑樊遜傳》。）

策試之法，時有興替。《晉書·孔坦傳》云：先是以兵亂之後，務存慰悅，遠方秀、孝，到不策試，普加除署。至是，帝（元帝。）申明舊制，皆令試經。有不中科，刺史、太守免官。大興三年（西元 320 年），秀、孝多不敢行。其有到者並託疾。帝欲除署孝廉，而秀才如前制。坦奏議曰：「古者且耕且學，三年而通一經。以平康之世，猶假漸漬，積以日月。自喪亂已來，十有餘年，干戈載揚，俎豆禮戢，家廢講誦，國闕庠序，率爾責試，竊以為疑，然宣下已來，涉歷三載。累遇慶會，遂未一試。揚州諸郡，接近京都，懼累及君父，多不敢行。遠州邊郡，掩誣朝廷，冀於不試，冒昧來赴。既到審試，遂不敢會。臣愚以為不會與不行，其為闕也同。若當偏加除署，是為肅法奉憲者失分，徼倖投射者得官。王命無貳，憲制宜信。去年察舉，一皆策試。如不能試，可不拘到，遣歸不署。又秀才雖以事策，亦泛問經義。苟所未學，實難暗通。不足復曲碎乖例，違舊造異。謂宜因不會，徐更革制。可申明前下，崇修學校，普延五年，以展講習。」帝納焉。聽孝廉申至七年，而秀才如故。據此，申明試經舊制，事在建武、大興之間。《抱朴子·審舉篇》曰：「江表雖遠，密邇海隅，然染道化，率禮教，亦既千餘載矣。往雖暫隔，不盈百年，而儒學之事，亦未偏廢。昔吳王初年，附其貢士，見偃以不試。今太平已近四十

年，猶復不試，所以使東南儒業，衰於在昔也。」自吳之亡，至大興三年（西元 320 年），凡四十年，葛氏此篇，當即作於建武、大興之間。然則北方秀、孝之試，自八王搆亂而曠絕，南方則晉世本未嘗試也。爾後試法蓋復，然亦有名無實，〈五行志〉：成帝咸和七年（西元 332 年），正月，丁巳，會州、郡秀、孝於樂賢堂。有麕見於前，獲之。自喪亂已後，風教陵夷，秀、孝策試，乏四科之實。麕興於前，或斯故乎？其徵也。《宋書・武帝紀》：義熙七年（西元 411 年），先是諸州、郡所遣秀才、孝廉，多非其人，公表天子，申明舊制，依舊策試，則晉末又嘗曠絕矣。豈以桓玄之亂故歟？此後清平時恆有策試之法，間亦有親策之舉，如宋武帝永初二年（西元 421 年），齊武帝永明四年（西元 486 年），魏孝文帝太和十六年（西元 492 年），北齊武成帝河清二年（西元 563 年）是也。胡靈后亦嘗親策秀、孝及州、郡計吏於朝堂，見《魏書》本傳。

馬貴與言：「自孝文策晁錯之後，賢良方正，皆承親策，上親覽而第其優劣。至孝昭，年幼未即政，故無親策之事。乃詔有司，問以民所疾苦。然所問者，鹽鐵、均輸、榷酤，皆當時大事。令建議之臣，與之反覆詰難，講究罷行之宜。其視上下相應以義理之浮文者，反為勝之。國家以科目取士，士以科目進身者，必如此，然後為有益人國耳。」又謂：「漢武帝之於董仲舒也，意有未盡，則再策之，三策之，晉武帝之於摯虞、阮種也亦然。」此論雖指賢良，然《晉書・王接傳》云：永寧初學秀才。友人遺接書勸無行，接報書曰：「今世道交喪，將遂剝亂，而識智之士，箝口韜筆。非榮斯行，欲極陳所見，冀有覺悟耳。」是歲三王義舉，惠帝復阼，以國有大慶，天下秀才，一皆不試。接以為恨。是凡對策者皆可極陳所見也。然觀孔坦之言，則知秀才策試，亦已兼用經義，而孝廉無論矣。（《晉書・魏舒傳》：年四十餘，察孝廉。宗黨以舒無學業，勸令不就，可以為高。舒不聽。自課百日習一經，對策升第。其所試者，蓋全為經生之業

矣。〈石勒載記〉言勒立秀孝試經之制，必有所受之也。）其後秀才對策，又兼重文辭。南北皆然。（此弊北朝尤甚。《北齊書·儒林傳》：劉晝，河清初舉秀才，考策不第，乃恨不學屬文，方復緝綴辭藻，馬敬德，河間郡王將舉其孝廉，固辭。乃詣州求舉秀才。舉秀才例取文士，州將以其純儒，無意推薦。敬德請試方略。乃策問之。所答五條，皆有文理。乃欣然舉選。至京，依秀才策問。唯得中第。乃請試經業。問十條並通。擢授國子助教。蓋儒生之於文辭，究非專長也。南朝似尚不至此。然《梁書·文學傳》謂何遜舉秀才，范雲見其策，大相稱賞。謂所親曰：「頃觀文人，質則過儒，麗則傷俗，合清濁，中古今，得之何生矣。」則考策者雖非徒重文辭，亦非不重文辭矣。〈江淹傳論〉載姚察之辭曰：「二漢求士，率先經術，近世取人，多由文史。」可以見其所偏矣。）遂寖成考試之法，無復諮訪之意矣。唯魏孝文太和七年（西元 483 年）詔言：「朕每思知百姓之所疾苦，故具問守宰苛虐之狀於州郡使者、秀孝、計掾。而對文不實，甚乖朕虛求之意。宜案以大辟，明罔上必誅。然情猶未忍。可恕罪聽歸。申下天下：使知後犯無恕。」所答雖不副所求，而其問之，則實得漢世策問賢良之意。蓋以魏起代北，風氣究較質樸故也。

　　言有發於千百年之前，而於千百年後之事若燭照而數計者，葛洪〈選舉〉之篇是也。洪謂秀、孝皆宜如舊試經答策，而「防其所對之奸」。欲「使儒官才士，豫作諸策，禁其留草，殿中封閉，臨試之時亟賦之。當答策者，皆會著一處。高選臺省之官，親監察之。又嚴禁之。其交關出入，畢事乃遣」。又設難曰：「能言不必能行，今試經對策雖過，豈必有政事之才乎？」而答之曰：「如其舍旃，則未見餘法之賢乎此也。假令不能盡得賢才，要必愈於了不試也。自有學不為祿，味道忘貧，若法高卿、周生烈者，萬之一耳。至於寧越、兒寬、黃霸之徒，所以強自篤勵，非天性也，皆由患苦困瘁，欲以經術自拔耳。使非漢武之世，朱買臣、嚴助之屬，亦

未必讀書也。今若遽邇一例，明課考試，必多負笈千里，以尋師友；轉其禮賂之費，以買記籍者。」故「試經法立，則天下可不立學官而人自勤學」。案後世科舉之利，在於官不立學，雖立亦徒有其名，而民自鄉學，文教由是覃敷也。其制不足以必得才，而究愈於不試，而其試之則關防不得不嚴。唐、宋、明、清之事，可以為證。而葛氏發之於千百年之前，亦可謂聖矣。何以克聖？理有必至，勢有固然，察之者精，故言之者審也。漢世丞相，四科取士：一曰德行高妙，志節清白，二曰經中博士，三曰文中御史，四曰才任三輔令。一者德，四者才，二者儒學，三者文法之學也。德與才皆不可以言試，故左雄選孝廉之法，諸生試家法，文史課籤奏，實即四科之二三。黃瓊以雄所上專於儒學、文史，於取士之義，猶有所遺，奏增孝弟及能從政者，則欲補之以四科之一四耳。（參看《秦漢史》第十八章第四節。）秀、孝試經，皆即儒學，文法之學，實切於用，而魏、晉以後，選士之制闕焉，故葛氏又欲取明律令者試之如試經。當時試孝廉之法，實即後世明經之科，秀才之科，唐以後雖廢絕，然南北朝末，人重文辭，唐進士科之所試，實即前此之所以試秀才者也。明法之科，則即漢世丞相取士四科之三，左雄之所以試文吏，而亦即葛氏所欲舉者。惜其視之大輕，故葛氏所病弄法之吏，失理之獄，仍不絕於後世也。（漢時射策之法，亦見《秦漢史》第十八章第四節，此即後世帖經、墨義之法所本，秀才試經，或異乎此，然亦即後世試大義之法也。）

　　孝廉之舉，本重行實，魏、晉而後，仍有此意。《宋書·孝義傳》，吳興太守王韶之發教：謂「孝廉之選，必審其人。雖四科難該，文質寡備，必能孝義邁俗，拔萃著聞者」。乃察潘綜、吳逵為孝廉，並列上州臺，陳其行跡，則其事矣：韶之初擢逵補功曹史，逵以門寒，固辭不受，乃舉為孝廉。又郭世通，（會稽永興人。）太守孟察孝廉，其子原平，太守王僧朗察孝廉，皆不就，太守蔡興宗，又欲舉原平次息為望孝，與會土高門相

敵。(詳見第十八章第一節。)則孝廉之選,頗有不拘門第者。故史臣謂「漢世士務治身,忠孝成俗,至於乘軒服冕,非此莫由,晉、宋以來,風衰義缺,刻身厲行,事薄膏腴,孝立閨庭,忠被史策,多發溝畎之中,非出衣簪之下」也。然此言實因果倒錯。核其實,蓋由斯時膏腴之士,別有出身,不藉行譽,故孝義獲舉,偏在窮簷耳。〈自序〉言:沈邵為安成相,郡民王孚,有學業志行,見稱州里,邵涖任未幾而孚卒。邵贈以孝廉。其所以風厲之者,可謂至矣。然〈袁粲傳〉言:粲坐納山陰民丁象文貨,舉為會稽郡孝廉免官。《梁書‧文學傳》:高爽,齊永明中贈王儉詩,為所賞,及領丹陽尹,舉爽孝廉,則藉賄賂、交遊而得之者,亦在所不免矣。魏韓麒麟嘗以州郡貢察,但檢門望為病,(見第十八章第一節。)則拔忠孝於溝畎之中,究亦罕有之事也。

　　特詔選舉,晉初為盛。〈武帝紀〉:泰始四年(西元 269 年),十一月,詔王公卿尹及郡、國守、相舉賢良方正直言之士。五年(西元 270 年),十二月,詔州、郡舉勇猛秀異之才。七年(西元 272 年),六月,詔公、卿以下舉將帥各一人。八年(西元 273 年),二月,詔內外群官舉任邊郡者各三人。太康九年(西元 273 年),五月,詔內外群官舉守、令之才。後世雖間有特詔,而希矣。(〈成帝紀〉:咸和六年(西元 331 年),三月,詔舉賢良直言之士。十一月,詔舉賢良。八年(西元 333 年),正月,令諸郡舉力人能舉千五百斤以上者。)〈馬隆傳〉云:泰始中,將興伐吳之役,下詔曰:「吳會未平,宜得猛士,以濟武功。雖舊有薦舉之法,未足以盡殊才。其普告州郡:有壯勇秀異,才力傑出者,皆以名聞。將簡其尤異,擢而用之。苟有其人,勿限所取。」兗州舉隆才堪良將。此即〈紀〉所載五年十二月之詔也。觀於涼州之役,(見第二章第二節。)隆誠不愧壯勇秀異之目矣。〈王衍傳〉:泰始八年(西元 273 年),詔舉奇材可以安邊者。衍初好論縱橫之術,故尚書盧欽舉為遼東太守,不就。則非徒舉其所知,亦且指

所宜任，誠得舉才之道矣。惜乎後世，此等舉措不恆有也。（以至孝等實行獲舉者，多見〈孝義〉等傳中，此風屬之意多，求才之意少。）北朝斯舉亦罕。唯魏孝文太和十九年（西元495年），十月，嘗詔州郡：「諸有士庶，經行修敏，文思逸逸，才長吏治，堪幹政事者，以時發遣。」出於常舉之外。

馬貴與云：「任子法始於漢，尤備於唐。漢、唐史列傳，凡以門蔭入仕者，皆備言之。獨魏、晉、南北史，不言門蔭之法，列傳中亦不言以門蔭入仕之人。蓋兩漢入仕，或從辟召，或舉孝廉，至隋、唐則專以科目。以門蔭入仕者，皆不由科目與辟召者也。魏、晉以九品中正取人，所取多以世家為主。南北分裂，凡三百年，用人亦多取世族。南之王、謝，北之崔、盧，雖朝代推移，猶卬然以門地自負，上之人亦緣其門地而用之。其時仕者，或從辟召，或舉孝廉，雖與兩漢無異，而從辟召舉孝廉之人，則皆貴冑也。史傳不言以蔭敘入官，蓋以見當時雖以他途登仕版，居清要，亦皆世家也。」案《魏書・房亮傳》言：其時邊州刺史，例得一子出身。蔭敘之法可考者，唯此而已。

劉毅病晉武賣官，錢入私門，（見第二章第一節。）北齊後主賜佞幸賣官，（見第十四章第四節。）皆弊政非弊法。唯宋明帝泰始二年（西元467年），三月，令人入米七百石者除郡，減此各有差。（《南史・本紀》。）魏明帝孝昌三年（西元527年），二月，詔凡能輸粟入瀛、定、岐、雍四州者，官斗二百斛賞一階。入二華州者，五百石賞一階。不限多少，粟畢授官。（《魏書・本紀》。）莊帝班入粟之制：輸粟八千石賞散侯，六千石散伯，四千石散子，三千石散男。職人輸七百石，賞一大階，授以實官。白民輸五百石，聽依第出身，一千石加一大階。無第者輸五百石，聽正九品出身，一千石加一大階。諸沙門有輸粟四千石入京倉者，授本州統。若無本州者，授大州都。若不入京倉，入外州郡倉者，三千石畿郡都、統，依

資格。若輸五百石入京倉者，授本郡維那。其無本郡者，授以外郡。粟入外州郡倉七百石，京倉三百石者，授縣維那。（《魏書・食貨志》。）則皆賣官之法也。

迴避之法，此時仍有之。《晉書・華表傳》：子廙，妻父盧毓典選，難舉姻親，年三十五不得調。此猶曰人自避嫌，法無明禁也。劉弘之受敕選補荊部守宰也，（見下。）以襄陽授皮初，而朝廷用弘婿夏侯陟，弘乃表陟姻親，舊制不得相監，卒以授初，則其制仍存矣。《周書・柳敏傳》：河東解縣人，起家員外散騎侍郎，累遷河東郡丞。朝議以敏之本邑，故有此授。敏雖統御鄉里，而處物平允，甚得時譽。然則統御鄉里，處事易於不平，尋常選用，亦或有迴避之科矣。

禁錮之科，清議特重。《隋書・刑法志》：謂梁士人有禁錮之科，亦以輕重為差。其犯清議，則終身不齒。陳重清議禁錮之科。若縉紳之族，犯虧名教，不孝及內亂者，發詔棄之，終身不齒。先與士人為婚者，許妻家奪之。南朝唯革易之初，每加蕩滌。（見諸本紀詔。）魏胡靈后之立釗，亦詔清議禁錮，悉與蠲除焉。叛逆之家，亦待詔書而免。《晉書・忠義傳》：沈勁，年三十餘，以刑家子，不得仕進。郡將王胡之深異之，及遷司州，將鎮洛陽，上疏言：「其門戶累蒙曠蕩，不審可得特垂沛然，許臣所上不？」詔聽之。此特免一人者也。《宋書・孝武帝紀》：孝建二年（西元455年），九月，詔曰：「在朕受命以前，犯釁之門，尚有存者，子弟可隨才署吏。」則普與蠲除矣。蓋所以安反側也。

選授之權，實在吏尚。《宋書・蔡廓傳》：徵為吏部尚書。因傅隆問中書令傅亮：「選事若悉以見付不論，不然，不能拜也。」亮以語錄尚書徐羨之。羨之曰：「黃門郎已下，悉以委蔡，吾徒不復厝懷。自此以上，故宜共參同異。」廓曰：「我不能為徐幹木署紙尾也。」（幹木羨之小字。選案黃紙，錄尚書與吏部尚書連名，故廓云紙尾。）遂不拜。可見吏部尚書，

雖「由來與錄共選」，（謝莊傳孝武詔語。）實權皆在尚書矣。遇猜忌之主，或近習專朝，則令、錄、尚書，有共失其權者。宋孝武慮權移臣下，分吏部尚書置二人。（見《宋書‧謝莊、孔覬傳》。）前廢帝時，蔡廓子興宗掌吏部，義恭錄尚書，興宗每陳選事，戴法興、巢尚之等輒點定回換，已見第九章第三節。《梁書‧王亮傳》，言其建武末為吏部尚書，右僕射江祏管朝政，多所進拔，為士子所歸。亮自以身居選部，每持異議。及祏遇誅，群小放命，凡所除拜，悉由內寵，亮更弗能止。皆其事也。山濤典選，史所稱美，然又言其再居選職，十有餘年，每一官缺，輒啟擬數人，詔旨有所問，然後顯奏，隨帝意所欲為先，則逢迎人主，不任受德，亦不任受怨者耳。〈外戚傳〉：王蘊，遷吏部尚書郎。每一官缺，求者十輩。蘊無所是非。時簡文帝為會稽王，輔政，蘊輒連狀白之，曰：某人有地，某人有才。此亦山濤之類，而皆獲美譽，足見毀譽多操諸庸夫之口也。北朝亦重吏部。《魏書‧任城王澄傳》：從孝文幸鄴宮，除吏部尚書。及幸代，車駕北巡，留鄴銓簡舊臣。初魏自公侯已下，迄於選臣，動有萬數，冗散無事。澄品為三等，量其優劣，盡其能之用，咸無怨者，其真允當與否不可知，其權則可謂大矣。《晉書‧劉弘傳》：弘為荊州時，荊部守宰多闕，弘請補選，帝從之。其表文言被中詔，敕臣隨資品選補諸缺吏。此則喪亂時事，不可視為常法者也。魏初嘗置護軍主武官選，（《宋書‧百官志》。）可參看上節。（晉景帝為中護軍，為選用之法，見〈本紀〉。）

　　漢世人才，萃於郎署。魏、晉以來，光祿勳無復三署郎，猶舉四行，（《宋書‧百官志》。）則徒有其名而已。吏部尚書，以一人之鑒，照察天下，（魏崔亮語。）夫安得盡其才？故當時論者，多欲使群官並舉。（衛瓘論九品之疏曰：「今除九品，則宜準古制，使朝臣共相舉任。於出才之路既博，且可以屬進賢之公心，核在位之明暗。」劉寔作〈崇讓論〉，欲使「人臣初除，各推賢能而讓之，讓之文，付主者掌之，有缺，擇所讓最多

者而用之」。此名為讓，其實薦也。宋孔寧子陳損益，欲使天朝四品官，外及守牧，各舉一人堪為二千石長吏者，以付選官，隨缺敘用，得賢受賞，失舉任罰。見《宋書·王華傳》。殷景仁亦建議：宜令百官舉才，以所薦能否為黜陟。謝莊亦上表曰：「九服之曠，九流之艱，提鈞縣衡，委之選部。一人之鑒易限，天下之才難原，以易限之鑒，鏡難原之才，使國罔遺授，野無滯器，其可得乎？宜普命大臣，各舉所知，以付尚書，依分銓用。若任得其才，舉主延賞，有不稱職，宜及其坐，重者免黜，輕者左遷。被舉之身，加以禁錮。年數多少，隨愆議制。若犯大辟，則任者刑論。」凡此建白。皆欲救以一人之鑒，照察天下之弊也。保任連坐，似失之酷，然郗詵言：「自頃長吏，有亡命而購縣，有縛束而絞戮。貪鄙竊位，不知誰升之者，獸兕出檻，不知誰可咎者，網漏吞舟，何以過此？」則其時官方，敗壞日甚，亦有所不得已也。）然其事迄不能行也。選法既弊，奔競之風大盛。《晉書》所載，邵詵一對，劉頌、熊遠二疏，陳頵與王導書，及劉寔〈崇讓〉，王沈〈釋時〉之論，（沈見〈文苑傳〉。〈傳〉云：元康初，松滋令吳郡蔡洪作〈孤奮論〉，與〈釋時〉意同，而不載其文。）言之最為痛切。綜其弊，則掌選者不守定法而馮人事，士不務學行而立虛譽，實仍季漢之餘風耳。欲救其弊，范寧「驗其鄉黨，考其業尚，試其能不」三言盡之。然終莫能行者，可見破除私黨之難也。

　　選法之壞。齊末為最，《梁書·武帝紀》載帝中興二年（西元 502 年）表曰：「譜牒訛誤，詐偽多緒；人物雅俗，莫肯留心；是以冒襲良家，即成冠族；妄修邊幅，便為雅士；負俗深累，遂遭寵擢，墓木已拱，方被徽榮。故前代選官，皆立選簿。應在貫魚，自有銓次。胄籍升降，行能臧否，或素定懷抱，或得之餘論。（此可見當日論才，雖馮衡鑒，平時亦有記注，不能臨時馮億進退也。臨時馮億進退，必為奸弊之原。）故得簡通賓客，無事掃門。頃代陵夷，九流乖失。其有勇退忘進，懷質抱真者，選

部或以未經朝謁，難於進用。或有晦善藏聲，自埋衡華，又以名不素著，絕其階緒。必須畫刺投狀，然後彈冠。則是驅迫廉，獎成澆競。愚謂自今選曹，宜精隱括，依舊立簿。使冠履無爽，名實不違。庶人識涯涘，造請自息。」此可見選曹守法之要，而夤緣奔競之風，悉由掌選者先自毀法啟之矣。梁世徐勉在選曹，亦撰《選品》五卷。《魏書・景穆十二王傳》：御史中尉東平王匡，奏請取景明元年（西元 500 年）以來，內外考簿，吏部除書，中兵勳案，並諸殿最，欲以案校竊階盜官之人。靈太后許之，任城王澄不同而止。〈孝靜帝紀〉：武定六年（西元 548 年），四月，吏部令史張永和，青州人崔闊等偽假人官，事覺糾檢，首者六萬餘人。選司奸利，真足驚駭。喪亂之際，尤不可問。徐陵述陳初情形曰：「員外常侍，路上比肩，諮議參軍，市中無數。」《魏書・後廢帝紀》：中興元年（西元 531 年），十一月，詔無識之徒，繆增軍級，虛名顯位，皆言前朝所授，則其事。高隆之奏請檢括，卒以群小喧囂，懼而中止，（見第十四章第一節。）可見整頓之難矣。

刺史官屬：《宋書・百官志》云：今有別駕、西曹，主吏及選舉事。西曹，即漢之功曹書佐也。又云：宋太祖元嘉四年（西元 427 年），復置郡官屬，略如公府。無東西曹。（《晉書・蔡謨傳》：父克，成都王穎為丞相，擢為東曹緣。苟進之徒，望風畏憚。）有功曹史主選舉。《晉書・劉毅傳》云：少厲清節。然好臧否人物。王公貴人，望風憚之。僑居平陽，太守杜恕請為功曹，沙汰郡吏百餘人，三魏稱焉。為之語曰：「但聞劉功曹，不聞杜府君。」王韶之擢吳逵為功曹史，逵以門寒，固辭不受，已見前。《晉書・虞預傳》：餘姚風俗，各有朋黨。宗人共薦預為縣功曹，欲使沙汰穢濁。預書與其從叔父曰：「邪黨互瞻，異同蠡至。一旦差跌，眾鼓交鳴。毫釐之失，差以千里。此古人之炯戒，而預所大恐也。」卒如其言，未半年，遂見斥退。可見功曹所繫之重，而亦可見其不易為矣。州郡用人，多

不詳審，觀蘇綽所為六條詔書可知。（見第十八章第一節。）楊公則為湘州，所辟引皆州郡著姓，而梁武帝班下諸州以為法，（亦見第十八章第一節。）是則明目張膽，唯論門資也。《梁書·張稷傳》：『出為吳興太守。下車存問遺老，引其子孫，置之右職。又〈太祖五王傳〉：安成康王秀，出為江州刺史。聞前刺史取陶潛曾孫為里司，嘆曰：「陶潛之德，豈可不及後世？」即日闢為西曹。此名為養老尊賢，實亦以門閥用人也。甚有如隋文帝年十四而為功曹者。（見《隋書·本紀》。）尚可託以選用乎？門閥而外，勢家干謁尤多。陶侃以范逵之言，廬江召為督郵，已見第四章第三節。《晉書·劉卞傳》：本兵家子。少為縣小吏。功曹夜醉如廁，使卞執燭，不從。銜之，以他事補亭子。有祖秀才者謂縣令，令即召為門下史。卞兄為太子長兵，既死，兵例須代，功曹請以卞代兄役。令曰：祖秀才有言。遂不聽。〈束皙傳〉：與兄璆俱知名。璆娶石鑒從女，棄之，鑒以為憾，諷州郡，公府不得闢，故皙等久不得調。〈李含傳〉：隴西狄道人也。僑居始平。兩郡並舉孝廉。安定皇甫商，州里年少，恃豪族，以含門寒微，欲與結交。含距而不納。商恨焉。遂諷州，以短檄召含為門亭長。（參看第三章第三節。）《周書·柳慶傳》：父僧習，為潁川郡。地接都畿，民多豪右，將選鄉官，皆依倚貴勢，競來請託。可見其門如市之概矣。《魏書·顯祖紀》：和平六年（西元 465 年），九月，詔曰：「先朝以州牧親民，宜置良佐，故敕有司，班九條之制，使前政選吏，以待俊乂。然牧司寬惰，不只憲旨，舉非其人，愆於典度。今制刺史、守、宰，到官之日，自舉民望忠信，以為選官。不聽前政，共相干冒。若簡任失所，以罔上論。」立法初意，蓋以新任之官，不習當地情形，故委前政與之相參，而不意其遂為奸弊之藪也。州郡之職，本非志士所樂為，（《魏書·李孝伯傳》：父曾，郡三辟功曹丕就。門人勸之。曾曰：「功曹之職，雖云鄉選高第，猶是郡吏耳。北面事人，亦何容易？」州闢主簿。到官月餘，乃嘆曰：「梁敬叔

有云：州郡之職，徒勞人意耳。」遂還家講授。）故延高賢者或不屈以吏職。（唐彬為雍州，延致處士皇甫申叔等四人，不屈以吏職，見《晉書》本傳。）而其輕之如此，尚安望得人乎？

　　門第用人，斯時為盛。大抵職閒廩重，則貴勢交爭，煩繁之職，皆非所樂處。（參看第十八章第一節。）至於吏姓寒人，僑雜傖楚，則其官位，皆有所極。（《梁書・文學傳》：鐘嶸於天監初上言，謂：「永元軍官，是素族士人，自有清望；因斯受爵，一宜削除。若吏姓寒人，聽極其門品，不當因軍，遂濫清級。若僑雜傖楚，應在綏撫，正宜嚴斷祿力，絕其妨正，直乞虛號而已。」敕付尚書行之。《周書・薛憕傳》：河東汾陰人。曾祖弘敞，直赫連之亂，率宗人避地襄陽。江表取人，多以世族。憕既羈旅，不被擢用。）又貴族入仕極早。梁武雖欲革其弊，（天監四年（西元 505 年）詔，見第十八章第一節。）亦卒不能除也。（《梁書・朱异傳》：舊制，年二十五，方得釋褐。异適二十一，特敕擢為揚州議曹從事史。此雖出特敕，然如張緬、張纘等起家之早，則仍沿舊習也。見第十八章第一節。《南史・顧協傳》：張率嘗薦之於梁武，帝問協年，率言三十有五。帝曰：「北方高涼，四十強仕，南方卑溼，三十已衰，如協便為已老。但其事親孝，與友信，亦不可遺於草澤，卿可稱敕喚出。」三十為老，前古未聞，特緣當時貴冑入仕，皆習於早，乃以三十為已老耳。）魏孝文謂劉昶：小人之官，別有七等，（見上節。）實為後世流內外分銓之原。（《通鑑》齊明帝建武三年（西元 496 年）《注》。）《隋書・盧愷傳》云：開皇初，拜禮部尚書，攝吏部尚書事。會國子博士何妥與右僕射蘇威不平，奏威陰事，愷坐與相連，除名。自周氏以降，選無清濁。愷攝吏部，與薛道衡、陸彥師等甄別士流，故涉黨固之譖。〈彥師傳〉云：轉吏部侍郎。隋承周制，官無清濁。彥師在職，凡所任人，頗甄別於士庶，時論美之。則選法雖平，人心初不因之而變矣。《魏書・肅宗紀》：熙平元年（西元 516 年），

八月，詔庶族子弟，年未十五，不聽入仕。則北方入仕，雖庶族亦習於
早。而貴冑尤甚，楊愔年十八，拜通直散騎侍郎。裴寬年十三，以選為魏
孝明帝挽郎，呂思禮年十九舉秀才。袁聿修九歲，崔瞻子。年十五，封孝
琰（孝琬弟。）年十六，皆州闢主簿。白建諸子幼稚，俱為州郡主簿。新
君選補，必先召闢，皆其尤較然者矣。

　　選法之敝，外任必輕。史臣言：「漢氏官人，尚書郎出宰百里，晉朝
設法，不宰縣不得為郎。」（《北史・元文遙傳論》。）則晉初尚視之甚重。
然傅咸言：「中間選用，唯內是隆，外舉既頹，復多節目，競內薄外，遂
成風俗。」則其實已漸輕矣。（《晉書・袁甫傳》：甫詣中領軍何勖，自言
能為劇縣。勖曰：「唯欲宰縣，不為臺閣，何也？」）葛洪言：「三臺九列，
坐而論道，州牧郡守，操綱舉領，煩劇所重，其唯百里。牧守雖賢，而令
長不堪，則國事不舉，萬機有闕。」病其時「或父兄貴重，而子弟以聞望
見遷；或高人屬託，而凡品以無能見敘；或是所宿念；或親戚匪他。庸猥
之徒，器小志近，冒於貨賄，唯富是圖。在所司官，知其有足賴主人，舉
劾彈糾，終於當解，慮其結怨，反見中傷，不敢犯觸，恣其貪殘。黎庶安
得不困毒而離叛？離叛者眾，則不得不屯聚而為群盜矣」。（《抱朴子・外
篇・百里》。）其為禍可謂博矣。梁武帝嘗著令：小縣有能，遷為大縣，大
縣有能，遷為三輔令，（《梁書・良吏傳》。已見第十二章第五節。〈傳〉又
云：何遠為武康令，高祖聞其能，擢為宣城太守。自縣為近畿大郡，近代
未之有也。又《南史・循吏傳》：傅琰，升明中自山陰令遷益州刺史。自縣
遷州，近世罕有。）雖設是令，行之蓋寡。《梁書・蕭昱傳》：因求邊州不
遂，表解黃門侍郎職。高祖手詔答曰：「昔漢光武兄子章、興二人，並有
名宗室。就欲習吏事，不過章為平陰令，興為緱氏宰。政事有能，乃遷郡
守。」（昱高祖從父弟。）其言善矣。然諸子弟，皆為大州，則亦徒能言之
而已。北朝此弊，尤甚於南。《魏書・辛雄傳》：上疏言：「郡縣選舉，由

來共輕，貴遊俊才，莫肯居此，宜改其弊，以定官方。請上等郡縣為第一清，中等為第二清，下等為第三清。」而《北齊書·元文遙傳》言：齊因魏朝，宰縣多用廝濫。至於士流，恥居百里。文遙以縣令為字人之切，遂請革選。於是密令搜揚貴遊子弟，發敕用之。猶恐其披訴，總召集神武門，令趙郡王叡宣旨唱名，厚加慰喻。士人為縣，自此始也。則其弊實至齊世，始克一革。然其末流，鬻爵賣官，郡縣之亂，更為前世所未有。（見第十四章第四節。《顏氏家訓·省事篇》曰：「齊之季世，多以財貨，託附外家，喧動女謁，拜為守宰。印組光華，車騎輝赫，榮兼九族，聯貴一時。而為執政所患，隨而司察，既以得利，必以利治。縱得免死，莫不破家。然後噬臍，亦復何及？」則此曹雖以詭遇，旋亦受禍。然朝政濁亂既甚，此亦不足以遏之也。）周太祖任蘇綽，為六條詔書，牧守令長，非通六條及計帳者，不得居官；（見第十四章第五節。）又盛選賢良，授以守令；（見《周書·樂遜傳》。）可謂得為治之要。然周世功臣多為刺史，未免暗於政務，亦仍是亂世之餘習也。（《周書·令狐整傳》：晉公護謂整曰：「以公勳望，應得本州。但朝廷藉公委任，無容遠出。然公門之內，須有衣錦之榮。」乃以其弟休為敦煌郡守。《隋書·柳彧傳》：遷治書侍御史。於時刺史多任武將，類不稱職。彧上表曰：「伏見詔書，以上柱國和平子為杞州刺史。其人年垂八十，鐘鳴漏盡。前任趙州，暗於職務。政由群小，賄賂公行。百姓籲嗟，歌謠滿道。古人有云：耕當問奴，織當問婢。平子弓馬武用，是其所長，治民蒞職，非其所解。如謂優老尚年，自可厚賜金帛。若令刺舉，所損殊大。」上善之，平子竟免。則雖勤民如隋文，猶未能遽革其弊也。）

郡縣之不能善其政，與任期久暫，關係殊大。《晉書·王戎傳》：遷尚書左僕射，領吏部。戎始為《甲午制》，凡選舉皆先治百姓，然後授用。而司隸校尉傅咸奏戎曰：「《書》稱三載考績，三考黜陟幽明。今內外群

臣，在職未期，而戎奏還。既未定其優劣，且送故迎新，相望道路，巧詐由生，傷農害政。戎不仰依堯舜典謨，而驅動浮華，虧敗風俗，非徒無益，乃有大損。」蓋奔競之俗，必不容有久處之官也。《南史・謝莊傳》：莊於孝建時表陳求賢之義，謂政平訟理，莫先親人，親人之要，是歸守宰，蒞人之職，官遵六年之限。〈傳〉言初文帝世限三十而仕，郡縣六周乃遷代，刺史或十年餘。至是皆易之，仕者不拘長少，蒞人以三周為限。宋之善政，於是乎衰。然齊武帝永明元年（西元 483 年）詔言：「宋德將季，風軌陵遲。列宰庶邦，彌失其序。遷謝遄速，公私凋弊。蒞民之職，一以小滿為限。」（《良政傳》：永明郡縣居職，以三周為小滿。）則其末造，並三周之制而亦不能守矣。明帝建武三年（西元 496 年），正月，詔申明守長六周之制。其法後亦破壞，見第十章第四節。魏守令以六年為限，（見《魏書・房法壽傳》。）考課亦以六載為程。（見《魏書・蕭寶夤傳》。）高祖延興二年（西元 472 年），十二月，詔曰：「頃者已來，官以勞升，未久而代。牧守無恤民之心，競為聚斂。送故迎新，相屬於路。非所以固民志，隆治道也。自今牧守溫仁清儉，克己奉公者，可久於其任。歲積有成，遷位一級。其有貪殘非道，侵削黎庶者，雖在官甫爾，必加黜罰。著之於令，永為彝準。」可見定法，亦徒空文也。

海宇分崩之際，用人者多特注意於撫綏，此雖不過為招徠新附，傾動敵人之計，然使僻陋之區，亦得有人與聞政事，則匪徒為治，抑亦敷化之良謨矣。《晉書・儒林傳》：文立，（巴郡臨江人。蜀時遊大學，師事譙周。仕至尚書。）入為太子中庶子。表請諸葛亮、蔣琬、費禕等子孫，流徙中畿，宜見敘用。一以慰巴蜀之心，其次傾吳人之望。事皆施行。並以立為散騎常侍。及吳平，劉頌欲得壯王以鎮撫之，使之隨才授任，求富貴者取之國內，已見第三章第九節。然〈賀循傳〉：循以無援於朝，久不進敘。陸機上疏薦之，有云：「臺郎所以使州州有人，非以均分顯路，誠以庶士

殊風，四方異俗，雍隔之害，遠國益甚。荊、揚二州，戶各數十萬。今揚州無郎，而荊州江南，乃無一人為京城職者。誠非聖朝待四方之本心。」〈陶侃傳〉：侃察孝廉。至洛陽，數詣張華，華初以遠人，不甚接遇。後與語，乃異之。除郎中。伏波將軍孫秀，以三國支庶，府望不顯，中華人士，恥為掾屬，以侃寒宦，召為舍人。觀此，知殊方人士，其受岐視尚頗甚。然此特仕途黨援奔競之私，朝廷立法，固未嘗如此。且如元帝，渡江而東，亦卒不得不用王導之策，撫用其人也。明帝太寧三年（西元 325年），八月，詔曰：「吳時將相名賢之冑，有能纂修家訓；又忠孝仁義，務己守真，不聞於時者；州郡中正，亟以名聞，勿有所遺。」其汲引之，固猶未嘗敢怠矣。梁武帝天監五年（西元 506 年），正月，詔曰：「在昔周、漢，取士方國。頃代凋訛，幽仄罕被。人地孤絕，用隔聽覽。士操淪胥，因茲靡勸。凡諸郡國舊族，邦內無在朝位者，選官蒐括，使郡有一人。」此蓋所以使登庸遍逮於僻陋之區。七年（西元 508 年），二月，詔於州郡縣置州望、郡宗、鄉豪各一人，專掌搜薦，其意亦猶是也。邢巒之寇巴西也，言其民望，族落雖在山居，而多有豪右，文學籤啟，往往可觀。去州既遠，不能仕進，是以鬱快，多生動靜。欲立州以鎮撫之。事見第十一章第四節。是則不徒天朝，即州郡，亦宜明揚側陋，以舒其意氣矣。抑僻陋如巴西，山居族落，猶有長於文學者，又足見文教之久已覃敷，登庸之不可不急也。韓麒麟以孝文時為齊州刺史，以新附之人，未階臺宦，州郡局任又少，請守宰有闕，推用豪望，並增置吏員。李彪上封事，亦請擢河表七州門才，引令赴闕，依中州官比，隨能序之，以懷江、漢，傾敵人，撫新附。可見疆場之間，一彼一此，皆不得不以招懷為務矣。唯勞人武夫，不知政術者，用為長吏，亦不免詒害於民，（元嘉時淮西有此情形，長沙王道憐曾言之，見《宋書》本傳。）則又不可不慎也。

　　資格用人，世皆以為始於魏之崔亮，其實非也。劉寔作〈崇讓論〉，

言「能不渾雜，優劣不分，士無素定之價，官職有缺，主選之吏，不知所用，但案官次而舉之。同才之人先用者，非勢家之子，則必有勢者之所念也。因其先用之資而復遷之，遷之無已，不勝其任之病發矣。觀在官之人，政績無聞，自非勢家之子，率多因資次而進也」。是當時用人，勢家而外，仍重資格；即同為勢家，進用之後，亦唯論其資格；此固勢之所不能免也。王亮以江祏專朝，多所進拔，每持異議，已見前。及祏遇誅，群小放命。凡所除拜，悉由內寵。亮更弗能止。其所選用，拘資次而已。《梁書・王泰傳》：敕掌吏部郎事，俄即真。自過江，吏部郎不復典大選。令史以下，小人求競者輻湊。前後少能稱職。泰為之，不通關求。吏先至者即補，不為貴賤請屬易意。天下稱平。《陳書・王瑒傳》：除吏部尚書。務在清靜，謹守文案，無所抑揚。皆資格用人之法：蹈常習故，夫人所能，原無待於異才，藉口求才，轉足便黨援而開奔競，此固古今一轍；而嬖倖競進之世，尤非此無以拒之；此資格之所以不能不用也，夫崔亮則亦若是而已矣。

　　《魏書・張彝傳》：彝第二子仲瑀上封事，求銓別選格，排卻武人，不使與在清品。由是眾口喧喧，謗盈路。立榜大巷，剋期會集，屠害其家。〈崔亮傳〉：亮遷吏部尚書。時羽林新害張彝，靈太后令武官得依資入選。官員既少，應選者多。尚書李韶，循常擢人，百姓大為嗟怨。亮乃奏為格制，不問士之賢愚，專以停闕日月為斷。雖復官須此人，停日後者，終於不得。庸材下品，年月久者，灼然先用。沉滯者皆稱其能。亮外甥司空諮議劉景安以書規亮。亮答書曰：「昔有中正，品其才第，上之尚書，尚書據狀，量人授職，此乃與天下群賢共爵人也，而汝猶云十收六七，況今日之選，專歸尚書，以一人之鑒，照察天下，劉毅所云一吏部、兩郎中而欲究竟人物，何異以管窺天而求其博哉？今勳人甚多，又羽林入選，武夫崛起，不解書計，忽令垂組乘軒，求其烹鮮之效。又武人至多，官員至少。

設令十人共一官，猶無官可授，況一人望一官，何由可不怨哉？吾近面執，不宜使武人入選，既不見從，是以權立此格，限以停年耳。後甄琛、元修義、城陽王徽相繼為吏部尚書，利其便己，踵而行之。自是賢愚同貫，涇渭無別。魏之失才，從亮始也。案觀亮答劉景安書，即微武人入選，吏部亦易得才？然則以失才歸咎於亮，不過當時議論如此，未必得實也。諍是法者，有辛雄及薛琡，琡謂「執簿呼名，一吏足矣」，然如亮之所言，以一人之鑒，照察天下，果何以求其所為之有異於吏哉？雄病「委斗筲以共治，託碩鼠以百里」，致使「夷夏之民，相將為亂」，此亦入選者多勳人武夫之失，非資格之咎也。齊文襄始革是制，已見第十四章第一節。《北齊書·高乾傳》：乾弟慎，徵為御史中尉，選用御史，多其親戚、鄉閭，不稱朝望，世宗奏令改選焉。事權在手，則其志易行，此亦非可望諸亮也。

整飭官方，莫亟於嚴明考課。魏世嘗使劉劭等為之，已見《秦漢史》第十八章第四節。晉初杜預受詔為黜陟之課。《晉書》本傳曰：「其略曰：昔漢之刺史，亦歲終奏事，不制算課，而清濁粗舉。魏氏考課，即京房之遺意。其文可謂至密。然由於累細，以違其體，故歷代不能通。豈若去密就簡，則簡而易從也？今科舉優劣，莫若委任達官。各考所統。在官一年以後，每歲言優者一人為上第，劣者一人為下第，因計偕以名聞。如此六載，主者總集採案。其六載處優舉者超用之，六歲處劣舉者奏免之，優多劣少者敘用之，劣多優少者左遷之。今考課之品，所對不鈞，誠有難易。若以難取優，以易而否，主者固當準量輕重，微加降殺，不足復曲以法盡也。六年頓薦，黜陟無漸。今每歲一考，則積優以成陟，累劣以取黜。以士君子之心相處，未有無故六年六黜清能，六進否劣者也。監司亦將而彈之。若令上下公相容過，此為清議大頹，亦無取於黜陟也。」此文似預上其所為之奏牘，其詳則不可得聞矣。劉頌病晉武每精事始而略於考終，監

司大綱不振而微過必舉，已見第二章第一節。頌之言曰：「今閭閻少名士，官司無高能，其故何也？清議不肅，人不立德，行在取容，故無名士。下不專局，又無考課，吏不竭節，故無高能。無高能則有疾世事，少名士則後進無準，故臣思立吏課而肅清議。」頌轉吏部尚書，建九班之制。欲令百官居職希遷，考課能不，明其賞罰，賈、郭專朝，仕者欲速，竟不施行。

　　宋、齊、梁、陳四朝，考課之法不著。北魏則傳者頗詳。《魏書·高祖紀》：太和十八年（西元494年），九月，壬申朔，詔曰：「三考然後黜陟，可黜者不足為遲，可進者大成賒緩。是以朕今三載一考，考即黜陟。各令當曹，考其優劣為三等。六品已下，尚書重問，五品已上，朕將親與公卿論其善惡。上上者遷之，下下者黜之，中中者守其本任。」壬午，帝臨朝堂，親加黜陟。明年（西元495年），十月，壬戌，又詔諸州牧：「精品屬官，考其得失，為三等之科以聞，將親覽而升降焉。」〈世宗紀〉：永平四年（西元511年），十二月，詔三載考察，政之明典。正始二年（西元505年）以來，於今未考。功過難易，寧無升降？從景明二年（西元501年）至永平四年（西元511年），通考以聞。自景明二年（西元501年）至永明四年（西元511年）凡九年，似又復三考黜陟之舊，然其後又系三歲一考，則高祖之法固在，特時怠慢不舉耳。〈崔鴻傳〉：延昌二年（西元513年），將大考百僚，鴻建議曰：「二漢以降，太和以前，苟必官須此人，人稱此職，或超騰升陟，數歲而至公卿，或長兼、試守，稱允遷進。景明以來考格，三年成一考，三考轉一階。貴賤內外，萬有餘人，自非犯罪，不問賢愚，莫不上中。才與不肖，比肩同轉。琴瑟不調，改而更張，雖明制已行，猶宜訊息。」世宗不從。然〈紀〉言延昌三年八月甲申，帝臨朝堂，考百司而加黜陟，則似又復孝文之法矣。〈蕭寶夤傳〉：寶夤以正光四年（西元523年）上表曰：「自比已來，官罔高卑，人無貴賤，皆飾辭假說，用相

褒舉。謂之考功，事同泛陟。又在京之官，積年一考。其中或所事之主，遷移數四；或所奉之君，身亡廢絕；或具寮離索；或同事凋零；雖當時文簿，記其殿最，日久月深，駁落殆盡，人有去留，誰復掌其勤惰？或停休積稔，或分隔數千，累年之後，方求追訪聲跡，立其考第，無不苟相悅附，飾垢掩疵，妄加丹素，趣令得階而已。又守令考課，悉以六載為程，既而限滿代還，復經六年而敘，是則歲周十二，始得一階。而東西兩省，文武閒職，公府散佐，無事冗官，及其考日，皆得四年為限，是則一紀之中，便登三級。何內外之相縣，令厚薄之如是？或充單介之使，始無汗馬之勞；或說興利之規，終慚什一之潤；皆虛張無功，妄指贏益，坐獲數階之官，藉成通顯之貴。」此非杜預所謂公相容過，清議大頹者邪？益以立法之詖，而是時之選政，不可問矣。竇瑗欲使「見居官者，每歲終，本曹皆明辨在官日月，具核才行能不，審其實用，而注其上下。列上尚書，覆其合不，庸短下第，黜凡以明法，幹務忠清，甄能以記賞，總而奏之。經奏之後，考功曹別書於黃紙油帛。一通則本曹尚書與令、僕印署，留於門下，一通則以侍中、黃門印署，掌在尚書，嚴加緘密，不得開視。考績之日，然後對共裁量。其內外考格，乞求博議，以為畫一。若殊謀異策，事關廢興，遐邇所談，物無異議者，自可臨時斟酌，匪拘恆例。至如援流引比之訴，貪榮求級之請，謂宜明加禁斷，以全至治。」詔付外博議，以為永式。竟無所定。〈肅宗紀〉孝昌二年二月，詔每歲一終，郡守列令、長，刺史列守、相，以定考課，辨其能不。若有濫謬，以考功失衷論。是時朝綱方紊，亦非徒法所能濟也。

第五節　賦稅

漢世田租取粟，賦諸地；口稅取錢，斂諸人。魏武平河北，下令收田租畝一升，戶出絹二匹，綿二斤，而口錢始變為戶調，已見《秦漢史》第

十八章第五節。此時未有授田之制，戶調田租，猶析為二，至晉武帝平吳，而二者又合為一矣。事見第十九章第三節。東晉之制，見於《隋書·食貨志》，云：「晉自中原喪亂，元帝寓居江左，百姓之自拔南奔者，並謂之僑人。皆取舊壤之名，僑立郡縣，往往散居，無有土著。而江南之俗，火耕水耨，土地卑溼，無有蓄積之資。諸蠻陬俚洞，沾沐王化者，各隨輕重，收其睒物，以裨國用。又嶺外酋帥，因生口、翡翠、明珠、犀、象之饒，雄於鄉曲，朝廷多因而署之，以收其利。歷宋、齊、梁、陳，皆因而不改。其軍國所須雜物，隨土所出，臨時折課、市取，乃無恆法定令。列州、郡、縣，制其任土所出，以為徵賦。其無貫之人，不樂州縣編戶者，謂之浮浪人，樂輸亦無定數任量，準（《通典》，《通考》皆作唯。）所輸，終優於正課焉。」蠻夷收其睒物，蓋各隨其土之所出。嶺外酋帥，則徵其貢而非稅其民。浮浪人所出，蓋亦無定物，唯僑民雖云散居無土著，猶當與江南之民，同循戶調之法耳。《隋志》述其制云：「其課：丁男調布絹各二丈，絲三兩，綿八兩，祿絹八尺，祿綿三兩二分，租米五石，祿米二石。丁女並半之。男女年十六已上至六十為丁。男年十六亦半課，年十八正課，六十六免課。女以嫁者為丁，若在室，年二十乃為丁。其田畝稅米二斗。蓋大率如此。」二斗，一本作二升，蓋據哀帝時之制言之，見第十九章第三節。《宋書·孝武帝紀》：大明五年（西元 461 年），十二月，制天下民戶，歲輸布四匹，（《通考》作尺。）蓋就舊法而增之。《晉書·李雄載記》云：其賦：男子歲穀三斛，女丁半之。戶調絹不過數丈，綿數兩。亦略循晉法也。

　　北魏孝文之制，亦已見第十九章第三節。《魏書·食貨志》：肅宗孝昌二年（西元 526 年），稅京師田畝二升，借賃公田者畝一斗。齊、周之制，亦見《隋志》。齊河清三年（西元 564 年）定令：男子十八以上，六十五以下為丁。十六已上，十七已下為中，六十六已上為老，十五已下為小。率以十八受田，輸租調，二十充兵，六十免力役，六十六退田，免租調。京

城四面，諸坊之外，三十里內為公田，受公田者三縣代遷戶，執事官一品已下，逮於羽林、武賁各有差。其外畿郡，華人官第一品已下羽林、武賁已上各有差。職事及百姓請墾田者，名為受田。（《通典》作永業田。）奴婢受田者，親王止三百人，嗣王止二百人，第二品嗣王已下及庶姓王止一百五十人，正三品已上及王宗止一百人，七品已上，限止八十人，八品已下至庶人，限止六十人。奴婢限外不給田者皆不輸。其方百里外及州人：一夫受露田八十畝，婦人四十畝。奴婢依良人。限數與在京百官同。丁牛一頭，受田六十畝。限止四牛。又每丁給永業田二十畝為桑田。其中種桑五十根，榆三根，棗五根，不在還受之限。非此田者，悉入還受之分。土不宜桑者，給麻田如桑田法。率人一床調絹一匹，綿八兩。凡十斤綿中，折一斤作絲。墾租二石，義租五斗。奴婢各準良人之半，牛調二尺，（《通典》作丈。）墾租一斗，義租五升。墾租送臺，義租納郡，以備水旱。（諸州郡皆別置富人倉。初立之日，準所領中下戶口數，得支一年之糧，逐當州穀價賤時，斟量割當年義租充入。穀貴下價糶之，賤則還用所糶之物，依價糴貯。）墾租皆依貧富為三梟。其賦稅常調，則少者直出上戶，中者及中戶，多者及下戶。上梟輸遠處，中梟輸次遠，下梟輸當州倉。三年一校焉。租入臺五百里內輸粟，五百里外輸米，入州鎮者輸粟。人欲輸錢者，準上絹收錢。案戶調之式，及魏、齊之制，皆人人受田，而晉成、哀及魏肅宗之時，又別有田稅者？（晉成、哀時制，見第十九章第三節。）蓋皆指公田言之，觀北齊之制可明。此田蓋王公貴人受者為多，故晉孝武改成、哀之制，史言自王公已下，口稅若干。（亦見第十九章第三節。）魏虜則又以此惠其所謂代來戶也。後周太祖作相，創制六官。司均掌田里之政令。凡人口十以上宅五畝，口九（《通典》作七。）以上宅四畝，口五以下宅三畝，有室者田百四十畝，丁者田百畝，司賦掌功賦（《通典》作賦均。）之政令。凡人自十八以至六十有四與輕癃（《通典》作

疾。）者皆賦之。其賦之法：有室者歲不過絹一匹，綿八兩，粟五斛。丁者半之。其非桑土，有室者布一匹，麻十斤，丁者又半之。豐年則全賦，中年半之，下年三之，（《通典》作一之。）皆以時徵焉。若艱凶札，則不徵其賦。

租調所取，以粟帛為太宗，此外更有所取，則謂之雜調。《齊書・郁林王紀》，即位後詔曰：「凡逋三調及眾債，在今年七月三十日前，悉同蠲除。」《通鑑》胡三省《注》曰：「三調，謂調粟、調帛及雜調也。」（《魏書・任城王澄傳》：澄奏利國濟民所宜振舉者十條，四曰五調之外，一不煩民，五調疑三調之誤。）軍國所須，不能以粟帛為限。除列州、郡、縣製為徵賦外，（南朝此項徵賦，頗於國用有關。當時淫縱之君，或迫臣下以貢獻，事見第十九章第二節，未必不由此而馴致。然貪取雖為非法，任土自是彝。典觀第十章第四節所引齊明帝建武元年十月詔可知。是歲十一月，又詔「邑宰祿薄俸微，雖任土恆貢，自今悉斷。」胡三省《通鑑注》曰：「觀此，則江左之政，縣邑不由郡、州，亦得入貢天臺矣。」此《隋志》所由以列州郡縣並舉也。《宋書・明帝紀》：泰始二年（西元467年），十一月，「詔方物職貢，各順土宜，出獻納貢，敬依時令」。）即當折課、市取，（當時徵斂，折易頗多。《晉書・王虞傳》：弟子彪之，為會稽內史，桓溫以山陰折布米不時畢，郡不彈糾，上免之。《宋書・孝武帝紀》：大明七年（西元463年），以浙東諸郡大旱，聽受雜物當租。《齊書・武帝紀》：永明四年（西元486年），五月，詔「揚、南徐二州今年戶租，三分二取見布，一分取錢。來歲以後，遠近諸州輸錢處，並減布直，匹準四百，依舊折半，以為永制。」〈竟陵王子良傳〉言：時詔折租布，二分取錢。〈王敬則傳〉載子良啟，謂：「民有雜物，是軍國所須者，可聽隨價準直，不必一應送錢，於公不虧其用，在私實荷其渥。」此即所謂折課。《宋書・武帝紀》：永初元年（西元420年），七月，詔：「臺府所須，皆別遣主帥，與民和市，實

時褌直，不復責租民求辦。」《齊書‧武帝紀》：永明五年（西元 487 年），九月，詔曰：「自水德將謝，喪亂彌多，師旅歲興，饑饉代有。軍國器用，動資四表。不因厥產，咸用九賦。雖有交貿之名，而無潤私之實。民諮塗炭，職此之由。京師及四方，出錢億萬，糴米、穀、絲、綿之屬，其和價以優黔首。遠邦嘗市雜物，非土俗所產者，皆悉停之。必是歲賦攸宜，都邑所乏，可見直和市，勿使逋刻。」皆欲變賦斂為市取者也。〈豫章王嶷傳〉：其為荊州，禁二千石官長，不得與人為市，蓋有借官市為名，行私市之實者。北朝亦有折徵之制。《魏書‧前廢帝紀》：僭位後詔天下調絹，四百一匹，此折絹為錢也。〈韓麒麟傳〉：在齊州，欲減絹布，增益穀租，見第二十一章第三節，此亦猶折帛為穀也。〈食貨志〉云：正光後四方多事，加以水旱，國用不足，預折天下六年租調而徵之，其屬民，蓋不徒在豫徵而已。）然其實並不能然。《宋書‧武帝紀》：義熙八年（西元 412 年），十一月，公至江陵，下書「臺調癸卯梓材，庚子皮毛，可悉停省」，即所謂雜調也。《魏書‧食貨志》曰：顯祖即位，親行儉素，率先公卿，思所以振益黎庶。先是太安中，高宗以常賦之外，雜調十五，頗為煩重，將與除之。尚書毛法仁曰：「此是軍國資用，今頓罷之，臣愚以為不可。」帝曰：「使地利無窮，民力不竭，百姓有餘，吾孰與不足？」遂免之。未幾，復調如前。（〈高宗紀〉：興安二年（西元 453 年），正月，詔與民雜調十五，蓋至太安中復免其十五也。然〈紀〉不載其事，太安四年五月壬戌詔，亦僅言「比年以來，雜調減省」而已。蓋其免之甚暫，故〈紀〉漏書。《北史‧魏諸宗室傳》，以百姓不足君孰與足之言，出於常山王遵之子素，亦與〈志〉異。）至是乃終罷焉。於是賦斂稍輕，民復贍矣。（〈顯祖紀〉：和平六年（西元 465 年），六月，詔諸有雜調，一以與民。）此朝廷所取於民。（〈世祖紀〉；真君四年（西元 443 年），六月，詔：「復民貲賦三年。其田租歲輸如常。」貲賦蓋謂按其貲產多少為賦，亦雜調也。）〈任城王澄

傳〉：轉定州刺史。初民中每有橫調，百姓煩苦。澄多所省減，民以忻賴。此地方之所取也。賦稅所取非一，故如有蠲免，亦隨時而各不同。（當時賦稅減免，史所言者，名目不一。有日戶課者，《晉書·武帝紀》：太康五年（西元 284 年），減天下戶課三分之一是也。有日戶調綿絹者，《晉書·惠帝紀》：永平元年（西元 291 年），五月，除天下戶調綿絹是也。有日戶調田租者，〈惠帝紀〉：永興元年（西元 305 年），十二月，詔戶調田租，三分減一是也。有日租稅者，《宋書·孝武帝紀》：元嘉三十年（西元 453年），五月，曲赦京邑二百里內，並蠲今年租稅；大明五年（西元 461 年），二月，伐蠻之家，蠲租稅之半是也。有日稅調者，《宋書·文帝紀》：元嘉二十八年（西元 451 年），二月，詔凡遭寇賊郡縣，流寓江淮者，並聽即屬，並蠲復稅調；〈順帝紀〉：升明元年（西元 477 年），雝州大水，八月，遣使振恤，蠲除稅調是也。有但言調者，《宋書·後廢帝紀》：元徽四年（西元 476 年），平建平王景素之亂，原京邑二縣元年以前逋調；〈順帝紀〉：升明元年八月，原除元年以前逋調是也。有日眾調者，《宋書·明帝紀》：泰始二年（西元 467 年），十一月，制使東土經荒流散，並各還本，蠲眾調二年是也。有日田租者，《宋書·文帝紀》：元嘉二十四年（西元 447 年），正月，蠲建康、秣陵二縣田租之半；二十六年（西元 449 年），車駕陸道幸丹徒，行所經蠲田租之半：〈孝武帝紀〉：大明七年（西元 463 年），十二月，行幸歷陽，蠲郡租十年；〈前廢帝紀〉：永光元年二月，〈明帝紀〉：泰始四年四月，皆減郡縣田租之半；《梁書·侯景傳》：景既據壽春，屬城居民，悉召募為將士，輒停賣市估及田租是也。減免租布之事最多。有以災荒免者，《晉書·孝武帝紀》：寧康二年（西元 374 年），四月，皇太后詔：三吳、義興、晉陵及會稽遭水之縣，尤甚者全除一年租布，其次聽除半年；《宋書·孝武帝紀》：元嘉三十年（西元 453 年），閏月，蠲尋陽、西陽租布三年是也。有以流亡免者，《宋書·武帝紀》：永初元年（西元 420 年），八

月，開亡叛，赦限內首出，蠲租布二年是也。有以京邑或興王之地免者，是月，詔彭城桑梓本鄉，優復之制，宜同豐、沛，沛郡，下邳，可復租布三十年；〈文帝紀〉：元嘉四年（西元 427 年），二月，行幸丹徒，三月，詔丹徒桑梓綢繆，大業攸始，其蠲今年租布；二十六年（西元 449 年），二月，幸丹徒，三月，復丹徒僑舊今歲租布之半是也。有以行倖免者，〈孝武帝紀〉：大明七年（西元 463 年），二月，大赦天下，行幸所經，無出今歲租布是也。有以行義免者，《宋書・孝義傳》：賈恩、潘綜、王彭，皆蠲租布三世是也。〈劉道產傳〉：弟道錫，為巴西、梓潼二郡太守。元嘉十八年（西元 441 年），為氐寇所攻，募吏民守城，復租布二十年。及賊退，朝議賊雖攻城，一戰便走，聽依本要，於事為優。右衛將軍沈演之等謂宜隨功勞裁量，不可全用本誓，多者不得過十年。從之。案《齊書・高帝紀》：建元四年（西元 482 年），正月，詔：「建元以來戰賞，蠲租布二十年，雜役十年。其不得收屍，主軍保押，亦同此例。」則似蠲租布二十年，軍中故有此例，道錫特援用大優耳。）

　　雜物而外，粟帛似應皆取諸租調之中，然亦有別立名目多取之者。《晉書・成帝紀》：咸康二年（西元 336 年），二月，算軍用稅米，空縣五十餘萬石，尚書謝褒以下免官。此尚可云即在常賦之中，特度支別立一目。《陳書・世祖紀》：天嘉元年（西元 560 年），三月，詔今歲軍糧，通減三分之一。〈宣帝紀〉：太建三年（西元 571 年），三月，大赦天下。自太康元年（西元 280 年）訖太建元年（西元 569 年）逋餘軍糧、祿秩、夏調未入者悉原之。則其取諸民，亦別列一目矣。《魏書・高祖紀》：延興三年（西元 473 年），十月，太上皇帝親將南討，詔州郡之民，十丁取一，以充行戶，收租五十石，以備軍糧，亦臨時增取於民者也。（〈韓麒麟傳〉：慕容白曜表麒麟與房法壽對為冀州刺史。白曜攻東陽，麒麟上義租六十萬斛。《周書・王羆傳》，羆鎮華州。時關中大饑，徵稅民間穀食，以供軍費。或隱

匿者，令遞相告。多被箠楚。以是人有逃散。唯羆信著於人，莫有隱者。得粟不少諸州，而無怨。亦皆增取於民，以供軍食者也。）

戶調所徵，悉繫著籍之戶，故所最慮者為漏籍。宋武帝至江陵，下書曰：「江、荊二州，凡租稅調役，悉宜以見戶為正。」則稅役有與戶籍不符者。然如是者究少。《魏書・食貨志》云：先是禁網疏闊，民多逃隱。天興中，詔採諸漏戶，令輸綸綿。自後諸逃戶占為細繭羅穀者甚眾。於是雜營戶帥，遍於天下。不隸守宰。賦役不周，戶口錯亂。始光三年（西元 426 年），詔一切罷之，以屬郡縣。（議出閹官仇洛齊，見第十七章第三節。）《隋書・食貨志》云：元象、興和之中，百姓多離舊居，闕於徭賦。神武乃命孫騰、高隆之分括無籍之戶，得六十餘萬。於是僑居者各勒還本屬。租調之入有加焉。（武定二年（西元 544 年）事，亦見第十七章第三節。）皆可見漏籍者多，賦稅必闕也。

耕桑之民而外，北朝亦有他法以取之，如魏泰常六年（西元 421 年），六部民羊滿百口，調戎馬一匹是也。（見第二十章第一節。）此猶南朝於蠻俚則取其賧物矣。

田租有不入公家者。宋武帝江陵之令又曰：「州縣屯田，利入守宰者，一切除之。」《晉書・安帝紀》：義熙九年（西元 413 年），四月，罷臨沂、湖熟皇后脂澤田四十頃，以賜貧人。皆其事也。《魏書・高允傳》：時多禁封良田，京師遊食者眾。允言：「古人云：方一里，為田三頃七十畝，百里則三萬七千頃，勤之則畝益三升，不勤則畝損三升，損益之率，為粟二百二十二萬斛，況天下之廣乎？」世祖善之，遂除田禁，悉以授民。禁封良田，夫何為哉？〈傳〉又言恭宗季年，頗親近左右，營立田園，以取其利。〈任城王澄傳〉云：在定州，減公園之地，以給無業貧口。《北齊書・段韶傳》：平高歸彥，賜歸彥果園千畝。非棄田以為園囿，則變官稅為私租而已。

　　人民所苦，力役尤甚於租調。《晉書‧食貨志》：武帝制戶調之式，男女年十六已上至六十為正丁，十五已下至十三，六十一已上至六十五為次丁，十二已下，六十六已上為老、小，不事。〈范寧傳〉：寧陳時政曰：「禮：十九為長殤，以其未成人也。十五為中殤，以為尚童幼也。今以十六為全丁，則備成人之役矣，以十三為半丁，所任者非復童幼之事。豈可傷天理，違經典，困苦萬姓，乃至此乎？宜修禮文，以二十為全丁，十六至十九為半丁，則人無夭折，生長滋繁矣。」此法令所定成丁之年太早，詒害於民者也。《宋書‧王弘傳》：弘上言：「舊制民年十三半役，十六全役。體有強弱，不皆稱年。且在家自隨力所能堪，不容過苦，移之公役，動有定科。庸宰守常，已有勤劇，況直苛政，豈可稱言？乃有務在豐役，增進年齒。孤遠貧弱，其弊尤深。致令依寄無所，生死靡告。一身之功，逃竄求免。家人遠計，胎孕不育。請以十五至十六為半丁，十七為全丁。」從之。然〈文帝紀〉元嘉十七年（西元 440 年）詔，猶有「役召之品，遂及稚弱」之語，則苛政亟行，並有非法令所能限者矣。（役法與戶籍，關係最大，參看第十七章第三節。）

　　《隋書‧食貨志》言：東晉之制，男丁歲役不過二十日，又率十八人出一運丁。其實役之遠過於此。其取丁之法，通常三丁取二，五丁取三。《南史‧孝義傳》：孫棘謂宋大明五年（西元 461 年）發三五丁；〈郭祖深傳〉：祖深上封事，謂自「梁興以來，發人征役，號為三五」是也。〈康絢傳〉：魏降人王足陳計，求堰淮水，以灌壽陽，發徐、揚人，率二十戶取五丁以築之。其取之之法，較三五少寬，蓋以其役實重難故也。《齊書‧周顒傳》：顒言：「山陰邦治，事倍餘城，然略聞諸縣，亦處處皆躓：唯上虞以百戶一滂，大為優足。」則各地方之役法，亦有善惡之不同。然能善者蓋甚鮮。酷者乃至役及女丁。《宋書‧元凶劭傳》：劭拒義軍時，男丁既盡，召婦女親役，猶曰非常時事也。《梁書‧武帝紀》：大同七年（西元

541年），十一月，詔停在所役使女丁；〈安成王秀傳〉：郢州當塗為劇地，至以婦人供役；則並習為恆事矣。

有恆役，有雜役。（《魏書・高祖紀》：延興三年（西元473年），十一月，詔河南七州之民，有鰥寡孤獨，貧不自存者，復其雜徭，太和二十年（西元496年），七月，詔輕徭薄賦，君人常理，歲中恆役，具以狀聞。〈劉昺傳〉：正光三年（西元522年），太保崔光奏乞敕尚書推檢昺後，所屬甄免碎役。四年（西元523年），六月，詔其孫等三家，特可聽免。碎役即雜役也。）雜役屬民，遠較恆役為甚。《齊書・周顒傳》：建元初為山陰令。縣舊訂傍民，以供雜使。顒言於太守聞喜公子良曰：「竊見傍民之困，困實極矣。役命有常，只應轉竭。蹙迫驅催，莫安其所。險者竄避山湖，困者自經溝瀆。亦有摧臂斮手，苟自殘落，販傭貼子，權赴急難。每至傍使發動，遒赴常促。輒有枙杖被錄，稽顙階垂，泣涕告哀，不知所振。」此云役命有常，乃謂有常程限，非謂所課者為常事也。《晉書・庾亮傳》言：亮為丹陽尹，除重役六十餘事。可見雜役重難者甚多。

隨意役民，本有禁令。如《魏書・高宗紀》：和平四年（西元463年），三月，詔「內外諸司，州鎮守宰，侵使兵民，勞役非一。自今擅有召役，逼僱不程，皆論同枉法。」〈高祖紀〉：太和元年（西元477年），詔「牧民者輕有徵發，致奪民時，以侵擅論」是也。然其事卒非法令所能禁。《梁書・武帝紀》：大同七年（西元541年），十二月詔，謂：「或供廚帳，或供廄庫，或遣使命，或待賓客，皆無自費，取給於民。」其侵漁可謂甚矣。（河北郡有漁獵夫三十人，以供郡守，又有丁三十人，供郡守役使，見《周書・裴政傳》。）《魏書・安同傳》：太宗詔與肥如侯賀護持節循察並、定二州，糾舉守宰不法。同至並州，表刺史擅用御府針工，請案律治罪。善矣，然其東出井陘至鉅鹿，乃發眾四戶一人，欲治大嶺山，通天門關。又築塢於宋子。太宗以同擅徵發於外，檻車徵還。召群官議其罪。皆曰：

「同擅興事役，勞擾百姓，宜應窮治，以肅來犯。」而太宗仍以同雖專命，本在為公，意無不善釋之，則又何也？世祖將北征，發民驢以轉運，使公孫軌詣雍州，軌令驢主皆加絹一匹，乃與受之。（《魏書・公孫表傳》。軌表第二子。）亦不過坐徵還而已。

役之事，征戍為大，而漕轉次之。古人於役，最苦其遠，說見《秦漢史》第十八章第五節。晉、南北朝，亦未免斯弊。《晉書・劉頌傳》：頌上疏言：「昔魏武帝分離天下，使人役居戶，各在一方，既事勢所須，且意有曲為，權假一時，以赴所務，非正典也。然逡巡至今，積年未改。吳平之日，天下懷靜，而東南二方，六州郡兵，將士、武吏，戍守江表，或給京城運漕。父南子北，室家分離，咸更不寧，又不習水土，運役勤瘁，咸有死亡之患。」欲使「受百役者不出其國，兵備待事其鄉；更不能，則靜三分之二，吏役不出千里之外」，（參看第二章第一節。）此誠當時靖民之急務也。王羲之遺謝安書，論軍興以來征役及充運之弊，已見第十七章第三節。《魏書・食貨志》言轉運中州以實邊鎮之弊，見第二十一章第六節。又〈楊椿傳〉：除定州刺史。州有宗子稻田，屯兵八百戶。年常發夫三千，草三百車，修補畦堰。椿以屯兵唯輸此田課，更無徭役，及至閒月，即應修治，不容復勞百姓，表罷之。有屯兵而轉致勞民，尤見征戍之詒毒也。

興築之事，亦為勞民之一大端。高齊之築長城，事見第二十一章第四節。《北齊書・趙郡王叡傳》云：先是役徒罷作，任其自返。丁壯之輩，各自先歸。嬴弱之徒，棄在山北。加以飢病，多致僵殕。叡於是親率所部，與之俱還。配合州鄉，部分營伍，督率監領，強弱相持。遇善水草，即為停頓。分有餘，贍不足。賴以全者十三四焉。肯留意撫綏者，不過十全三四，況視之如草芥者乎？韋孝寬於汾州、離石間置城，事見第十六章第六節。是役也，徵徒至十萬。可見營建勞民之甚矣。

補吏亦為民所深苦。宋武帝平江陵，下書：「荊、雝二州西局蠻府吏，

及軍人年十二以還，六十以上，及撫養孤幼，單丁大艱，悉仰遣之。窮獨不能存者，給其長振。府州久勤將史，依勞銓序。」《南史・張纘傳》：為湘州刺史，解放老疾吏役，及關市、戍邏先所防人，一皆省並。此兩事，可見與於役者，老稚，疾病，窮獨，皆不得免焉。《梁書・良吏傳》：沈瑀為餘姚令。縣南有豪族數百家，百姓甚患之。瑀召其老者為石頭倉監，少者補縣僮。皆號泣道路。自是權右屏跡。此可見為吏之困辱，故法令於其召補，每加制限。如宋武帝平江陵，命州、郡、縣吏皆依尚書定制實戶置是也。〈孝武帝紀〉：元嘉三十年（西元 506 年），八月，武皇帝舊役軍身，嘗在齋內，人身猶存者，普賜解戶。《梁書・安成王秀傳》：為郢州，主者或求召吏。秀曰：「此州凋殘不可擾。」此等皆見稱為寬政。〈謝方明傳〉：轉會稽太守。前後征伐，每兵運不充，悉倩發士庶。事既寧息，皆使還本，而屬所割害，或即以補吏，守宰不明，與奪乖舛，人事不至，必被抑塞。方明簡汰精當，各慎所宜。雖服役十載，亦一朝從理。東土至今稱詠之。此又可見補吏之事，其中弊竇孔多也。

　　事有必待專技，然後能為之者，古人以此設工官。後世乃亦召民為之。逮其身亡而役不免，而其業又未必能守之以世也，則遂變為雜役。王羲之與謝安書曰：「百工、醫寺，死亡絕後，家戶空盡，差代無所，上命不絕。事起或十年十五年，彈舉獲罪無懈息，而無益實事。何以堪之？謂自今諸死罪原輕者及五歲刑，可以充此。其減死者可長充兵役，五歲者可充雜工醫寺。皆令移其家，以實都邑。都邑既實，是政之本；又可絕其亡叛。不移其家，逃亡之患，復如初耳。今除罪而充雜役，盡移其家，小人愚迷，或以為重於殺戮，可以絕奸。（此又可見當時雜役之重。）刑名雖輕，懲肅實重，豈非適時之宜邪？」百工醫寺而可以五歲刑者充之，其徒為雜役審矣。然有待專技之事，究非夫人所能為也，乃又別召民為之。如《南史・齊本紀》言：東昏侯大起諸殿，繁役工匠。《陳書・高祖紀》：永

定二年（西元 558 年），十月，太極殿成，匠各給復。《宋書・劉敬宣傳》，言守宣城者，多調發工巧，造作器物。《梁書・賀琛傳》：琛啟陳事條，高祖大怒，召主書於前，口授敕責之。有曰：「凡所營造，不關材官，及以國匠，皆資僱借，以成其事。」《陳書・宣帝紀》：太建二年（西元 570 年），八月，詔巧手於役死亡，不勞訂補。《魏書・高祖紀》：延興二年（西元 472 年），四月，詔工商、雜技，盡聽赴農。〈任城王澄傳〉：澄奏利國濟民所宜振舉者十條，六曰逃亡代輸，去來年久者，若非伎作，任聽即住。皆有專技之民，見役於官之事也。

王羲之欲以死罪原輕者充兵役，五歲刑充雜工醫寺，蓋謂永充大役。亦有事出一時者，齊武帝欲修白下城，難於動役，劉系宗啟讁役東人隨唐寓之作亂者，從之，其事也。

復除之事，有為經制者，如魏鄰長復一夫，里長二，黨長三是也。（見第十九章第三節。）此制百二十五家之內，凡復三十八人。其後元孝友言：《令》制百家為黨族，二十家為閭，五家為比鄰，百家之內，有帥二十五，徵發皆免，則其制已小異。（見第三節。）其出臨時措置者：或以丁多，如晉武帝咸寧元年（西元 275 年），二月，以將士應已娶者多，家有五女者給復是也。（太康元年（西元 281 年），十月，除五女復。）或以產乳及新昏，如齊明帝建武四年（西元 497 年），正月，詔民產子蠲其父母調役一年，又賜米十斛，新昏者蠲伏役一年是也。或以劫後移徙，如晉武帝太康元年（西元 280 年），孫氏大將戰亡之家，徙於壽陽，將吏渡江復十年，百姓及百工復二十年是也。或以劫後撫綏，如陳宣帝太建十一年（西元 579 年），三月，詔淮北義人，率戶口歸國者，建其本屬舊名，置立郡縣，即隸近州，賦給田宅，喚訂一無所豫是也。或以舊恩，如晉元帝大興三年（西元 320 年），七年（西元 324 年），詔琅邪國人在此者，近有千戶，今立為懷德縣，統丹陽郡。昔漢高祖以沛為湯沐邑；光武亦復南頓，

優復之科，一依漢氏故事是也。或以行義，如《宋書・孝義傳》：嚴世期復身徭役，張進之詔在所蠲其徭役是也。或以舊勞，如陳太極殿成，匠各給復，（見上。）世祖天嘉元年（西元560年），二月，以討王琳，舟艦輸積，權倩民丁，蠲復丁身夫妻三年，於役不幸者，復其妻子是也。《魏書・高祖紀》：太和十一年（西元487年），五月，詔復七廟子孫及外戚緦服以上，賦、役無所與，（三長復征戍，餘若民，見第十九章第三節。〈孝感傳〉：閻元明復租、調、兵役，令終母年，此則所謂賦役無所與者也。〈文明后傳〉：后制內屬五廟之孫，外戚六親緦麻，皆受復除，當即太和十一年（西元487年）事。）此宗戚之特恩也。〈恩幸傳〉：王叡與東陽王丕同入八議，永受復除，此為臣下之異典。〈世祖紀〉神䴥四年（西元431年），自破赫連定還，戰士賜覆十年，此所以優戰士。〈高宗紀〉：和平二年（西元461年），三月，詔民年八十已上，一子不從政。〈高祖紀〉：延興三年（西元473年），十一月，詔河南七州年八十已上，一子不從政。承明元年（西元452年），十月，詔七十已上，一子不從政。太和四年（西元480年），七月，詔會京師耆老，賜錦采、衣服、几杖、稻米、蜜、麵，復家人不徭役。此則所以優老也。（三長之制，民年八十已上，聽一子不從役，見第十九章第三節。）〈前廢帝紀〉：僭位後詔：百雜之戶，貸賜民名，官任仍舊。此則口惠而實不至矣。

凡士姓皆蠲役，已見第十七章第三節，第十八章第一節。《晉書・石季龍載記》：鎮遠王擢，表雍、秦二州望族，自東徙已來，遂在戍役之例。既衣冠華胄，宜蒙優免。從之。自是皇甫、胡、梁、韋、杜、牛、辛等十有七姓，蠲其兵貫。〈苻堅載記〉：復魏、晉士籍，使役有常。則雖五胡，亦能守茲成法也。宋孝武帝壞諸郡士族，以充將吏。並不服役，至悉逃亡。加以嚴制不能禁。乃改用軍法，得便斬之。莫不奔竄山湖，聚為盜賊。（《宋書・沈懷文傳》。）梁鄱陽王恢之子泰，為譙州刺史。遍發人丁，

使擔要輿、扇、傘等物，不限士庶。恥為之者，重加杖責。多輸財者，即放免之。人皆思亂。及侯景至，人無戰心，乃先覆敗。（《南史》本傳。）其為禍之烈如此。隸屬於人者亦無役，如佃客、衣食客是也。（見第十八章第四節。）張方決千金堨，水碓皆涸，乃發王公奴婢手舂給兵廩。（詳見第三章第三節。）時又發奴助兵。成帝咸和六年（西元 331 年），正月，以運漕不繼，發王公已下千餘丁，各運米六斛。穆帝昇平三年（西元 359 年），三月，詔以比年出軍，糧運不繼，王公已下，十三戶借一人一年助運。此皆罕有之事。〈刁協傳〉言：「以奴為兵，取將吏客使轉運，皆協所建也，眾庶怨望之。」可見積習之不易破矣。（參看第十八章第四節。）《南史‧齊東昏侯紀》言：諸郡役人，多依人士為附隸，謂之屬名，（見第十章第六節。）亦有所不得已也。出家及疾病者，於法亦免，故范寧言人或殘形翦髮，要求復除，〈東昏侯紀〉亦謂東境役苦，百姓多注籍詐病焉。

　　賦與役，皆當視貲產之厚薄，以為重輕。（蘇綽〈六條詔書〉曰：「租稅之時，雖有大式，至於斟酌貧富，差次先後，皆事起於正長，而繫之於守令。若斟酌得所，則政和而民悅，若檢理無方，則吏奸而民怨。又差發徭役，多不存意。致令貧弱者或重徭而遠戍，富強者或輕使而近防。守令用懷如此，不存恤民之心，皆王政之罪人也。」）故平定物力之事，由之而起。《晉書‧劉超傳》：超補句容令。常年賦稅，主者常自四出，詰評百姓家貲。至超，但作大函，村別付之，使各自書家產投函中，訖送還縣。百姓依實投上，課輸所出，有餘常年。此即宋世之手實法也。《魏書‧世祖紀》：延和三年（西元 434 年），二月，詔令州、郡、縣隱括貧富，以為三級。其富者租賦如常，中者復二年，下窮者復三年。太延元年（西元 435 年），十二月，詔「州、郡、縣不得妄遣吏卒，煩擾民庶。若有發調，縣宰集鄉邑三老，計貲定課。衰多益寡，九品混通，不得縱富督貧，避強侵弱。」蓋始分為三級，繼又曲分為九。《隋書‧食貨志》言：齊文襄始立

九等之戶，富者稅其錢，貧者役其力。實則九等定戶，乃魏世之成法，文襄所創者，或稅役之別耳。貲與力之相貿，蓋事勢不得不然。齊永元後，遠郡之役，悉令上米準行，已見第十章第六節。史以是為東昏秕政，然《宋書‧順帝紀》：升明三年（西元 479 年），正月，齊王表諸負官物質役者悉原除，所謂質役，蓋負物不能償，而出力以為代，事與上米準行相反，理則一也。顧憲之言：山陰有貲者，多是士人復除。（參看第十九章第一節。）此等人本未必能出力。稅其錢，實開明世別銀差於力差之先聲，亦得宋王安石令無役者出助役錢之意。《宋書‧周朗傳》：朗言：「取稅之法，宜計人為輸，不應以貲，云何使富者不盡，貧者不竭？」蓋病戶等平定之不實。朗又云：「桑長一尺，圍以為價，田進一畝，度以為錢，屋不得瓦，皆責貲實，民以此樹不敢種，土畏妄墾，棟焚榱露，不敢加泥。」齊竟陵王子良言：「三吳守宰，務在裒剋，圍桑品屋，以準資課。致令斬樹發瓦，以充重賦。破民財產，要利一時。」其弊，亦與後世無異矣。戶調法行之後，本已無所謂丁稅。然《齊書‧豫章王嶷傳》：言其為荊、湘時，以穀過賤，聽民以米當口錢；《王敬則傳》載竟陵王子良啟云：「建元初狡虜遊魂，軍用殷廣，浙東五郡，丁稅一千」；《梁書‧良吏傳》云：高祖元年（西元 502 年），始去人貲，計丁為布；（《陳書‧宣帝紀》：太建九年（西元 577 年），五月，原五年訖七年逋貲絹，蓋亦計貲為絹。）一似又有丁稅者；蓋亦或以之代役，或出臨時調斂，後遂相沿不廢也。

　　地方公共之事，人民往往能自立法而自治之，然亦往往為官府所破壞，會稽士庶，皆保塘役，而王敬則悉評斂為錢送臺；東昏侯下揚、南徐二州，橋、桁、塘、埭丁，計功為直，斂取見錢；（皆見第十九章第一節。）其事矣。《晉書‧劉頌傳》：除淮南相。舊修芍陂，年用數萬人。豪強兼併，孤貧失業。頌使大小戮力，計功受分，百姓歌其平。此等良吏，蓋不可多得矣。

後周之法：司役掌力役之政令。凡人自十八以至五十有九，皆任於役。豐年不過三旬，中年二旬，下年一旬。凡起徒役，無過家一人。八十者一子不從役，百年者家不從役，廢疾非人不養者，一人不從役。若凶札則無力征。見《隋書·食貨志》：其立法可謂甚平，然其行之如何，則不可知也。

山澤之利，兩晉及宋、齊、梁、陳，多為官吏貴豪所固護，已見第十九章第三節。此等皆非法之所許，然亦有不然者。《梁書·蕭穎達傳》：御史中丞任昉奏曰：「風聞穎達啟乞魚稅，輒攝穎達宅督彭難當到臺辨問。列稱尋生魚典稅，先本是鄧僧琰啟乞，限訖今年五月十四日。主人穎達，於時謂非新立，仍啟乞接代僧琰。即蒙降許。登稅與史法論一年，收直五十萬。」雖實為私奉養，而必啟乞待許，即不祗官收其稅矣。北朝情形，與南朝略同。魏顯祖皇興四年（西元 470 年），高祖太和六年（西元 482 年），周靜帝大象二年（西元 580 年），皆嘗弛山澤之禁。即北齊，亦僅後主武平六年（西元 575 年），稅關市、舟車、山澤、鹽鐵、店肆，開酒禁而已。然《魏書·酷吏傳》：崔暹坐障吝陂葦，為王顯所彈；〈閹官傳〉言：劉騰於山澤之饒，所在固護；則其利為私家所擅者亦多。《北齊書·盧潛傳》，言其為揚州行臺時，高元海執政，斷漁獵，人家無以自資，政令豈能真行？民家無以自資，豪勢保無轉因之以為利者邪？

郭錮山澤，惡其奪民利而已，棄田以為園囿，其弊亦與之同，故晉法明列其不為屬國焉。（見第十九章第三節。）然其事亦卒不能免。北朝尤甚，以其君好田獵也。〈魏書古弼傳〉云：上谷民上書言苑囿過度，民無田業，乞減大半，以賜貧人，可見其占地之廣。〈高祖紀〉：延興三年（西元 473 年），詔關外苑囿，聽民樵採。太和十一年（西元 487 年），又罷山北苑，以其地賜貧民。〈司馬楚之傳〉：子躍，為雲中鎮將，朔州刺史。表罷河西苑封，與民墾殖。有司執奏：「此麋鹿所聚，大官取給。今若與民，

至於奉獻時禽，懼有所闕。」詔曰：「此地若任稼穡，雖有獸利，事須廢封。若是山澗，虞禁何損？尋先朝置此，豈苟藉斯禽，亮亦以俟軍行薪蒸之用。其更論之。」躍固請宜以與民。高祖從之。此可見苑囿之立，實妨田業，又不徒郭錮山澤而已。又魏於內地置牧場，占地甚廣，見第二十章第一節。世宗正始元年（西元 504 年），延昌二年（西元 513 年），皆嘗以其地賜代遷之民。可謂封豕長蛇，薦食上國已。

　　冶鑄之利，作兵為亟，民用後焉。《晉書‧宣帝紀》：太和四年（西元 480 年），興京兆、天水、南安監冶。〈刑法志〉云：「魏武帝時，定甲子科，犯鈋左右趾者，易以木械。是時乏鐵，故易以木焉。」蓋斯時之鐵，多以作兵，故乏於他用也。《宋書‧百官志》：衛尉一人，丞二人晉江右掌冶鑄。領冶令三十九，戶五千三百五十。冶皆在江北，而江南唯有梅根及冶塘二冶，皆屬揚州，不屬衛尉。衛尉，江左不置。宋世祖孝建元年（西元 454 年）復置。又云：東冶令一人，丞一人。南冶令一人，丞一人。漢有鐵官。晉置令，掌工徒鼓鑄，屬衛尉。江左已來，省衛尉，度隸少府。宋世雖置衛尉，冶隸少府如故。江南諸郡縣有者，或置冶令，或置丞，多是吳所置。〈王弘傳〉：弘建屯田之議曰：「伏見南局諸冶，募吏數百。雖資以廩贍，收入甚微。愚謂若回以配農，必功利百倍矣。然軍器所須，不可都廢。今欲留銅官大冶及都邑小冶各一所。重其功課，一準揚州。州之求取，亦當無乏。餘者罷之，以充東作之要。」弘建此議，在其為晉會稽王道子驃騎參軍主簿時，可見江左冶政，專攻兵器，罕資民用，此其獲利所以甚微。宋世劉道濟刺益州，立冶斷私民鼓鑄，而貴賣鐵器，事見第八章第七節。又可見民用本不資官也。《陳書‧世祖紀》：天嘉二年（西元 561 年），十二月，太子中庶子虞荔、御史中丞孔奐以國用不足，奏立煮海鹽賦及榷酤之科。詔並施行。南朝言鹽利者，亦唯此而已。

　　北方僭偽諸國：慕容德嘗立冶於商山，置鹽官於烏常澤，事見《晉

書‧載記》。拓跋氏於鹽利頗詳。《魏書‧食貨志》云：河東郡有鹽池，舊立官司，以收稅利。是時罷之。而民有富強者，專擅其用，貧弱者不得資益。延興末，復立監司，量其貴賤，節其賦入。於是公私兼利。世宗即位，政存寬簡，復罷其禁，與百姓共之。其國用所資，別為條制，取足而已。自後豪貴之家，復乘勢占奪；近池之民，又輒鄣吝；強弱相陵，聞於遠近。神龜初，太師高陽王雍、太傅清河王懌等奏：「先朝置司，公私兩宜，儲益不少。後中尉甄琛，啟求罷禁。被敕付議。尚書執奏，稱琛啟坐談則理高，行之則事闕，請依常禁為允。詔依琛計。乃為繞池之民尉保光等，擅自固護。語其鄣禁，倍於官司。取與自由，貴賤任口。若無大宥，罪合推斷。請依先朝之詔，禁之為便。」於是復置監官，以監檢焉。其後更罷更立，以至於永熙。自遷鄴後，於滄、瀛、幽、青四州之境，傍海煮鹽。滄州置灶一千四百八十四，瀛州置灶四百五十二，幽州置灶一百八十，青州置灶五百四十六。又於邯鄲置灶四。計終歲合收鹽二十萬九千七百二斛四升。軍國所資，得以周贍矣。據〈本紀〉，高祖太和二十年（西元 496 年），十二月，嘗開鹽池之禁，與民共之。世宗景明四年（西元 503 年），七月，詔還收鹽池利以入公。至正始三年四月，又詔罷鹽池之禁。此事由甄琛之奏，具見〈琛傳〉：其時尚書執奏之辭，亦謂「典司多怠，出入之間，事不如法，遂令細民怨嗟，商賈輕議」，則置監亦未必無弊也。〈長孫道生傳〉：曾孫稚，蕭寶寅反，為行臺討之。時薛鳳賢反於正平，薛修義屯聚河東，分據鹽池，攻圍蒲坂。東西連結，以應寶寅。稚乃據河東。時有詔廢鹽池稅。稚表言：「今四境多虞，府藏罄竭。冀、定二州，且亡且亂，常調之絹，不復可收。略論鹽稅，一年之中，準絹而言，猶不應減三十萬匹。便是移冀、定二州，置於畿甸。今若廢之，事同再失。臣前仰違嚴旨，不先討關賊而解河東者，非是闇長安而急蒲阪，蒲阪一陷，沒失鹽池，三軍口命，濟贍理絕。天助大魏，茲計不爽。臣輒符司

監、將尉，還率所部，依常收稅，更聽後敕。」觀此，知河東鹽利之厚。《周書·寇俊傳》云：孝昌中，朝議以國用不足，乃置鹽池都將，秩比上郡，前後居職者，多有侵漁，乃以俊為之。是其時於此，資賴正深，而忽有廢之之詔。雖為長孫稚所格，至前廢帝即位，仍詔稅市、稅鹽，可悉廢之，可見稅弊之深矣。(〈柳崇傳〉言：高祖時，河東、河北爭境。其間有鹽池之饒，虞阪之便，守宰及民，皆恐外割，公私朋競，紛囂臺府，可見官吏豪強，同以為利。)〈辛慶之傳〉：太祖東討，為行臺左丞。時初復河東，以本官兼鹽池都將。大統四年 (西元 538 年)，魏攻正平郡，陷之，遂欲經略鹽池，慶之守禦有備，乃引軍退。河橋之役，大軍不利，河北守令棄城走，慶之獨因鹽池，抗拒強敵，時論稱其仁勇。守令棄城，而監將猶能守土，豈亦以其利入厚，故能用其眾歟？《北史·崔昂傳》：右僕射崔暹奏請海、沂煮鹽，有利軍國。文襄以問昂。昂曰：「官煮須斷人灶。官力雖多，不及人廣。請準關市，薄為灶稅。私館官給，彼此有宜。」朝廷從之。則遷鄴後四州官煮之外，他處仍有鹽稅也。周有掌鹽，掌四鹽之政令。一曰散鹽，煮海以成之。二曰監鹽，引池以化之。三曰形鹽，物地以取之。四曰飴鹽，於戎以取之。凡監鹽、形鹽，每地為之禁，百姓取之皆稅焉。見《隋書·食貨志》。

　　北朝冶鑄，亦以作兵為急。《魏書·太祖紀》：天賜元年 (西元 404 年)，五月，置山東諸冶，發州郡徒謫造兵甲。《周書·薛善傳》：西魏於夏陽諸山置鐵冶，令善為冶監，月役八千人，營造軍器，皆其事也。供民用者，亦間有之。如《魏書·崔挺傳》，言其為光州刺史，州內少鐵器，用皆求之他境，挺表復鐵官，公私有賴是已。冶鑄之業，蓋以民營為多，故〈食貨志〉言鑄鐵為農器兵刃，在所有之；(見第二十章第二節。)咸陽王禧，史言其田業鹽鐵，遍於遠近；(見第十二章第一節。)而長白山亦為豪右鼓鑄之地也。(見第二十章第四節。)礦利，已見第二十章第一節。〈蕭

宗紀〉：神龜元年（西元518年），閏月，開恆州銀山之禁，與民共之，則亦有弛禁之時。

　　酒稅，除禁釀外，大都有之。（參看第二十一章第一節。）東昏時，都下酒酤，皆折輸金，見第十章第六節。陳時虞荔、孔奐請立榷酤，見前。北齊文宣帝天保八年（西元557年），八月，制榷酤，見《北史·本紀》。（《北齊書》不載。）後主立酒禁，亦見前。《宋書·文九王傳》：世祖普責百官讜言，建平王宏上書稱其弛榷酤，則似曾一時無稅。

　　關市之徵，歷代皆有。《晉書·武帝紀》：受禪後復天下租賦及關市之稅一年，可見魏時徵稅，遍於全境，晉亦因之。渡江已後，《隋書·食貨志》云：凡貨賣奴婢、馬牛、田宅，有文券，率錢一萬，輸估四百入官，賣者三百，買者一百。無文券者，隨物所堪，亦百分收四，名為散估。（《晉書·王濬傳》：濬上書自理云：「臣將軍素嚴，兵人不得妄離部陳。間在秣陵，諸軍凡二十萬眾。臣軍先至，為土地之主。百姓之心，皆歸仰臣。臣切敕所領，秋豪不犯，諸有市易，皆有伍任證左，明從券契。有違犯者，凡斬十三人，皆吳人所知也。」《北史·孟信傳》：信去官，居貧無食唯有一老牛。其兄子賣之，擬供薪米。券契已訖。市法應知牛主住在所。信適從外來，見買牛人，方知其賣也。因告之曰：「此牛先來有病，小用便發，君不須也。」杖其兄子二十。觀此二事，知當時貨賣，多有文券也。）歷宋、齊、梁、陳如此，此後世之契稅也。又云：都西有石頭津，東有方山津，各置津主一人，賊曹一人，直水五人，以檢察禁物及亡叛者。其荻、炭、魚、薪之類過津者，並十分稅一以入官。其東路無禁，故方山津檢察甚簡。此後世之過稅也。又云：淮水北有大市百餘，小市十餘所。大市備置官司，稅斂既重，時甚苦之。此後世之住稅也。《晉書·孝武帝紀》：寧康元年（西元373年），三月，詔除丹陽竹格等四桁稅。《宋書·武帝紀》：永初元年（西元420年），以市稅繁苦，優量減降。〈文帝

紀〉：元嘉十七年（西元 440 年），十一月，詔州郡估稅，所在市調，多有煩刻，自今咸依法令，務盡優允。〈孝武帝紀〉：大明八年（西元 464 年），正月，詔東境去歲不稔，宜廣商貨，遠近販粥米者，可停道中雜稅。又〈前廢帝紀〉：是年，六月詔，有「關市儌稅，事施一時，而奸吏舞文，妄興威福」之語。《齊書·郁林王紀》：即位後，詔關市徵賦，務從優減。〈明帝紀〉：建武元年（西元 494 年），十月，詔商旅稅石頭、後渚，及夫鹵借倩，一皆停息。〈竟陵王子良傳〉：啟論司市之職，謂「前人增估求俠，後人加稅請代」。（參看第二十章第三節。）〈顧憲之傳〉：永明六年（西元 488 年），行會稽郡事。時西陵戍主杜元懿啟：「吳興無秋，會稽豐登，商旅往來，倍多常歲。西陵牛埭稅，官格日三千五百。元懿如即所見，日可一倍。盈縮相兼，略記年長百萬。浦陽南北津及柳浦四埭，乞為官領攝，一年特別長四百許萬。西陵戍前檢稅，無妨戍事。餘三埭自舉腹心。」世祖敕示會稽郡：「此詎是事宜？可訪察即啟。」憲之議曰：「吳興頻歲失稔，今茲尤饉。去乏從豐，良田饑棘。或徵貨貿粒，還拯親累，或提攜老弱，陳力餬口。埭司責稅，依格弗降。舊格新減，尚未議登，特別加倍，將以何術？比見加格置市者，前後相屬，非唯新加無贏，並皆舊格猶闕，愚恐元懿今啟，亦當不殊。若事不副旨，懼詿遣詰，便百方侵苦，為公賈怨。元懿秉性苛刻，已彰往效，任以物土，譬以狼將羊。其所欲舉腹心，亦當虎而冠耳。」（參看第二十一章第四節。）《梁書·武帝紀》：天監十五年（西元 516 年），正月，詔關市之賦，或有未允。外時參量，優減定格。大同十一年（西元 545 年），三月，詔四方所立市、埭、桁、渡、津稅，有不便於民者，尚書、州郡，各速條上。其時陸驗、徐驎遞為少府丞、大市令，並以苛刻為務，已見第十二章第五節。《陳書·宣帝紀》：太建四年（西元 572 年），閏月，詔姑熟自梁末兵災，凋殘略盡。自今有罷任之徒，許分留部下。其已在江外，亦令迎還。悉住南州，津里安置。有無交貿，不

責市估。十一年詔有「旗亭關市，稅斂繁多，不廣都內之錢，非供水衡之費，逼遏商賈，營謀私蓄」之語。《南史·陳本紀》，謂後主稅江、稅市，徵取百端。其用沈客卿、陽慧朗，已見第十五章第二節。此皆關市政令，發自中樞，散見紀傳者也：亦有由地方為之者：《晉書·甘卓傳》言：卓遷梁州刺史，估稅悉除。又《儒林·杜夷傳》言：刺史劉陶，告廬江郡，常以市租，供給其家人糧廩。《齊書·豫章王嶷傳》：徙荊州刺史，以市稅重濫，更定橈格，以稅還民。侯景據壽春，停責市估，已見前。景後抗表，有云「關市徵稅，咸悉停原，壽陽之民，頗懷優復」焉。《梁書·陸法和傳》：刺郢州，列肆之內，不立市丞，但以空檻籭在道間，上開一孔以受錢。賈客店人，隨貨多少，計其估限，自委檻中。行掌之司，夕方開取條其孔目，輸之於庫。此等興替、增減，及其支用，悉由地方主之。可見當時關市之徵，中樞所取，實有限也。

北方諸國：張重華嘗除關稅，見《晉書·載記》。姚興增關津之稅，已見第十九章第三節。《魏書·沮渠蒙遜傳》：世祖詔公卿為書讓牧犍，有「切稅商胡，以斷行旅」之語。〈甄琛傳〉：琛論鹽池表有云：「今偽弊相承，仍崇關廛之稅，大魏恢博，唯受穀帛之輸」，則魏初似無商稅。肅宗時，稅市人出入者各一錢，店舍為五等，已見第十二章第二節。前廢帝即位，市稅與鹽稅併除，已見前。齊末，顏之推奏請立關市、邸店之稅。開府鄧長顒贊成之。後主大悅，以其所入供御府聲色之費，軍國之用不豫焉。未幾而亡。見《隋書·食貨志》。周閔帝元年（西元 557 年），初除市門稅。宣帝即位，復興入市之稅，亦見〈志〉及《周書·本紀》。（宣帝稅入市者人一錢。）靜帝立，罷入市稅錢，見〈紀〉。

第六節　兵制

　　晉、南北朝，為中國兵力衰微之世，其所由然，蓋以取之、教之者，皆不得其宜也。民兵之制，雖自東漢來已廢，然調發之制仍存。故《晉書‧段灼傳》：灼言晉人可差簡丁強，如法調取，羌、胡非恩意告諭不可。然調發人民時甚少，自三國至南北朝，皆別有所謂軍戶者，已見第十七章第三節矣。軍戶放免，其事甚難，（《宋書‧孝武帝紀》：大明二年（西元458年），正月，詔先帝龍飛荊楚，奉迎文武、吏身，可賜爵一級，軍戶免為平民，此乃特典。帛氏奴之亂，劉道濟免吳兵三十六營為平民；竟陵王誕之叛，孝武帝使垣閬襲之，誕焚兵籍，使壯士率之出擊：亦危迫之際，非常之措施也。）而其困辱殊甚。（《晉書‧趙至傳》：緱氏令初到官，至年十三，與母同觀。母曰：「汝先世本非微賤，世亂流離，遂為士伍耳。爾後能如此不？」至感母言，詣師受業。蓋軍戶之困辱久矣。）服役率取長上。（長上之名，不始唐代。《通鑒》：晉安帝隆安二年（西元398年），慕容寶長上段速骨、宋赤眉等作亂。《注》云：「凡衛兵皆更番迭上，長上者，不番代也。唐官制，懷化執戟長上，歸德執戟長上，皆武散階，長上之官尚矣。」案《宋書‧張茂度傳》：子永，以世祖孝建二年（西元455年），入為尚書左丞。時將士休假，年開三番，紛紜道路。永建議：交代之限，以一年為制。則番代之期，有甚短者。遵行者蓋漸少也。）老稚亦不得免。（《晉書‧宣帝紀》：帝平公孫淵，奏軍人年六十已上者罷遣千餘人；〈武帝紀〉：平吳後，詔諸士卒年六十已上，罷歸於家；此已為甚晚。《宋書‧自序》載沈亮啟太祖，謂西府兵士，或見年八十而猶伏隸，或年始七歲而已從役，尤可見其使之之酷。晉明帝之討王敦，詔敦之將士，單丁在軍，無有兼重者，皆遣歸家，終身不調，其餘皆與假三年，亦危急時曠典也。）身死又須補代。（劉卞兄為太子長兵，死，兵例須代，功曹欲以卞代兄役是也。見第四節。）於是人民規免者多，乃有以亡命、讁戶或蠻

夷充之者。逃叛、死亡，追代或及親屬，甚者及於鄰伍。其虐，與明代之句軍無異矣。（《晉書·庾冰傳》：冰隱實戶口，料出無名萬餘人，以充軍實，此以漏籍者為兵也。〈毛璩傳〉：璩遷淮南太守，尋補鎮北將軍譙王恬司馬。海陵縣界，地名青蒲，四面湖澤，皆是菰葑，逃亡所聚。璩建議率千人討之。時大旱，璩因放火，菰葑盡然。亡戶窘迫，悉出自首。近有萬戶，皆以補兵。此以逃亡者為兵也。《宋書·沈慶之傳》：慶之前後獲蠻，並移京邑，以為營戶，此以夷隸為兵也。《晉書·范寧傳》：寧上疏言：「官制謫兵，不相襲代。頃者小事，便以補役。一愆之違，辱及累世。親戚旁支，罹其禍毒。」《宋書·武帝紀》：永初二年（西元421年），十月，詔曰：「兵制峻重，務在得宜。役身死叛，輒考傍親。流遷彌廣，未見其極。遂令冠帶之倫，淪陷非所。宜革以弘泰，去其密科。自今犯罪充兵，合舉戶從役者，便付營押領。其有戶統及謫止一身者，不得復侵濫服親，以相連染。」〈何承天傳〉：餘杭民薄道舉為劫。制同籍期親補兵。其從弟代公、道生等，並為大功親，而法以其母存為期親，子宜隨母補兵。皆可見其句補之酷。然據《南史·郭祖深傳》，則當時追討，並有濫及鄰伍者，見第十七章第三節，又不限於親屬矣。）徵發之法，多用三五，亦有更密於此者。（三五取丁，釋見第五章第二節。此據《通鑒》晉成帝咸康八年（西元343年）《注》。然宋文帝元嘉二十七年（西元450年）《注》又云：「三丁發其一，五丁發其二。」不知果有此兩法邪？抑胡氏偶誤也？《晉書·石季龍載記》，言其將討慕容皝，令司、冀、青、徐、幽、並、雍兼復之家，五丁取三，四丁取二，則前說似是。〈慕容儁載記〉：儁圖入寇，兼欲經略關西，乃令州郡校閱見丁，精覆隱漏。率戶留一丁，餘悉發之。封邑劉貴上書極諫，乃改為三五占兵。則三五取丁，殆為當時通制。苻堅入寇，諸州之民，十一遣一，蓋以所發者廣，故所取者少。佛貍臨江，丹陽統內，盡戶發丁。胡三省曰：「凡人戶見丁，無論多少盡發之。」此則危急時偶行

之法也。）率先貧弱，轉後殷強，其流弊滋大。（《晉書‧慕容儁載記》：其尚書左丞申紹上疏曰：「比赴敵後機，兵不速濟。皆由賦法靡恆，役之非道。郡縣守宰，每於差調之際，舍越殷強，首先貧弱。行留俱窘，資贍無所。人懷嗟怨，遂致奔亡。」案《宋書‧王弘傳》：弘與八坐丞郎疏言：「主守偷五匹，常偷四十匹，並加大辟，議者咸以為重。宜進主守偷十匹，常偷五十匹死，四十匹降以補兵。」左丞江奧議：「官及二千石，及失節士大夫，時有犯者，罪乃可戮，恐不可以補兵也。謂此制可施小人，士人自還用舊律。」《梁書‧處士沈傳》：天監四年（西元 505 年），大舉北伐，訂民丁。吳興太守柳惲以從役。揚州別駕陸任以書責之。惲大慚，厚禮而遣之。則其時兵役，士人率遭優免，此亦舍越殷強之一端也。〈慕容載記〉又云：悅綰言於曰：百姓多有隱附，宜悉罷軍封。納之。出戶二十餘萬。慕容評大不平，尋賊綰殺之。尤可見僥倖免役者之眾。）且斯時之民，久闕訓練，發之無益於事，（《宋書‧武帝紀》：隆安五年（西元 402 年），孫恩向滬瀆。高祖棄城追之。海鹽令鮑陋遣子嗣之，以吳兵一千，請為前驅。高祖曰：「賊兵甚精，吳人不習戰，若前驅失利，必敗我軍，可在後為聲援。」不從。果為賊所敗。又〈自序〉：元凶弒逆，分江東為會州，以隋王誕為刺史。沈正說誕司馬顧琛，以江東義銳之眾，為天下唱始。琛曰：「江東忘戰日久，士不習兵，當須四方有義舉，然後應之。」皆江東之民，久闕訓練之證。《齊書‧沈文季傳》：唐寓之叛，富陽但發男丁防縣。文季時為會稽太守，發吳、嘉興、海鹽、鹽官民丁救之，亦敗。齊武帝遣禁兵數千人，馬數百匹東討。賊眾烏合，一戰便散，禽斬寓之。王敬則之叛，百姓從之者十餘萬，胡松以馬軍突其後，即驚散，見第十章第三節。皆民兵不可用之證。齊初虜動，高帝欲發王公已下無官者為軍，褚淵諫：以為無益實用，空致擾動，良有以也。然此等苟經訓練，亦可成精兵。伐秦之役，宋武遣上河北岸距魏兵者，為白直隊主丁旿，事見第七章第七

節。白直者，白丁之入直左右者也。亦可見兵之強弱，唯在訓練矣。）而
或致激變，如張昌之亂是矣。《晉書・山濤傳》云：吳平之後，帝詔天下
罷軍役，示海內太安。州郡悉去兵，大郡置武吏百人，小郡五十人。帝嘗
講武於宣武場。濤時有疾，詔乘步輦從。因與盧欽論用兵之本。以為不宜
去州郡武備。其論甚精。帝稱之曰：「天下名言也。」而不能用。及永寧
之復，屢有變難，寇賊焱起，郡國皆以無兵備不能制，天下遂以大亂，如
濤言焉。濤之論今不可聞，然其時州郡握兵，實為天下之亂源。（劉昭論
之，最為痛切，見《續漢書・百官志注》。）晉之患，始於宗室諸王，而成
於夷狄。當時州郡置兵，誠較王國為少，然八王之亂，非以其國之兵起
也。五胡亂後，州郡曷嘗無兵？果能戡亂定難歟？綜觀當時諸家議論，亦
多以人民闕於訓練為言，（如何承天〈安邊論〉曰：「漢魏以來，搜田非復
先王之禮，治兵徒逞耳目之欲。有急之日，民不知戰。至乃廣延賞募，奉
以厚秩。發遽奔救，天下騷然。方伯、刺史，自無經略，唯望朝延遣軍，
此皆忘戰之害，不教之失也。」）而非以無經制之兵為患。〈濤傳〉所云，
非篤論也。

　　召募之制，意在選取精勇。馬隆討樹機能，募要引弩三十六鈞、弓四
鈞者，已見第二章第二節。元嘉二十七年（西元 450 年）之役，募天下弩
手，不問所從；有馬步眾藝、武力之士應科者，皆加厚賞；見第八章第七
節。《宋書・薊恩傳》：高祖徵孫恩，縣差為徵民。充乙士。使負馬芻。
恩常負大束，兼倍餘人。每舍芻於地，嘆曰：「丈夫彎弓三石，奈何充馬
士？」高祖聞之，即給兵仗。恩大喜。可見軍中武力之重矣。劉敬宣之伐
蜀，國子博士周只書諫高祖，謂官所遣皆烏合召募之人，師果無功。《宋
書・沈演之傳》：子勃，泰始中欲北討，使還鄉里募人。勃多受貨賄。上
怒，下詔數之曰：「自恃吳興土豪，比門義故，脅說士庶，告索無已。又
輒聽義將，委役還私。託注病叛，逐有數百。周旋門生，競受財貨。少者

至萬，多者千金。考計臧物，二百餘萬。」則召募之弊，亦甚大矣。《晉書·劉超傳》：出為義興太守，徵拜中書侍郎，會帝崩，穆後臨朝，遷射聲校尉。時軍校無兵，義興人多義隨，超因統其眾以宿衛，號為君子營。此亦召募之類。設其終屬於超，即成私家之部曲矣。

　　部曲之制，已見第十八章第四節。《晉書·范寧傳》：寧上疏言：「方鎮去官，皆割精兵器仗，以為送故。米布之屬，不可勝計，監司相容，初無彈糾。其中或有清白，亦復不見甄異。送兵多者，至於千餘家，少者數十戶。既力入私門，復資官廩布。兵役既竭，枉服良人，牽引無端，以相充補。若是功勳之臣，則已享裂土之祚，豈應封外，復置吏兵？送故之格，宜為節制，以三年為斷。」此等送故之兵，久假不歸，即成私家之部曲矣。廩布既資官給，何必聽屬私家？然而部曲之制，卒不能革者？《陳書·蔡徵傳》言：後主遣徵收募兵士，自為部曲。徵善撫卹，得物情，旬月之間，眾近一萬。徵之撫卹，或不必專施於部曲，然部曲既屬私家，其撫卹容有更周者。《南史·郭祖深傳》：梁武帝以祖深為南津校尉，使募部曲二千。所領皆精兵，令行禁止。有所討逐，越境追禽。江中嘗有賊，祖深自率討之。大破賊。威振遠近，長江肅清。或亦以其專屬於已，故簡擇者精也。《陳書·樊毅傳》言：毅累葉將門。侯景之亂，率部曲隨叔父文皎援臺。文皎戰歿，毅將宗族子弟赴江陵。高祖受禪，毅與弟猛舉兵應王琳。琳敗，奔齊，侯瑱遣使招毅，毅乃率子弟部曲還朝。〈魯廣達傳〉言：時江表將帥，各領部曲，動以千數，而魯氏尤多。此等私家部曲，公家征戰，亦多用之，幾如遼人之有頭下軍州矣。范寧言送故多割器杖，則有部曲者即家有藏甲。《宋書·范曄傳》所以言周靈甫有家兵部曲，孔熙先欲奉義康，乃與以錢六十萬，使於廣州合兵，其徵也。兵革藏於私家，非禮也，是謂脅君，此亦南北朝之世，篡亂之所由不絕歟？

　　為免擾累平民起見，時亦發奴客為兵。東晉時事，亦見第十八章第四

節。元帝所免僮客，以配劉隗、戴淵。又發投刺王官千人為軍吏。（見〈戴若思傳〉。）王敦率眾內向，抗疏曰：「當陛下踐阼之初，投刺王官，本以非常之慶，使豫蒙榮分，而更充征役，復依舊名。普取出客，從來久遠，經涉年載。或死亡滅絕，或自贖得免，或見放遣，或父兄時事，身所不及。有所不得，輒罪本主。百姓哀憤，怨聲盈路。」敦攻劉隗，自難免於過當。然庾翼欲北伐，並發所統六州（江、荊、司、雍、梁、益。）奴及車、牛、驢、馬，史亦云百姓嗟怨，則敦言亦不能盡誣。宋武帝永初元年（西元 420 年），八月，詔先因軍事所發奴僮，各還本主。若死亡及勳勞破免，亦依限還直。蓋奴婢亦為財產之一，不宜使其主人蒙損過大，故有此舉。《晉書‧隱逸傳》：翟湯、庾翼大發僮客，敕有司矚湯所調。湯悉推僕使，委之鄉吏。吏奉旨一無所受。湯依所調限，放免其僕，使編戶為百姓，則調發亦不能無優免也。《梁書‧武帝紀》：普通五年（西元 524 年），七月，賜北討義客位階。是梁世亦有奴客從軍者。帛氏奴之亂，劉道濟免道俗奴僮以充兵。《晉書‧列女傳》：蘇峻作亂，虞潭時守吳興，又假節徵峻。潭母孫氏，盡發家僮，隨潭助戰。則危急之際，地方亦有用之者也。

　　當時風氣，稱習戰者必曰傖楚。子勳之叛，殷孝祖率二千人還朝，並傖楚壯士，人情大安；（詳見第九章第四節。）始安王遙光欲叛，召諸傖楚是也。（見第十章第五節。）吳人謂中州人曰傖。（見第三章第九節。）楚者，江西之地，皆楚之舊壤也。（王融欲輔子良，招集江西傖楚，見第十章第二節。）祖逖率親黨避地淮泗，後居京口，史言其賓客義徒，皆暴桀勇士。（詳見第四章第二節。）郗鑒寢疾，疏言所統錯雜，率多北人。（詳見第五章第四節。）此皆其時之所謂傖：《梁書‧陳伯之傳》：幼有膂力，年十三四，好著獺皮冠，帶刺刀，候伺鄰里稻熟，輒偷刈之。嘗為田主所見，呵之曰：「楚子莫動。」伯之因杖刀而進，將刺之，曰：「楚子定何如？」此則時人習稱剽悍者為楚也。淮南勁悍，自昔著聞。淮南王允之

攻趙王倫，史言其所將皆淮南奇材劍客，倫兵死者千餘人。呂安國襲破杜叔寶餉劉順軍車，實為勝負所由判。（詳見第九章第四節。）是役決勝，實由黃回。史稱其所領並淮南楚子，天下精兵。（見《宋書‧殷琰傳》。）劉牢之距苻堅之師，陳慶之送元顥之眾，其中此曹，蓋不少矣。然宋武之征南燕，公孫五樓策之曰：「吳兵輕果，初鋒勇銳不可當。」（見《晉書‧慕容超載記》。）伐秦之役，沈田子實奏青泥之烈，而史稱其所領江東勇士，便習短兵。（《宋書‧自序》。）則江東之士，亦未必遂弱。民風恆隨處境而轉移。當時江東以稼穡為重，而江西則為戰地，此其風氣之所以漸殊也。

士大夫之風氣，南方亦較北方為弱，觀第十八章第二節所引《顏氏家訓‧涉務篇》可知。其〈雜藝篇〉又曰：「江南以常射為兵射，冠冕儒生，多不習此。別有博射，弱弓長箭，施於準的。揖讓升降，以行禮焉。防禦寇難，了無所益。亂離之後，此術遂亡。河北人士，率曉兵射。」士大夫者，民之率將，士大夫日趨文弱，無怪細民之稍益不振矣。顏氏之言則善矣，然而射不主皮，左射貍首，右射騶虞之意，則益微矣。可勝慨哉！

元魏丁男，亦有兵役。太宗永興五年（西元 537 年），正月，大閱，畿內男子十二以上悉集；高祖延興三年（西元 473 年），十月，太上皇帝親將南討，詔州郡之民，十丁取一是也。末造，常景病差丁不盡強壯，三長皆豪門多丁，求權發為兵。孝靜帝興和元年（西元 539 年），六月，以司馬子如為山東黜陟大使，尋為東北道大行臺，差選勇士。奚思業為河南大使，簡發勇士，蓋亦取諸人民。唯此等在平時亦罕用，尋常充補，率於軍戶取之。軍戶：有以俘虜為之者，如高聰徙入平城，與蔣少遊為雲中兵戶是也。或以雜戶充役，如〈崔挺傳〉言河東郡有鹽戶，掌供州郡為兵是也。然要以罪謫者為多。征戍皆有之。（《魏書‧高祖紀》：太和二十一年（西元 497 年），十二月，詔流徙之囚，皆勿決遣，登城之際，令其先鋒自

效。《周書‧宣帝紀》：宣政元年（528年年），二月，滕王逌伐陳，免京師見徒，並令從軍。此皆用於征戰者也：用諸戍守者尤多。《魏書‧高祖紀》：延興四年（西元474年），十二月，詔西征吐谷渾兵在匄律城初叛軍者斬，次分配柔玄、武川二鎮。〈源賀傳〉：賀上書曰：「自非大逆、赤手殺人之罪，其坐贓及盜與過誤之愆。應入死者，皆可原命，謫守邊境。」高宗納之。六鎮戍兵，本皆高門子弟，其後非得罪當世者，莫肯與之為伍，即由戍兵中此等人多故也。見第十二章第三節。）其遇之頗酷，欲免除甚難，逃亡之格又峻，終至激成六鎮之叛焉。（《魏書‧任城王澄傳》：澄以流人初至遠鎮，衣食無資，多有死者，奏並其妻子給糧一歲，從之。是當時謫戍，率並其家屬徙之也。〈高祖紀〉：太和十二年（西元488年），正月，詔曰：「鎮戍流徙之人，年滿七十，孤單窮獨，雖有妻妾，而無子孫，諸如此等，聽解名還本。」可見其獲免之難。〈崔挺傳〉云：時以犯罪配邊者，多有逃越，遂立重製，一人犯罪逋亡，合門充役。挺上書，辭甚雅切，高祖納之。〈郭祚傳〉：世宗詔以奸吏逃刑，縣配遠戍。若永避不出，兄弟代之。祚奏：「若以奸吏逃竄，徙其兄弟，罪人妻子，復應徙之，此則一人之罪，禍傾二室。愚謂罪人在逃，止徙妻子。走者之身，縣名永配。於眚不免，奸途自塞。」詔從之。此等皆可見其牽連之廣。〈李崇傳〉：定州流人解慶賓兄弟坐事俱徙揚州。弟思安，背役亡歸。慶賓懼後役追責，規絕名貫。乃認城外死屍，詐稱其弟為人所殺，迎歸殯葬。又誣疑同軍兵蘇顯甫、李蓋等所殺，經州訟之。幾成冤獄。其禍，亦原於追逃之酷也。末造六鎮須改為州，事極明白，然正光五年（西元524年）所免者，猶是元非犯配之人也。見第十二章第三節。）召募之法，亦間行之。如孔太恆等領募騎一千，南討淮陽是。（見《魏書‧孔伯恭傳》。）末年亂事蜂起，賞募之格尤重。然賞格雖優，奉行不善，亦不能收其效也。（見第十二章第三節引高謙之語。）

　　宿衛之士，多出朔方。《魏書・高祖紀》：太和十九年（西元 495 年），八月，詔選天下武勇之士十五萬人為羽林、虎賁，以充宿衛，似不限其區域。然其明年（西元 496 年）十月，又詔以代遷之士，皆為羽林、虎賁矣。〈地形志〉言：恆、朔、雲、蔚、顯、廓、武、西夏、寧、靈十州，為永安以後禁旅所出，亦仍以北方之民為主也。禁兵間亦出征，並有從事戍守者，（《魏書・和其奴傳》：東平王道符反，詔其奴率殿中精甲萬騎討之。任城王澄言：羽林、虎賁，有事暫可赴戰，常戍宜遣番兵。）然其末年，驕悍殊甚，致有賊殺張彝之事，而京城附近，形勢且甚岌岌，乃欲使四中郎將帶郡守以為衛。（亦見〈任城王澄傳〉。）固知兵愈驕則愈不可用矣。

　　調發人民，除大舉時蓋甚罕。（《魏書・世祖紀》：真君六年（西元 445 年），八月，車駕幸陰山之北。詔發天下兵，三分取一，各當戒嚴，以須後命。〈高祖紀〉：太和二十二年（西元 498 年），四月，發州郡兵二十萬人，限八月中旬集縣瓠。〈世宗紀〉：景明四年（西元 503 年），六月，發冀、定、瀛、相、並、濟六州二萬人，馬千匹，增配壽春。正始三年（西元 506 年），七月，發定、冀、瀛、相、並、肆六州十萬人，以濟南軍。〈獻文六王傳〉：高祖將南討，遣廣陵王羽持節安撫六鎮，發其突騎。周宇文護伐齊，徵二十四軍及左右廂散隸，暨秦、隴、蜀之兵，諸蕃國之眾，凡二十萬，見第十四章第六節。此等徵發，所及較廣，尚多故有兵籍者，不皆比戶之民也。）征戍之士，更代本有定期，（《魏書・高祖紀》：太和二十年（西元 496 年），十月，司州之民，十二夫調一吏，為四年更卒。歲開番假。以供公私力役。《周書・武帝紀》：保定元年（西元 561 年），三月，改八丁兵為十二丁兵。率歲一月役。事亦見《隋書・食貨志》。胡三省《通鑑注》曰：「八丁兵者，凡境內民丁，分為八番，遞上就役。十二丁兵者，分為十二番，月上就役，周而復始。」《魏書・薛虎子傳》：為徐

州。在州戍兵，每歲交代，必親勞送，喪者給其斂帛。《北史・房謨傳》：轉徐州刺史。先是當州兵皆僚佐驅使。飢寒死病，動至千數。謨至，皆加檢勒，不令煩擾。以休假番代。洗沐、督察，主司親自檢視。又使傭賃，令作衣服。終歲還家，無不溫飽。全濟甚多。）傷夷亦許還本。（《魏書・高祖紀》：太和十九年（西元 495 年），八月，詔從徵被傷者，皆許還本。）然役之每過其時，（《魏書・皮豹子傳》：為仇池鎮將。興安二年（西元 453 年），表曰：「臣所領之眾，本自不多。唯仰民兵，專恃防固。其統萬、安定二鎮之眾，從戎已來，經三四歲；長安之兵，役過期月；未有代期。衣糧俱盡，形顏枯瘁。窘切戀家，逃亡不已。既臨寇難，不任攻戰。」）甚有死於道路者。（《魏書・裴駿傳》：駿子宣，於世宗時上言曰：「自遷都已來，凡戰陳之處，及軍罷兵還之道，所有骸骼，無人覆藏者，請悉令州郡成邏，檢行埋掩。並符出兵之鄉，其家有死於戎役者，使皆招魂復魂，祔祭先靈。復其年租調。身被傷夷者，免其兵役。」朝廷從之。）以是兵無鬥志，或轉恃民兵以為固焉。民兵蓋本不在兵籍者，然當風塵洞之際，資其用者頗多，而據地自專，反側於兩國之間者，亦此曹也。（多兵之用，至東西魏分立而廣。《周書・蘇綽傳》：弟椿，大統十四年（西元 548 年），置當州鄉帥，自非鄉望允當眾心，不得與焉。乃令驛追椿領鄉兵。〈韋瑱傳〉：徵拜鴻臚卿，以望族兼領鄉兵，加帥都督。《北史・李彥傳》：遷虞部郎中。大統十二年（西元 546 年），初選當州首望，統領鄉兵，除帥都督，此統領之重其人也：又《魏玄傳》：其先，任城人也，後徙於新安。每率鄉兵，抗拒東魏。〈泉企傳〉：子仲遵，率鄉兵從楊忠討柳仲禮，皆鄉兵之與於戰守者：雖高昂兄弟，所用亦鄉兵也，見下。《顏氏家訓・誡兵篇》曰：「頃世亂離，衣冠之士，雖無身手，或聚徒眾，違棄素業，徼倖戰功。」又云：「每見文士，頗讀兵書，微有經略。若承平之世，睥睨宮闈，幸災樂禍，首為逆亂，誑誤善良。如在兵革之時，構扇反覆，縱衡說誘，

不識存亡，強相扶戴。此皆陷身滅族之本也」：文士如此，武夫可知，衣冠之族且然，武斷鄉曲者更不必論矣。）

　　北齊兵制，與後魏略同。〈唐邕傳〉言：邕於九州軍士，四方勇募，強弱多少，番代往還，莫不諳知。（見第十四章第八節。）九州軍士，蓋以軍戶為之，四方勇募，則籍外之士也。〈孫騫傳〉言：高祖大括燕、恆、雲、朔、顯、蔚、二夏州、高平、平涼之民，以為軍士。逃隱者身及主人，三長、守、令，罪以大辟，沒入其家。所獲甚眾。騫之計也。此則比戶取之矣。東魏徙鄴之後，置京畿府，專典、兵馬，齊文襄為大都督，見《周書・王士良傳》：高祖作相，丞相府外兵曹、騎兵曹，分掌兵馬。及天保受禪，諸司監咸歸尚書，唯此二曹丕廢，令唐邕、白建主治，謂之外兵省。其後邕、建位望轉隆，各為省主，令中書舍人分判二省事。亦見《北齊書・邕傳》。（北齊流罪，投於邊裔，以為兵卒，見下節。）

　　後周兵制，為五胡亂華以來一大變。五胡用兵，率以其本族若他異族人為主。高歡語鮮卑：謂漢人是汝奴，語漢人：謂鮮卑人是汝作客，已見第十六章第六節。《魏書・劉潔傳》：南州大水，百姓阻饑。潔奏曰：「郡國之民，雖不征討，服勤農桑，以供軍國，實經世之本，府庫所資。應加哀矜，以鴻覆育。」皆可見漢人雖或充兵，並不以為勁旅。故韓陵之戰，高歡謂高昂純將漢兒，恐不濟事，欲以鮮卑參之也。（見第一章。）是役也，歡之所將，實為葛榮餘黨，必不能儘是鮮卑，而薛孝通語賀拔嶽，謂其以數千鮮卑，破尒朱百萬之眾。（見《北史・薛辯傳》。）蓋凡樂於戰鬥者，其人雖非鮮卑，亦必已漸染鮮卑之習矣。既染鮮卑之習，必不復知民族之義。北方累經喪亂，可乘之機甚多，而漢人卒不能崛起光復舊地，蓋以此也。自府兵之制興，而兵權乃漸移於漢人矣。府兵之制，起自宇文泰。以六柱國督十二大將軍，分掌禁旅。已見第十四章第五節。（六軍之置，事在大統八年三月，見《北史・本紀》。）《周書》又云：十二大將軍，

各統開府二人。每一開府領一軍兵，是為二十四軍。《北史》則云：每大將軍督二開府，凡為二十四員，分團統領，是為二十四軍。每一團儀同二人。自相督率，不編戶貫。都十二大將軍。十五日上，則門欄陛戟，警晝巡夜。十五日下，則教旗習戰。無他賦役。每兵唯辦弓刀一具，月簡閱之。甲槊戈弩，並資官給。案魏世軍人，多並家屬屯聚一處，稱之為府。（六鎮之兵，即見稱為府戶，見第十二章第三節。《魏書·楊椿傳》言：自太祖平中山，多置軍府，以相統攝。《北史·唐邕傳》：邕奏河陽、晉州，與周連境，請於河陽、懷州、永橋、義寧、烏籍，各徙六州軍人，並塚立軍府安置，以備機急之用。《周書·武帝紀》：天和元年（西元 566 年），七月，築武功、郿、斜谷、武都、留谷、津坑諸城，以置軍人。五年（西元 570 年），三月，初令宿衛官住關外者，將家累入京，不樂者解宿衛。建德六年（西元 577 年），十二月，行幸並州官，移並州軍人四萬戶於關中，皆足見當時軍人，多並家屯聚一處也。）其軍人，有專務教練者，亦有兼事耕屯者。（《北齊書·唐邕傳》：邕以軍民教習田獵，依令十二月月別三圍，人馬疲敝，奏請每月兩圍。世祖從之。此軍民與後來軍人二字同義，謂有兵籍屬軍府之人，非兼兵與尋常人民言之也。唐避太宗諱，改民為人，後遂相沿，而軍人軍民，其意各異矣。田獵月別三圍，自無暇更及農事。然亦有兼事耕屯者。薛虎子欲以州鎮戍兵資絹，市牛令耕，已見第二十章第一節。〈世宗紀〉：正始元年（西元 504 年），九月，詔緣淮南北，所在鎮戍，皆令及秋播麥，春種粟稻。〈源賀傳〉：詔都督三道諸軍，屯於漠南，以備北寇，至春仲乃班師。賀以勞役京都，又非御邊長計。請募諸州鎮武健者三百人，復其徭賦，厚加振恤。分為三部。二鎮之間築城，城置萬人，給強弩十二床，武衛三百乘。弩一床給牛六頭，武衛一乘給牛二頭。多造馬槍及諸器械。使武略大將二人鎮撫之。冬則講武，春則種植。史言事寢不報，然觀第十二章第三節所引〈源懷傳〉，則北邊鎮戍，固未

嘗不事種植也。）魏世禁旅，以半月上番，半月教習，自無暇更事種植。然自周武帝以軍士為侍官，募百姓充之，除其縣籍。（見第十七章第三節。）《隋志》言「是後夏人半為兵矣」，而其制一變矣。（《新唐書・兵志》云：「禮之謂之侍官，言侍衛天子也。」蓋更其名以歆動夏人也。）宇文泰所立府兵之制，《通鑑》系梁簡文帝大寶元年（西元 550 年），云：泰始籍民之才力者為府兵。身租、庸、調一切蠲之。以農隙講閱戰陳。馬畜、糧糒，六家供之。合為百府。每府一郎將主之。分為二十四軍。《文獻通考・兵考》則云：周太祖輔西魏時，用蘇綽言，始放周典置六軍。籍六等之民。擇魁健才力之士，以為之首。盡蠲租、調，而刺史以農隙教之。合為百府。又云：凡柱國六員，眾不滿五萬人。二書之說，蓋同本於唐李泌之《鄴侯家傳》。農隙教練，與《北史》半月上番、半月教習之說不符。蓋誤以後來之製為初制。（近人陳寅恪《隋唐制度淵源略論稿・兵制》。）然云眾不滿五萬，則似系初創時事。其時西方貧困，必無力能養多兵。周武募夏人為侍官，蓋正以如是則可徒蠲其租調，而不必別出兵費也。斯固物力所限，然其時異族之民，必更同化於漢族，欲募以為兵，亦不可多得矣。此誠世局之一大轉捩也。

部曲之兵，北朝亦有。介朱榮死，魏莊帝引見高昂，勞勉之。昂請還本鄉，招集部曲，其後韓陵之役，昂自領鄉人部曲三千人。其弟季式，亦自領部曲千餘人，馬八百匹，戈甲器杖皆備。昂兄慎，遷光州刺史，亦聽以本鄉部曲數千人自隨。封隆之子子繪，高祖崩，世宗以為渤海太守，亦聽收集部曲一千人。此皆擾攘之際，聽以腹心自衛也：清河王嶽，與高祖經綸天下，家有私兵，並畜戎器，世宗未及文宣之世，頻請納之，皆未見許。及葬畢，乃納焉。然嶽之死實非良死也。斛律光之死也，何洪珍贊其家藏弩甲，奴僮千數，則私甲究非善制也。

行軍所用牛馬，魏制亦出自民間。《魏書・太宗紀》：永興五年（西元

537 年），正月，詔諸州六十戶出戎馬一匹。泰常六年（西元 421 年），二月，調民二十戶輸戎馬一匹，大牛一頭。三月，制六部民羊滿百口，輸戎馬一匹。〈世祖紀〉：始光二年（西元 425 年），五月，詔天下十家發大牛一頭，運粟塞上，是其事：此等雖遍及境內，然馬之產，究以北邊為多。尒朱榮家世豪強，牛馬谷量，散畜牧招義勇，遂以起事，其興，正拓跋氏之所由興也。魏道武之追柔然也，柔然遁去，諸將請還。道武問：「若殺副馬為三日食，足乎？」《通鑑》胡三省《注》曰：「凡北人用騎兵，各乘一馬，又有一馬為副馬。」（晉孝武帝太元十六年（西元 391 年），魏登國六年（西元 397 年）。）宋文帝元嘉六年（西元 429 年），魏主舍輜重，帥輕騎兼馬，襲擊柔然。（大武神二年（西元 429 年）。）《注》曰：「兼馬者，每一騎兼有副馬也。」副馬之制，蒙古亦有之，故胡氏言凡北人，以通古今。此胡騎之所以迅捷。《宋書・劉敬宣傳》：劉牢之與孫恩之眾戰於虎畷。賊皆死戰。敬宣請以騎並南山趣其後。吳賊畏馬，又懼首尾受敵，遂大敗。此南人不習騎戰之徵。皮豹子自言所領之眾，不任攻戰，（見上。）士民姦通，知臣兵弱，南引文德，共為唇齒。文德去年八月，與義隆梁州刺史同徵長安。聞臺遣大軍，勢援雲集，長安地平，用馬為便，畏國騎軍，不敢北出。騎步不敵，尤可概見。周朗所以言之痛也。（見第八章第七節。）南北強弱之機，實判於元嘉二十七年（西元 450 年）之役。此役南朝受創之深，實以六州殘破之甚，魏人之能肆意摧殘，則以其騎兵疾速，宋人不能阻御也。當時欲圖恢復，非決一二大戰不可，決戰求勝，終不能無騎兵，梁武不知務此，是以卒無所成，說見第十一章第四節。車亦間有用者，不過以將糧重、防衝突而已，不能恃以致勝也。（宋武帝之討南燕，以車四千乘為兩翼，方軌徐行，而以輕騎為遊軍，見第七章第四節。魏大武之迫彭城，沈慶之欲以車營為函箱，陳精兵為外翼，奉武陵、江夏二王趨歷城，見第八章第七節。檀道濟之援青州也，刁雍言其畏官軍

突騎，以鎖連車為函陳，見《魏書・雍傳》。此皆以車為翼護：即丁昕之距魏軍，亦僅藉車以自固，不能以之逐利也。呂梁之役，吳明徹成禽，而蕭摩訶卒免，尤可見車騎之利鈍。）

兵器似多由官造，觀上節所述可見。當時刑徒有配甲坊者，甲坊，謂造甲之所也。（石季龍建豐國、澠池二冶，嘗徙刑徒配之，見《晉書・載記》。）《魏書・司馬悅傳》：世宗初，除豫州刺史。汝南上蔡董毛奴，齎錢五千，死於道路。郡、縣疑民張堤為劫。又於堤家得錢五千。堤懼考掠，自誣言殺。獄既至州，悅觀色察言，疑其不實。引見毛奴兄靈之，謂曰：「殺人取錢，當時狼狽，應有所遺，此賊竟遺何物？」靈之云：「唯得一刀鞘而已。」悅取鞘視之，曰：「此非里巷所為也。」乃召州城刀匠示之。有郭門者，前曰：「此刀鞘門手所作，去歲與郭民董及祖。」悅收及祖詰之，及祖款引。觀此，知當時里巷作兵，不逮城市，此官立監冶，所由不可廢歟？（祖逖北徵，屯淮陰，起冶鑄兵而後進，見第四章第二節。）何承天〈安邊論〉曰：「四日課丁仗，勿使有闕。千家之邑，戰士二千，隨其便能，各自有仗。素所服習，銘刻由己。還保輸之於庫，出行請以自衛。弓幹利鐵，民不辦得者，官以漸充之。」則當時作兵之材，民間亦有不能盡備者也。

攻戰所施，強弩最稱利器。盧循遣十餘艦攻石頭柵，宋武帝命神弩射之，發輒摧陷，循乃止。其後水戰，又以軍中多萬鈞神弩獲勝。已見第七章第二節。楊公則攻東昏侯，登樓望戰，城中遙見麾蓋，縱神鋒弩射之，矢貫胡床。神鋒弩，蓋即神弩也。周文育攻韋載，以載收得陳武舊兵善用弩不能克，見第十三章第五節。弩之難御如此，故庸、蜀之眾，唯便刀矟，則邢巒輕之矣。（見第十一章第四節。）水戰，舟艦利於高大，說見第七章第二節。又有所謂拍者，水戰多用之，間亦施之於車，用以攻城。《陳書・侯安都傳》：留異奔桃枝嶺，於巖口豎柵，以距王師。因其山隴之

勢，迆而為堰。夏潦水漲，安都引船入堰，起樓艦與巽城等，放拍碎其樓
雉。〈侯瑱傳〉：與王琳戰於蕪湖，眾軍施拍縱火。章昭達乘平虜大艦，中
江而進，發拍中於賊艦。〈黃法傳〉：太建五年（西元 573 年）北伐，為拍
車及步艦，豎拍以逼歷陽。親率士卒攻城，施拍加其樓堞，時又大雨，城
崩，克之。〈章昭達傳〉：討歐陽紇，裝櫓造拍，以臨賊柵。〈徐世譜傳〉：
與侯景戰於赤亭湖。景軍甚盛。世譜乃別造樓船、拍艦、火舫、水軍，以
益軍勢。〈吳明徹傳〉：討華皎。募軍中小艦，多賞金銀，令先出當賊大
艦，受其拍。賊艦發拍皆盡，然後官軍以大艦拍之，賊艦皆碎，沒於中
流。《周書·裴寬傳》：為汾州刺史，陳將程靈洗，以大艦臨逼，拍竿打
樓，應即摧碎。皆當時攻戰，資拍為利器之事也。《隋書·楊素傳》：素居
永安，造艦名曰五牙。上起樓五層，高百餘尺。左右前後，置六拍竿，並
高五十尺。容戰士八百人。拍之用不可詳知，其制猶有可考，《讀史兵略》
以為即炮，則誤矣。

第七節　刑法

　　古代法律，李悝《法經》，實集其大成，商君以之相秦，漢初猶沿用
之。其時情偽滋繁，而法文大少，苦其不周於用，遞有增益，更加之以令
及比，既病蕪穢，又傷錯亂，奸吏遂得上下其手。漢世論者，多以刪定為
亟，然其事迄未能成。至魏世，乃命陳群等為之，制新律十八篇，晉文帝
秉政，又命賈充等改定，為二十篇，至武帝泰始四年（西元 269 年）班行
之。其事已見《秦漢史》第十八章第七節矣。律既定，明法掾張裴（《齊
書》、《隋志》皆作斐。）為注表上之。其要，見於《晉書·刑法志》。其說
絕精。後杜預又為注。泰始以來，斟酌參用。江左亦相承用之。齊武帝詔
獄官詳正舊注。永明七年（西元 489 年），尚書刪定郎王植撰定表奏之。

（取張注七百三十一條，杜注七百九十一條，二家兩釋，於義乃備者，一百七條。其注相同者一百三條。）於是公卿八坐，參議考正。朝議不能斷者，制旨平決。至九年（西元491年），廷尉孔稚珪表上，請付外施行。（《齊書·稚珪傳》。）東昏即位，又詔刪省科律。（〈本紀〉：永泰元年十月。）

　　《隋書·刑法志》云：梁武帝承齊昏虐之餘，刑政多闕。既即位，乃制權典，依周、漢舊事，有罪者贖。時欲議定律令。得齊時舊郎濟陽蔡法度，家傳律學。云王植之集註張、杜舊律，事未施行，其文殆滅，法度能言之。於是以為兼尚書刪定郎，使損益植之舊本，以為梁律。（事在天監元年八月，《梁書·本紀》云：詔中書監王瑩等八人蔘定律令。《隋志》云：咸使百司議其可否。法度請：「皆諮列位，恐緩而無決。」於是以尚書令王亮、侍中王瑩、尚書僕射沈約、吏部尚書范雲、長兼侍中柳惲、給事黃門侍郎傅昭、通直散騎郎孔藹、御史中丞樂藹、太常丞許懋等參議斷定，凡得九人。）二年（西元503年），四月，法度表上新律。（《梁紀》二十卷。）又上令三十卷，科三十卷。（《梁紀》作四十卷。）帝以法度守廷尉卿，詔班新律於天下。又云：陳氏承梁季喪亂，刑典疏闊。武帝即位，思革其弊。求得梁時明法吏，令與尚書刪定郎范泉參定律令。（《陳書·本紀》：永定元年（西元557年），十月，立刪定郎，治定律令。）又敕尚書僕射沈欽、吏部尚書徐陵、兼尚書左丞宗元饒、兼尚書右丞賀朗參知其事。制律三十卷，令律四十卷。（《通典》作制律三十卷，科三十卷。《通考》作制律三十卷，科四十卷。）

　　北方僭偽諸國，雖刑政無章，然以大體言之，亦當承用《晉律》。《晉書·石勒載記》：勒下書曰：「今大亂之後，律令滋煩。其採集律令之要，為施行條制。」於是命法曹令史貫志造《辛亥制度》五千文。施行十餘歲，乃用律令。可見時局稍定，即不能不率由舊章也。

　　《魏書・刑罰志》云：「魏初禮俗純樸，刑禁疏簡。宣帝南遷，復置四部大人，坐王庭決辭訟。以言語約束，刻契紀事，無囹圄考訊之法。諸犯罪者，皆臨時決遣。神元因循，亡所革易。穆帝時，劉聰、石勒，傾覆晉室，帝將平其亂，乃峻刑法。每以軍令從事。民乘寬政，多以違命得罪，死者以萬計。於是國落騷駭。平文承業，綏集離散。昭成建國二年（西元 339 年），當死者聽其家獻金、馬以贖。犯大逆者，親族男女無少長皆斬。男女不以禮交皆死。民相殺者，聽與死家馬、牛四十九頭及送葬器物以平之。無系訊連逮之坐。盜官物一備五，私則備十。法令明白，百姓晏然。」此皆率其部族之舊。又云：「太祖既定中原，患前代刑網峻密，乃命三公郎王德，除其法之酷切於民者，約定科令，大崇簡易。」（〈本紀〉事在天興元年（西元 399 年）。）則始用中國之法矣。世祖即位，以刑禁重，神中，（〈紀〉在四年十月。）詔司徒崔浩定律令。真君六年（西元 445 年）春，（〈紀〉在三月。）以有司斷法不平，詔諸疑獄皆付中書，依古經義論決之。（〈紀〉云：以經義量決。〈高允傳〉：真君中，以獄訟留滯，始令中書以經義斷諸疑事。允據律評刑，三十餘載，內外稱平。）自獄付中書覆案後，頗上下法。延興四年（西元 474 年），罷之，獄有大疑，乃平議焉。正平元年（西元 451 年），詔曰：「刑網大密，犯者更眾，朕甚愍之。其詳案律令，務求厥中，有不便於民者增損之。」於是遊雅與中書侍郎胡方回等改定律制。（〈本紀〉在六月。）高宗又增律七十九章。（以上亦據〈刑罰志〉。）〈高祖本紀〉，太和元年（西元 477 年），九月，詔群臣定律令於大華殿。〈刑罰志〉云：「先是以律令不具，奸吏用法，致有輕重，詔中書令高閭集中祕官等修改舊文，隨例增減。又敕群官參議厥衷。經御刊定。五年冬訖。凡三百八十二章。」然據〈本紀〉：則十五年（西元 491 年），五月，議改律令。八月，又議律令事。十六年（西元 492 年），四月，頒新律令。而五月，即詔群臣於皇信堂更定律條流徒限制，帝親臨決之。〈孫紹

傳〉：延昌中，紹表言：「先帝時律令並議，律尋施行，令獨不出。」則修
改律令之事，孝文世實未大成也。〈志〉又云：「世宗即位，意在寬政。正
始元年（西元 504 年），冬，（〈紀〉在十二月。）詔曰：先朝垂心典憲，刊
革令軌。但時屬征役，未之詳究。施於時用，猶致疑舛。尚書、門下，可
於中書外省論律令。諸有疑事，斟酌新舊，更加思理。增減上下，必令周
備，隨有所立，別以申聞。（是時與議者十餘人，劉芳為之主，見《北史·
袁翻》及〈芳傳〉。）孝昌以後，天下淆亂，法令不恆，或寬或猛，及尒朱
擅權，輕重肆意。在官者多以深酷為能。至遷鄴，京畿群盜頗起，有司奏
立嚴制。侍中孫騰，請悉準律令，以明恆憲。詔從之。」然據〈本紀〉：出
帝大昌元年（西元 532 年），詔曰：「前主為律，後主為令，歷世永久，實
用滋章。可令執事之官，四品已上，集於都省。取諸條格，議定一途。其
不可施用者，當局停記。新定之格，勿與舊制相連。務在約通，無致尤
滯。」則其時之律令，仍甚紊亂。〈孝靜帝紀〉：興和三年（西元 541 年），
十月，癸卯，齊文襄王自晉陽來朝。先是，詔文襄王與群臣於麟趾閣議定
新制，甲寅，班於天下。（《北史·封述傳》：天平中，為三公郎中。時增
損舊事為《麟趾新格》，其名法、科條，皆述所刪定。〈李渾傳〉：文宣以
魏《麟趾格》未精，詔渾與邢邵、崔、魏收、王昕、李伯倫等修撰。）蓋至
此又一清定。案前世雖有法律，遵守初不甚嚴。《晉書·刑法志》云：「惠
帝之世，政出群下，每有疑獄，各立私意。刑法不定，獄訟繁滋。及於江
左，元帝為丞相。時朝廷草創，議斷不循法律，人立異議，高下無狀。」
其時裴、劉頌、熊遠等皆以是為言，其論絕精。平世如此，無怪亂離時之
競興新制，弁髦舊法矣。石勒之別造條制，施行十餘歲，乃用律令，正不
得訾為沐猴而冠也。

　　《隋書·刑法志》云：「文宣天保元年（西元 550 年），令群臣刊定魏朝
《麟趾格》。既而司徒功曹張老上書，稱大齊受命已來，律令未改，非所以

創制垂法，革人視聽。於是始命群官，議造齊律。積年不成，武成即位，頻加催督。河清三年（西元 564 年），尚書令趙郡王叡等奏上齊律十二篇。又上新令四十卷。其不可為定法者，別制權令二卷，與之並行。（《北齊書‧本紀》：是年三月，以律令頒下大赦。《北史‧封述傳》：河清三年，敕與錄尚書趙彥深、僕射魏收、尚書陽休之、國子祭酒馬敬德等議定律令。〈齊律序〉為陸俟玄孫仁崇之辭，見《北史‧俟傳》。）後平秦王高歸彥謀反，律無正條，遂有別條權格，與律並行。」

〈志〉又云：「周文帝之有關中也，典章多闕。大統元年（西元 535 年），命有司斟酌今古通變，可以益時者，為二十四條之制奏之。（《周書‧本紀》在三月。云奏魏帝行之。）七年（西元 541 年），又下十二條制（〈紀〉云十一月奏行。）十年（西元 544 年），魏帝命尚書蘇綽總三十六條，更損益為五卷，班於天下。（〈紀〉在七月。）其後以河南趙肅為廷尉卿，撰定法律。肅積思累年，遂感心疾而死。乃命司憲大夫拓跋迪掌之。至保定三年三月，（〈紀〉作二月。）庚子乃就，謂之《大律》，凡二十五篇。班之天下。其大略滋章，條流苛密。比於齊法，煩而不要。武帝用法嚴正。齊平後，以舊俗未改，又為《刑書要制》以督之。（〈紀〉在建德六年十一月。）宣帝大象元年（西元 579 年），以其用法深重，除之。後又廣之，而更峻其法，謂之《刑經聖制》。」（〈紀〉在大象元年八月，參看第十五章第一節。）

晉、南北朝定律之事，大致如此。章大炎有〈五朝法律索隱〉篇，（見《大炎文錄》卷一。）盛稱魏、晉、宋、齊、梁律之美。謂漢法賊深，唐律承襲齊、隋，有所謂十惡者，（《隋志》：齊律刊重罪十條：一曰反逆。二曰大逆。三曰叛。四曰降。五曰惡逆。六曰不道。七曰不敬。八曰不孝。九曰不義。十曰內亂。犯者不在八議、論贖之限。）皆刻深不可施行。唯此五朝之法，寬平無害。其說有偏激者，亦有卓然不同流俗者。（章氏美

五朝法者：曰重生命：一父母殺子同凡論。二走馬城市殺人者，不得以過失殺人論。曰恤無告：諸子姓仇復者勿論。曰平吏民：一部民殺長吏者同凡論。二官吏犯杖刑者論如律。曰抑富人：一商賈皆殊其服。二常人有罪不得贖。其說商賈皆殊其服曰：「《廣韻》引《晉令》曰：儈賣者皆當著巾白帖額，言所儈賣及姓名：一足白履，一足黑履。殊其章服，以為表旗，令並兼者不得出位而干政，在官者亦羞與商人伍，則今世行之便。或曰：其形譎怪，將為文明之辱。餘以為求治者尚其實不尚其華，縱辱文明，則奸政、役貧之漸自此塞豈憚辱之？且商人工人，盧非有高下也。今觀日本。諸庸作者，織布為裋，大書題號其上，背負雕文，若神龜、毒冒焉。工人如是，未有以為譎怪者，顧獨不可施諸商人邪？貴均平，惡專利，重道蓺，輕貪冒者，漢人之國性也。滿洲始稍稍崇商賈。非直因以為市，彼商人固嗜利，而帝王與官吏亦嗜利，商人猶不以無道取，帝王官吏乃悉以無道取，若則帝王官吏，又不商人若也。既不若，又抑挫之，則不恕矣。其尊獎商人也則宜。易世而後，莫如行晉令便。」此說於社會、政治情勢，幾於茫無所知，而徒任情為說，所謂偏激不可行者也。其論走馬城市曰：「張裴〈晉律序〉曰：都城人眾中走馬殺人當為賊，賊之似也。餘尋李悝《法經》，本有〈輕狡〉之篇，秦、漢因之。蓋上世少單騎，車行有節，野外之馳，日不過五十里，國中不馳。六國以降，單騎鬱興，馳驟往來，易傷行者，由是有輕狡律，《晉律》：眾中走馬者二歲刑，見《御覽》六百四十二。都會殷賑，行人股腳肩背相摩，走馬者亦自知易傷人。然猶僄俠自喜，不少陵謹，此明當附賊殺之律，與過失戲殺殊矣。藉令車騎在中，人行左右，橫度者猶時不絕。若無走馬殺人之誅，則是以都市坑阱人也。自電車之作，往來凡軼，速於飛矢。倉卒相逢，不及回顧，有受車轢之刑而已。觀日本一歲死電車道上者幾二三千人，將車者財罰金，不大訶譴。漢土租界，主自白人，欲科以罰金且不得。夫電車只為商人增利，於

民事無益豪毛。以為利賊殺人，視以輕狡賊殺人，其情罪當倍蓗。如何長國家者，唯欲交歡富人，詭稱公益，弛其刑誅？餘以造用電車者，當比走馬眾中與二歲刑；因而殺人者，比走馬眾中殺人，商主及御夫皆殊死。秉《晉律》以全橫目，漢土舊法，賢於拜金之國遠矣。」論子姓仇復云：「治吏斷獄，必依左證，左證不具，雖眾口所欲殺不得施。如是，狡詐者愈以得志，而死者無可申之地。前代聽子姓復仇者，審法令有跋，不足以盡得罪人，故任其自得捕戮；且不以國家之名分制一人也。」說雖亦有偏蔽，要自有其顛撲不破之理，非夫人之所能言、所敢言也。）要之，當時南北法律之不同，自為法家一重公案也。

刑法：陳群等定魏律，依古義製為五刑。其死刑有三，髡刑有四，完刑、作刑各三，贖刑十一，罰金六，雜抵罪七。凡三十七名，以為律首。又改《賊律》，但以言語及犯宗廟、園陵謂之大逆無道要斬，家屬從坐，不及祖父母孫。至於謀反大逆，臨時捕之，或汙瀦，或梟葅，夷其三族，不在律令。梁制，刑為十五等。棄市已上為死罪。大罪梟其首，其次棄市。刑二歲已上為耐罪，言各隨技能而任使之也。有髡鉗五歲刑，笞二百，收贖絹男子六十匹。又有四歲刑，男子四十八匹。又有三歲刑，男子三十六匹。又有二歲刑，男子二十四匹。罰金一兩已上為贖罪。贖死者金二斤，男子十六匹。贖髡鉗五歲刑笞二百者金一斤十二兩，男子十四匹。贖四歲刑者金一斤八兩，男子十二匹。贖三歲刑者金一斤四兩，男子十匹。贖二歲刑者金一斤，男子八匹。罰金十二兩者男子六匹，罰金八兩者男子四匹，罰金四兩者男子二匹。罰金二兩者男子一匹。罰金一兩者男子二丈。女子各半之。五刑不簡，正於五罰，五罰不服，正於五過，以贖論，故為此十五等之差。又制九等之差：有一歲刑，半歲刑，百日刑，鞭杖二百，鞭杖一百，鞭杖五十，鞭杖三十，鞭杖二十，鞭杖一十。有八等之差：一曰免官加杖督一百，二曰免官，三曰奪勞百日、杖督一百，四

日杖督一百，五日杖督五十，六日杖督三十，七日杖督二十，八日杖督一十。天監三年（西元504年），八月，建康女子任提女坐誘口當死，其子景慈對鞫，辭云母實行此。法官虞僧虯啟稱：景慈陷親極刑，傷和損俗，宜加罪闢。詔流於交州。至是復有流徙之罪。其年十月，除贖罪之科。十一年十月復開。北齊刑名五：一日死，重者之，其次梟首，並陳屍三日。無市者列於鄉亭顯處。其次斬刑，殊身首。其次絞刑，死而不殊。凡四等。二日流刑。謂論犯可死，原情可降。鞭笞各一百，髡之，投於邊裔，以為兵卒。未有道里之差。其不合遠配者，男子長途，女子配舂，並六年。三日刑罪，即耐罪也。有五歲、四歲、三歲、二歲、一歲之差，凡五等。各加鞭一百。其五歲者又加笞八十，四歲者六十，三歲者四十，二歲者二十。一歲者無笞。並鎖輸左校而不髡。無保者鉗之。婦人配舂及掖庭織。四日鞭。有一百、八十、六十、五十、四十之差，凡五等。五日杖，有三十、二十、十之差，凡三等。大凡為十五等。（《通鑒》系陳文帝天嘉五年（西元564年）《注》曰：「死四等，流一等，刑五等，鞭五等，杖三等，通十八等。今曰凡十五等，《通鑒》依《五代志》大凡為十五等之文也。」）當加者上就次，當減者下就次。贖罪舊以金，皆代以中絹。死一百匹，流九十二匹，刑五歲七十八匹，四歲六十四匹，三歲五十匹，二歲三十六匹。各通鞭笞論。一歲無笞，則通鞭二十四匹。鞭杖每十贖絹一匹，至鞭百則絹十匹。無絹之鄉，皆準絹收錢。自贖笞十已上至死，又為十五等之差。當加減次如正決。周制：一日杖刑五，自十至五十。二日鞭刑五，自六十至於百。三日徒刑五，徒一年者鞭六十，笞十。徒二年者鞭七十，笞二十。徒三年者鞭八十，笞三十。徒四年者鞭九十，笞四十。徒五年者鞭一百，笞五十。四日流刑五。流衛服去皇畿二千五百里者，鞭一百，笞六十。流要服去皇畿三千里者，鞭一百，笞七十。流荒服去皇畿三千五百里者，鞭一百，笞八十。流鎮服去皇畿四千里者，鞭一百，笞

九十。流蕃服去皇畿四千五百里者，鞭一百，笞一百。五日死刑五，一日
磬，二日絞，三日斬，四日梟，五日裂。五刑之屬各有五，合二十五等。
其贖：杖刑五，金一兩至五兩。贖鞭刑五，金六兩至十兩。贖徒刑五，
一年金十二兩，二年十五兩，三年一斤二兩，四年一斤五兩，五年一斤八
兩。贖流刑一斤十二兩。俱役六年，不以遠近為差等。贖死罪金二斤。仲
長統言肉刑之廢，輕重無品，已見《秦漢史》第十八章第七節。晉世葛洪
論此，意亦相同。（見《抱朴子・周刑》篇。）刑法之得衷，實由以徒流備
五刑，其制大成於隋，啟之實自南北朝之世也。

　　復肉刑之論，魏晉之世，尚多有之。《晉書・刑法志》言：晉初劉頌
為廷尉，頻表宜復肉刑，不見省。及元帝時，衛展為廷尉，又上言之。詔
內外通議。王導、賀循、紀瞻、庾亮、梅陶、張嶷等是之。周、桓彝等非
之。帝欲從展所上。王敦以為習俗日久，必駭遠近。且逆寇未殄，不宜有
慘酷之聲，以聞天下。乃止。桓玄輔政，又欲復斬左右趾以輕死，命百官
議之。孔琳之用王朗、夏侯玄之旨，時論多與之同，故遂不行。琳之之
議，《晉志》不載，《宋書》本傳載之，亦贊以斬右趾代死，非全不同也。
慕容超亦嘗議復肉刑，以群下多不同而止。超所下書，言光壽、建興中，
二祖已議復之，未及而晏駕。光壽者，慕容儁年號，（偽號烈祖。）建興
者，慕容垂年號也。（偽號世祖。）可見欲復肉刑者之多。此實以髡鉗不足
懲奸，鞭笞大多致死之故。欲救此弊，自以王朗倍其居作之說為至當。晉
後議者，唯劉頌針對此說立論。其言曰：「今為徒者，類性元惡、不軌之
族也。去家縣遠，作役山谷，飢寒切身，志不聊生。雖有廉士介者，苟慮
不首死，則皆為盜賊，豈況本性姦凶、無賴之徒乎？又今徒：富者輸財，
計日歸家，乃無役之人也。貧者起為姦盜，又不制之虜也。徒亡日屬，賊
盜日煩。諸重犯亡者，發過三寸，輒重髡之，此以刑生刑；加作一歲，此
以徒生徒也。亡者積多，繫囚猥畜，後從而赦之，此謂刑不制罪，法不勝

奸。」其說誠當。然此自用刑者之不詳，非以徒刑代肉刑之咎也。餘人之論，如謂肉刑乃去其為惡之具，或謂人見其痛，將畏而不犯，皆言之不能成理。乃如王導等之議，既欲復肉刑，又慮人習所見，或未能服，欲於行刑之時，明申法令，任臠刑者刑，甘死者殺，則更滅裂不可行矣。宜其卒不能復也。

然肉刑之名，雖未嘗復，其實則未嘗不偏復。《宋書·明帝紀》：泰始四年（西元469年），九月，詔曰：「降闢差網，便暨鉗撻，求之法科，差品滋遠。自今凡竊執官仗，拒戰邏司，或攻剽亭寺及害吏民者，悉依舊制。（斬刑。）五人已下相逼奪者，可特賜黥、刖，投畀四遠。仍用代殺，方古為優。」此即魏晉來之論議，欲以放流、鯨刖，補死刑髡笞之不足者也。《梁書·武帝紀》：天監十四年（西元515年），正月，詔曰：「前以劓、墨，用代重闢，猶念改悔，其途已雍，並可省除。」《隋書·刑法志》云：「梁律劫身皆斬，遇赦降死者，黥面為劫字，（詳見下。）天監十四年，除黥面之刑。」與〈紀〉所載當即一事，則梁亦以劓、墨代死刑也。宮刑亦間用之。《南史·杜崱傳》：嶽陽王詧誅諸杜，幼者下蠶室是也。北魏用之尤多，北齊亦然。（據《魏書·闍官傳》所載，見闍者似以俘虜為多。段霸、趙黑、孫小，敵國之俘也。張宗之、抱嶷、平季、劉思逸，反者之俘也。楊範坐宗人劫賊。餘皆但言因事。王溫父冀為高邑令坐事被誅，溫與兄繼叔俱充宦者，則雖官吏亦不得免矣。其見於〈闍官傳〉之外者：宋隱叔父治之子順訓，亦敵俘。封懿之孫磨奴，常珍奇小子沙磨，亦皆以謀叛。〈崔玄伯傳〉：崔模入北，其子沖智等聚貨物，間託開境，規贖之。而魏賜謨妻金氏，生子幼度。行人以財賄至都，當竊模歸。模顧念幼度，指謂行人曰：「吾何忍捨此輩，令坐致刑辱？當為爾取一人，使名位不減於我。」乃授以申謨。謨亦得賜妻，生子靈度。及此，棄妻子走還。靈度遂刑為闍人。是亡歸敵國者，魏法皆刑其子也。周文帝定秦隴，兄子什肥，為齊神

武所害，子胄，以年幼下蠶室，見《周書》本傳。崔季舒、封隆之弟子孝琰之死，小男皆下蠶室，見《北齊書》本傳。《北史·魏本紀》：文帝大統十三年（西元 547 年），二月，詔自今應宮刑者直沒官，勿刑。亡奴婢應黥者，止科亡罪。〈齊本紀〉：後主大統五年二月，詔應宮刑者普免刑為官口。蓋宮刑至是始除。）然則五刑之不用者腓耳，而又代之以刖，然則肉刑何嘗廢？而刑亦何嘗平哉？

　　陳群製法，梟菹夷三族者，皆不在律令，是律已廢此刑也。然卒不能禁其不復用，則勝殘去殺，非徒法之所能為也。刑之殘者：如，（魏盧溥及其子焕，見《魏書·太祖紀》天興二年（西元 400 年）。趙準，見〈長孫肥傳〉。此皆以反叛。蕭寶夤少子凱，以害母南陽公主，見〈寶夤傳〉。雁門人有害母者，八坐亦奏之，而瀦其室，見〈邢巒傳〉。）如烹，（杜岸之誅，蕭詧拔其舌，臠殺而烹之，見《南史·杜崱傳》。魏靜帝與華山王大器、元瑾謀攻齊文襄，大器等皆見烹，見第十四章第一節。妖賊鄭子饒，烹於都市，見《北齊書·後主紀》武平六年（西元 575 年）及〈皮景和傳〉。南安王思好以王尚之為長史，思好敗，尚之烹於鄴市，見《北史·齊宗室諸王傳》。）如焚，（思好之敗，投火死。焚其屍，並其妻李氏。見《北齊書·後主紀》武平五年（西元 574 年）及《北史·后妃齊武成弘德夫人李氏傳》。《北齊書·思好傳》云：暴思好屍七日，然後屠剝焚之。）如支解，（崔妾馮氏，以厭蠱、受納狼籍，斬於都市，支解為九段，見《北史·崔逞傳》。庫狄伏連與琅邪王儼殺和士開，亦受支解之刑。）如大刃剒殺，（魏道武平中山，收議害秦愍王觚者，皆夷五族，以大刃剒殺之，見《魏書·昭成子孫傳》。）如具五刑，（魏宗愛夷三族，具五刑，見《魏書·閹官傳》。）中國之暴主，亦間行之，而要以出於異族者為多。慕容超議復肉刑，又欲立烹、之法，附之律條，夷狄誠不知治體哉！三族之法，晉創業時用之最多。曹爽、（《晉書·宣帝紀》嘉平元年（西元 249 年）。王

凌、嘉平三年（西元 251 年）。）夏侯玄、張緝、（〈景帝紀〉正元元年（西
元 254 年）。）諸葛誕（〈文帝紀〉甘露三年（西元 258 年）。）及其支黨，
皆受此誅。雖附己者如成濟，亦不得免焉。（〈文帝紀〉景元元年（西元
260 年）。〈荀勖傳〉：高貴鄉公欲為變，時大將軍掾孫佑等守閶闔門。文
帝弟安陽侯幹聞難欲入。佑謂曰：「未有入者，可從東掖門。」幹以狀白。
帝欲族誅佑。勖諫曰：「成倅刑止其身，佑乃族誅，恐義士私議。」乃免
佑為庶人，可見當時族誅之濫。）而楊、賈亂後，誅戮之酷由之矣。（〈楊
駿傳〉：孟觀等受賈后密旨，誅駿親黨，皆夷三族，死者數千人。據〈惠
帝紀〉：是時夷三族者，有駿弟衛將軍珧，太子太保濟，中護軍張劭，散
騎常侍段廣、楊邈，左將軍劉預，河南尹李斌，中書令符俊，東夷校尉文
淑，尚書武茂。〈駿傳〉言：武帝初聘武悼後，珧表曰：「歷觀古今，一族
二後，未嘗以全，而受覆宗之禍。乞以表事，藏之宗廟。若如臣之言，得
以免禍。」從之。珧臨刑稱冤。雲事在石函，可問張華。當時皆謂宜為申
理。而賈氏族黨，待諸楊如仇，促行刑者遂斬之。處亂朝者，誠無以自全
矣。〈趙王倫傳〉：倫矯敕三部司馬曰：「今使車騎入廢中宮，汝等皆當從
命，賜爵關內侯。不從誅三族。」孫秀勸倫殺張林，誣殺潘岳、石崇、歐
陽建，皆夷三族，見〈倫〉及〈嶽傳〉。齊王冏殺王輿，夷三族，見〈惠帝
紀〉永寧元年（西元 301 年）。孟觀為倫守，亦夷三族，見本傳。〈孫旂傳〉：
旂子弼及弟子髦、輔、琰，與孫秀合族。及趙王倫起事，旂以弼等受署偽
朝，遣小息責讓。齊王冏起義，四子皆伏誅，襄陽太守宗岱承冏檄斬旂，
夷三族。其濫亦可謂甚矣。冏之死，諸黨屬皆夷三族，見本傳。成都王穎
殺陸機，夷三族，見〈穎傳〉。陳敏夷三族，見〈周處傳〉。張昌同黨並夷
三族，見〈昌傳〉。又〈武帝紀〉：泰始八年（西元 273 年），六月，益州牙
門張弘誣其刺史皇甫晏反，殺之，傳首京師，弘坐伏誅，夷三族。）其夷
狄之君：則石勒殺曹平樂，夷其三族。（見第五章第一節。）乞伏慕末尚

書辛進，隨熾盤遊後園，彈鳥誤傷暮末母面，暮末立，誅進五族二十七人。（《北史》本傳。）魏道武平中山，收議害秦愍王觚者，皆夷五族。（見上。）崔浩之敗，大武欲夷浩已下僅吏已上百二十八人五族，以高允持之而止。（見第八章第六節。）其後遊雅且以論議長短，陷陳奇至族焉。（《魏書・雅傳》，參看下文。）亦云酷矣。《晉書・懷帝紀》：永嘉元年（西元307年），正月，癸丑朔，大赦改元，除三族刑。蓋陳群定法，雖躅此刑，其後又嘗著之也。〈愍帝紀〉：建興三年（西元315年），六月，盜發漢霸、杜二陵及薄太后陵。敕雍州掩骼埋胔，有犯者誅及三族，此或僅指一事言之。然〈明帝紀〉：太寧三年（西元378年），二月，又復三族刑。（唯不及婦人，見下。）〈溫嶠傳〉：嶠奏軍國要務，其七曰：「罪不相及，古之制也。近者大逆，誠由凶戾。凶戾之甚，一時權用，今遂施行，非聖朝之令典。宜如先朝除三族之制。」則又竟復之矣。《魏書・高祖紀》：延興四年（西元474年），六月，詔：「自今以後，非謀反大逆，幹紀外奔，罪止其身。」〈刑罰志〉：太和十一年（西元487年），詔：「前命公卿，論定刑典，而門房之誅，猶在律策，可更議之。」蓋至是始從寬典。然《北齊書・韋子粲傳》：孝武入關，以為南汾州刺史。神武命將出討，城陷，子弟俱被獲，送晉陽。蒙放免，以粲為並州刺史。初子粲兄弟十三人，子姪親屬闔門百口，悉在西魏。以子粲陷城不能死難，多致誅滅。歸國獲存，唯子粲與弟道諧二人而已。則門房之誅，西魏猶行之也。

　　《魏書・源賀傳》：賀上書曰：「案律，謀反之家，其子孫雖養他族，追還就戮。其為劫賊應誅者，兄弟子姪在遠道、隔關津皆不坐。竊唯先朝制律之意，以不同謀非絕類之罪，故特垂不死之詔。若年三十已下，家人首惡，計謀所不及，愚以為可原其命，沒入縣官。」高宗納之。出養猶追還就戮，可見親族連坐之酷。然中國之法，女子出適者，亦不能免於連坐，其酷亦殊不減此也。曹爽支黨之誅，姊妹女子子適人者皆殺，見

《晉書·宣帝紀》。毌丘儉之誅，其子甸妻荀氏應坐死。其族兄，與景帝姻通，表魏帝以匄其命。詔聽離昏。荀氏所生女芝，為穎川太守劉子元妻，亦坐死。以懷妊繫獄。荀氏辭詣司隸校尉何曾乞恩，求沒為官婢，以贖芝命。曾哀之，使主簿程咸上議。言：「父母有罪，追刑已出之女，夫黨見誅，又有隨姓之戮，一人之身，內外受闢。」「宜改舊科」，「在室之女，從父母之誅，既醮之婦，從夫家之罰」。朝廷僉以為當。於是有詔改定律令。（據《晉書·刑法志》及〈何曾傳〉。潘岳之死，已出之女，亦一時被害，見〈嶽傳〉。）〈解系傳〉云：弟結。孫秀亂關中，結在都坐，議秀罪應誅，秀由是致憾。及系被害，結亦同戮。女適裴氏，明日當嫁，而禍起。裴氏欲認活之。女曰：「家既若此，我何活為？」亦坐死。朝廷遂議革舊制。女不從坐，由結女始也，則其時既醮之婦，已不從戮，後又並免在室之女矣。明帝復三族刑，〈紀〉亦云不及婦人。

　　遊雅之賊陳奇，事見《魏書·儒林傳》。云：有人為謗書，多怨時之言，頗稱奇不得志。雅乃諷在事，雲此書言奇不遂，當是奇假人為之。如依律文，造謗書皆及孥戮。遂抵奇罪。以口語而致斯禍，尤前世所未聞矣。然魏法之酷，實尚不止此。《魏書·刑罰志》云：「高宗太安四年（西元 458 年），始設酒禁。是時年穀屢登，士民多因酒致酗訟，或議主政。帝惡其若此，故一切禁之。釀、酤、飲皆斬之。增置內外候官，伺察諸曹，外部州鎮。至有微服雜亂於府寺間，以求百官疵失。其所窮治，有司苦加訊測。而多相誣逮。輒劾以不敬。諸司官臧二丈皆斬。」當時蓋酒禁其名，監謗其實，故下文云「顯祖即位，除口誤，開酒禁」，以二者並言。見劾為不敬者，蓋亦口過而非酒失也。候官者？〈官氏志〉言：「道武欲法古純質，制定官號，多不依周、漢舊名。或取諸身，或取諸物，或以民事，皆擬遠古雲鳥之義。諸曹走使，謂之鳧鴨，取飛之迅疾。以伺察者為候官，謂之白鷺，取其延頸遠望。自餘之官，義皆類此。」法古純質，

不依周、漢，猶云彼自創為，不用中國之法耳。候官之職，頗類魏、吳之校事，然亦以口語誣陷人，則又魏、吳之所未有矣。〈刑罰志〉又云：高祖太和三年（西元 479 年），下詔曰：「治因政寬，弊由網密。今候職千數，奸巧弄威。重罪受賕不列，細過吹毛而舉。其一切罷之。」於是更置謹直者數百人，以防喧鬥於街術。此則如今警察之職矣。

敵國相爭，士民各為其主，實與本國之叛逆者殊科，故降下之際，未有加以誅戮者。乃魏晉之際不然。晉宣帝之平公孫淵也，男子年十五以上七千餘人皆殺之，以為京觀。偽公卿以下皆伏誅。戮其將軍畢盛等二千餘人。（〈本紀〉景初二年（西元 238 年）。）其酷，亦前古所未有也。晉宣帝不足責，杜預粗知書傳，而其傳言：預初攻江陵，吳人知其病瘻，以瓠繫狗頸示之。每大樹似瘻，輒斫使白，題曰杜預頸。及城平，盡捕殺之。此何刑法乎？俗既成則莫知其非，事習焉則不以為怪，故武人之專橫，實人心世道之大憂也。譙縱之在晉世，固與公孫淵之在魏世不同。然其民則亦脅從耳。朱齡石入成都，所誅者止於縱同祖之親，善矣。然其後蜀人侯產德作亂，又窮加誅蒻，死者甚眾，則又何也？宋孝武廣陵之戮，不下於晉宣帝之於襄平，則更慘無人理矣。（見第九章第二節。《宋書·沈懷文傳》，謂其聚所殺人首於石頭南岸，謂之髑髏山，即京觀之俗稱也。）

逆亂而外，刑法峻重者，莫如劫及亡叛。此皆窮而無告者之所為，而又以嚴刑劫之，亦可哀矣。《宋書·武帝紀》：永初元年（西元 420 年），七月，詔曰：「往者軍國務殷，事有權制，劫科峻重，施之一時。今王道維新，政和法簡，可一除之，還遵舊條。反叛、淫、盜三犯補冶士，本謂一事三犯，終無悛革。主者頃多並數眾事，合而為三，甚違立制之旨。普更申明。」八月，又以「制有無故自殘傷者補冶士，實由政刑煩苛，民不堪命，可除此條」。無故自殘傷者，意亦欲以避役，實與亡叛同也。梁律：謀反、降、叛，大逆已上皆斬。父子、同產男，無少長皆棄市。母、妻、

姊妹及應從坐棄市者，妻、子女、妾，同補奚官為奴婢。貲財沒官。劫身皆斬，妻子補兵。遇赦降死者，黥面為劫字，髠鉗補冶鎖士終身。其下又謫運、謫配材官冶士、尚方鎖士，皆以輕重差其年數。其重者或終身。（《隋書·刑法志》。）劫科峻重，於此可見。此尚為朝廷法令，並有州郡自立嚴制，以劫其民者，如沈攸之在荊州，一人逃亡，闔宗捕逮是也。（見《齊書·柳世隆傳》。）比伍保受，本為軍刑，亦以劫及亡叛，蔓延滋廣。《宋書·謝莊傳》：大明元年（西元457年），起為都官尚書，奏改定刑獄，曰：「頃年軍旅餘弊，劫掠猶繁。監司計獲，多非其實。或規免咎，不慮國患。楚對之下，鮮不誣濫。身遭鑕之誅，家嬰孥戮之痛。比伍同閈，莫不及罪。」甚有如《宋書·自序》所載，以盜發塚罪近村民不赴救而同坐者。沈亮知其非理，亦不過欲使相去百步內赴告不時者一歲刑，自此以外，差不及罰而已，民尚何所措手足哉？

章大炎謂五朝之法，官吏犯杖刑者論如律，此特法令如是，論其實，則鞭杖之刑，及於士流者甚罕。顏之推謂梁武父子，好用小人，由可鞭杖肅督，已見第十八章第二節。《宋書·武帝紀》：永初二年（西元421年），六月，詔曰：「杖罰雖有舊科，然職務煩碎，推坐相尋。若皆有其實，則體所不堪；文行而已。又非設罰之意；可籌量牧為中否之格。」《齊書·陸澄傳》云：宋泰始初為尚書殿中郎。郎官舊有坐杖，有名無實。澄在官，積前後罰，一日並受千杖。《南史·蕭琛傳》：遷尚書左丞，時齊明帝用法嚴峻，尚書郎坐杖罰者，皆即科行。琛乃密啟曰：「郎有杖起自後漢。介時郎官位卑，親主文案，與令史不異，故郎三十五人，令史十五人。是以古人多恥為此職。自魏、晉以來，郎官稍重。今方參用高華，吏部又近於通貴。不應官高昔品，而罰遵曩科。所以從來彈舉，雖在空文，而許以推遷，或逢赦恩，或入春令，便得息停。宋元嘉、大明中，雖有被罰者，別由犯忤主心，非關常準。自泰始建元已來，未經施行。事廢已

久，人情未習。自奉敕之後，已行倉部郎江重欣杖督五十。人懷慚懼。兼有子弟成長，彌復難為儀適。其應行罰，可特賜輸贖。使與令史有異，以彰優緩之澤。」帝納之。自是應受罰者，依舊不行。此皆南朝杖罰，久以文行之證。（《梁書·武帝紀》：天監元年（西元 502 年），詔：「玩法惰官，動成逋弛。罰以常科，終未懲革。榎楚申威，蓋代斷趾。笞棰有令，如或可從。外詳共評議，務盡厥理。」似有意於實行杖罰。然觀顏之推之言，則亦未嘗行諸士大夫也。）北朝則不然。魏初朝士，多見杖罰見《魏書·高允傳》。高陽王雍為司州牧，考殺奉朝請韓元昭，前門下錄事姚敬豪，為任城王澄所奏，見〈澄傳〉。北齊崔季舒，文宣時為司馬子如所列，與崔暹各鞭二百，徙北邊。武成時，又以詣廣寧王宅，決馬鞭數十。及諫後主適晉陽獲罪，韓長鸞又將加其同署者以鞭撻，以趙彥深執諫獲免，事見第十四章第四節。甚至唐邕為宰相，司空從事中郎封長業、太尉記室參軍平濤為徵官錢違限，邕各杖背二十。史言齊時宰相，未有撾撻朝士者，至是甚駭物聽。厙狄伏連，開府參軍，多是衣冠士族，皆加捶撻，逼遣築牆焉。（伏連《北齊書》。附〈慕容儼傳〉。）無怪沈攸之「鞭棰國士」，史謂其「全用虜法」也。（《齊書·柳世隆傳》。）魏自太和以降，陷大辟者多得歸第自盡，此蓋孝文浮慕中華，偶有是舉。李彪乃因此上書，謂漢文納賈誼之言，大臣有罪，皆自殺不受刑，至孝武時稍復入獄，良由行之當時，不為永制，欲使其著為長久之制。（《魏書·彪傳》。）以是望虜，不亦遠乎？（《齊書·張融傳》：融請假奔叔父喪，道中罰幹錢敬道鞭杖五十，寄系延陵獄。大明五年制（西元 461 年）：二品清官行僮幹杖不得出十，為左丞孫緬所奏，免官。則中國之法，鞭杖施諸僮幹，亦有定限，斷不得如唐邕、厙狄伏連之所為也。）

　　鞭用革，杖用荊，長廣皆有定法。枷鎖杻械，亦有恆制。皆見《魏書·刑罰志》、《隋書·刑法志》。又有測立之法，以施「臟驗顯然而不款」

之人。其法：以土為堆，高一尺。上圓，劣容兩足。鞭笞訖，著械杻上測，隔若干日一上，上測若干刻，皆有定法。梁、陳之制，見《隋書·刑法志》及《陳書·儒林·沈洙傳》。〈洙傳〉載周弘正之說，謂「測人時節，本非古制」，疑其緣起頗晚，故漢、魏史籍，未及其事也。《南史·循吏傳》：何遠為人所訟，徵下廷尉。被劾十數條。當時士大夫坐法，皆不受測。（測，《梁書》作立。）遠度己無臧，就測。（測，《梁書》亦作立。）三七日不款。猶以私臧禁杖除名。又〈陳宗室諸王傳〉：南康愍王曇朗之子方泰，與亡命楊鐘期等二十人微行往人間，淫淳于岑妻。為州長流所錄，又率人仗抗拒，傷損禁司。為有司所奏。上大怒，下方泰獄。方泰初承行淫，不承拒格禁司。上曰：「不承則上測。」（《陳書》作行刑，疑淺人所改。）方泰乃投列承引。則士大夫不受測，亦特相沿如是，而非法不得施也。《梁書·孝行傳》：吉翂，天監初，父為吳興原鄉令，為奸吏所誣，逮詣廷尉。理雖清白，恥為吏訊，乃虛自引咎，罪當大辟。翂乃撾登聞鼓，乞代父命。高祖異之。敕廷尉卿蔡法度：「幼童未必自能造意，卿可嚴加脅誘，取其款實。」法度盛陳徽，備列官司，屬色問翂，更和顏誘語。翂初見囚，獄掾依法備加桎梏。法度矜之，命脫其二械，更令著一小者。翂弗聽。法度具以奏聞。高祖乃宥其父。世固有畫地為牢議不入，削木為吏計不對者；畏慘酷而自誣服，亦非無其人，乃更以威嚴，脅其請代之子，且加桎梏以苦之，以是而得獄情，無失出，與失入者孰多？高宗錄尚書，議改測立之法，周弘正請先責取獄所測人，有幾人款幾人不款，廷尉監所列，款者初不較不款者為多。而盛權謂：「舊制深峻，百中不款者一，新制寬優，十中不款者九。」則舊制之所得，必不免如弘正所云「無愆妄款」者矣。弘正云：人有強弱，斷獄宜依準五聽，不應全恣考掠，誠哉是言也。（皆見《陳書·沈洙傳》。）

　　中國歷代，皆以矜慎為恤獄之道；而昔時法學，非甚專門，恆以為審

理之事，凡官吏皆能為之；故審理之級數易增，參與審理之官司，亦隨之而日多。謝莊之奏改定刑獄也，謂「舊官長竟囚畢，郡遣督郵案驗，仍就施刑。督郵賤吏，非能異於官長，有案驗之名，而無研究之實。愚謂此制宜革。自今入重之囚，縣考正畢，以事言郡，並送囚身，委二千石親臨核辨。必收聲吞矕，然後就戮。若二千石不能決，乃度廷尉。神州統外，移之刺史。刺史有疑，亦歸臺獄。」《齊書·武帝紀》：永明三年（西元 485 年），七月，詔：「丹陽所領及餘二百里內見囚，同集京師。自此以外，委州郡決斷。」此慮令長之不詳而重州郡之責，又慮州郡之不詳而重廷尉之權者也。非官司所能理者，得擊登聞鼓上聞，如吉翂是。《齊書·謝傳》：出為吳興太守。長城縣民盧道優家遭劫，誣同縣殷孝悌等四人。收付縣獄考正。考悌母駱詣登聞訴，稱：「孝悌為道優所誹謗，橫劾為劫。一百七十三人連名保徵，在所不為申理。」聞孝悌母訴，乃啟建康獄覆。道優理窮款首，依法斬刑。有司奏免官。是其法，確亦有時能申理冤枉也。人君親覽獄訟，歷代皆時有之。（如宋文帝、孝武帝，皆每歲三臨訊，見《南史·本紀》元嘉三年（西元 426 年）、大明元年（西元 457 年）。《魏書·孝莊帝紀》：建義元年（西元 528 年），詔「自孝昌之季，法令昏泯。有訴人經公車注不合者，悉集華林東門，朕當親理冤獄，以申積滯。」〈出帝紀〉：永熙二年（西元 534 年），五月，詔「諸幽枉未申，事經一周已上，悉集華林，將親覽察。脫事已經年，有司不到者，聽其人名自陳訴。若事連州郡，由緣淹歲者，亦仰尚書總集以聞。」雖當造次顛沛之際，仍不忘申理冤滯，即無實效，亦足見告朔餼羊之意也。）梁武帝天監元年（西元 502 年），詔於公車府謗木、肺石旁各置一函。「理有瞰然，受困包疪，大政侵小，豪門陵賤，四民已窮，九重莫達，若欲自申，並可投肺石函。」三年（西元 504 年），六月，詔曰：「哲王宰世，每歲卜征。末代風凋，久曠茲典。可分將命，巡行州郡。其有深冤巨害，憂鬱無歸，聽詣使者，

依源自列。」五年（西元 506 年），四月，詔「凡犴獄之所，可遣法官、近侍，遞錄囚徒。如有枉滯，以時奏聞。」（皆見〈本紀〉。）陳制：常以三月，侍中、吏部尚書、尚書三公郎部都令史、三公錄冤局。令御史中丞、侍御史、蘭臺令史親行京師諸獄及冶署，理察囚徒免枉。（《隋書·刑法志》。）高祖永定三年（西元 559 年），正月，詔臨川王蒨省揚、徐二州辭訟。（〈本紀〉。）此等皆多開審理之途，期盡矜慎之意者也。此自有合於「一成而不可變故君子盡心焉」之義。然審級大多，歲月或致淹久；又錯出干與之官，不必皆明法令，甚或生事護前；則亦不免有弊。《魏書·高崇傳》：子道穆，以莊帝時為御史中尉。上疏曰：「高祖太和之初，置廷尉司直，論刑辟是非。雖事非古始，交濟時要。竊見御史出使，悉受風聞，雖時獲罪人，亦不無枉濫。何者？守令為政，容有愛憎。奸猾之徒，恆思報惡。多有妄造無名，共相誣謗。御史一經檢究，恥於不成。杖木之下，以虛為實，無罪不能雪者，豈可勝道哉？如臣鄙見：請依太和故事，還置司直十人。名隸廷尉，秩以五品，選歷官有稱，心平性正者為之。御史若出糾劾，即移廷尉，令知人數。廷尉遣司直與御史俱發。所到州郡，分居別館。御史檢了，移付司直覆問。事訖與御史俱還。中尉彈聞，廷尉科按，一如舊式。若御史司直，糾劾失實，悉依所斷獄罪之。聽以所檢，迭相糾發。如二使阿曲，有不盡理，聽罪家詣門下通訴，別加按檢。」詔從之，復置司直。觀此，即足知錯出干與之弊矣。

特異之人，治以特異之法鞫以特設之官者，前代亦間有之。石勒使中壘支雄、游擊王陽並領門臣祭酒，專明胡人辭訟。（《晉書·載記》。）魏世宗永平元年（西元 508 年），詔：「緇素既殊，法律亦異。自今已後，眾僧犯殺人以上罪者，仍依俗斷。餘犯悉付昭玄，以內律僧制之。」（《魏書·釋老志》。）是其事也。此自各率其俗之意，與近世之領事裁判用意不同也。

　　葛洪欲立明法之科，已見第四節。齊建元元年（西元 479 年），崔祖思啟陳政事曰：「漢末習律有家，子孫並世其業，聚徒講授，至數百人。故張、於二氏，絜譽文、宣之世，陳、郭兩族，流稱武、明之朝。今廷尉律生，乃令史門戶。族非咸、弘，庭缺於訓。刑之不措，抑此之由。如詳擇篤厚之士，使習律令，試簡有徵，擢為廷尉僚屬。苟官世其家，而不美其職者鮮矣，廢其職而欲善其事，未之有也。」永明九年（西元 491 年），孔稚珪上所校律文，表言：「古之名流，多有法學。今之士子，莫肯為業。縱有習者，世議所輕。將恐此書，永墜下走之手矣。今若弘其爵賞，開其勸募。課業宦流，班習冑子。拔其精究，使處內局；簡其才良，以居外任；方岳咸選其能，邑長並擢其術；然後姦邪無所逃其刑，惡吏不能藏其詐。宜寫律上國學，置律學助教。依五經例，國子生有欲讀者，策試上過高第，即便擢用，使處法職，以勸士流。」詔報從納。事竟不施行。（皆見《齊書》本傳。）至梁武帝天監四年（西元 505 年），三月，乃置冑子律博士焉。（《南史·本紀》。）《晉書·姚興載記》：興立律學於長安，召郡縣散吏以授之。其通明者，還之郡縣，論決刑獄。其重視法學，轉非中國之主所能逮也。《魏書·常景傳》言：廷尉公孫良舉為律博士，則魏律生亦屬廷尉。《隋書·刑法志》言：北齊定律之後，又敕仕門子弟，常講習之，齊人多曉法律，蓋由此也。此皆官學。其私家傳業者：《晉書·高光傳》言：光少習家業，明練刑理。（光，魏太尉柔之子。）武帝置黃沙獄，以典詔囚，以光歷世明法，用為黃沙御史，秩與中丞同。遷廷尉。元康中，拜尚書，典三公曹。齊王冏輔政，復以光為廷尉。於時朝廷咸推光明於用法，故頻典理官。又〈儒林傳〉：續咸，修陳、杜律，明達刑書。永嘉中，歷廷尉平。後沒石勒，以為理曹參軍。《周書·趙肅傳》言：肅久在理官，執心平允。凡所處斷，咸得其情，廉慎自居，不營產業。時人以此稱之。太祖命肅撰定法律，已見前。又云：時有高平徐招，少好法律。發言措

筆，嘗欲辨析秋豪。歷職內外，有當官之譽。從魏孝武入關，為給事黃門侍郎、尚書右丞。時朝廷播遷，典章有闕，至於臺閣軌儀，多招所參定。論者稱之。皆明法之士，見稱於時，獲用於世者也。《晉書·忠義傳》：易雄，少為縣吏。自念卑淺，無由自達，乃脫幘掛縣門而去。因習律令及施行故事，交結豪右，州里稍稱之。此等雖習律令，而不必明於其理，則為令史之儔矣。（《晉書·刑法志》：張華表抄新律諸死罪條目，懸之亭傳，以示兆庶。有詔從之。此乃古者縣法象魏之意，意在使民畏法，非欲使民明法也。）

　　復仇之風，仍極慘烈。法令於此，本加禁斷，（《魏律》：賊鬥殺人者，以劾而亡，許依古義，子弟得追殺之。會赦及過誤相殺者，不得報仇，見《晉書·刑法志》。姚萇下書，有復私仇者皆誅之，見〈載記〉。《魏書·世祖紀》：太延元年（西元 435 年），十二月，詔曰：「盡力三時，黔首之所克濟。自今已後，亡匿避難，羈旅他鄉，皆當歸還舊居，不問前罪。民相殺害，牧守依法平決，不聽，私輒報者，誅及宗族。鄰伍相助，與同罪。」蓋以避仇失職者多，故為此一切之法也。《隋書·刑法志》云。周武帝除復仇之法，犯者以殺論。案其事見《周書·本紀》保定三年四月。）然輿論率稱道之，執法者為其所動，遂亦多加原宥焉。（刁協子彝，王敦誅後，斬仇人黨，以首祭父墓。詣廷尉請罪，朝廷特宥之。見《晉書》本傳。又〈良吏傳〉：喬智明，為隆慮、共二縣令。部人張兌，為父報仇。母老單身，有妻無子。智明愍之。停其獄歲餘。令兌將妻入獄，兼陰縱之。於獄產一男，會赦得免。《南史·孝義傳》：張景仁，廣平人。父為同縣韋法所殺。景仁時年八歲，及長，志在復仇。普通七年（西元 526 年），遇法於公田渚，手斬其首，以祭父墓，詣郡乞依刑法。太守蔡天起上言於州。時簡文在鎮，乃下教褒美之。原其罪。下屬長蠲其一戶租調，以旌孝行。又成景儁。父安樂，仕魏為淮陽太守。天監六年（西元 507 年），常邕和殺安

樂，以城內附。景儁謀復仇，因殺魏宿預城主，以地南入。普通六年（西
元 525 年），邕和為鄱陽內史。景儁購人刺殺之，未久，重購邕和家人殺
其子弟，噍類俱盡。武帝義之，亦為屈法。又李慶緒。父為人所害。慶緒
九歲而孤，為兄所養。日夜號泣，志在復仇。投州將陳顯達。仍於部伍，
白日手刃其仇。自縛歸罪。州將義而釋之。《魏書·景穆十二王傳》：任城
王雲之孫順，介朱榮害衣冠，出走，為陵戶鮮於康奴所害。長子朗，時年
十七，沈戈潛伏。積年，乃手刃康奴，以首祭於順墓。然後詣闕請罪。朝
廷嘉而不問。《周書·柳慶傳》：慶兄檜，為魏興郡守，為賊黃寶所害。檜
子三人，皆幼弱。慶撫養甚篤。後寶率眾歸朝，朝廷待以優禮。居數年，
檜次子雄亮，白日手刃寶於長安城中。晉王護聞而大怒，執慶及諸子姪皆
囚之。然武帝卒特原雄亮，事又見《隋書·柳機傳》。）當時之復仇者，往
往蓄志積年，（如張景仁、成景儁、李慶緒、元朗、柳雄亮皆是。）不遠
千里。（《宋書·孝義傳》。長城奚慶思，殺同縣錢仲期。仲期子延慶，屬
役在都，聞父死，馳還。於庚埔埭逢慶思，手刃殺之。自系烏程縣獄。吳
興太守郗超表不加罪，許之。奚慶思，《南史》作慶恩。）雖在蠻夷，身
不能至，亦且伺隙而行其誅焉。（《宋書·宗越傳》：越為役門，出身補郡
吏。父為蠻所殺。殺其父者嘗出於郡，越於市中刺殺之。太守夏侯穆嘉其
意，擢為隊主。）其酷者或及後嗣。（譙閔王承為王廙所害，子烈王無忌，
與丹陽尹桓景等餞江州刺史於板橋，廙子丹陽丞者之在坐，無忌拔刀欲手
刃之，救捍獲免。御史中丞奏無忌欲專殺人，付廷尉科罪。成帝詔主者申
明法令，自今已往，有犯必誅，而許無忌以贖論，此亦失刑也。桓彝為韓
晃所害，涇令江播與焉。彝子溫，時年十五，志在復仇。至年十八，會播
已終，子彪兄弟三人居喪，置刃杖中，以為溫備。溫詭稱吊賓，得進刃彪
於廬中。並追二弟殺之。時人稱焉。沈慶之之死，攸之求行。及攸之反，
文季督吳興、錢唐軍事。收攸之弟新安太守登之，誅其宗，親黨無吹火

焉。史稱君子以文季能報先恥。龔壯父叔為李特所害，壯說李壽以討期；蕭順之為齊武帝所賊，梁武帝助明帝以傾其嗣，亦皆報諸後人者也。）即敵國相爭，（《晉書·陶璜傳》：孫皓時，交趾內附。將軍毛炅破吳軍，斬其都督修則。則子允，隨璜南征。城既降，允求復仇，璜不許。《宋書·徐湛之傳》：父達之，高祖討司馬休之，使統軍為前鋒。休之遣魯軌擊破之，於陳見害。元嘉二十八年（西元451年），軌子爽兄弟歸順。湛之以為廟算遠圖，特所獎納，不敢苟申私怨，乞屏居田里。不許。此皆有合於義。梁武帝之宥成景儁，則實失刑也。《周書·杜叔毗傳》：仕梁，為宜豐侯蕭循府中直兵參軍。達奚武圍循於南鄭。循令叔毗詣闕請和。使未反，循中直兵參軍曹策，參軍劉曉謀以城降。時叔毗兄君錫為循中記室參軍，從子映錄事參軍，映弟晰中直兵參軍，並有文武材略，各領部曲數百人，策等忌之，懼不同己，誣以謀叛，擅加害焉。循尋討策等，擒之，斬曉而免策。及循降，策至長安。叔毗朝夕號泣，具申冤狀。朝議以事在歸附之前，不可追罪。叔毗志在復仇，恐違朝憲，坐及其母，沉吟積時。母知其意，謂曰：「若曹策朝死，吾以夕歿，亦所甘心。汝何疑焉？」叔毗感厲。後遂白日手刃策於京城。斷首刳腹，解其支體。然後面縛就戮。太祖嘉其志氣，特命赦之。夫自北朝言之，則策為首謀歸降之人，雖天下之惡一，而叔毗報仇亦過當，周文亦失刑也。若黃瑤起見獲，而魏孝文以付王肅，聽其私報，則更不俟論矣。徐達之，《南史》作逵之。）伏法受誅者，亦不能免。（《晉書·忠義傳》：沈勁父充，與王敦構逆，眾敗而逃，為部曲將吳儒所殺。勁當坐誅，鄉人錢舉匿之得免。其後竟殺仇人。〈充傳〉云：勁竟滅吳氏。勁後雖立忠義，此事則犯法之大者，晉人宥之，失刑甚矣。沈林子祖父警，累世事道。敬事杜子恭。其父穆夫，孫恩作亂，以為餘姚令。恩為劉牢之所破，逃藏得免矣，宗人沈預，與警不協，以告官。警及穆夫，穆夫弟仲夫、任夫、預夫、佩夫並遇害。林子與兄淵子、雲

子、田子、弟虔子，逃伏草澤。沈預家甚強富，志相陷滅。林子乃自歸宋高祖。從克京城，進平都邑。時年十八。沈預慮林子為害，常被甲持戈。至是，林子與田子還東報仇。五月，夏節日至，預正大集會，子弟盈堂。林子兄弟，挺身直入。斬預首。男女無長幼悉屠之。以預首祭祖父墓。事見《宋書‧自序》及《南史‧沈約傳》。林子兄弟，才或可用，亦誠有功，然宋武縱其報仇，亦非法也。）甚或仇視官長，（《梁書‧劉季連傳》：季連既降，出建陽門，為蜀人藺道恭所殺。季連在蜀殺道恭父，道恭出亡，至是而報復焉。道恭，《南史》作相如。云季連殺其父，變名走建業。既殺道恭，乃面縛歸罪。武帝壯而赦之。此猶在去官後，且季連本曾叛逆也。若《南史‧孝義傳》云：趙拔扈，新城人也。兄震動，富於財。太守樊文茂求之不已。震動怒曰：無厭將及我。文茂聞其語，聚其族誅之。拔扈走免。聚黨至社樹，咒曰：「文茂殺拔扈兄，今欲報之。若事克，斫處樹更生，不克即死。」三宿三枒，生十丈餘。人間傳以為神，附者十餘萬。既殺文茂，轉攻旁邑。將至成都十餘日，戰敗，退保新城求降。此直是犯上作亂。恐其兄亦本系亂黨，乃至族誅，不盡由於文茂之貪求也。此更不足廁於報仇之列矣。）並及大君，（《晉書‧孝友傳》：王裒父儀，為文帝司馬，斬之。裒未嘗西鄉而坐，示不臣朝廷也。鄉人管彥，少有才而未知名。裒獨以為必當自達，拔而官之。男女各始生，便共許為婚。彥為西夷校尉，卒，葬洛陽。裒更嫁其女。彥弟馥問裒。裒曰：「吾薄志畢願山藪，昔嫁姊妹皆遠，吉凶斷絕，每以此自誓，今賢兄子葬父於洛陽，此則京邑之人也。豈吾結好之本意哉？」此雖力不能報，仍守不共戴天之義也。諸葛誕之死，子靚奔吳，為大司馬。吳平，逃竄不出。武帝與靚有舊，靚姊又為琅邪王妃。帝知靚在姊間，因就見焉。靚逃於廁。帝又逼見之。謂曰：「不謂今日，復得想見。」靚流涕曰：「不能漆身皮面，復睹聖顏。」詔以為侍中。固辭不拜。歸於鄉里。終身不鄉朝廷而坐。此雖不如

王裒之姊妹斷絕，亦猶裒之志也。苻堅兄法子東海公陽，與王猛子散騎侍郎皮謀反。事洩，堅問反狀。陽曰：「禮云：父母之仇，不同天地。臣父哀公，死不以罪。齊襄復九世之仇，而況臣也？」則竟公然欲報復矣。）行於親族之間。（宋時，剡縣民黃初妻趙，打息載妻王死。遇赦。王有父母及息男稱。息女葉。依法，應徙趙二千里外。臨川王義慶及傅隆並謂律無仇祖之文，趙當避王期、功千里外耳。從之，然可見當時法家，有謂為母可以報王母者也。傅豎眼父靈越，有兄靈慶、靈根。蕭斌、王玄謨攻磑磝，引靈慶為軍主。靈慶遁還。而其從叔乾愛，為斌法曹參軍，斌遣誘呼靈慶，密令壯健者隨之。乾愛不知斌之欲圖靈慶也。既至，對坐未久，斌所遣壯士執靈慶殺之。後靈越以母在南南走，卒毒殺乾愛，為兄復仇。事見《魏書·豎眼傳》。王敬則為謝朓所告而死。敬則女為朓妻，常懷刃欲報朓，朓不敢想見。北齊崔暹子達拏，顯祖以亡兄女樂安公主降之。嘗問公主：「達拏於汝何似？」答曰：「甚相敬重，唯阿家憎兒。」顯祖召達拏母入內，殺之，投屍漳水。齊滅，達拏殺主以復仇。皆可見當時報仇，不以親族而釋也。）且有因此而投敵國者。（如王慧龍、王肅、王頒等是。朱齡石伯父憲及斌，並為袁真將佐。桓溫伐真於壽陽，憲兄弟與溫潛通，真殺之。齡石父綽，逃走歸溫，攻戰常居先，不避矢石。壽陽平，真已死，綽輒發棺戮屍。）報復之際，或必求剚刃於其身，（《魏書·列女傳》：平原鬲縣女子孫男玉。夫為靈縣民所殺。追執仇人。男玉欲自殺之。其弟止而不聽。男玉曰：「女人出適，以夫為天。當親自殺之，云何假人之手？」遂以杖毆殺之。有司處死以聞。顯祖特恕之。）或則食其所仇者之肉。（孫恩入寇，謝琰敗績。帳下督張猛於後斫琰馬，墮地。二子俱被害。後劉裕生禽猛，送琰小子混。混刳肝生食之。見《晉書·謝安傳》。殷仲堪子簡之，隨義軍躡桓玄。玄敗，簡之食其肉。王廙將朱軌、趙誘為杜曾所殺。王敦遣周訪討之。其將執曾詣訪降，訪欲生致武昌。軌息昌，誘息胤

皆乞曾以復冤。於是斬曾。昌胤臠其肉而啖之。梁邵陵王綸遣馬容、戴子高、戴瓜、李撤、趙智英等殺何智通。敕遣舍人諸曇粲領齋仗圍綸第，禽瓜、撤、智英。智通了敞之割炙食之。即載出新亭。四面火炙之焦熟。敞車載錢，設鹽，蒜，顧百姓食，一臠賞錢一千。張弘策為東昏餘黨孫文明等所害。官軍捕文明，斬於東市。張氏親屬臠食之。魏道武見弒，其先犯乘輿者，群臣於城南都街生臠割而食之。王肅得黃瑤起，亦臠食之。李彥刺秦州，為城民所殺。蕭寶夤西討，彥子充為行臺郎，募眾而徵。戰捷，乃手刃仇人，啖其肝肺。見《北史・自序》。）其不能報，則以變禮終其身。（《南史・循吏傳》：沈瑀為蕭穎達長史。瑀性屈強，每忤穎達，穎達銜之。天監八年（西元 509 年），因入諸事，辭又激厲。是日於路為人所殺。多以穎達害之。子續累訟之。遇穎達尋卒，事不窮竟。續乃布衣蔬食終其身。）怨仇之門，累世不通。（《晉書・元四王傳》：武陵威王晞，為桓溫奏徙新安，卒。子忠敬王遵。桓伊嘗詣遵。遵曰：「門何為通桓氏？」左右曰：「伊與桓溫疏宗，想見無嫌。」遵曰：「我聞人姓木邊，便欲殺之，況諸桓乎？」由是少稱聰慧。《顏氏家訓・風操篇》曰：「江南諸憲司彈人，事雖不坐，而以教義見辱者，或被輕系而身死獄戶者，皆為怨仇，子孫三世不交通矣。」）能和解者殊鮮。（《魏書・李沖傳》：沖兄佐，與河南太守來崇，同自涼州入國。素有微嫌。佐因緣成崇罪，餓死獄中。後崇子護，又糾佐臧罪。佐及沖等悉坐幽系，會赦乃免。佐甚銜之。至沖寵貴，綜攝內外。護為南部郎，深慮為沖所陷，常求退避。而沖每慰撫之。護後坐臧罪，懼必不濟。沖乃具奏與護本末嫌隙，乞原恕之。遂得不坐。又〈術藝傳〉：王早。太宗時，有東莞鄭氏，為同縣趙氏所殺。後鄭氏執得仇人趙氏，又克明晨會宗族就墓所刑之。趙氏求救於早。早為占候，並授以一符，曰：「君今且還。選壯士十人，令一人為主者，佩此符。於雞鳴時，伏在仇家宅東南二里許平旦，當有十人跟隨向西北行。中有二人乘

黑牛。一黑牛最在前，一黑牛應第七。但捉取第七者還，事必無他。」趙氏從之。果如其言，乃是鄭氏五男父也。諸子並為其族所宗敬，故和解兩家，趙氏竟免。此皆怨仇之克和解者，然能如是者恐甚少也。）甚者毀壞墳墓，亦視同相殺之仇，而報復者亦毒及枯骨。（桓闔殺曇落道人，朱謙之殺朱幼方，已見第二十一章第五節。世祖慮相報復，遣謙之隨曹虎西行。將發，幼方子惲，於津陽門伺殺謙之。謙之兄選之，又刺殺惲。有司以聞，世祖曰：「此皆是義事，不可問。」悉赦之。寬縱如此，宜乎相報者之無已也。乃如李充，父墓中柏樹，為盜賊所斫，充手刃之，由是知名，則並未傷及其墳墓也。羊鴉仁為荀晷所害，鴉仁兄子海珍知之，掘咎父、伯並祖及所生母合五喪。各分其半骨，共棺焚之，半骨雜他骨，作五袋盛之，銘袋上曰荀晷祖、父、母某之骨。報怨如此，信野番之所不為也。）風氣所趨，雖婦人、（《晉書・列女傳》：王廣女。廣仕劉聰，為西揚州刺史。蠻帥梅芳攻陷揚州，廣被殺。王時年十五，芳納之。俄於暗室擊芳，不中。芳驚起曰：「何故反邪。」王罵，辭氣猛厲。言終乃自殺。芳止之不可。此與第七章第八節所述禿髮傉檀之女同烈矣。王敬則女欲報謝朓，杜叔毗母激厲其子，亦斯志也。《宋書・樂志》：魏陳思王〈鼙舞歌精微篇〉曰：「關東有賢女，自字蘇來卿。壯年報父仇，身沒垂功名。女休逢赦書，白刃幾在頸，俱上列仙籍，去死獨就生。」亦必有其本事也。）孺子，（《晉書・孝友傳》、王談，年十歲，父為鄰人竇度所殺。談日夜伺度。至年十八，乃殺之。歸罪有司。太守孔嚴嘉其義勇，列上宥之。《梁書・孝行傳》：荀匠祖瓊，年十五，復父仇於成都市。《南史・孝義傳》：聞人夐，年十七，結客報父仇。為齊高帝所賞。《魏書・淳于誕傳》：父興宗，蕭頤南安太守。誕生十二，隨父向揚州。父於路為群盜所害。誕傾資結客。旬朔之內，遂得復仇。由是州里嘆異之。〈孝感傳〉：孫益德，母為人所害。益德童幼，為母復仇。還家哭於殯，以待縣官。高祖、文明太后特免

之。）亦能自奮。司憲者不必皆平，輿論亦不必能抑強扶弱，不以名分制一人，其說誠有深意。然行之大過，得毋有借復仇之名，以報他怨，要稱譽者乎？失仁後義，是非已極難言，況乎失義與禮，而徒矜懻以為信？風俗之弊，隨舉一端，病原皆極深遠，固非就事論事，所能期其無憾也。

第二十三章　晉南北朝學術 ─────

第一節　學校

　　中國為崇尚文教之國，兩漢而降，此風尤甚。晉、南北朝，雖為喪亂之世，然朝廷苟獲小安，即思興學；地方官吏，亦頗能措意於此；私家仍以教授為業；雖偏隅割據之區，戎狄薦居之地，亦莫不然。較之羅馬喪亂之後，晦盲否塞之情形，大異其趣矣。此亦中西史事不同之一端歟？

　　晉初大學，沿自魏世。泰始八年（西元 273 年），有司奏大學生七千餘人，才任四品聽留。詔已試經者留之，其餘遣還。郡國大臣子弟堪受教者令入學。（《宋書·禮志》。）蓋以魏世，來學者率為避役，高門子弟，恥非其倫，（見《秦漢史》第十九章第一節。）故有此舉也。《晉書·武帝紀》：咸寧二年（西元 276 年），五月，立國子學。《宋書·禮志》作起國子學。《晉書·職官志》云：咸寧四年（西元 278 年），武帝初立國子學，定置國子祭酒博士各一人，助教十五人，以教生徒。《齊書·禮志》：東昏侯立，領國子助教曹思文上表曰：「今之國學，即古之大學。晉初大學生三千人，既多猥雜，惠帝時，欲辨其涇渭，故元康三年（西元 293 年）始立國子學，官品第五以上，得入國學。」蓋屋宇起於咸寧二年（西元 276 年），教官定於四年（西元 278 年），生徒入學之法，實至元康三年（西元 293 年）而後定也。（《晉書·裴傳》：時天下初定，奏修國學，刻石寫經。皇太子既講，釋奠，祀孔子，飲饗射候，甚有儀序。此事在武帝時，皇太子即惠帝也。其時蓋徒行禮，未有教學之事。）經說本只有大學，自王太子以下皆入焉，與士齒，殊有平夷之美。《周官》有師氏，保氏，乃小學之職，據此別立國子學，以「殊士庶，異貴賤」，（曹思文表語。）誤矣。

太康五年（西元 284 年），修作明堂、辟雍、靈臺。（《宋書‧禮志》。）元帝初，王導請興學。戴邈亦以為言。（見《晉書》本傳及《宋書‧禮志》。）建武元年十一月立大學，（〈本紀〉。）蓋用其說。《宋書‧百官志》云：太常博士，東京凡十四人。《易》施、孟、梁丘、京氏，《尚書》歐陽、大、小夏侯，《詩》齊、魯、韓，《禮》大、小戴，《春秋》嚴、顏，各一博士。而聰明有威重者一人為祭酒。魏及晉兩朝置十九人，江左初減為九人，皆不知掌何經。元帝末，增《儀禮》、《春秋公羊》博士各一人，合為十一人。後又增為十六人，不復分掌五經，而謂之大學博士也。又云：國子祭酒一人。國子博士一人。國子助教十人，《周易》、《尚書》、《毛詩》、《禮記》、《周官》、《儀禮》、《春秋左氏傳》、《公羊》、《穀梁》，各為一經，《論語》、《孝經》為一經，合十經，助教分掌。晉初置國子學以教生徒，而隸屬大學焉。晉初助教十五人。江左以來損其員，自宋世，若不置學，則助教唯置一人，而祭酒、博士常置也。《晉書‧荀崧傳》云：時簡省博士，置《周易》王氏，《尚書》鄭氏，《古文尚書》孔氏，《毛詩》鄭氏，《周官》、《禮記》鄭氏，《春秋左傳》杜氏、服氏，《論語》、《孝經》鄭氏博士各一人，凡九人。（《宋書‧禮志》云：《周易》王氏，《尚書》鄭氏，古文孔氏，《毛詩》、《周官》、《禮記》、《論語》、《孝經》鄭氏，《春秋左傳》杜氏、服氏，各置博士一人。）其《儀禮》、《公羊》、《穀梁》及鄭《易》，皆省不置。崧以為不可，乃上疏言：「宜為鄭《易》，鄭《儀禮》，《春秋》、《公羊》、《穀梁》各置博士一人。」詔共博議者詳之。議者多請從崧所奏。詔曰：「《穀梁》膚淺，不足置博士，餘如奏。」會王敦之難不行。《宋書‧禮志》略同。以〈百官志〉之文參之，則所謂九人者：《周易》王氏一，《尚書》鄭氏二，孔氏三，《毛詩》鄭氏四，《周官》鄭氏五，《禮記》鄭氏六，《春秋左傳》杜氏七，服氏八，《論語》、《孝經》鄭氏九，所增者《儀禮》、《公羊》各一，合十一人也。〈本紀〉：大興二年（西元 319 年），六月，置

博士員五人，則所謂後又增為十六人者也。不復分掌五經，蓋不復事教授？〈儒林傳〉言：「元帝雖尊儒勸學，亟降綸音，而東序西膠，未聞弦誦。」其明徵矣。〈成帝紀〉：咸康三年（西元 293 年），正月，立大學。〈袁瓌傳〉云：瓌時為國子祭酒，上疏請給宅地，備學徒，疏奏，成帝從之。國學之興自瓌始。《宋書·禮志》以此疏為瓌與太常馮懷共上，云：疏奏，帝有感焉。由是議立國學，徵集生徒。而世尚老、莊，莫肯用心儒訓。穆帝八年（352），殷浩西征，以軍興罷遣。則未有實效，旋又廢墜。〈孝武帝紀〉：太元九年（西元 384 年），四月，增置大學生百人。（〈車胤傳〉：太元中，增置大學生百人，以胤領國子博士。）十年（385），二月，立國學。蓋至是二學並置。《晉書·職官志》云：孝武太元十年（385），損國子助教員為十人。《宋志》云：十經由十助教分掌，蓋在是時。（《宋書·臧燾傳》：晉孝武太元中，衛將軍謝安始立國學，徐、兗二州刺史謝玄舉燾為助教。）據《齊書·陸澄傳澄》與王儉書，則是時《易》立王肅，《左氏》取服虔，而兼取賈逵《經》，《穀梁》有麋信《注》。至宋元嘉建學，《易》乃玄、弼兩立。逮顏延之為祭酒，則黜鄭置王，《左氏》則留服而去賈，《穀梁》益以范寧，而麋猶如故。澄謂《易》王、鄭宜並存，《左氏》宜立杜，《穀梁》善範便當除麋。又云：「世有一《孝經》，題為鄭玄注。觀其用辭，不與注書相類。案玄自序所注眾書，亦無《孝經》。」儉答云：「《易》依舊存鄭，高同來說。元凱注傳，超邁前儒。《穀梁》小書，無俟兩注。存麋略範，率由舊式。凡此諸議，並同雅論。唯《鄭注》虛實，前代不嫌，意謂可安，仍舊立置。」太元立學，議由謝石，事見《晉書》本傳及《宋書·禮志》。《宋書》載其疏辭，謂上於太元元年（376），元疑九形近而誤，故有「皇威遐震，戎車方靜」之語。（淝水之戰在八年。）石之死，范弘之議謚，深致貶損，而卒援是為恕辭，則晉人頗重其事。然《宋書·禮志》謂其品課無章，士君子恥與其列，則其實效，亦未可睹也。晉人立學，專欲

以化貴胄。故晉初傅玄上疏，病「漢、魏百官子弟，不修經藝而務交遊。今聖明之政資始，而漢、魏之失未改」。王導言：「人知士之貴由道存，則退而修其身，敦樸之業著，浮偽之競息。」戴邈言：「貴遊之子，未必有斬將搴旗之才，亦未有從軍征戎之役，不以盛年，講肄道義，不亦可惜？」然冀牆朽木，素質已非，雕墍之功，雲胡可就？其時特選公卿、二千石子弟為生，而祭酒殷茂言：「學建彌年，而功無可名。憚業避役，存者無幾。或假託親疾，真偽難知。聲實渾亂，莫此之甚。臣聞舊制，國子生皆冠族華胄，比列皇儲，而中者混雜蘭艾，遂令人情恥之。」則猶是來者皆為避役，高門子弟，恥非其倫之舊也。（《宋書‧禮志》。）《宋書‧禮志》言：孝武立學，增造廟屋一百五十五間，而〈五行志〉言：太元十年（385）正月，立國子學，學生多頑嚚，因風放火，焚房百餘間。《晉志》略同。則立學未幾，而所毀之屋，已倖於所造者三分之二矣。風紀敗壞至此，其人尚可教乎？

　　《宋書‧禮志》云：宋高祖受命，詔有司立學，未就而崩，太祖元嘉二十年（443），復立國學，二十七年廢（西元450年）。案高祖詔立國學，事在永初三年正月，見〈本紀〉。其時學制已定，范泰嘗上書論之，見本傳。太祖詔建國學，事在元嘉十九年正月，是年十二月，詔言胄子始集，學業方興，亦見〈紀〉；〈何承天傳〉亦云，是年立國子學，以本官領國子博士；而〈禮志〉謂立學在二十年，蓋師生集於十九年末，禮成於其翼年也。二十七年之罷，〈紀〉在三月，蓋以軍興之故。〈孝武帝紀〉：大明五年（西元461年），八月，詔來歲可修葺庠序，旌延國胄，而〈禮志〉不言其事，疑其實未有成。然則宋世國學修立，不及十年，可謂衰替。然其時於私家之能講學者，為置生徒，隆其禮貌，加以資助，則其效或轉在官學之上也。〈隱逸傳〉：周續之，遁跡廬山。高祖踐阼，召之，乃盡室俱下。上為開館東郭外，招集生徒。乘輿降幸，並見諸生。續之素患風痺，不復

堪講，乃移病鐘山。又〈雷次宗傳〉：元嘉十五年（438），徵至京師。開館
於雞籠山，聚徒教授，置生百餘人。會稽朱膺之，潁川庾蔚之，並以儒學
監總諸生。時國子學未立，上留心藝術，使丹陽尹何尚之立玄學，太子率
更令何承天立史學，司徒參軍謝元立文學。凡四學並建。車駕數幸次宗學
館，資給甚厚。此事《南史》入〈本紀〉，系元嘉十六年（439）。《宋書‧何
尚之傳》云：元嘉十三年（436），彭城王義康欲以司徒左長史劉斌為丹陽
尹，上不許。乃以尚之為尹。立宅南郭外，置玄學，聚生徒。東海徐秀，
廬江何曇、黃回，潁川荀子華，大原孫宗昌、王延秀，魯郡孔惠宣，並慕
道來遊。謂之南學。《南史》同。其立學不知究在何年也。其後國子學建，
尚之遂領祭酒焉，亦見〈傳〉。〈明帝紀〉：泰始六年（471），九月，立總明
觀，徵學士以充之，置東觀祭酒。《南史》云：置東觀祭酒、訪舉各一人，
舉士二十人，分為儒、道、文、史、陰陽五部學，言陰陽者遂無其人，則
其分部仍與元嘉同。《齊書‧百官志》：泰始六年（西元 270 年），以國學
廢，初置總明觀玄、儒、文、史四科，科置學士各十人，永明三年（西元
485 年）國學建省，尤可見孝武之興國學，實未有成也。

　　《齊書‧禮志》云：建元四年（482），正月，詔立國學。（亦見〈本紀〉。
〈王逡之傳〉云：國學久廢，建元二年（西元 480 年），逡之先上表立學，
轉國子博士。〈張緒傳〉：建元四年（482），立國子學，以緒為太常卿，
領國子祭酒。）置學生百五十人。其有位樂入者五十人。生年十五以上，
二十以還。取王公已下至三將、著作郎、廷尉正、太子舍人、領、護諸府
司馬、諮議經除敕者、諸州別駕、治中等見居官及罷散者子孫。悉取家去
都二千里為限。太祖崩乃止。（〈武帝紀〉：建元四年，九月，丁巳，以國
哀故罷國子學。〈百官志〉云：其夏國諱廢學。）永明三年（西元 485 年），
正月，詔立學。（亦見〈紀〉。）創立堂宇。召公卿子弟及員外之胤。凡置
生二百人。建武四年（西元 497 年），正月，詔立學。永泰元年（498），

東昏侯即位，尚書符依永明舊事廢學。領國子助教曹思文表言：「先代不以國諱廢學，永明以無太子故廢，非古典。」案建武四年（西元 497 年）詔言：「往因時康，崇建庠序，屯虞薦有，權從省廢，謳誦寂寥，倏移年稔。」則其廢，似不以無太子也。總明觀以永明三年（西元 485 年）省，然是歲又於王儉宅開學士館。悉以四部充儉家。又詔儉以家為府。四年（西元 501 年），以本官領吏部，猶十日一還學，監視諸生焉。（〈儉傳〉。）又竟陵王子良，嘗表世祖，為劉立館。以揚烈橋故主第給之。未及徙居，遇病卒。（〈傳〉。）此亦宋世待周續之、雷次宗之意也。孔稚珪欲於國學置律學助教，詔報從納，而事不果行，已見第二十二章第七節。

　　《梁書·處士傳》：梁武踐阼，徵何胤不至，乃敕胤曰：「卿門徒中，經明行修，厥數有幾？且欲瞻彼堂堂，置此周行，便可具以名聞，副其勞望。」又曰：「比歲學者，殊為寡少。良由無復聚徒，故明經斯廢。每一念此，為之慨然。卿居儒宗，加以德素。當敕後進有意向者，就卿受業。想深思誨誘，使斯文載興。」於是遣何朗、孔壽等六人於東山受學。設館而外，復徵及其舊日生徒，較之宋、齊，尤為異數矣。〈本紀〉：天監四年（西元 505 年），置五經博士各一人。〈儒林傳〉云：以平原明山賓、吳興沈峻、建平嚴植之、會稽賀瑒補博士。各主一館，（《南史》又有吳郡陸璉。）館有數百生，給其餼廩，其射策通明者，即除為吏。十數月間，懷經負笈者，雲會京師。此亦猶宋之立五學，特專於儒耳。七年（508），正月，詔大啟庠序，博延冑子。國學蓋自此建立。九年（510），三月，詔皇太子及王侯之子，年在從師者，可令入學。〈儒林傳〉言：於是皇太子、皇子、宗室王侯始就業焉。大同七年（西元 541 年），十二月，於宮城西立士林館，延集學者。領軍朱异、太府卿賀琛、舍人孔子祛等遞相講述。（〈本紀〉。亦見〈張緄〉、〈周弘正傳〉。）此蓋與國學並立，非如宋之五館、總明觀等補國學之缺也。《陳書·儒林·陸詡傳》言：梁世百濟國表求講禮博

士，詔令詡行，聲教東漸，南朝教學之規模，蓋以此時為最盛矣。

《陳書‧儒林傳》云：高祖承前代離亂，日不暇給，弗遑勸課。世祖以降，稍置學官。雖博延生徒，成業蓋寡。案〈沈不害傳〉言：天嘉初，除衡陽王府記室參軍，兼嘉德殿學士。自梁季喪亂，至是國學未立。不害上書，言宜建立庠序，選公卿門子，皆入於學。詔付外詳議，依事施行。陳世興學，不害蓋有力焉。其後宣帝太建三年（西元 572 年），後主至德三年（585），皇太子皆釋奠大學。

私家亦有為學人立館者，齊始安王遙光、右衛江祏於蔣山南為吳苞立館是也。事見《齊書‧高逸傳》。

《晉書‧張軌傳》：軌徵九郡冑子五百人，立學校。始置崇文祭酒，位視別駕。春秋行鄉射之禮。〈隱逸傳〉：祈嘉，博通經傳。西遊海渚，教授門生百餘人。張重華徵為儒林祭酒。在朝卿士，郡縣守令彭和正等受業獨拜床下者二千餘人。〈李玄盛傳〉：立泮宮，增高門學生五百人。〈劉曜載記〉：曜立大學於長樂宮東，小學於未央宮西。簡百姓年二十五已下，十三已上，神志可教者千五百人。選朝賢、宿儒明經篤學以教之。以中書監劉均領國子祭酒。置崇文祭酒，秩次國子。散騎侍郎董景道，以明經擢為崇文祭酒。曜臨大學，引試學生之上第者，拜郎中。〈石勒載記〉云：司、冀漸寧，人始租賦。立大學。簡明經善書吏，署為文學掾，選將佐子弟三百人教之。增置宣文、宣教、崇儒、崇訓十餘小學於襄國四門，簡將佐豪右子弟百餘人教之。大興二年（西元 319 年），勒偽稱趙王。從事中郎裴憲，參軍傅暢、杜嘏，並領經學祭酒。參軍續咸、庾景為律學祭酒。任播、崔濬為史學祭酒。中壘支雄、游擊王陽，並領門臣祭酒。勒親臨大小學，考諸學生。經義尤高者，賞帛有差。命郡國立學官。每郡置博士、祭酒二人，弟子百五十人。三考修成，顯升五府。於是擢拜大學生五人為佐著作郎，錄述時事。〈石季龍載記〉：季龍下書，令諸郡國立五經博士。初

勒置大小學博士，至是復置國子博士、助教。遣國子博士詣洛陽寫石經，校中經於祕書。國子祭酒聶熊注《穀梁春秋》，列於學宮。（〈隱逸傳〉：楊軻養徒數百，石季龍嗣偽位徵之。迫之乃發。後上疏陳鄉思求還。其在偽朝，蓋未嘗受官職，與於教授之事。）〈慕容廆載記〉云：平原劉贊，儒學該通，引為東庠祭酒。其世子皝，率國胄束脩受業焉。廆覽政之暇，親臨聽之。〈慕容皝載記〉：皝記室參軍封裕諫曰：「習戰、務農，本也。百工、商賈，末耳。宜量軍國所須，置其員數。學者三年無成，亦宜還之於農。」皝乃命學生不任訓教者，亦除員錄。〈慕容儁載記〉：儁立小學於顯賢里，以教胄子。〈苻健載記〉：健敗桓溫後，修尚儒學。〈苻堅載記〉言：堅立學校。又云：堅廣修學宮，召郡國學生通一經已上充之。公卿已下子孫，並遣受業。堅親臨大學，考學生經義優劣，品而第之。問難五經，博士多不能對。堅謂博士王寔曰：「朕一月三臨大學，黜陟幽明，躬親獎勵，罔敢倦違，庶幾周、孔微言，不由朕而墜。漢之二武，其可追乎？」自是每月一臨大學，諸生競勸焉。又云：堅行禮於辟雍，祀先師孔子。其太子及公侯、卿、大夫、元士之元子，皆束脩釋奠焉。又云：堅臨大學，考學生經義，上第者擢敘八十三人。自永嘉之亂，庠序無聞，及堅之僭，頗留心儒學，王猛整齊風俗，政理稱舉，學校漸興。又云：禁老莊、圖讖之學。中外四禁、二衛、四軍長上將七，皆令修學課。後宮置典學，立內司，以授於掖庭。選閹人及女隸有聰識者，置博士以授經。又云：堅以翼犍荒俗，未參仁義，令入大學習禮。〈姚萇載記〉云：萇立大學。下書令留臺、諸鎮，各置學官，勿有所廢。考試優劣，隨才擢敘。〈姚興載記〉云：興立律學於長安。（詳見第二十二章第七節。）〈慕容德載記〉云：建立學官，簡公卿已下子弟及二品士門二百人為大學生。德大集諸生，親臨策試。〈馮跋載記〉云：營建大學，以長樂劉軒、營丘張熾、成周翟崇為博士郎中。簡二千石已下子弟年十三已上教之。〈李雄載記〉云：雄興學

校，置史官。聽覽之暇，手不釋卷。〈李壽載記〉云：廣大學，起燕殿，百姓疲於役使，呼嗟滿道，思亂者十室而九矣。皆當時偏隅割據之國，五胡僭竊之主興學之事也。亦不徒官立也。《晉書·列女傳》云：韋逞母宋氏，不知何郡人也。家世以儒學稱。幼喪母，其父躬自養之。及長，授以《周官》音義。謂之曰：「吾家世學《周官》，傳業相繼。吾今無男可傳，汝可受之，勿令絕世。」屬天下喪亂，宋氏諷誦不輟。其後為石季龍徙之於山東。宋氏與夫在徙中推鹿車，背負父所授書到冀州。依膠東富人程安壽。壽養護之。逞時年少，宋氏晝則樵採，夜則教逞。逞遂學成名立，仕苻堅為太常。堅嘗幸其大學，問博士經典。乃閔禮樂遺闕。時博士盧壺對曰：「廢學既久，書傳零落。比年綴撰，正經粗集。唯《周官禮》注，未有其師。竊見太常韋逞母宋氏，世學家女，傳其父業。得《周官》音義。今年八十，視聽無闕。自非此母，無可以傳授後生。」於是就宋氏家立講堂。置生員百二十人。隔絳紗縵而受業。號宋氏為宣文君。《周官》學復行於世。時稱韋母宋氏焉。〈姚興載記〉云：天水姜龕、東平淳于岐、馮翊郭高等，皆耆儒碩德，經明行修。各門徒數百，教授長安。諸生自遠而至者，萬數千人。興每於聽政之暇，引龕等於東堂，講論道藝，錯綜名理。涼州胡辯，苻堅之末，東徙洛陽講授。弟子千有餘人。關中後進，多赴之請業。興敕關尉曰：諸生往來出入，勿拘常限。於是學者咸勸，儒風盛焉。其厚待師儒，弘獎後學，亦視中國無愧色也。

　　《魏書·儒林傳》云：太祖初定中原，雖日不暇給，始建都邑，便以經術為先。立大學，置五經博士，生員千有餘人。天興二年（西元 400 年），增國子大學生員至三千。（〈本紀〉：天興二年（西元 400 年），三月，初令五經、群書，各置博士。增國子大學生員三千人。〈官氏志〉亦云：初令五經、群書，各置博士。）太宗世，改國子為中書學，立教授博士。世祖始光三年（426），春，別起大學於城東。（〈紀〉在二月。）〈本紀〉：太平

真君五年（西元 444 年）正月，制自王公已下，至於卿士，其子息皆詣大學。其百工、伎巧、騶卒子息，當習其父兄所業，不聽私立學校。違者師身死，主人門誅。（亦見第十八章第一節。）自漢除挾書之禁已來，獎民鄉學，則有之矣，禁人立學，未之前聞，大武此詔，果何為哉？案大武又有私養師巫、挾藏讖記之禁。（見第二十四章第二節。）其後孝文延興二年（西元 472 年），二月，詔謂當時祭孔子者，「女巫妖覡，淫進非禮，殺生鼓舞，倡優媟狎」。「自今已後，有祭孔子廟，制用酒脯而已。不聽婦女合雜，以祈非望之福。犯者以違制論」。（亦見〈本紀〉。）竊疑鮮卑竊據，人民圖覆之者甚多，結合之資，不能無藉於宗教，孔教亦為所借用，虜乃從而禁之也。〈儒林傳〉又云：太和中，改中書學為國子學。建明堂、辟雍，尊三老、五更。（〈本紀〉：太和十年（西元 486 年），九月，詔起明堂、辟雍。十五年（西元 491 年），十月，明堂、太廟成。十六年（西元 492 年），正月，宗祀顯祖於明堂，以配上帝。遂升靈臺，以觀雲物。降居青陽左個布政事。每朔依以為常。）又開皇子之學。及遷都雒邑，詔立國子大學，四門小學。（據〈劉芳傳〉：發敕立四門博士，事在太和二十年（西元 496 年）。）世宗時，復詔營國學。樹小學於四門。大選儒生，以為小學博士，員四十人。（〈本紀〉：正始元年（西元 504 年），十一月，詔可敕有司，營繕國學。四年（西元 507 年），六月，詔敕有司，準訪前式，置國子，立大學，樹小學於四門。〈任城王澄傳〉澄表言：「自鳳舉中京，方隆禮教。先皇升遐，未遑修述。學宮虛荷四門之名，宗人有闕四時之業。可敕有司，修復皇宗之學，開闢四門之教。」詔尚書可更量宜修立。〈鄭道昭傳〉：遷國子祭酒。表言：「國子學堂房粗置，弦誦闕爾。城南大學，漢、魏五經，丘墟殘毀，藜藋蕪穢。求重敕尚書、門下，考論營制之模。」不從。道昭又表曰：「先帝命故御史中尉臣李彪，與吏部尚書任城王澄等，妙選英儒，以宗文教。澄等依旨，置四門博士四十人。其國子博士、大學

博士、及國子助教，宿已簡置。伏尋先旨，意在速就。但軍國多事，未遑建立。自爾迄今，垂將一紀。學官凋落，四術寢廢。陛下屢發中旨，敦營學館。房宇既修，生徒未立。臣往年刪定律令，繆與議筵。謹依準前修，尋訪舊事，參定《學令》，事訖書呈。自爾迄今，未蒙報判。請《學令》並制，早敕施行。使選授有依，生徒可準。」詔曰：「新令尋頒，施行無遠。」道昭又表曰：「臣自往年以來，頻請《學令》，並置生員。前後累上，未蒙一報。館宇既修，生房粗構。博士見員，足可講習。雖新令未頒，請依舊權置國子學生，漸開訓業。」不報。其事皆在世宗時也。）雖黌宇未立，而經術彌顯。（〈本紀〉：延昌元年（西元512年），四月，詔曰：「遷京嵩縣，年將二紀。虎闈闕唱演之音，四門絕講誦之業。博士端然，虛祿歲祀。貴遊之冑，欲同子衿。靖言念之，有兼愧慨。可嚴敕有司，國子學孟冬使成，大學，四門，明年孟春令就。」然〈李崇傳〉：崇在肅宗時表言：「永平之中，大興版築。續以水旱，戎馬生郊，雖逮為山，還停一簣。今國子雖有學官之名，而無教授之實。何異兔絲燕麥，南箕北哉？」則其事仍未有成也。〈郭祚傳〉：時詔營明堂、國學。祚奏：「不可於師旅之際，興版築之功，宜待豐靖之年，因子來之力。」從之。此即李崇所謂因水旱戎馬而停者也。崇此疏，《北齊書·邢邵傳》以為邵之言，《北史》同。）神龜中，將立國學。詔以三品以上及五品清官之子充生選。未及簡置，仍復停寢。正光二年（西元521年），乃釋奠於國學。始置國子生三十六人。（〈本紀〉：正光元年（西元520年），正月，詔：「來歲仲陽，節和氣潤，釋奠孔、顏，乃其時也。有司可豫繕國學，圖飾聖賢，置官、簡牲，擇吉備禮。」二年（西元521年），三月，庚午，帝幸國子學，祠孔子，以顏淵配。〈源賀傳〉：賀孫子恭，正光元年（西元520年），轉為起部郎。明堂、辟雍，並未建就。子恭上書言：「今諸寺大作，稍以粗舉，並可徹減，專事經綜。嚴勒工匠，務令克成。」從之。魏營學宮，閱時甚久，蓋至此以一切之法

敕之，乃克有成也。）永熙中，復釋奠於國學。置生七十二人。及遷都於鄴，國子置生三十六人。此魏立學之大略也。

　　北齊國子寺，祭酒一人，領博士五人，助教十人，學生七十二人。大學，博士十人，助教二十人，大學生二百人。四門學，博士二十人，助教二十人，學生三百人。見《隋書・百官志》。然據《北齊書・本紀》：文宣帝天保元年（550），八月，詔郡國修立黌序，國子學生，亦仰依舊銓補。孝昭帝皇建元年（560），八月，詔國子寺可備立官屬，依舊置生講習經典，歲時考試。外州大學，亦仰典司，勤加督課。則法令多成具文。〈儒林傳〉亦云：「師、保、疑、丞，皆賞勳舊，國學博士，徒有虛名，唯國子一學，生徒數十人耳。」

　　後周頗重大學。《周書・李昶傳》云：昶初謁太祖，太祖深奇之。厚加資給，令入大學。太祖每見學生，必問才行於昶。足見其於此途，已頗留意。武帝保定二年（西元 562 年），幸學，以于謹為三老而問道焉。太和二年（478），七月，立露門學。置生七十二人。宣帝大象二年（西元 580年），亦幸學釋奠。皆見〈本紀〉：《隋書・辛公義傳》云：周天和中，選良家子任大學生，以勤苦著稱。武帝時召入露門學。每月集御前，令與大儒講論。時輩慕之。〈豆盧勣傳〉：勣在明帝時，為左武伯中大夫。自以經業未通，請解職遊露門學。帝嘉之。敕以本官就學。皆足見其重視學業也。世宗雅愛文士。立麟趾學。在朝有藝業者，不限貴賤，皆聽預焉。（見《周書・千翼傳》。）則後漢鴻都門學之類耳。

　　郡縣之學，留意者寡。以昔時興學，多有粉飾昇平之意，地方為物力所限，勢不能如中央之修舉也。南朝唯梁武帝嘗分遣博士、祭酒到州郡立學，（事在天監四年（西元 505 年），見《梁書・儒林傳》。）外此無聞焉。北朝則規制頗詳。然亦徒文具而已。《魏書・顯祖紀》：天安元年（466），九月，初立鄉學。郡置博士二人，助教二人，學生六十人。〈儒林傳〉云：

後詔大郡立博士二人，助教四人，學生一百人。次郡立博士二人，助教二人，學生八十人。中郡立博士一人，助教二人，學生六十人。下郡立博士一人，助教一人，學生四十人。其議蓋發自李訢，成於高允，皆見本傳。〈允傳〉言「郡國立學自此始」焉。此云鄉學，兼郡縣之學言之。州郡之學，對縣以下之學言，亦曰大學。〈李平傳〉言平在相州，修飾大學。〈高祐傳〉言祐為兗州刺史，鎮滑臺，以郡國雖有大學，縣黨宜有庠序，乃縣立講學，黨立教學，村立小學。〈崔挺傳〉：挺族子纂之從祖弟遊，轉熙平太守，大學舊在城內，游移置城南閒敞之處，親自說經。《北史‧酈道元傳》：道元試守魯陽，表立庠序。詔曰：「魯陽本以蠻人，不立大學，今可聽之，以成良守文翁之化」是也。（成人之教，對童稚之教言之，亦曰大學。〈景穆十二王傳〉：南安王楨之子英奏言「大學之館，久置於下國，四門之教，方構於京灑」是也。）「齊制，諸郡並立學，置博士、助教授經。學生俱差逼充員。士流及豪富之家，皆不從調。備員既非所好，墳籍固不關懷。又多被州郡官人驅使，縱有遊惰，亦不檢治。」（《北齊書‧儒林傳》。）可見規制徒詳，並無益於實際也。

　　《魏書‧景穆十二王傳》：南安王楨之子英，奏言：「謹案學令：諸州郡學生，三年一校。所通經數，因正使列之。然後遣使就郡練考。俊造之流，應問於魏闕，不革之輩，宜反於齊民。頃以皇都遷構，江、揚未一，鄉校之訓，弗遑正試。致使薰蕕之質，均誨學廷，蕭艾之體，等教文肆。今外宰京官，銓考向訖，求遣四門博士，明通五經者，道別校練，依令黜陟。」詔曰：「學業墮廢，為日已久，非一使能勸。比當別敕。」《北齊書‧杜弼傳》：弼幼聰敏。家貧無書，年十二，寄郡學受業。同郡甄琛，為定州長史，簡試諸生。見而策問。義解閒明，應答如響。大為甄所嘆異。是魏、齊學制，學生不徒當地，並當由中央遣使校練也。此等考試，蓋非徒校其學業，《北齊書‧儒林傳》言「諸郡俱得察孝廉，其博士、助教及遊學

之徒通經者，推擇充舉。射策十條，通八已上，聽九品出身。其尤異者，亦蒙抽擢」是也。魏世李□在相州，奏請立學。言「臣自到已來，訪諸文學，舊德已老，後生未進。歲首所貢，雖依制遣，對問之日，懼不克堪。欲仰依先典，於州郡治所，各立學官。使士望之流，冠冕之胄，就而受業。經藝通明者，貢之王府」。此即元英所云：俊造之流，應問於魏闕。則其制，又不始自北齊矣。（高允表論立學，言「學生當取郡中清望，先盡高門，次及中第」，亦以當時選舉，首重閥閱也。）然亦有徒為視化行禮之計者。如庾亮在荊州，繕造禮器俎豆之屬，欲行大射之禮。（《宋書・禮志》。）蔡興宗守會稽。三吳舊有鄉射禮，元嘉中羊玄保為吳郡行之，久不修，興宗復行之是也。《周書・孝義傳》：張元有孝行，縣博士等二百餘人，上其狀。有詔表其門閭，則學校中人，又兼有旌別淑慝之責矣。

　　《學令》所列，地方雖多不克舉，然閒遇賢吏，則亦有極留意於是者。《宋書・禮志》言：庾亮在武昌，開置學官。下教極言恢復之謨，有資教學。「令參佐大將子弟悉入學。吾家子弟，亦令受業。建儒林祭酒，使班同三署。厚其供給。皆妙選邦彥，必有其宜，以充此舉。近臨川、臨賀二郡，並求修復學校，可下聽之。」事以亮薨而廢，然其規模，則可謂弘遠矣。《晉書・范汪傳》：汪為東陽太守，在郡大興學校。子寧為餘杭令，在縣興學校，養生徒。補豫章太守，在郡又大設庠序。遣人往交州採磬，以供學用。改革舊制，不拘常憲。遠近至者千餘人。資給眾費，一出私祿。並取郡四姓子弟，皆充學生。課讀五經。又起學臺。功用彌廣。江州刺史王凝之言其奢濁，抵罪。孝武帝以寧所務唯學，事久不判。會赦免。古者食節事時，民咸安其居，樂事勸功，尊君親上，然後興學，蓋不先富則教無所施，況以興學而致勞擾？然但就興學論，則汪與寧，可謂世濟其美矣。唐彬監幽州軍，領護烏桓校尉，兼修學校，誨誘無倦。范粲遷武威太守，到郡則立學校。杜慧度在交州，崇修學校。此興學於邊疆之地者

也。魏初張恂為常山太守，開建學校，優顯儒士。薛謹為秦州刺史，兵荒之後，儒雅道息。謹命立庠序，教以詩書，三農之暇，悉令受業。躬巡邑里，親加考試。河、汾之地，儒道興焉。崔挺子孝暐孝莊初除趙郡太守。郡經葛榮離亂之後，民戶喪亡，六畜無遺，斗粟數縑。孝暐招撫遺散。一周之後，流民大至。興立學校，親加勸篤。此興學於兵荒之後者也。酈道元立學魯陽，以教蠻人。（見上。）賈彝孫儁為洛州，在重山中，民不知學。儁乃表置學官，選聰悟者以教之。此興學於僻陋之區者也。蕭寶夤刺徐州，起學館於清東。寇俊為梁州，令郡縣立庠序。則南北接界之地，亦多有學。《魏書‧酈範傳》：弟子惲，正光中，刺史裴延儁用為主簿，令其修起學校。（亦見〈延儁傳〉。）則僚佐之賢者，亦能佐長官以興學矣。

《宋書‧隱逸傳》：沈道虔，鄉里年少，相率受學。道虔常無食，無以立學徒。武康令孔欣之，厚相資給，受業者咸得有成。《梁書‧處士傳》：諸葛璩，性勤於誨誘，後生就學者日至。居宅狹陋，無以容之。太守張友，為起講舍。《魏書‧崔休傳》：為渤海。大儒張吾貴，有盛名於山東。西方學士，咸相宗慕。弟子自遠而至者，恆千餘人。生徒既眾，所在多不見容。休乃為設俎豆，招延禮接，使肄業而還。儒者稱為口實。此私家教學，地方官加以資助者也。

鄉黨之地，庠序蓋寡，亦間有相沿不替者。《陳書‧儒林傳》：顧越，吳郡鹽官人。所居新坡黃岡，世有鄉校，由是顧氏多儒學。《齊書‧高逸傳》：顧歡，鄉中有學舍，歡貧無以受業，於舍壁後倚聽，無遺忘者。歡亦鹽官人也。

《宋書‧周朗傳》：世祖即位，普責百官讜言。朗上書，言：「宜二十五家選一長，百家置一師。男子十三至十七，皆令受經，十八至二十，盡使修武。官長皆月至學所，以課其能。習經者五年有立，則言之司徒，用武者三年善藝，亦升之司馬。若七年而經不明，五年而勇不

達，則更求其言政置謀，跡其心術行履。復不足取者，雖公卿子孫，長歸
農畝，終身不得為吏。」此言教育普及最早者也。傳授往往偏於學術、技
藝，然人之可用與否，實尤在其德與才。世固有不能讀書，亦無膂力，而
踐履惇篤，足受命於危難之間，智計縱橫，可與謀於倉卒之際者。偏於學
藝，寧免棄才？今更求其言政置謀，跡其心術行履，立意可謂周至。且
不專於文而兼及於武，尤智德而外，不廢體育之義也。（自來言教育者，
多偏於文，南北朝之世，頗有兼重武者。《齊書‧崔祖思傳》：祖思啟陳
政事，謂宜於太廟之南，引修文序，司農以北，廣開武校。《魏書‧韋
閬傳》：閬族子或，為東豫州刺史。以蠻俗荒梗，不識禮儀，表立大學，
選諸郡生徒，於州總教。又於城北置崇武館以習武焉。皆其事也：亦兵
爭之亟使然歟？）朗又言「國學宜詳考古數，部定子史，令書不煩行，習
無靡力」，尤足救支離破碎之弊。必如此，乃可施諸人人，而非復經生之
業也。

　　《梁書‧儒林傳》言：「漢氏承秦燔書，大弘儒訓。大學生徒，動以萬
數。郡國橫舍，悉皆充滿。學於山澤者，至或就為列肆。其盛也如是。漢
末喪亂，其道遂衰。正始以後，仍尚玄虛，為儒者蓋寡。中原橫潰，衣冠
殄盡。江左草創，日不暇給。迄於宋、齊，國學時或開置，而勸課未博。
建之不及十年，蓋取文具，廢之多歷世祀，棄也忽諸。鄉里莫或開館。
公卿罕通經術。朝廷大儒，獨學而弗肯養眾。後生孤陋，擁經而無所講
習。」《陳書‧儒林傳》謂：「改採綴，亦梁之遺儒。」證以梁武帝敕何胤
之語，南朝儒學，較漢世為衰落，蓋非虛辭。而《魏書‧儒林傳》云：「世
宗時天下承平，學業大盛。燕、齊、趙、魏之間，橫經著錄，不可勝數。
大者千餘人，小者猶數百。」《北齊書‧儒林傳》云：「橫經受業之侶，遍
於鄉邑。負笈從宦之徒，不遠千里。入閭里之內，乞食為資。憩桑梓之
陰，動逾千數。」《周書‧儒林傳》云：「開黌舍延學徒者比肩，辭親戚甘

勤苦者成市。」豈北人之好學，能遠逾於南人哉？其非實錄，蓋可知矣。
合各種記載通觀之，大抵南北學業，皆以平安時為盛，而北方最盛仍在山
東，則近於實也。（《隋書・儒林傳》，謂其時京邑達於四方，皆有黌校，
齊、魯、趙、魏，學者尤多，猶北朝時之情形也。）斯時大儒，從學者之
數，見於〈儒林傳〉者，大者千餘，小者數百，最多者或至萬人。散見他
處者，亦大致如是，（如《晉書・唐彬傳》：謂其晚乃敦悅經史，尤明《易
經》。隨師受業，還家教授，恆數百人。〈隱逸傳〉：霍原，山居積年，門
徒百數。宋纖，弟子受業三千餘人。郭瑀，弟子著錄千餘人。《齊書・劉
傳》：聚徒教授、常有數十人。〈高逸傳〉：顧歡，於剡天臺山開館聚徒，
受業者常近百人。沈驎士，隱居餘干吳差山，講經教授，從學者數十百
人。徐伯珍，受業生凡千餘人。《梁書・臧盾傳》：幼從徵士琅邪諸葛璩受
五經，璩學徒常有數十百人，盾處其間，無所狎比。《南史・賀瑒傳》：瑒
於鄉里聚徒教授，四方受業者三千餘人。《魏書・高允傳》：還家教授，受
業者千餘人。〈劉昺傳〉：就博士郭瑀學。瑀弟子五百餘人，通經業者八十
餘人。昺受業者五百餘人。〈馮元興傳〉：教授常數百人。）唯此特就其盛
者言之，統觀其全，設教者及從學者，皆當不逮漢世之多也。

　　為學之序，初入學者，皆讀《孝經》、《論語》。若求深造，則更讀他
經，亦有誦習文辭者。（《顏氏家訓・勉學篇》云：「士大夫子弟，數歲已
上，莫不被教。多者或至《禮》、〈傳〉，少者不失《詩》、《論》。」又云：
「自荒亂已來，諸見俘虜，雖百世小人，知讀《論語》、《孝經》者，尚為人
師。」又云：「吾七歲時誦〈靈光殿賦〉，至於今日，十年一理，猶不遺忘。
二十之外，所誦經書，一月廢置，便至荒蕪矣。」《魏書・外戚傳》：馮熙，
生於長安，為姚氏魏母所養。以叔父樂陵公邈因戰入蠕蠕，魏母攜熙逃
避，至氐羌中撫育。年十二，好弓馬，有勇幹，氐羌皆歸附之。魏母見其
如此，將還長安。始就博士學問。從師受《孝經》、《論語》。《周書・文閔

明武宣諸子傳》：宋獻公整，年十歲，誦《孝經》、《論語》、《毛詩》，後與世宗俱受《禮記》、《尚書》於盧誕。《隋書·蔡王智積傳》：父景王整，高祖龍潛時與不睦。大妃尉氏，又與獨孤皇后不相諧。以是智積常懷危懼。有五男，止教讀《孝經》、《論語》而已。亦不令交通賓客。或問其故。智積答曰：「卿非知我者。」其意恐兒子有才能以致禍也。《韋師傳》：初就學，始讀《孝經》，舍書而嘆曰：「名教之極，其在茲乎？」〈文學傳〉：王，少好游俠。年二十，尚不知書。為兄顯所責怒。於是感激，始讀《孝經》、《論語》。皆時人為學，始於《孝經》、《論語》，次及《詩》、《禮》之徵也。讀《易》者多為玄言之資，治《尚書》、《春秋》者，則較少矣。）初學之師，僅求其能管束生徒，使就軌範。（《北齊書·高昂傳》：其父為求嚴師，令加捶撻。《周書·晉蕩公護傳》：其母與之書，言其小時與元寶、菩提及姑兒賀蘭盛洛四人同學。博士姓成，為人嚴惡，四人謀欲加害。可想見當時為童子師者之風氣也。）求深造者，自宜學有淵源。又弟子或欲依附其師，或又欲與同學者相交結。（《梁書》言臧盾處同學間無所狎比；《隋書·高祖紀》云：初入大學，雖至親暱不敢狎，則當時同學相狎比者多矣。〈崔仲方傳〉：年十五，周太祖令與諸子同就學，高祖亦在其中，由是與高祖少相款密。元諧、王誼雖不終，初亦以同學相親密，誼賜死時，詔猶以是為言也。《魏書·張普惠傳》云：普惠敦於故舊，冀州人侯堅固，少時與其遊學，早終。其子長瑜，普惠每於四時請祿，無不減贍，給其衣食。及為豫州，啟長瑜解褐，攜其合門拯給之。少同硯席，情自易親，仕途攀援，何所不至？其欲相交結，固無足怪。不獨同學，即師弟子間，亦何嘗不如是。達官如唐彬，充隱如霍原，皆以教授為務，豈真欲守先待後哉？從之遊者，又皆為傳道授業計乎？《晉書·儒林傳》言：青土隱逸之士劉兆、徐苗等，皆務教授，唯汜毓不蓄門人，清靜自守。然則廣蓄門人者，多非清靜之士矣。）則必取有名之士，求諸通都大邑之中，有不遠千里者。

（爭名者必於朝，爭利者必於市，讀《秦漢史》第十九章第一節所述邴原之事，已可見之矣。勢利之途，古今一轍。索靖與鄉人汜衷、張軏。索、索永，俱詣大學，馳名海內，號稱敦煌五龍。索亦少遊京師，受業大學。即所謂爭名者必於朝。魏世宋繇，亦敦煌人，隨其妹夫至酒泉，追師就學，亦欲多歷都邑，易於有聞也。高允負笈擔書，千里就業。竇瑗年十七，便荷帙從師，遊學十載。魏質年十四，啟母求就徐遵明受業，母以其年幼，不許。質遂密將一奴，遠赴徐學。見《北史・魏收傳》。楊尚希齠亂而孤，年十一，辭母受業長安，見《隋書》本傳。此等豈盡為學問計哉？）此等太師，罕親講授。（《晉書・隱逸傳》：楊軻，養徒數百。雖受業門徒，非入室弟子，莫得親言。欲論授，須旁無雜人，授入室弟子，令遞相宣授。受業門徒如此，徒著錄者可知。《魏書・李孝伯傳》：兄孫鬱，稍遷國子博士。自國學之建，諸博士率不講說，朝夕教授，唯鬱而已。）弟子亦多務虛名，鮮能辨其師之優劣，而嘩世取寵之士，遂得以自欺欺人焉。《魏書・儒林傳》：張吾貴，年十八，本郡舉為大學博士。吾貴先未多學。乃從酈詮受《禮》，牛天祐受《易》。詮、祐粗為開發。吾貴覽讀一遍，便即別構戶牖。世人競歸之。曾在夏學，聚徒千數，而不講〈傳〉。生徒竊云：「張生之於《左氏》，似不能說。」吾貴聞之，謂其徒曰：「我今夏講暫罷，後當說〈傳〉。君等來日，皆當持本。」生徒怪之而已。吾貴謂劉蘭云：「君曾讀《左氏》，為我一說。」蘭遂為講。三旬之中，吾貴兼讀杜、服。隱括兩家，異同悉舉。諸生後集，便為講之。義例無窮，皆多新異。蘭乃伏聽。學者以此益奇之。而以辯能飾非，好為詭說，由是業不久傳。此等人可以為人師乎？然以詭辭動眾，亦能取寵一時，而鏗鏗說經者，或反為人所譏評焉。（《周書・儒林傳》：樊深，經學通贍。每解書，嘗多引漢、魏以來諸家義而說之。故後生聽其言者，不能曉悟。皆背而譏之曰：「樊生講書多門戶；不可解。」然儒者推其博物。）學問之道，尚有是非可言乎？

當時傳經，最重講說。講說之間，唯音辭風采是尚，（〈樊深傳〉又云：學雖博贍，訥於辭辯，故不為當時所稱。《梁書·儒林傳》：盧廣，兼國子博士，遍講五經。時北來人儒學者，有崔靈恩、孫詳、蔣顯，並聚徒講說，而音辭鄙拙。唯廣言論清雅，不類北人。又陸倕、徐勉書薦沈峻曰：「《周官》不傳，多歷年世。北人孫詳、蔣顯，亦經聽習，而音革楚夏，故學徒不至。」《北齊書·儒林傳》：權會，性甚儒懦，似不能言。及臨機答難，酬報如響。動必稽古，辭不虛發。由是為儒者所推。貴遊子弟，或就其宅，或寄宿鄰家，晝夜承問，受其學業。《隋書·儒林傳》：元善，通博在何妥之下。然以風流蘊藉，俯仰可觀。音韻清朗，聽者忘倦。由是為後進所歸。）或取辦於口給以御人，能平心研討者蓋寡。（《周書·儒林傳》：熊安生。天和三年（西元 568 年），齊請通好，兵部尹公正使焉。與齊人語及《周禮》，齊人不能對。乃令安生至賓館，與公正言。公正有口辯。安生語所未至者，便撮機要而驟問之。安生曰：「禮義弘深，自有條貫。必欲升堂觀奧，寧可汩其先後？但能留意，當為次第陳之。」公正於是具問所疑。安生皆為一一演說，咸究其根本。公正深所嗟服。以口給御人始，而以請益從善終，可謂為學之楷範，然如此者不多覯也。）乃有軒眉攘腕，致失儒者之風。（《陳書·儒林張譏傳》：天嘉中，遷國子助教。是時周弘正在國學發《周易》題。弘正第四弟弘直亦在講席。譏與弘正論議，弘正乃屈。弘直危坐厲聲，助其申理，譏乃正色謂弘直曰：「今日義集，辯正名理，雖兄弟急難，四公不得有助。」弘直曰：「僕助君師，何為不可？」舉坐以為笑樂。弘正嘗謂人曰：「吾每登坐，見張譏在席，使人懍然。」《魏書·儒林傳》：李業興，至於論難之際，高聲攘振，無儒者之風。《北史·儒林傳》曰：文襄集朝士，命盧景裕講《易》。業興子崇祖，時年十一，論難往復，景裕憚之。業興助成其子，至於忿閧。文襄色甚不平。此等論難，真令人齒冷矣。《隋書·辛彥之傳》：吳興沉重，名為碩學。高

祖嘗令彥之與重論難。重不能抗。於是避席而謝曰：「辛君所謂金城湯池，無可攻之勢。」高祖大悅。重豈不能抗彥之，無亦窺高祖意旨，不欲盡言邪？此等論難，又足辨正名理乎？）甚至植黨相爭，（《魏書‧儒林傳》：李業興，師事徐遵明於趙、魏之間。時有鮮於靈馥，亦聚徒教授。遵明聲譽未高，著錄尚寡。業興乃詣靈馥鬢舍，類受業者。靈馥謂曰：「李生久逐羌博士，何所得也？」業興默爾不言。及靈馥說《左傳》。業興問其大義數條，靈馥不能對。於是振衣而起曰：「羌弟子正如此耳。」遂便徑還。自此靈馥生徒，傾學以就遵明，遵明學徒大盛，業興為之也，何必徒取諸彼以與此邪？）枉道相傾，（《隋書‧儒林傳》：元善為後進所歸，何妥每懷不平，心欲屈善。因善講《春秋》初發題，諸儒畢集。善私謂妥曰：「名望已定，幸無相苦。」妥然之。及就講肆，妥遂引古今滯義以難善，多不能對。善深銜之。二人由是有隙。）終至相戕相賊者。（《魏書‧儒林傳》：陳奇與遊雅以議論不合。時敕以奇付雅，令銓補祕書。奇既惡之，遂不復敘用。高允微勸雅。雅謂允有私於奇。乃取奇所注《論語》、《孝經》，焚於坑內。告京師後生，不聽傳授。後竟陷奇於族。已見第二十二章第七節。）無怪真能為學者，欲自師其心也。（《魏書‧儒林傳》：徐遵明，年十七，隨鄉人毛靈和等詣山東求學。至上黨，乃師屯留王聰，受《毛詩》、《尚書》、《禮記》。一年，便辭聰詣燕、趙，師事張吾貴。吾貴門徒甚盛。遵明服膺數日，乃私謂其友人曰：「張生名高，而義無檢格，凡所講說，不愜吾心。請更從師。」遂與平原田猛略就范陽孫買德受業。一年，復欲去之。猛略謂曰：「君年少從師，每不終業，如此用意，終恐無成。」遵明曰：「吾今始知真師所在。」猛略曰：「何在？」遵明乃指心曰：「正在於此。」《北齊書‧儒林傳》：孫靈暉。魏大儒祕書監惠蔚，靈暉之族曾王父也。惠蔚一子早卒，其家書籍多在焉。靈暉唯尋討惠蔚手錄章疏，不求師友。可見當時經生之業，原可自求也，）學問既可自求，從師復有何義？而乃贏

糧負笈，千里追尋，謂非馳騖聲氣得乎？

　　當時就學之徒，實以貴遊為眾。不獨國子、大學，即私家之門，亦復如是。（如《周書・盧辯傳》言：魏太子及諸王等，皆行束脩之禮，受業於辯。）而教學之風，亦即為此輩所壞。《北齊書・儒林傳》言：「世胄之門，罕聞強學。胄子以通經仕者，唯博陵崔子發、廣平宋遊卿而已。」《周書・薛端傳》亦言：「大學多是貴遊，好學者少。」《陳書・新安王伯固傳》，言其為政嚴苛。為國子祭酒，有惰遊不習者，重加櫬楚。生徒懼焉，學業頗進。國學而至煩櫬楚，其風紀可知矣。《梁書・百官志》言：舊國子學生，限以貴賤。梁武帝欲招來後進，五館生皆引寒門俊才，不限人數。今觀學生，或由薦召，便知寒畯與此之難。（如張纘以尚主召補國子生。賀瑒為國子生，乃由劉之薦。魏高宗引見侍郎、博士之子，簡其俊秀者，欲以為中書學生。張安世年十一，陳說祖父，甚有次第。即以為學生。索敞為中書博士，京師大族貴遊之子，多所成益。前後顯達，位至尚書、牧守者數十人。）惰遊習為固然。（《晉書・呂纂載記》：苻堅時入大學，不好讀書，唯以交結聲樂為務。此乃當時風氣，正不獨纂為然也。）諂諛不知可恥。（《南史・王曇首傳》：玄孫訓。初補國子生，問說師袁昂。昂曰：「久藉高名，有勞虛想。及觀容止，若披雲霧。」俄而諸袁子弟來。昂謂諸助教曰：「我兒出十數。若有一子如此，實無所恨。」諂諛之態，令人作嘔。）雖有考試，悉成具文。（《陳書・袁憲傳》：武帝撰《孔子正言章句》，詔下國學宣制旨義。憲時年十四，被召為國子正言生。謁祭酒到溉。溉目而送之，愛其神采。在學一歲，國子博士周弘正謂憲父君正曰：「賢子今茲欲策試不？」君正曰：「經義猶淺，未敢令試。」居數日，君正遣門下客岑文豪與憲候弘正。會弘正將登講坐，弟子畢集。乃延憲入室，授以麈尾。令憲樹義。時謝岐、何妥在坐，弘正謂曰：「二賢雖窮奧賾，得無憚此後生邪？」何、謝於是遞起義端，深極理致。憲與往復，酬對閒敏。弘正謂妥

曰：「恣卿所問，勿以童稚相期。」時學眾滿堂，觀者重沓，而憲神色自若，辯論有餘。弘正請起數難。終不能屈。因告文豪曰：「卿還諮袁吳郡此郎已堪見代為博士矣。」時生徒對策，多行賄賂。文豪請具束脩。君正曰：「我豈能用錢為兒買第邪？」學司銜之。及憲試，爭起劇難。憲隨問抗答，剖析如流。到溉顧憲曰：「袁君正其有後矣。」及君正將之吳郡，溉祖道於徵虜亭。謂君正曰：「昨策生，蕭敏孫、徐孝克非不解義，至於風神器局，去賢子遠矣。」尋舉高第。此等考試，豈徒有名無實邪？又〈文學傳〉：岑之敬，年十六，策《春秋左氏·制旨孝經義》，擢為高第。御史奏曰：「皇朝多士，例止明經。若顏、閔之流，乃應高第。」梁武帝省其策，曰：「何妨我復有顏、閔邪？」因召入面試。令之敬升講坐。敕中書舍人朱異執《孝經》唱《士孝章》、武帝親自論難。之敬剖釋縱橫，應對如響。左右莫不嗟服。乃除童子奉車郎，賞賜優厚。亦一時興到壞法之舉也。）不務大成，唯求早達。（齊世國學，限年十五，已見前。《宋書·范泰傳》：高祖議建國學，以泰領國子祭酒。泰上表，言：「十五志學，誠有其文，若年降無幾，而深有志尚者，何必限以一格？」是宋世學制，亦以十五為入學之年也。然史傳所載，入學之年，多視此為早。如梁王份之孫錫，十二為國學生；許懋十四入大學；王承七歲通《周易》，選補國子生，年十五對策高第；陳蕭乾，年九歲，召補國子《周易》生，十五舉明經；周弘正年十五，召補國子生，皆是。徐勉年十八，召為國子生，猶其晚者矣。學於私家者亦然，如魏范紹年十二，父命就學，師事崔光是也。又不徒弟子也，即博士亦然。高允議置郡國學官，請博士年限四十已上，助教限三十已上，《南史·賀琛傳》云：「年將三十，便事講授。」意亦以為已早。然有十八而舉為博士之張吾貴矣。）論興學者，多欲以此息華競，而所為若此，不將轉揚其波乎？諸生中自有孤貧好學者。（《晉書·隱逸傳》：祈嘉，酒泉人也，西至敦煌，依學官誦書。貧無衣食，為書生都養

以自給。《梁書·儒林傳》：范縝在劉門下積年，去來歸家，恆芒布衣，徒行於路，門多車馬貴遊，縝在其門，聊無恥愧。《陳書·儒林傳》：駕德基，少遊學於京邑，積年不歸。衣資罄乏，又恥服故敝，盛冬止衣襦袴。《魏書·刁沖傳》：雖家世貴達，及從師於外，自同諸生。於時學制，諸生悉自直監廚，沖雖有僕隸，不令代己，身自炊爨。《周書·柳虯傳》：年十三，便專精好學。時貴遊子弟就學者，並車服華盛，唯虯不事容飾。皆可見當時學者，貧富不同，奢儉亦異。）此輩除愛好墳籍，出自天性外，自不免有志於寵榮。次亦欲求免苦。（參看第二十二章第四節所引葛洪論貢舉之語。《魏書·儒林傳》：董徵，除安州刺史。因述職路次過家，置酒高會，大享邑老。乃言曰：「要龜反國，昔人稱榮，杖節還家，雲胡不樂？」因戒二三子弟曰：「此之富貴，匪自天降，乃勤學所致耳。」時人榮之。此與《秦漢史》第十九章第一節所引桓榮之事，可以參觀。皆為學積年，而未能化其梯榮之志者也。趙至感母言，詣師受業，已見第二十二章第六節。至聞父耕叱牛聲，投書而泣。師怪問之。至曰：「我小，未能榮養，使老父不免勤苦。」師甚異之。年十四，詣洛陽遊大學。遇嵇康於學寫石經，徘迴視之不能去。而請問姓名。康曰：「年少何以問邪？」曰：「觀君風器非常，所以問耳。」康異而告之。後乃亡到山陽求康，不得而還。又將遠學。母禁之。至遂陽狂走。三五里，輒追得之。年十六，遊鄴，復與康相遇，隨康還山陽。改名浚，字允元。及康卒，至詣魏興，見太守張嗣宗，甚被優遇。嗣宗遷江夏相，隨到溳川，欲因入吳。而嗣宗卒。乃向遼西而占戶焉。遼西舉郡計吏，到洛陽，與父相遇。時母已亡，父欲令其宦立，弗之告，仍戒以不歸。至乃還遼西。幽州三辟部從事。斷九獄，見稱精審。太康中，以良吏赴洛，方知母亡。初至自恥士伍，欲以宦學立名，期於榮養。既而其志不就，號憤慟哭，歐血而卒。時年三十七。樹欲靜而風不寧，有志不遂，卒殞其身，亦可哀矣。然亦可見求名者必違鄉

里，學校與貢舉，如一轍也。）而朝廷所以遇之者極薄。（《宋書‧臧燾徐廣傅隆傳論》曰：「漢世登士，閭黨為先，崇本務學，不尚浮詭。於是人屬從師之志，家競專門之術。自魏氏膺命，主愛雕蟲，家棄章句，人重異術。又選賢進士，不本鄉閭，銓衡之寄，任歸臺閣。由是仕憑藉譽，學非為己。士自此委笥植經，各從所務，早往晏退，以取世資。自黃初至於晉末，百餘年中，儒教盡矣。」《魏書‧儒林傳》言：「州舉茂異，郡貢孝廉，對揚王庭，每年逾眾。」然廢帝時羊深請修國學，謂「進必吏能，升非學藝。是使刀筆小用，計日而期榮，專經大才，甘心於陋巷。」又云：「當世通儒，冠時盛德，見徵不過四門，登庸不越九品。」可見南北兩朝，其待儒生皆薄。庾亮在武昌，下教曰：「人情重交而輕財，好逸而惡勞。學業致苦，而祿答未厚。由捷徑者多，故莫肯用心。」可見自他途進者，較學校為多也。）來者所期，仍不過免役而已。（庾亮興學，可謂情殷，然下教亦云：「若非束脩之流，禮教所不及，而欲階緣免役者，不得為生。」殷茂謂國學混雜蘭艾，亦云憚業避役。）博士之選亦日輕，務進取者皆不樂為。（《晉書‧儒林傳》：孝武帝以徐邈為前衛率，領本郡大中正，授太子經。帝謂邈曰：「雖未敕以師禮相待，然不以博士相遇也。」古之帝王，受經必敬，自魏、晉已來，多使微人教授，號為博士，不復尊以為師，故帝有云。《梁書‧張充傳》：徵拜國子祭酒。登堂講說。皇太子以下皆至。時王侯多在學，執經以拜。充朝服而立，不敢當也。《周書‧儒林傳》：梁武帝欲高置學官，以崇儒教，中大通四年（530），乃革選，以沈重補國子助教。《魏書‧穆崇傳》：玄孫弼，高祖初定氏族，欲以為國子助教。弼辭曰：「先臣以來，蒙恩累世。比較徒流，實用慚屈。」高祖曰：「朕欲敦厲冑子，故屈卿先之。白玉投泥，豈能相汙？」弼曰：「既遇明時，恥沉泥滓。」《周書‧呂思禮傳》：司馬子如薦為尚書二千戶郎中，尋以地寒被出，而得兼國子博士。可見其禮與選之輕。《宋書‧謝方明傳》言：其伯父邈

為吳興太守，舅子馮嗣之及北方學士馮翊仇玄達往投。邀並舍之郡學，禮待甚簡。二人並忿恨，遂與孫恩通謀，亦可見當時遇儒者之薄也。）以視漢世，博士、博士弟子，皆為通顯之階者，迥不侔矣。宜乎論者皆有不承權輿之嘆也。

《晉書・苻堅載記》：堅八歲，請師就家學。《北齊書・儒林傳》：魏天平中，范陽盧景裕，同從兄禮（即仲禮。）於本郡起逆。高祖免其罪，置之賓館，以經教授大原公已下。及景裕卒，又以趙郡李同軌繼之。二賢並大蒙恩遇，待以殊禮。同軌之亡，復徵中山張雕，（即張雕虎。）渤海李鉉、刁柔，中山石曜等，遞為諸子師友。及天保、太寧、武平之朝，亦引進名儒，授皇太子、諸王經術。（〈神武紀〉：始范陽盧景裕以明經稱，魯郡韓毅以工書顯，咸以謀逆見禽，並蒙恩置之第館，教授諸子。〈李鉉傳〉：武定中，李同軌卒後，高祖令世宗在京，抄簡碩學，以教諸子。世宗以鉉應旨。徵詣晉陽。時中山石曜、北平陽絢、北海王晞、清河崔瞻、廣平宋欽道，及工書人韓毅，同在京館，師友諸王。）又云：鮑季祥從弟長暄，武平末，為任城王湝丞相掾。恆在京教授貴遊子弟。〈楊愔傳〉云：一門四世同居，家甚隆盛。昆季就學者十餘人。學庭前有奈樹，實落地，群兒咸爭之，愔頹然獨坐。其季父暐，適入學館，見之，大用嗟異。《周書・儒林傳》：樊深，于謹引為其府參軍，令在館教授子孫。樂遜，太尉李弼請其教授諸子。魏廢帝二年（553），太祖召遜教授諸子。在館六年，與諸儒分經授業。〈賀蘭祥傳〉：父初真，尚太祖姊建安長公主。祥年十一而孤，長於舅氏。特為太祖所愛。雖在戎旅，常博延儒士，教以書傳。《北史・儒林傳》：劉晝，恨下里少墳籍，便杖策入都。知鄭令宋世良家有書五千卷，乃求為其子博士，恣意披覽，晝夜不息。〈景穆十二王傳〉：陽平王新成之子欽，託青州人高僧壽為子求師。師至未幾，逃去。欽以讓僧壽。僧壽性滑稽，反謂欽曰：「凡人絕粒，七日乃死。始經五朝，便尒

逃遁。去食就信，實有所闕。」欽乃大慚。於是待客稍厚。欽子子孝，置學館於私第，集群從子弟，晝夜講讀。並給衣食，與諸子同。此皆富貴之家，延師於家，以教其子弟者也。貴遊入學，誠未必能學問，然如此，則益與平民隔絕矣。（當時貴人，並有使儒生教其奴隸者，《魏書·溫子昇傳》：為廣陽王淵賤客，在馬坊教諸奴子書是也。儒業亦可謂輕賤矣。）

第二節　文字

　　文字變遷，秦、漢為劇，過此則漸趨安定矣。（說見《秦漢史》第十九章第二節。）安定之世，貴統一而賤紛岐，故晉、南北朝，稍從事於釐正字型。

　　當時訛繆之字，亦有仍行於今者，如《顏氏家訓·書證篇》所云「亂旁為舌」是也。然其時之錯亂，恐遠甚於今日。〈雜藝篇〉云：「晉、宋已來，多能書者。故其時俗，遞相染尚，所有部帙，楷正可觀，不無俗字，非為大損。至梁天監之間，斯風未變。大同之末，訛替滋生。蕭子雲改易字型，邵陵王頗行偽字，前上為草，能旁作才之類是也。朝野翕然，以為楷式。畫虎不成，多所傷敗。至為一字，唯見數點。或妄斟酌，遂便轉移。尒後墳籍，略不可看。北朝喪亂之餘，書跡鄙陋，加以專輒造字，猥拙甚於江南。乃以百念為憂，言反為變，不用為罷，追來為歸，更生為蘇，先人為老。如此非一，遍滿經傳。」如所言，書幾不可讀矣。《梁書·曹景宗傳》云：為人自恃尚勝。每作書，字有不解，不以問人，皆以意造。觀顏氏之說，乃知當時自有此風，正不獨武人寡學者然也。

　　紛岐至此，自不能不加釐正，乃有名為釐正，而實揚其波者。《魏書·世祖紀》：始光二年（425），初造新字千餘。詔曰：「昔在帝軒，創制造物，乃命倉頡，因鳥獸之跡，以立文字。自茲以降，隨時改作。故篆、

隸、草、楷，並行於世。然經歷久遠，傳習多失其真。故令文體錯繆，會義不愜。非所以示軌則於來世也。孔子曰：名不正則事不成，此之謂矣。今制定文字，世所用者，頒下遠近，永為楷式。」觀其言，意亦在於釐正字型。然千餘文中，當時俗字，為所沿用者必多。更益之以新造，新者既興，舊者仍不能廢，是治絲而棼之也。況文字本不由官府制定頒布，故其所造，卒不能行。

　　欲救文字之亂，必當釐正字書，當時官家，亦有為之者。《梁書・蕭子顯傳》：子愷。先是大學博士顧野王奉令撰〈玉篇〉。太宗嫌其詳略未當。以愷博學，於文字尤善，使更與學士刪改。《魏書・太祖紀》：天興四年（402），集博士儒生，比眾經文字，義類相從，凡四萬餘字，號曰《眾文經》。《周書・藝術傳》：太祖命趙文深與黎季明、沈遐等依《說文》及《字林》，刊正六體。成一萬餘言，行於世。皆其事也。〈劉仁之傳〉，言其性好文字，吏書失體，便加鞭撻。《北史・樂遜傳》：遜輿櫬詣朝堂，陳周宣帝八失。其七曰：詔上書字誤者，即科其罪。蓋亦苦其紛亂，故以嚴法繩之也。

　　當時人士，於小學多疏，觀其識古文字之少，便可知之。《齊書・五行志》：建元二年（西元 480 年），夏，盧陵石陽縣長溪水衝激山麓崩，長六七丈，下得柱千餘，（疑當作十餘。）皆十圍，長者一丈，短者八九尺。頭題有古文字，不可識。江淹以問王儉。儉云：「江東不閑隸書，此秦、漢時柱也。」秦、漢時字，尚謂難識，況其上焉者乎？然此等事正多。《梁書・劉顯傳》：任昉嘗得一篇缺簡書，文字零落，歷示諸人，莫能識者。顯云：「是《古文尚書》所刪逸篇。」昉檢《周書》，果如其說。《南史・范雲傳》：齊建元初，竟陵王子良為會稽太守，雲為府主簿。王未之知。後刻日登秦望山，乃命雲。雲以山上有秦始皇刻石，此文三句一讀，人多作兩句讀之，並不得均；又皆大篆，人多不識；乃夜取《史記》讀之，令

上口。明日登山。子良令賓僚讀之，皆茫然不識。末問雲。雲曰：「下官嘗讀《史記》，見此刻石文。」進乃讀之如流。子良大悅，因以為上賓。又〈江淹傳〉：永明三年（西元 485 年），兼尚書左丞。時襄陽人開古塚，得玉鏡及竹簡古書，字不可識。王僧虔善識字型，亦不能諳，直云似科斗書。淹以科斗字推之，則周宣王之簡也。〈僧虔傳〉則云：文惠太子鎮雍州，有盜發古塚者，（此事《齊書》見〈文惠太子傳〉，云時襄陽有盜發古塚者，時雍州治襄陽也。）相傳云是楚王塚。大獲寶物。玉履、（《齊書》作屐。）玉屏風、竹簡書青絲綸。（《齊書》作編。）簡廣數分，長二尺，皮節如新。有得十餘簡，以示僧虔。（《齊書》云：盜以把火自照。後人有得十餘簡，以示撫軍王僧虔。）僧虔云：「是科斗書《考工記》，《周官》所闕文也。」（《齊書》下又云：是時州遣按驗，頗得遺物，故有同異之論。）二說互異，即可知當時莫能真識者。《北史·高允傳》：文成末，有人於靈丘得玉印一以獻，詔以示高祐。祐曰：「印上有籀書二字，文曰宋壽。」此等亦不過秦、漢間字耳。《陳書·文學傳》：庾持善字書。每屬辭，好為奇字，文士以此譏之。未必非所謂文士者，見橐駝言馬瘇背也。

通知古字者，有兩種人：一為文學之士留心古訓者，一則書法之家也。顏之推非重書藝之人，（《家訓·雜藝篇》言：「真、草書跡，微鬚留意。吾幼承門業，加性愛重，所見法書，亦多玩習，功夫頗至，遂不能佳，良由無分故也。此藝不須過精，巧者勞而智者憂，常為人所役使，更覺為累。」）然於字型、訓詁、音讀，皆頗審諦。蓋由載籍極博，且能留意於是。《魏書·江式傳》：延昌三年（514）上表，求撰集古來文字。其書以許慎《說文》為主，兼採孔氏《尚書》、《五經》音注、《籀篇》、《爾雅》、《三倉》、《凡將》、《方言》、《通俗文祖》、《文宗》、《埤蒼》、《廣雅》、《古今字詁》、《三字石經》、《字林》、《韻集》，諸賦文字有六書之誼者。皆以次類編聯，文無復重，糾為一部。其古、籀、奇惑、俗隸，咸使班於篆

下，各有區別。詁訓假借，隨文而解。音讀楚夏，逐字而注。其體例蓋頗完備。其所由來，則其六世祖瓌，與從父兄應元，俱受學於衛覬。其後避地河西，數世傳習。其祖威，嘗上書三十餘法。式篆體尤工，洛京宮殿諸門版題，皆其所書。實世傳書藝者耳。《北史·儒林傳》：樊深，讀《倉》、《雅》篆籀之書。〈文苑傳〉：諸葛穎習《倉》、《雅》頗得其要。此文學之士留心小學者。又〈劉芳傳〉：芳從子懋，善草隸書，識奇字，則兼文學書藝兩途矣。此等人之著述，略見《隋書·經籍志》。然亦有撰而未成者，如江式之《古今文字》即是。式又表作《字釋》，亦未就也。又有成而《隋志》未著錄者，如《梁書·孝行傳》載劉霽著《釋俗語》八卷。《北齊書·儒林傳》謂趙鉉覽《說文》及《倉》、《雅》，刪正六藝經注中謬字，名曰《字辨》是也。字書亦有誤繆者。顏之推云：「江南閭里間有《書賦》，乃陶隱居弟子杜道士所為。其人未甚識字，輕為軌則，託名貴師。世俗傳信，後生頗為所誤。」（亦見《家訓·雜藝篇》。）江式亦云：「篆形繆錯，隸體失真。俗學鄙習，復加虛巧。談辯之士，又以意說。炫惑於時，難以釐改。」此其弊，皆在未究本原。故顏之推病「世之學徒，多不曉字。讀《五經》者，是徐邈而非許慎，習賦誦者，信褚詮而忽呂忱，明《史記》者，專皮、鄒而廢篆籀，學《漢書》者，悅應、蘇而略《蒼》、《雅》」也。（《家訓·勉學篇》。）字書以《說文》為最早。所說雖不盡信，要易推見本原。故顏氏篤信是書，謂：「不信其說，則冥冥不知一點一畫有何意。」（〈書證篇〉。）江式作古今文字，亦以是書為主也。

　　尋常傳習，仍系前世編成韻語之書。其中以《急就篇》為最通行。故見於史傳者，人多童而習之。如《魏書·儒林傳》：劉蘭，年三十餘，始入小學，書《急就篇》。李鉉，九歲入學，書《急就篇》。《北史·李靈傳》：李繪，六歲便求入學，家人以偶年俗忌不許，遂竊其姊筆牘用之，未逾晦朔，遂通《急就章》是也。然其書不必皆史游所撰。故《隋書·經籍志》，

史游《急就章》一卷外，又有崔浩撰《急就章》二卷，豆盧氏撰《急就章》三卷焉。當時識字、學書，所用者尚系一本。《北史‧景穆十二王傳》：任城王雲之孫順，年九歲，師事樂安陳豐。初與王羲之《小學篇》數千言，晝夜誦之，旬有五日，一皆通徹。《小學篇》必取羲之之書，蓋正以用為楷則。崔浩多為人寫《急就章》，（見第八章第六節。）蓋亦以此。浩亦以是有重撰之本也。《北齊書‧楊愔傳》言其六歲學史書，蓋亦識字與學書並行矣。

　　音讀之殊，古稱楚、夏。此本一種言語，隨風土而稍訛。晉、南北朝之世，開拓之地愈廣，雜處之族益多，故其錯亂，有更甚於昔者。然以大較言之，則亦不過南北之異耳。《宋書‧顧琛傳》：謂宋世江東貴達者，會稽孔季恭，季恭子靈符，吳興丘淵之及琛，吳音不變。《齊書‧王敬則傳》：謂其名位雖達，不以富貴自遇。接士庶皆吳語，而殷勤周至。此長江下游之語也。《南史‧胡諧之傳》言：齊武帝欲獎以貴族盛姻，以諧之家人語傒，音不正，乃遣宮內四五人往諧之家教子女語。二年後，帝問曰：「卿家人語音已正未？」諧之答曰：「宮人少，臣家人多。非唯不能正音，遂使宮人，頓成傒語。」帝大笑，遍向朝臣說之。此長江中游之語也。（諧之豫章南昌人。）觀此，知當時貴人，皆以北語為尚。《顏氏家訓‧音辭篇》謂當時語言，「南染吳、越，北雜夷、虜」，此則相處既習，自然之勢，非有意為之也。言語雖以一統為貴，人恆不免戀舊之情，故顏氏又謂其「各有土風，遞相非笑」。觀於史傳：《宋書‧宗室傳》，譏長沙景王道憐，素無才能，言音甚楚。《魏書‧田益宗傳》，美董巒雖長自江外，言語風氣，猶同華夏，此習於北者之笑南。《陳書‧周鐵虎傳》，謂其梁世南渡，語音傖重。而崔靈恩等，亦以音辭鄙拙，不見重於南人。（見第一節。）此習於南者之笑北也。《抱朴子‧譏惑篇》云：「吳之善書，則有皇象、劉纂、岑伯然、朱季平，皆一代之絕手。如中州有鐘元常、胡孔明、

張芝、索靖，各一邦之妙。並有古體，俱足周事。廢已習之法，學中國之書，尚可不須也，況於轉易其聲音，以效北語？此猶其小者耳，乃有遭喪而學中國哭者。」《隋書‧五行志》，謂煬帝言習吳音，後竟終於江都，亦魯襄公終於楚宮之類。觀其惡變古之深，即知其篤土風之甚。然從同之勢，卒不可免。故楊愔稱嘆裴讓之，謂：「河東士族，京官不少，唯此家兄弟，全無鄉音。」李業興家世農夫，雖學殖而舊音不改，則史家笑之矣。好同惡異，貴通賤塞，錯亂之語言，實於此情勢中漸趨一統也。

今世語言、誦讀，久已分道揚鑣，語言之異，實非誦讀所能矯正，故教育部頒布音符，欲藉讀音以正語音，收效殊鮮。前世語多單音，則二者關係較密，故其訛繆，亦有互相牽率者。《顏氏家訓‧音辭篇》，謂：「南人以錢為涎，以石為射，以賤為羨，以是為舐，北人以庶為戍，以如為儒，以紫為姊，以洽為狎。」此等訛變，即足誤事。劉仁之之馭吏，言韻微訛，亦見捶楚，蓋亦有所不得已邪？欲救斯弊，必藉正音。故顏氏美葛洪《字苑》，分焉字訓若、訓何者音於愆反，送句及助詞音矣愆反，而訾北人「呼邪為也」也。注音難確，反語斯興。顏氏云：「鄭玄注六經，高誘解《呂覽》、《淮南》，許慎造《說文》，劉熹制《釋名》，始有譬況假借，以證音字，而古語與今殊別，其間輕重清濁，猶未可曉。加以外言、內言、急言、徐言、讀若之類，益使人疑。孫叔言創《爾雅音義》，是漢末人獨知反語。至於魏世，此事大行。高貴鄉公不解反語，以為怪異。」《北齊書‧廢帝紀》云：天保元年（西元 550 年），立為皇太子。時年六歲。性敏慧。初學反語，於跡字下注云自反。時侍者未達其故。太子曰：「足旁亦為跡，豈非自反邪？」高貴鄉公所怪，而廢帝童而習之，可見反語通行之廣矣。反語之用，不外雙聲、疊韻，故時人多明於是。《南史‧謝莊傳》：王玄謨問莊：何者為雙聲？何者為疊韻？答曰：「玄護為雙聲，磝碻為疊韻。」其捷速如此。又〈羊玄保傳〉：謂其子戎語好為雙聲，皆是也。顏之

推云：「至鄴已來，唯見崔子豹、崔瞻叔姪，李祖仁、李蔚兄弟，頗事言辭，少為切正。」又自言：「兒女雖在孩稚，便漸督正。一言訛替，以為己罪。」其重之如此。然其遷流，卒不可免。至後世，言語多用音，文字仍系單音，則讀音之正不正，不復足以誤事，而致謹於此者少矣。

顏之推又云：「江南學士讀《左傳》，口相傳述，自為凡例。軍自敗日敗，打破人軍日敗。」《注》云：「補敗反。」此所重者仍字音也。《隋書·經籍志》有《楚辭音》五種：一徐邈撰，一宋處士諸葛氏撰，一孟奧撰，一釋道騫撰，一不著撰人名氏。云：「隋時有釋道騫善讀之，能為楚聲，音韻清切。至今傳《楚辭》者，皆祖騫公之音。」此當不徒字音，亦兼及其聲調也。

因音讀之見重，而四聲之說興焉。《南史·周顒傳》云：顒始著《四聲切韻》，行於時。〈陸厥傳〉云：齊永明時，盛為文章。吳興沈約，陳郡謝朓，琅邪王融，以氣類相推轂。汝南周顒，善識聲韻。約等文皆用宮商。將平、上、去、入四聲，以此制韻。五字之中，音韻悉異，兩句之內，宮徵不同，不可增減。世呼為永明體。〈庾肩吾傳〉云：齊永明中，王融、謝朓、沈約，文章始用四聲，以為新變。至是（梁武帝時。）轉拘聲韻，彌為麗靡，復逾往時。案四聲之別，不過語音高下、長短之不同。配合得宜，則誦之成響，不則蹇澀不可讀，此不過作文字者講求聲調之一端耳。文之如口語書之者，是為散文，駢文則相去較遠，誦讀之聲調，與口語之遠近，亦因之而殊。駢文誦之既別有其聲，為之自別有其法，於是所謂律體者生焉。《梁書·王筠傳》：沈約制〈郊居賦〉，構思積時，猶未都畢。乃要筠示其草。筠讀至雌霓連蜷，約撫掌欣抃日：「僕嘗恐人呼為霓。」上霓字下注云五激反，下霓字下注云五雞反。此注語不知為《梁書》元文，抑後人所增。然即為後人所增，亦不失作者之意。蓋謂其字當讀入聲，不當讀平聲耳。四聲之用，不過如此。散文誦讀之聲，既與口語相近，能語

言者，自能使其疾徐、高下，皆合節度。駢文則不然，故其聲調不得不別學。聲調既別有其律，字音之高下、長短，自不得不加別擇。齊、梁時駢文盛行，四聲之說，所以生於此時也。不為此等文字者，原不必留意於此。即為之者，其技苟工，亦自能暗合。故《南史・沈約傳》，謂約撰《四聲譜》，以為在昔詞人，累千載而不悟，而梁武帝雅不好焉。嘗問周舍曰：「何謂四聲？」舍曰：「天子聖哲是也。」帝竟不甚遵用。此非武帝有作，不協四聲，乃不待留意而自合，猶工於文者不必皆知文法也。陸厥與約書，謂其「謂歷代眾賢未睹此祕」為近誣。約答書雖不承此語，亦謂：「宮商之聲有五，文字之別累萬，以累萬之聲，配五群之約，高下低昂，非思力所學。」蓋為此也。

　　中國文字，亦頗行於外國。然不能變其語言者，其文字之行，亦不能久。《周書・異域傳》云：高昌，文字亦同華夏，兼用胡書。（蓋其國用華文，與胡往復，則用胡書。）有《毛詩》、《論語》、《孝經》，置學官弟子，以相教授。雖習讀之，而皆為胡語。其後華文卒不能行於西域，則其驗也。北族薦居，政權既為所攘竊，其語言亦隨之流行，然亦卒不能久。《隋書，經籍志》，著錄鮮卑語之書，凡十三種。（《國語》十五卷。《國語》十卷。《鮮卑語》五卷。《國語物名》四卷。《國語真歌》十卷。《國語雜物名》三卷。《國語十八傳》一卷。《國語御歌》十一卷。《鮮卑語》十卷。《國語號令》四卷。《國語雜文》十五卷。《鮮卑號令》一卷。《雜號令》一卷。）云：「後魏初定中原，軍容號令，皆以夷語。後染華俗，多不能通。故錄其本言，傳相教習，謂之國語。」此蓋以華文書夷語，如明四譯館之所為。《魏書・呂洛拔傳》：謂其長子文祖，以舊語譯註《皇誥》，此以鮮卑語譯華言，其所用者，當亦系華文也。〈術藝傳〉：晁崇弟懿，以善北人語，內侍左右，為黃門侍郎。此尚在太祖時。其後，蓋亦如近世之滿洲人，自忘其語。故有待於教習。《北齊書・高昂傳》：謂鮮卑共輕中華朝士，唯憚

服於昂。高祖每申令三軍，常鮮卑語，昂若在列，則為華言。足見鮮卑語已可不用。《顏氏家訓·教子篇》云：「齊朝有一士大夫，嘗謂吾曰：我有一兒，年已十七。頗曉書疏。教其鮮卑語及彈琵琶，稍欲通解。以此伏事公卿，無不寵愛。」此亦其種類之間，舊語尚未盡忘，我能通之，則彼引為同類，非其語之尚有用也。《魏書·昭成子孫傳》，謂元禎能通解諸方之語，此指鮮卑而外北方諸族言之，蓋無著諸簡牘者。《隋志》又有《婆羅門書》一卷，《外國書》四卷。《注》云：梁有扶南胡書一卷。此則當為元文。〈志〉云：「自後漢佛法行於中國，又得西域胡書，以十四字貫一切音，文省而義廣。謂之婆羅門書。與八體、六文之義殊別。」此衍聲之法，傳入中國之始也。

　　文具：紙漸盛行，而簡牘亦未遽廢。故李繪嘗竊用其姊之牘，而皇甫商亦諷州郡以短檄召李含為門亭長焉。（見第三章第三節。）《北史·藝術傳》言：盧士翼目盲，以手摸書而知其字，其書，疑亦簡牘之刻劃者也。是時紙價尚貴，故王隱撰《晉書》，須庾亮供其紙筆乃得成；崔鴻撰《十六國春秋》，妄載進呈之表，亦謂家貧祿薄，至於紙盡，書寫所資，每不周接也。（詳見第五節。）左思賦三都，豪貴之家，競相傳寫，洛陽為之紙貴。謝莊作殷淑儀哀策，都下傳寫，紙墨為之貴。（《南史·后妃傳》。）邢邵，每一文初出，京師為之紙貴。齊高帝雖為方伯，而居處甚貧。諸子學書無紙筆。武陵昭王曄，嘗以指畫空中及畫掌學字。江夏王鋒，母張氏，有容德。宋蒼梧王逼取之。又欲害鋒。高帝甚懼，不敢使居舊宅，匿於張氏。時年四歲。好學書。張家無紙札。乃倚井欄為書，書滿則洗之，已復更書。又晨興不肯拂窗塵，而先畫塵上，學為書字。王育少孤貧，為人傭，牧羊。每過小學，必歔欷流涕。時有暇，即折蒲學書。（《晉書·忠義傳》。）徐伯珍，少孤貧，無紙，常以箭若葉及地上學書。（《南史·隱逸傳》。《齊書·高逸傳》云：書竹葉及地學書。）陶弘景，年四五歲，

恆以荻為筆，畫灰中學書。（《南史‧隱逸傳》。）鄭灼，家貧，抄義疏，以日繼夜，筆豪盡，每削用之。（《陳書‧儒林傳》：《北齊書‧徐之才傳》云：以小史好嚙筆，嘗執管就元文遙曰：借君齒。其不遜如此。此與鄭灼所用，皆為毛筆。）臧逢世，欲讀《漢書》，苦假借不久，乃就姊夫劉緩乞丐客刺、書翰紙末，手寫一本。（《顏氏家訓‧勉學篇》。）凡此皆可見當時紙筆之貴。故裴子野薦阮孝緒，稱其年十餘歲，隨父為湘州行事，不書官紙，以成親之清白。何曾，人以小紙為書者，敕記室勿報，則史著之以為驕奢矣。《南史‧齊武帝諸子傳》：晉安王子懋之子昭基，以方二寸絹為書，遺其故吏董僧慧。蓋由紙貴，故人習細書，猶漢光武之一札十行。（見《秦漢史》第十九章第四節。）《宋書‧劉穆之傳》云：高祖舉止施為，穆之皆下節度。高祖書素拙。穆之曰：「此雖小事，然宣彼四遠，願公小復留意。」高祖既不能厝意，又稟分有在。穆之乃曰：「但縱筆為大字，一字徑尺無嫌。大既足有所苞，且其名亦美。」高祖從之，一紙不過六七字便滿。不亦浪費物力乎？作筆墨之法，見於《齊民要術》。（卷九。）《南史‧張永傳》云：永有巧思，紙墨皆自營造。宋文帝每得永表啟，輒執玩諮嗟，自嘆供御者了不及也。此則玩物喪志，與民用無關矣。

　　《隋書‧經籍志》小學門有《秦皇東巡會稽刻石文》一卷。《一字石經周易》一卷。（《注》云：梁有三卷。）《一字石經尚書》六卷。（《注》云：梁有《今字石經鄭氏尚書》八卷，亡。）《一字石經魯詩》六卷。（《注》云：梁有《毛詩》二卷，亡。）《一字石經儀禮》九卷。《一字石經春秋》一卷。（《注》云：梁有一卷。）《一字石經公羊傳》九卷。《一字石經論語》一卷。（《注》云：梁有二卷。）《一字石經典論》一卷。《三字石經尚書》九卷。（《注》云：梁有十三卷。）《三字石經尚書》五卷。《三字石經春秋》三卷。（《注》云：梁有十二卷。）云：「後漢鐫刻七經，著於石碑，皆蔡邕所書；魏正始中，又立一字石經，相承以為七經正字。後魏之末，齊神

武執政，自洛陽徙於鄴都。行至河陽，直岸崩，遂沒於水。其得至鄴者，不盈大半。至隋開皇六年（586），又自鄴京載入長安，置於祕書內省。議欲補緝，立於國學。尋屬隋亂，事遂寢廢。營造之司，因用為柱礎。貞觀初，祕書監臣魏徵始收聚之。十不存一。其相承傳拓之本，猶在祕府。並秦帝刻石，附於此篇，以備小學。」然則響拓之由來舊矣。然刻版之術未行，經籍終恃手寫。劉芳為諸僧傭寫經論，（見第十九章第一節。）蔣少遊以傭書為業是也。（見第二十章第二節。）《梁書‧孝行傳》：沈崇傃，傭書以養母。〈文學傳〉：袁峻家貧無書，每從人假借，必皆抄寫。自課日五十紙。紙數不登，則不休息。《南史‧孝義傳》：庾震，喪父母，居貧無以葬，賃書以營事，至手掌穿，然後葬事獲濟，亦其事矣。

　　鈔字之義，今古不同。今雲鈔者，意謂謄寫，古則意謂摘取。故鈔書之時，刪節字句，習為固然。其說，已見《秦漢史》第十九章第六節矣。晉、南北朝，此習未改。《顏氏家訓‧書證篇》云：「也是語已及助句之詞。河北經傳，悉略此字。其間有不可得無者。至如伯也執殳，於旅也語，回也屢空，風風也教也，及《詩傳》云不戢戢也，不儺儺也，不多多也，如斯之類，儻削此文，頗成廢闕。《詩》言青青子衿，〈傳〉曰：青衿，青領也，學子之服。按古者斜領，下連於衿，故謂領為衿。孫炎、郭璞注《爾雅》，曹大家注《列女傳》，並云衿交領也。鄴下《詩》本無也字，群儒因繆說云：青衿、青領，是衣兩處之名，皆以青為飾，用釋青青二字。其失大矣。又有俗學，聞經傳中時須也字，輒以意加之，每不得所，益誠可笑。」此刪節過甚之弊也。書寫之際，每用多種顏色，此則殊為清醒。《隋書‧經籍志》，有《春秋左氏經傳朱墨列》一卷，賈逵撰。《晉書‧儒林傳》：劉兆為《春秋左氏》解，名曰《全綜》。《公羊》、《穀梁》解詁，皆納經、傳中，朱書以別之。《顏氏家訓‧書證篇》又曰：「《漢書》田肯賀上，江南本皆作宵字。沛國劉顯，博覽經籍，偏精班《漢》，梁代謂之

《漢》聖。顯子臻，不墜家業。讀《班史》，呼為田肎。梁元帝嘗問之。答曰：此無義可求。但臣家舊本，以雌黃改宵字為肎。元帝無以難之。吾至江北，見本為肎。」《晉書·音義序》云：「仍依陸氏《經典釋文》，注字並以朱映。」是古於經籍，並用斯例。《周書·蘇綽傳》：綽始制文案程式，朱出墨入，及計帳戶籍之法，則官家文簿，亦用之矣。此即後世套版所本。唯刻書者格於物力，不必皆精；賈人尤僅為牟利；去此區別者甚多。代以黑白文者，亦不多見。而書之為所亂者多矣。然其弊亦不必與刻版並興。《顏氏家訓》又云：「或問《山海經》夏禹及益所記，而有長沙、零陵、桂陽、諸暨，如此郡縣不少，何也？答曰：史之闕文，為日久矣。加復秦人滅學，董卓焚書，典籍錯亂，非止於此。譬猶《本草》，神農所述，而有豫章、朱崖、趙國、常山、奉高、真定、臨淄、馮翊等郡縣名，出諸藥物。《爾雅》周公所作，而雲張仲孝友。仲尼修《春秋》，而《經》書孔丘卒。《世本》左丘明所書，而有燕王喜、漢高祖。《汲塚瑣語》，乃載《秦望碑》。《蒼頡篇》李斯所造，而雲漢兼天下，海內並廁，豨黥韓覆，畔討滅殘。《列仙傳》劉向所造，而贊雲七十四人出佛經。《列女傳》亦向所造，其子歆又作《頌》，終於趙悍後，而〈傳〉有更始夫人、明德馬後及梁夫人嫕。皆由後人所羼，非本文也。」此等初亦或有以為別，傳錄者不皆精審，則失之矣。

第三節　儒玄諸子之學上

世皆稱晉、南北朝，為佛、老盛行，儒學衰微之世，其實不然。是時之言玄學者，率以《易》、《老》並稱，（梁時，《莊》、《老》、《周易》，總謂三玄，見《顏氏家訓·勉學篇》。）即可知其兼通於儒，匪專於道。少後，佛家之說寖盛，儒、道二家，多兼治之，佛家亦多兼通儒、道之學。

三家之學，實已漸趨混同。中國向來，宗教、哲學，與人倫日用之軌範，並不分張儒、釋、道稱為三教，並行不悖，正以其名雖異，其實則無大不同耳。然斯時史籍所載，仍有所謂儒家之學者，與釋道鼎足而立，其故何歟？曰：此由儒家之中，自分兩派：一派好講原理，寖與釋、道同流，又一派則仍守其漢末以來，支離破碎之舊習耳。先秦諸子，本皆志在經世。漢武以後，儒家獨盛，思自效於世者，自無不兼通其說。即儒家，亦或兼採異家以自益。漢昭帝時，賢良文學與御史大夫論議，猶各執所見不相中，逮新莽變法，王田而外，兼行五均、六管，則儒、法二家，寖合為一，即其明證。然學士大夫之吾欲云云者，無不與社會組織不相容，說雖不同，其為不可行則一，故新莽變法，卒至敗績。自斯以後，學士大夫，乃覺皇惑無主，不敢復言經世；有言之者，則皆昧於情實，泥於古人之跡，謂踐之即足以為治。加以積古相傳之迷信，至漢末而大張。新莽既以之圖纂，光武亦藉以惑民，圖讖之說，遂為一世所宗尚。明哲之士，自將褰裳去之。此玄學之所由興。然人心不同，各如其面，自有守舊而不變者，此則當時之所謂儒學也。故核其實，當時之所謂儒學，實只前此儒學中之一派，而不足以攬其全也。

　　此派之錮蔽，果何如乎？《隋書·經籍志》引《漢書·藝文志》「古之學者耕且養，三年而成一藝」之說，而訾當世之學者曰：「學不心解，專以浮華相尚。豫造雜難，擬為仇對。馳騁煩言，以紊彝敘。」此與漢世碎義逃難，徒爭勝於口舌間者，又何以異？《顏氏家訓·勉學篇》云：「漢時賢俊，皆以一經弘聖人之道。上明天時，下該人事。用此致卿相者多矣。末俗空守章句，但誦師言。施之世務，殆無一可。故士大夫子弟，皆以博涉為貴，不肯專儒。梁朝皇孫已下，總丱之年，必先入學，觀其志尚。出身已後，便從文吏，略無卒業者。（《周書·儒林傳論》云：前世通六藝之士，莫不兼達政術，故云拾青紫如地芥。近代守一經之儒，多暗於時務，

故有貧且賤之恥。雖通塞有命，而大抵皆然。兩漢之朝，重經術而輕律令。其聰明特達者，咸勵精於專門。以通賢之質，挾驪藻之美。大則必至公卿，小則不失守令。近代之政先法令而後經術。其沉默孤微者，亦篤志於章句。以先王之道，飾腐儒之姿，達則不過侍講、訓冑，窮則終於弊衣簞食。蓋好尚之道殊，遭遇之時異也。其言，與顏氏此論相發明。）冠冕為此者，則有何胤、劉、明山賓、周舍、朱異、周弘正、賀琛、賀革、蕭子政、劉絳等，兼通文史，不徒講說也。洛陽亦聞崔浩、張偉、劉芳，鄴下又見邢子才。四儒者，雖好經術，亦以才博擅名。如此諸賢，故為上品。以外率多田里間人，音辭鄙陋，風操蚩拙，相與專固，無所堪能。問一言輒酬數百。責其指歸，或無要會。鄴下諺云：博士買驢，書券三紙，未有驢字。使汝以此為師，令人氣塞。孔子曰：學也祿在其中矣。今勤無益之事，恐非業也。夫聖人之書，所以設教。但明練經文，粗通注義，常使言行有得，亦足為人。何必仲尼居即須兩紙疏義？燕寢、講堂，亦復何在？以此得勝，寧有益乎？光陰可惜，譬諸逝水，當博覽機要，以濟功業。必能兼美，吾無間焉。俗間儒士，不涉群書，經緯之外，義疏而已。吾初入鄴，與博陵崔文彥交遊。嘗說王粲集中難鄭玄《尚書》事。崔轉為諸儒道之。始將發口，懸見排蹙。云文集止有詩、賦、銘、誄，豈當論經書事乎？且先儒之中，未聞有王粲也。崔笑而退，竟不以粲集示之。魏收之在議曹，與諸博士議宗廟事，引據《漢書》。博士笑曰：未聞《漢書》，得證經術。魏便忿怒，都不復言，取〈韋玄成傳〉擲之而起。博士一夜共披尋之，達明，乃來謝曰：不謂玄成如此學也。」當時經生鋼蔽之狀，可以想見。蓋世自有不知體要，妄矜博洽，實極固陋之人，此時皆歸於儒，遂致其術一蹶而不復振耳。《舊唐書・儒林・徐文遠傳》云：時有大儒沉重，講於大學，聽者常千餘人。文遠就質問，數日便去。或問曰：「何辭去之速？」答曰：「觀其所說，悉是紙上語耳，僕皆已先誦得之。至於奧賾

之境，翻似未見。」所知悉是紙上語，此其所以施之世務，無一而可也。不特此也。《隋書・儒林・房暉遠傳》云：暉遠以隋高祖時，擢為國子博士。會上令國子生通一經者並悉薦舉，將擢用之。既策問訖，博士不能時定臧否。祭酒元善怪問之。暉遠曰：「江南、河北，義例不同。博士不能遍涉。學生皆持其所短，稱己所長，博士各各自疑，所以久而不決也。」祭酒因令暉遠考定之。暉遠覽筆便下，初無疑滯。有不服者，暉遠問其所傳義疏，輒為誦之，然後出其所短。自是無敢飾非者。所試四五百人，數日便決。諸儒莫不推其通博，皆自以為不能測也。江南、河北之說，暉遠果能皆通乎？得毋其所謂通者，亦如張吾貴之於《左氏》邪？（見上節。）《北史・儒林・徐遵明傳》云：與劉獻之、張吾貴皆河北聚徒教授。遵明見鄭玄〈論語序〉云書以八寸策誤作八十宗，因曲為之說，其僻皆如此。獻之、吾貴又甚焉。古之愚也直，今之愚也詐而已矣。以此為師，不誠令人氣塞乎？即誠通明者，於世事復何所益？南北朝儒家，最為後人所推服者，日勤於三禮之學，議郊廟典禮，辨喪服精粗，果有益於生民乎？曷怪才智之士，望望然去之也？

　　試就當時經學之傳授觀之，亦可見其專固衰敝焉。據《隋書・經籍志》：詩家之學，《齊詩》魏代已亡，《魯詩》亡於西晉，《韓詩》雖存，無傳之者，唯《毛詩》、《鄭箋》獨立。《書》則歐陽、大、小夏侯，並亡於永嘉之亂。杜林所傳《古文尚書》，賈逵為之作訓，馬融作傳，鄭玄亦為之注者獨行。又有所謂孔安國《古文尚書》者。云：「魯恭王壞孔子舊宅，得其末孫惠所藏之書，字皆古文，安國以隸古字寫之，合成五十八篇，為之作〈傳〉。會巫蠱事起，不得奏上。私傳其業於都尉朝，朝授膠東庸生，謂之《尚書》古文之學。而未得立。至東晉，豫章內史梅賾，始得安國之〈傳〉奏之。時又闕《舜典》一篇。齊建武中，吳姚興方於大桁市得其書，奏上。比馬、鄭所注，多二十八字。於是始列國學。」此即近世累加考

證，斷言其偽之《偽古文尚書》也。梁、陳所講，有孔、鄭二家，齊代唯傳鄭義，至隋，孔、鄭並行，而鄭氏甚微。禮：漢世《禮經》，唯指今之《儀禮》，魏、晉已降乃與《禮記》、《周官》並列，稱為三禮。《隋志》云：「鄭玄傳小戴之學。後以古經校之，取其於義長者作注，為鄭氏學。」此鄭於《禮經》，糅合今古二家也。又云：「漢時有李氏，得《周官》，上於河間獻王。獨闕《冬官》一篇。獻王購以千金，不得。遂取《考工記》以補其處，合成六篇，奏之。至王莽時，劉歆始置博士，以行於世。河南緱氏杜子春，受業於歆，因以教授。是後馬融作《周官傳》，以授鄭玄。玄作《周官注》。」案《周官》本非《禮經》之類。劉歆所欲立者為《逸禮》，據《禮記鄭注》，《投壺》、《奔喪》，皆同《逸禮》，亦非《周官》之倫。《考工記》與《周官》，又不同物，安可相補？其說之牴牾不仇如此，則知出自河間獻王之說，亦系子虛烏有之談。《隋志》又云：「河間獻王又得仲尼弟子及後學者所記一百三十一篇，獻之。時亦無傳之者。劉向考校經籍檢得，因第而敘之。而又得《明堂陰陽記》三十三篇，《孔子三朝記》七篇，《王氏、史氏記》二十一篇，《樂記》二十三篇。凡五種，合二百十四篇。戴德刪其煩重，合而記之，為八十五篇，謂之《大戴記》。而戴聖又刪大戴之書為四十六篇，謂之《小戴記》。漢末，馬融遂傳小戴之學。融又足〈月令〉一篇，〈明堂位〉一篇，〈樂記〉一篇，合四十九篇。而鄭玄受業於融，又為之注。」百三十一篇，出於河間獻王，說亦無據。《漢志》禮家：《記》百三十一篇。自注云：「七十子後學者所記也。」蓋本今學。〈志〉又有《明堂陰陽》三十三篇，《王史氏記》二十一篇，合《記》百三十一篇，凡百八十五。此外《曲臺後蒼記》，後蒼為二戴之學所自出，其記蓋與二戴之書相同。《中庸說》、《明堂陰陽說》皆說。《周官經》、《周官傳》，別為一家。《軍禮司馬法》，乃班氏所入。《封禪議》、《封禪群祀議奏》皆漢時物。唯《古封禪群祀》，亦記之倫。其書凡十九篇，合百八十五得二百有

四，與《釋文敘錄》引劉向《別錄》云古文記二百四篇者相當。《敘錄》又引陳邵《周禮敘》云：「戴德刪古禮二百四篇為八十五篇，謂之《大戴禮》。戴聖刪《大戴禮》為四十九篇，是為《小戴禮》。後漢馬融、盧植，考諸家同異附戴聖篇章，去其繁重，及所敘略，而行於世，即今之《禮記》是也。鄭玄亦依盧、馬之本而注焉。」今《禮記》四十九篇，《曲禮》、《檀弓》、《雜記》皆分上下，合為一篇計之則四十六，分為二篇計之則四十九，故《隋志》云小戴之書四十六，陳邵云四十九。四十六加八十五，適百三十一。蓋七十子後學所記，大戴取其八十五，小戴取其四十六耳。小戴書本今學，然至馬、鄭為之，則亦雜糅今古矣。《隋志》云：「今《周官》六篇，《古經》十七篇，《小戴記》四十九篇，凡三種，唯鄭注立於國學，其餘並多散亡，又無師說。」則禮家之學，唯鄭氏專行也。《易》：《隋志》云：「後漢施、孟、梁丘、京氏，凡四家並立。漢初，又有東萊費直傳《易》。其本皆古字，號曰《古文易》。以授琅邪王璜，璜授沛人高相，相以授子康及蘭陵毋將永，故有費氏之學，行於人間。而未得立。後漢陳元、鄭眾，皆傳費氏之學。馬融又為其〈傳〉，以授鄭玄。玄作《易注》。荀爽又作《易傳》。魏代王肅、王弼，並為之注。自是費氏大興，高氏遂衰。梁丘、施氏、高氏，亡於西晉。孟氏、京氏，有書無師。梁、陳鄭玄、王弼二注，列於國學。齊代唯傳鄭義。至隋，王注盛行，鄭學寖微，今殆絕矣。」案高氏之學，亦出費氏，不可云費氏興而高氏衰。蓋出於費氏之高氏衰，而其後起之鄭氏，與之代興，至最後，則又為王弼所奪耳。《春秋》：《隋志》云：「後漢《公羊》有嚴氏、顏氏之學，與《穀梁》三家並立。《左氏》：建武中，尚書令韓歆請立而未行。陳元又上書訟之。乃以魏郡李封為《左氏》博士。封卒，遂罷。然諸儒傳《左氏》者甚眾。其後賈逵、服虔，並為訓解。至魏，遂行於世。晉時，杜預又為《經傳集解》。《穀梁》范寧注，《公羊》何休注，《左氏》服虔、杜預注，俱立國學。然《公羊》、《穀梁》，但試讀文

而不能通其義。後學三傳通講，而《左氏》唯傳服義。至隋，杜氏盛行，服義及《公羊》、《穀梁》寖微，今殆無師說。」蓋《左氏》行而《公》、《穀》微，《左氏》之中，杜又代賈、服而起也。《五經》而外，誦習所先，厥唯《孝經》、《論語》已見上節。《孝經》：《隋志》云：「遭秦焚書，為河間人顏芝所藏，漢初，芝子貞出之，凡十八章。而長孫氏，博士江翁，少府後倉，諫議大夫翼奉，安昌侯張禹，皆名其學。又有《古文孝經》，與《古文尚書》同出。而長孫有《閨門》一章。其餘經文，大較相似。篇簡缺解，又有衍出三章，並前合為二十二章。孔安國為之〈傳〉。至劉向典校經籍，以顏本比古文，除其繁惑，以十八章為定。鄭眾、馬融，並為之注。又有《鄭氏注》，相傳或云鄭玄。其立義與玄所注餘書不同，故疑之。梁代，安國及鄭氏二家，並立國學，而安國之本，亡於梁亂。陳及周、齊，唯傳鄭氏。至隋，祕書監王劭，於京師訪得《孔傳》，送至河間劉炫，炫因序其得喪，述其議疏，講於人間。漸聞朝廷。後遂著令，與鄭氏並立。儒者喧喧，皆云炫自作之，非孔舊本，而祕府又先無其書。」案鄭玄晚主古學，早歲則治今文。《御覽》引其《孝經注敘》，謂作於避難南城山時，嚴鐵橋云：玄蓋嘗避黨錮之難，時尚未治古文，故立說與後來不同，其注初不必偽。（據皮鹿門說，見所撰《孝經鄭註疏》。）若孔安國傳之偽，則不俟論矣。《論語》：《隋志》云：「漢初有齊、魯之說，其齊人傳者二十二篇，魯人傳者二十篇。張禹本授《魯論》，晚講《齊論》，後遂合而考之，刪其煩惑，除去《齊論》〈問王〉、〈知道〉二篇，從《魯論》二十篇為定，號《張侯論》。周氏、包氏，為之章句。馬融又為之訓。又有《古論語》，與《古文尚書》同出。章句煩省，與《魯論》不異。唯分《子張》為二篇，故有二十一篇。孔安國為之〈傳〉。漢末，鄭玄以《張侯論》為本，參考《齊論》、《古論》而為之注。魏司空陳群，太常王肅，博士周生烈，皆為義說。吏部尚書何晏又為《集解》。是後諸儒多為之注。《齊論》遂亡。《古

論》先無師說。梁、陳之時，唯鄭玄、何晏，立於國學，而鄭氏甚微。周、齊鄭學獨立。至隋，何、鄭並行，鄭氏盛於人間。」亦漢末今古雜糅之學，與魏、晉後雜有玄談之說並行者也。《齊書·劉陸澄傳論》云：「西京儒士，莫有獨擅。東都學術，鄭、賈先行。康成生炎漢之季，訓義優洽。一世孔門，褒成並軌。故老以為前修，後生未之敢異。而王肅依經辨理，與碩相非。爰興《聖證》，據用《家語》。外戚之尊，多行晉代。」今案《隋志》：肅於《詩》、《書》、《三禮》、《易》、《左氏》、《孝經》、《論語》，皆有註解。又有《孔子家語》二十卷，《隋志》雲王肅解，而後人以為肅所私定。《孔叢子》七卷，亦肅所偽為。《聖證論》十二卷，則肅所造以難鄭者。蓋肅當漢、魏之際，亦為遍注群經之人，其才力實與鄭玄相亞。晉世《詩》家或申王難鄭，或右鄭排王。言《禮》者亦各有左右。〈尚書偽孔安國傳〉，雖不能定為何人，其說與肅同流，則無疑義。《魏書·儒林傳》云：「漢世鄭玄並為眾經註解，服虔、何休，各有所說。玄《易》、《書》、《詩》、《禮》、《論語》、《孝經》，虔《左氏春秋》，休《公羊傳》，大行於河北。王肅《易》亦間行焉。晉世杜預注《左氏》，預玄孫坦，坦弟驥，於劉義隆世，並為青州刺史，傳其家業，故齊地多習之。」《北齊書·儒林傳》云：「經學諸生，多出魏末大儒徐遵明門下。」遵明於《易》、《書》、《三禮》，皆傳鄭氏，《春秋》則服氏。其《毛詩》則出魏朝博陵劉獻之。王弼之《易》，河南及青、齊之間多講之，然師訓甚寡。孔氏《古文尚書》，武平末，河間劉光伯、信都劉士元得費甝《義疏》，乃留意焉。《左傳》，河外諸生，俱伏膺杜氏。河北有姚文安、秦道靜，初學伏氏，後兼講杜。以上所說，《北史》皆同，而又總括之曰：「江右：《周易》則王輔嗣，《尚書》則孔安國，《左傳》則杜元凱。河洛：《左傳》則服子慎，《尚書》、《周易》則鄭康成。《詩》則並主於毛公，《禮》則同遵於鄭氏。」合諸說而觀之，則今文之學，除《公羊》一經外皆亡；魏、晉新起之學，與漢世舊有之學，

分庭抗禮，而南偏於新，北偏於舊；至隋世統一之後，則北又入於南也。然不論何派，皆系經生之業，支離破碎，無益世務。較有思理之士，皆折而入於他途矣。《魏書·儒林傳》：陳奇，常非馬融、鄭玄，解經失旨，志在著述《五經》。始著《孝經》、《論語》，頗傳於世，為縉紳所稱。奇後為遊雅所陷，（見第二十二章第七節。）即由雅「贊扶馬、鄭」而奇非之也。《隋志》云：《詩》唯毛、鄭獨立。又云：又有《業詩》，奉朝請業遵所注，立義多異，世所不行。又梁有《禮記》十二卷，業遵注，亡。此等無論其說善否，要為別有所見，或唐世啖助、趙匡之先驅。張雕虎之為人，頗有抱負，已見第十四章第四節。《北齊書·儒林傳》：劉晝，撰〈高才不遇傳〉三篇。皇建、太寧之朝，又頻上書，言亦切直。多非世要，終不見收採。自謂博物奇才，言好矜大。每云：「使我數十卷書行於世，不易齊景之千駟也。」《隋書·儒林傳》：馬光，開皇初，高祖徵山東義學之士，與張仲讓、孔籠、竇士榮、張黑奴、劉祖仁等俱至，並授大學博士，時人號為六儒。然皆鄙野無儀範，朝廷不之貴也。士榮尋病死。仲讓未幾告歸鄉里。著書十卷。自云：「此書若奏，我必為宰相。」又數言玄象事。州縣列上其狀，竟坐誅。孔籠、張黑奴、劉祖仁未幾亦被譴去，唯光獨存。此等人或亦王通之流，然當時皆不之重也。

　　儒生兼通道、釋之學者，此時實不勝列舉。《晉書·儒林傳》：徐苗，嘗作《五經同異評》，又依道家著《玄微論》，前後所造數萬言。卒，遺命濯巾浣衣，榆棺雜磚，露車載屍，葦席瓦器而已。此楊王孫之志也。又〈范宣傳〉：庾爰之問宣曰：「君博學通綜，何以大儒？」宣云：「正始以來，世尚老、莊，逮晉之初，競以裸袒為高，僕誠大儒，然丘不與易。」宣言談未嘗及老、莊。客有問：「人生與憂俱生，不知此語何出。」宣云：「出《莊子·至樂篇》。」客曰：「君言不讀《老》、《莊》，何由識此？」宣笑曰：「小時嘗一覽。」時人莫之測也。不治其學，而亦知其說，可見其學之盛行

矣。《梁書‧儒林傳》：伏曼容，善《老》、《易》。嘗云：「何晏疑《易》中九事，以吾觀之，晏了不學也。故知平叔有所短。」（曼容子暅，幼傳父業，能言玄理，見〈良吏傳〉。）嚴植之，少善《莊》、《老》，能玄言。賀瑒子革，嘗恨祿不及養。在荊州，歷為郡縣，所得俸秩，不及妻孥，專擬還鄉造寺，以申感思。太史叔明，少善《莊》、《老》。三玄尤精解，當世冠絕。皇侃，性至孝。嘗日限誦《孝經》二十遍，以擬《觀世音經》。《陳書‧儒林傳》：沈德威，每自學還私室，即講授，道、俗受業者，數十百人。全緩，治《周易》、《老》、《莊》。時人言玄者咸推之。張譏，篤好玄言。侯景寇逆，圍城之中，猶侍哀太子於武德殿講《老》、《莊》。陳後主在東宮，亦令於溫文殿講《莊》、《老》。所居宅營山池，植花果，講《周易》、《老》、《莊》而教授焉。一乘寺沙門法才，法雲寺沙門慧休，至真觀道士姚綏，皆傳其業。撰《老子義》十一卷，《莊子內篇義》十二卷，《外篇義》二十卷，《雜篇義》十卷，《玄部通義》十二卷。又撰《遊玄桂林》二十四卷。龔孟舒，善談名理。陸慶，值梁季喪亂，乃覃心釋典，經論靡不該究。築室屏居，以禪誦為事。由是傳經受業者鮮焉。《南史‧儒林傳》：顧越，微言玄旨，咸盡其精微。特善《莊》、《老》。著《老子義疏》。《魏書‧儒林傳》：劉獻之，注《涅槃經》，未就而卒。孫慧蔚。先單名蔚。正始中，侍講禁內，夜論佛經，有愜帝旨，詔使加號惠蔚法師。盧景裕，好釋氏，通其大義。天竺胡沙門道悕，每譯諸經論，輒託景裕為之序。《北齊書‧儒林傳》：孫靈暉，為南陽王綽師。綽死後，每至七日，及百日終，恆為請僧設齋，傳經行道。《周書‧儒林傳》：盧光，好玄言，崇佛道。撰《道德經章句》，行於世。〈儒林傳〉中人如此，可見釋、老之震撼一世，儒家非極專固者，皆不容故步自封矣。

第四節　儒玄諸子之學下

　　清談之風，世皆以為起於魏之正始，亦非其實也。秦、漢之世，黃老、老莊之學，傳授迄未嘗絕，已見《秦漢史》第十九章第四節。其中如楊厚、范升、馬融、虞翻，皆儒家，而或修黃老教授，或為《老子》訓注；升與向長所習，亦以《易》、《老》並稱；此已道魏、晉玄談之先河。（升爭立《費氏易》、《左氏春秋》，引《老子》曰：「學道日損。」又曰：「絕學無憂。」）嚴君平、周勰皆肥遁自甘，而史述其事，或云慕老聃清靜，或云依老子、嚴周之指而著書，則又魏、晉以後，清談不事事之先聲矣。（《後書‧耿弇傳注》引嵇康〈聖賢高士傳〉曰：安丘望之，字仲都，京兆長陵人。少持《老子經》，恬靜不求進宦。號曰安丘丈人。成帝聞，欲見之，望之辭不肯見；為巫醫於人間。亦嚴君平之流也。）不特此也，郎，治術數之學者也，而其詣闕拜章，言「天地之道，其猶鼓籥，以虛為德，自近及遠。」書奏，順帝復使對尚書。條便宜七事。其三引《老子》曰：「人之饑也，以其上食稅之多。」又上書薦黃瓊、李固，並陳消災之術，引《老子》曰：「大音希聲，大器晚成。」劉陶著書數十萬言，又作〈七曜論〉，匡老子，反韓非，復孟軻。數術之家，率多明於天文，陶之學，蓋亦與相出入者也。李固對詔問，引《老子》曰：「其進銳者其退速。」《後書注》曰：「案《孟子》有此文，謝承書亦云《孟子》，而《續漢書》復雲《老子》。」今案古人引書，經傳不別，儒家如是，諸子亦然，進銳退速，固類道家之言，未必非《老子》傳中語也。固遷將作大匠，又上疏陳事曰：「臣聞氣之清者為神，人之清者為賢，養身者以煉神為寶，安國者以積賢為道。」又與朱穆作〈崇厚論〉，謂道以天下為一，在彼猶在己者同符。廖扶，父為北地太守，永初中，坐羌沒郡下獄死。扶感父以法喪身，憚為吏。服終，嘆曰：「老子有言：名與身孰親？吾豈為名乎？」遂絕志世外，專精經典。處亂世而貴自全，又魏、晉以來治《老》、《莊》之學者數見不鮮之事矣。

此外《後書》所載，尚有任隗（光子。）少好《黃》、《老》，鄭均少好《黃》、《老》書，淳于恭善說《老子》。可知《老》、《莊》之學，東京業已盛行，正始諸賢，實承其流風遺俗。特以居高明之地，譬諸登高一呼，故其所及者愈遠耳。

正始諸賢，居高明之地者，莫如夏侯玄、何晏及司馬景王。《三國·魏志·晏傳》云：少以才秀知名。好《老》、《莊》言。作〈道德論〉及諸文賦，著述凡數十篇。《注》引《魏氏春秋》曰：玄、晏等名盛於時，司馬景王亦預焉。晏嘗曰「唯深也，故能通天下之志，夏侯泰初是也。唯幾也，故能成天下之務，司馬子元是也。唯神也，不疾而速，不行而至，吾聞其語，未見其人。」蓋欲以況諸己也。《荀彧傳注》引〈零陵先賢傳〉曰：彧第三兄衍之孫融，與王弼、鍾會俱知名。為洛陽令，參大將軍軍事。與弼、會論《易》、《老》義，傳於世。第四兄諶之子閎，為太子文學掾。時有甲乙疑論。閎與鍾繇、王朗、袁渙，議各不同。文帝與繇書曰：「袁、王國士，更為唇齒，荀閎勁悍，往來銳師，真君侯之勁敵，左右之深憂也。」彧長子惲，亦知名。作《易集解》。又引《晉陽秋》，謂彧子，嘗難鍾會《易》無互體，見稱於世。弟粲，何劭為之傳曰：粲諸兄並以儒術論議，而粲獨好言道。常以為「子貢稱夫子之言性與天道，不可得聞，然則六籍雖存，固聖人之糠粃」。當時能言者不能屈也。太和初，到京邑，與傅嘏談。嘏善名理，而粲尚玄遠，宗致雖同，倉卒時或格不相得。裴徽通彼我之懷，為二家騎驛。頃之，粲與嘏善，夏侯玄亦親。管寧儒者也，而《魏志》本傳載陶丘一等薦之之辭，謂其娛心黃老。〈王粲傳〉云：嵇康好言《老》、《莊》。《注》引康兄喜所為〈康傳〉，言其著〈養生篇〉，知自厚者喪其所生，求益者必失其性。〈傅嘏傳〉云：嘏常論才性同異，鍾會集而論之。《常林傳注》引《魏略》，以林及吉茂、沐並、時苗四人為〈清介傳〉。云：並豫作終制，戒其子以儉葬，曰：「夫禮者，生民之始教，而百世之

中庸也。故力行則為君子，不務者終為小人。然撥亂反正，鳴鼓矯俗之大義，未是窮理盡性，陶冶變化之實論。若乃原始要終，以天地為一區，萬物為芻狗，該覽玄通，求形景之宗，同禍福之素，一死生之命，吾有慕於道矣。」《裴潛傳注》：潛少弟徽，善言玄妙。子康、楷、綽，皆為名士而楷才望最重。少與琅邪王戎並為掾發名。鍾會致之大將軍司馬文王，曰：「裴楷清通，王戎簡要。」文王即闢為掾。〈鍾會傳〉云：會嘗論《易》無互體，才性同異。及會死後，於會家得書二十篇，名曰道論，而實刑名家也，其文似會。初會弱冠與山陽王弼並知名。弼好論儒道，辭才逸辯。注《易》及《老子》。為尚書郎。年二十餘卒。《注》引何劭〈弼傳〉曰：弼幼而察惠，年十餘，好《老氏》。通辨能言。父業為尚書郎。時裴徽為吏部郎，弼未弱冠，往造焉。徽一見異之。問弼曰：「夫無者，誠萬物之所資也，然聖人莫肯致言，而老子申之無已者何？」弼曰：「聖人體無，無又不可以訓，故不說也。老子是有者也，故恆言無所不足。」尋亦為傅嘏所知。於時何晏為吏部尚書，甚奇弼，嘆之曰：「仲尼稱後生可畏，若斯人者，可與言天人之際乎？」弼與鍾會善。會論議以校練為家，然每服弼之高致。弼注《老子》，為之指略，致有理統。注《道略論》，注《易》，往往有高麗言。大原王濟，好談病《老》、《莊》。嘗云：見弼《易注》，所悟者多。《晉書·王衍傳》云：魏正始中，何晏、王弼等祖述《老》、《莊》立論，以為天地萬物，皆以無為為本，無也者，開物成務，無往不存者也。衍甚重之。唯裴以為非，著論以譏之。而衍處之自若。衍既有盛才美貌，明悟若神，常自比子貢。兼聲名藉甚，傾動當世。妙善玄言，唯談《老》、《莊》為事。每捉玉柄麈尾，與手同色。義理有所不安，隨即改更，世號口中雌黃。朝野翕然，謂之一世龍門矣。〈樂廣傳〉云：廣尤善談論。每以約言析理，厭人之心。王戎為荊州刺史，聞廣為夏侯玄所賞，乃舉為秀才。衛瓘朝之耆宿，逮與魏正始中諸名士談論，見廣而奇之，曰：「自昔

諸賢既歿，常恐微言將絕，今乃復聞於君矣。」廣與王衍，俱宅心事外，名重於時。天下言風流者，謂王、樂為稱首焉。〈衛玠傳〉云：好言玄理。其後病多體羸，母恆禁其語。遇有勝日，親友時請一言，無不諮嗟，以為入微。琅邪王澄有高名，少所推服，每聞玠言，輒嘆息絕倒。天下大亂，移家南行。時王敦鎮豫章，長史謝鯤雅重玠。想見欣然，言語彌日。敦謂鯤曰：「昔王輔嗣吐金聲於中朝，此子復玉振於江表，微言之緒，絕而復續。不意永嘉之末，復聞正始之音。何平叔若在，當復絕倒。」阮籍，籍兄子咸，山濤、向秀、劉伶、王戎，嘗與嵇康為竹林之遊，世稱為竹林七賢。（《三國‧魏志‧王粲傳注》引《魏氏春秋》。）又有謝鯤、胡母輔之、畢卓、王尼、羊曼、光逸等，多善清言，遺世事，放蕩不拘禮法，《晉書》皆有傳。此皆魏晉世洛中人物。東渡以後，流風未沫。（江表之能玄言，初不自東渡後始，特東渡後此風愈盛耳。《晉書‧陸雲傳》云：雲嘗行，逗宿故人家。夜暗迷路，莫知所從。忽望草中有火光，於是趣之。至一家，便寄宿。見一年少，美風姿，共談《老子》，辭致深遠。向曉辭去。行十餘里，至故人家，云此數十里中無人居。雲意始悟。卻尋昨宿處，乃王弼塚。雲本無玄學，自此談《老》殊進。可見雲初入洛，即學為玄談矣。〈顧榮傳〉云：榮素好琴。及卒，家人常置琴於靈坐。吳郡張翰哭之慟。既而上床，鼓琴數曲。撫琴而嘆曰：「顧彥先，復能賞此不？」因又慟哭，不弔喪主而去。此等舉動，亦何異竹林諸賢邪？）帝王，（帝王之好玄言者，以梁武帝、簡文帝、元帝為最。《顏氏家訓‧勉學篇》言：元帝召置學生，親為教授，廢寢忘食，以夜繼朝。至乃倦劇愁憤，輒以講自釋。證以《南史》所載，魏師既起，帝猶於龍光殿述《老子》義，而知其說之不誣也。宋明帝答王景文詔，至有理致，已見第十九章第六節。晉明帝亦善玄言。嘗論聖人真假之意，王導等不能屈，見《晉書‧本紀》。在東宮時，阮放為太子中舍人庶子，雖戎車屢駕，而侍太子，常說《老》、

《莊》，不及軍國，帝甚友愛之，見《放》本傳。〈簡文帝紀〉，稱其清虛寡欲，尤善玄言，重桓石秀、劉恢、張憑、韓伯、謝萬、王懪，皆見本傳。《魏書·高祖紀》，言其善談《莊》、《老》，尤精釋義。〈世宗紀〉亦云：每至講論，連夜忘疲。）貴戚，（如晉范陽王虓，史稱其清辯能言論。康獻皇后父褚衰，史稱其與京兆杜乂，俱有盛名，冠於中興。）大臣，（《晉書·王祥傳》：祥族孫戎，稱祥在正始，不在能言之流，及與之言，理致清達。此一時風氣使然也。）文吏，（《晉書·良吏傳》：潘京，舉秀才到洛。尚書令樂廣，京州人也，共談累日，深嘆其才。謂京曰：「君天才過人，恨不學耳。」京感其言，遂勤學不倦。時武陵太守戴昌，亦善談論。與京共談，京假借之。昌以為不如己，笑而遣之。令過其子若思。京方極其言論。昌竊聽之，乃嘆服曰：「才不可假。」遂父子俱屈焉。）武夫，（《齊書·柳世隆傳》：世隆少立功名，晚專以談義自業。常自云：「馬稍第一，清談第二，彈琴第三。」在朝不幹世務，垂簾鼓琴，風韻清遠，甚獲世譽，此武夫之附庸風雅也。〈陳顯達傳〉：自以人微位重，每遷官，常有愧懼之色。有子十餘人，誡之曰：「我本志不及此汝等勿以富貴陵人。」謂其子曰：「塵尾、扇是王、謝家物，汝不須捉此自隨。」此武夫子弟，謬託風雅者也。）儒生，（見上節。）文人，（《晉書·文苑傳》：應貞，魏侍中璩之子也。自漢至魏，世以文章顯。貞善談論，以才學稱。夏侯玄有盛名，貞詣玄，玄甚重之。《陳書·徐陵傳》：年十二，通《老》、《莊》義。）藝士，（《晉書·藝術傳》：郭麿，少明《老》、《易》。《易》家本有言數一振，此最術士所易兼明也。）婦女，（《晉書·列女傳》：王凝之妻謝氏，字道韞，安西將軍奕之女也。聰識有才辯。凝之弟獻之，嘗與賓客談議，詞理將屈。道韞遣婢白獻之曰：「欲為小郎解圍」。乃施青綾步鄣自蔽，申獻之前議，客不能屈。《北史·盧玄傳》：玄孫道虔妻元氏，甚聰悟。常升高坐講《老子》。道虔從弟元明，隔紗幬以聽焉。）無不能之。餘風又流衍於

北。（苻堅禁《老》、《莊》、圖讖之學，已見第一節。〈苻融傳〉云：談玄論道，雖道安無以尚之。〈苻朗傳〉云：每談虛語玄，不覺日之將夕。可見其時清談之風甚盛，堅欲崇儒，所以不得不禁之也。〈姚興載記〉言：京兆韋高，慕阮籍之為人，居母喪，彈琴飲酒。可見洛下遺風，北方迄未嘗絕。《魏書‧程駿傳》：六世祖良，晉都水使者，坐事流於涼州，駿師事劉昞。謂昞曰：「今世名教之儒，咸謂老、莊，其言虛誕，不切實要，弗可以經世，駿意以為不然。夫老子著抱一之言，莊生申性本之旨，若斯者，可謂至順矣。」沮渠牧犍擢為東宮侍講。世祖平涼，遷於京師，為司徒崔浩所知。顯祖屢引與論《易》、《老》之義。是清談之風，傳播河西，又還歸洛下也。）入隋乃息。（《北齊書‧盧潛傳》：潛從祖兄懷仁，懷仁從父弟昌衡。武平末，尚書郎沈靖有才識，風儀蘊藉，容止可觀。天保中，尚書王昕以雅談獲罪，諸弟尚守而不墜。自茲以後，此道頓微。昌衡與頓丘李若，彭城劉泰珉，河南陸彥師，隴西辛德源，大原王修，並為後進風流之士。案其見於史者，又有羊烈，能言名理，以玄學知名。杜弼，性好名理，探味玄宗。嘗注《老子》及《莊子‧惠施篇》。《隋書‧張煚傳》：父羨，少好學，多所通涉。周代公卿，類多武將，唯羨以素業自通，甚為當時所重。撰《老子》、《莊子》義，名曰《道言》，五十二篇。煚好學有父風。〈長孫覽傳〉：從子識，建德初，武帝尚道法，尤好玄言。求學兼經史、善於談論者為通道館學士，識應其選。則周初粗獷之風，至此亦稍變矣。《北史》：盧辯弟光，好玄言，崇佛道，注《道德經章句》行於世。武帝少嘗受業，無怪其有此雅尚也。要之北方談玄之風，至周、齊而少衰，然迄未嘗絕也。）自正始至禎明之末，歷時凡三百五十年，通東漢之世計之，亦可雲天道五百年而一變矣。

玄學之大功，在於破除拘執。其說之最要者，為貴道而賤跡。道者今所謂原理，跡則今所謂事實也。前此之言治者，率欲模放古人之形跡，自

經玄學家之摧破，而此弊除矣。然人之善惡，實因其所處之境而不同。日與人相蕩相麗者，人事固較天行為尤切。前此經世之家，欲舉社會組織，解弦而更張之，其所操之術或疏，而謂非解而更張，無以為治，其說固未嘗誤。而承新莽敗績之後，人莫敢言治本之計，徒欲移易人性，以求臻於上理。玄學之家，已有此蔽。繼以佛學，其蔽愈深。宋世理學，力闢二氏，此見亦未能改，遂至冥冥千載，視社會一時之組織為天經地義而不可變焉，屢變無成，實由於此。此則深可嘆惋者矣。

　　然玄學之家，所見究非恆人所逮。故有世俗拘守，視為天經地義，而實則拂逆人性者，唯玄學家為能衝決其網羅。《晉書・阮籍傳》：文帝引為大將軍從事中郎。有司言有子殺母者。籍曰：「嘻！殺父乃可，至殺母乎？」坐者怪其失言。帝曰：「殺父天下之極惡，而以為可乎？」籍曰：「禽獸知母而不知父，殺父禽獸之類也，殺母禽獸之不若。」眾乃悅服。前言由衷之辭，後語則隨順世俗耳。此與孔融「父之於子，當有何親」之說，皆疾世俗拘執，所謂道者悉非其道而然。名士之踰越禮法，蓋亦有所激，不忍隨俗而出此也。（時人所重，莫如居喪，而諸名士居喪，率多違禮。《晉書・王戎傳》：以母憂去職，不拘禮制，飲酒食肉，或觀弈棋，而容貌毀悴，杖然後起。裴頠往吊之，謂人曰：「若使一慟能傷人，濬沖不免滅性之譏也。」時和嶠亦居父喪，以禮法自持，量米而食。哀毀不逾於戎。武帝謂劉毅曰：「和嶠毀頓過禮使人憂之。」毅曰：「嶠雖寢苦食粥，乃生孝耳。至於王戎，所謂死孝，陛下當先憂之。」此等說，乃愛好諸名士者，造作之以自解免於流俗耳，非其實也。〈謝鯤傳〉：鄰家高氏女有美色，鯤嘗挑之，女投梭折其兩齒。時人為之語曰：「任達不已，幼輿折齒。」鯤聞之，傲然長嘯，曰：「猶不廢我嘯歌。」畢卓為吏部郎，常飲酒廢職。比舍郎釀熟，卓因醉，夜至其甕間盜飲之。為掌酒者所縛。明旦視之，乃畢吏部也。遽釋其縛。卓遂引主人宴於甕側，致醉而去。〈王忱

傳〉：婦父嘗有慘，忱乘醉弔之。婦父慟哭。忱與賓客十許人連臂被髮裸身而入，繞之三匝而出。此等驚世駭俗之舉，皆人所難行，而諸人忍而為之，必有大不得已於其中者矣。〈隱逸傳〉：戴逵，常以禮法自處，深以放達為非道。著論曰：「儒家尚譽者，本以興賢也。既失其本，則有色取之行，其弊必至於末偽。道家去名者，欲以篤實也。苟失其本，又有越檢之行，其弊必至於本薄。」諸家之憤激，則亦疾其時之為偽而已。）然方內之士，則以為傷化敗俗，疾之若仇矣。（《晉書·何曾傳》：阮籍負才放誕，居喪無禮。曾面質籍於文帝坐曰：「卿乃背禮敗俗之人，今忠賢執政，綜核名實，若卿之曹，不可長也。」因言於帝曰：「公方以孝治天下，而聽阮籍以重哀飲酒食肉於公坐？宜屏四裔，無令汙染華夏。」帝曰：「此子羸病若此，君不能為吾忍邪？」曾重引據，辭理甚切。帝雖不從，時人敬憚之。）

　　遺落世務，最為尚論者之所訾，此本非學之咎，抑其事更不可以一概論也。正始諸賢，本皆有意於當世，觀夏侯玄論治之語可知。鐘會區區，志復魏室，已見《秦漢史》第十二章第八節。嵇康之死，說者謂為會所陷，殆不其然。康之死，《世語》謂由其欲助毌丘儉，其說蓋信。會或不能救，或則不欲芘之，以求自信於司馬氏而為後圖耳。果如是，則其用心愈苦矣。山濤嘗欲援康出仕，蓋欲使其屈節以自免，濤與阮籍，所為正是如此，亦足見其曲相維護之苦衷也。（《晉書·嵇康傳》云：性絕巧而好鍛。東平呂安，服康高致，每一相思，輒千里命駕。康友而善之。後安為兄所枉訴，以事繫獄，辭相證引，遂復收康。初康居貧，嘗與向秀共鍛於大樹之下，以自贍給。潁川鐘會，貴公子也，精練有才辯，故往造焉。康不為之禮，而鍛不輟。良久，會去，康謂曰：「何所聞而來？何所見而去？」會曰：「聞所聞而來，見所見而去。」會以此憾之。及是，言於文帝曰：「嵇康臥龍也，不可起。公無憂天下，願以康為慮耳。」因譖康欲助毌

丘儉，賴山濤不聽。昔齊戮華士，魯誅少正卯，誠以害時亂教，故聖賢去
之。康、安等言論放蕩，非毀典謨，帝王者所不宜容，宜因釁除之，以淳
風俗。帝既暗聽信會，遂並害之。案謂會之怨康，由往造康不之禮，說出
《魏氏春秋》，見《三國志・會傳注》。《注》又引《世語》曰：毌
丘儉反，康
有力焉，且欲起兵應之。以問山濤。濤曰：不可。儉亦已敗。裴松之云：
「本傳云：康以景元中坐事誅，而干寶、孫盛、習鑿齒諸書，皆云正元二
年（西元 255 年），司馬文王反自樂嘉，殺嵇康、呂安。蓋緣《世語》云康
欲舉兵應毌丘儉，故謂破儉便應殺康也。其實不然。山濤為選官，欲舉康
自代，康書告絕，事之明審者也，案《濤行狀》，濤始以景元二年（西元
261 年）除吏部郎耳。又〈鐘會傳〉亦云：會作司隸校尉時誅康，會作司
隸，景元中也。」干寶等之誤，誠如松之之說，然仍足見康之死，與毌丘
儉之叛有關。《三國志・會傳》云：遷司隸校尉雖在外司，時政損益，當
世與奪，無不綜典。嵇康等見誅，皆會謀也。亦可見康之誅為極有關係之
事。豈得如《魏氏春秋》所云：由安兄巽淫安之妻，誣安不孝，而安引康
為證哉？《魏氏春秋》又云：康義不負心，保明其事。安亦至烈，有濟世
志力。鐘會勸大將軍因此除之，亦可見其死，非以其兄之誣告也。信史之
不傳久矣。安兄誣安不孝，蓋欲加之罪之辭，方康於華士、少正卯亦然：
二人之所以獲罪，則祕不得聞矣。康與魏宗室昏，又為志節之士，其欲傾
晉，自在意中。《晉書・向秀傳》言：康善鍛，秀為之佐，相對欣然，又
共呂安灌園於山陽，足見三人志同道合。康既被誅，秀應本郡計入洛，作
〈思舊賦〉，以哀康、安。有云：「嘆黍離之愍周，悲麥秀於殷墟。」其所志
者，自可想見。〈山濤傳〉云：與嵇康、呂安善。後遇阮籍，便為竹林之
遊，著忘言之契。康後坐事，臨誅，謂子紹曰：「巨源在，汝不孤矣。」康
與濤之交情，亦可想見。欲助毌丘儉而問於濤，事所可有。然而濤卒獲全
者？蓋以其與宣穆后有中表親，又知其不可而不為，故非司馬氏之所深忌

也。抑當時思傾司馬氏之人蓋多，誅之不可勝誅，司馬氏亦未嘗不思籠落之，故如向秀者，雖亦康、安之黨，後既應計入洛，則亦釋之不復問矣。〈阮籍傳〉云：籍本有濟世志，屬魏、晉之際，天下多故，名士少有全者，由是不與世事，酣飲為常，亦山濤之知其不可而不為也。文帝欲為武帝求婚於籍，籍醉六十日，不得言而止，此不如山濤猶有葭莩之親矣。鐘曾數以時事問之，欲因其可否而致之罪，皆以酣醉獲免，可謂不為君用。嘗登廣武，觀楚、漢戰處，嘆曰：「時無英雄，使豎子成名。」登武牢山，望京邑而嘆。其鬱勃之情，亦何減嵇康、呂安？然文帝輔政，求為東平，後又求為步兵校尉，則司馬氏亦釋之矣。此山濤去選官，所由欲舉康以自代歟？委虵於朝，可以免禍，康、安寧不知之，而卒不肯，以與禍會，可不謂之烈歟？康既被繫，作〈幽憤詩〉，有「昔慚柳惠，今愧孫登」之語，而〈籍傳〉亦記籍遇登於蘇門山之事，登蓋亦非隱淪之流？然則一時名士，欲傾司馬氏者多矣。非遭屠戮則皆隱遁，司馬氏之威力，可謂重矣。然其運祚卒以不長。威力豈足恃哉？可以為鑒矣。）劉伶，沉湎於酒者也，而泰始初對策，盛言無為之化。胡母輔之為樂安守，與郡人光逸，晝夜酣飲，不視郡事，然其始為繁昌令，亦曾節酒自厲，甚有能名。阮孚為元帝丞相從事中郎，終日酣縱，則帝本不以事任處之。其後明帝大漸，溫嶠入受顧命，要與同行，升車乃告之，孚卒求下，徒步還家，則彼以為事不可為故爾。溫嶠能臣，而欲與共託孤寄命之重，亦可見孚之為人矣。阮放以清談侍明帝，而遷吏部郎，甚有稱績。成帝時為交州，又能伏兵襲殺陶侃將高寶，終以力薄而敗耳。庾敳在東海王越府，常自袖手，此與謝鯤為王敦長史，徒從容諷議同，猶能時進正論以匡敦，則所謂殺父與君亦不從也。從之者若郭象，則以任職當權稱矣。可見玄談之家，非皆不能事事者也。下特此也，庾亮，外戚之雋也，而史稱其好《莊》、《老》，善談論。殷浩、謝安，皆江左之望也，而皆為風流所宗。殷仲堪，亦一時之傑也，

而能清言，善屬文，每雲三日不讀《道德論》，便覺舌本間強，其談理與韓康伯齊名。王敦、桓溫，皆奸雄之尤也。而敦務自矯屬，雅尚清談，口不言財色。溫自江陵北伐，行經金城，見少為琅邪時所種柳，皆已十圍，慨然曰：「木猶如此，人何以堪？」攀枝執條，泫然流涕。其襟懷，亦何以異於遺世之士乎？諸名士之詒害於世者，乃在其身家之念大重。〈王衍傳〉言其居宰輔之重，不以經國為念，而思自全之計。乃說東海王越，以弟澄為荊州，族弟敦為青州，謂曰：「荊州有江、漢之固，青州有負海之險，卿二人在外，而吾留此，足以為三窟矣。」及其將死，乃顧而言曰：「吾曹雖不如古人，向若不祖尚浮虛，戮力以匡天下，猶可不至今日。」此蓋其由衷之言，所謂人之將死，其言也善，然其詒害於世者，祖尚浮虛為之乎？欲營三窟為之乎？恐其雖有悔於厥心，而終未能喻其故也。次則其人少居華膴，酖毒晏安，不能自振。周為王導所賊，事見第四章第四節。當時之不誅王氏，蓋事勢使然，之救導，決無背君黨友之嫌，縱不能訟言於朝，何難以私語慰藉？而乃默無一言，卒招殺身之禍。此無他，縱弛既甚，則慮患自疏耳。《莊子·盜跖篇》，設為盜跖告仲尼之辭曰：「今吾告子以人之情：目欲視色，耳欲聽聲，口欲察味，志氣欲盈。人上壽百歲，中壽八十，下壽六十。除病瘦、（當為庾，字之誤。）死喪、憂患，其中開口而笑者，一月之中，不過四五日而已矣。天與地無窮，人死者有時，操有時之具，而託於無窮之間，忽然無異騏驥之馳過隙也。不能說其志意，養其壽命者，皆非通道者也。」《列子·楊朱篇》曰：「萬物所異者生也，所同者死也。生則有賢愚、貴賤，是所異也，死則有臭腐、消滅，是所同也。賢愚、貴賤，非所能也，臭腐、消滅，亦非所能也。十年亦死，百年亦死，仁聖亦死，凶愚亦死。生則堯、舜，死則腐骨，生則桀、紂，死則腐骨。腐骨一矣，孰知其異？且趣當生，奚遑死後。」《列子》固張湛所為，《莊子》亦郭象所定，託於養生之論，為是恣睢之辭，此當時自

暴自棄者之供狀也。縱弛既甚，則不徒廢事以自安，必且競進以求利。庾翼譏王衍曰：「若以道非虞、夏，自當超然獨往。而不能謀始，大合聲譽，極致名位。」既如是，則「當抑揚名教，以靜亂原，而乃高談《莊》、《老》，說空終日。雖云談道，實長華競」，（翼與殷浩書，見〈浩傳〉。）所惡者華競而非談道，然則衍之惡不如是之甚也，特惡其為華競主，萃淵藪，使天下之惡皆歸焉耳。羊祜訾衍「以盛名處大位，敗俗傷化」，亦此意也。王坦之著〈廢莊論〉，曰：「君子遊方之外，眾人藉為弊薄之資。天下之善人少，不善人多，故莊生之利天下也少，害天下也多。」識解愈高，則其視世之所謂綱常名教者，不足嚴畏也愈甚，固不能謂其與學術無關，然魯酒薄而邯鄲圍，究為充類至義之盡之語。必如范寧，謂王弼、何晏，罪深桀、紂，亦少過矣。旨趣異於諸名士者，其人亦分數科：卞壺、陶侃，蓋由性勤吏職；（壺事見第十八章第二節。〈侃傳〉云：侃性聰敏，勤於吏職。閫外多事，千緒萬端，罔有遺漏。常謂人曰：「大禹聖者，乃惜寸陰，至於眾人，當惜分陰。」諸參佐或以談戲廢事者，乃命取其酒器、蒱博之具，悉投之於江。吏將則加鞭樸。曰：「樗蒱者，牧豬奴戲耳。老、莊浮華，非先王之法言，不可行也。君子當正其衣冠，攝其威儀，何有亂頭養望，自謂弘達邪？」）樂廣、庾亮，則由習於禮法，（廣笑王澄、胡母輔之等，謂：「名教內自有樂地，何必乃爾？」庾亮風格峻整，動由禮節，皆見本傳。〈江統傳〉：子惇，性好學，儒玄並綜。每以為君子立行，應依禮而動。放達不羈，以肆縱為貴，亦道之所棄也。乃著《通道崇檢論》，世咸稱之。亦廣、亮之儔也。）皆與識解無關。若應詹病元康以來，賤經尚道，而欲修辟雍，崇明教義；虞預憎疾玄虛，其論阮籍，比之伊川被髮；則所謂遊於方之內者耳。唯裴著《崇有》之論，謂：「以無為辭，旨在全有。生必體有，有遺而生虧。故養既化之有，非無用之所能全；理既有之眾，非無為之所能循。」其言深有理致。李充著《學箴》，謂：「聖教

救其末，老、莊明其本，本末之塗殊，而為教一也。」阮孝緒著論，謂：
「至道之本，貴在無為，聖人之跡，存乎拯弊。不垂其跡，則世無以平，
不究其本，則道實交喪。丘、旦將存其跡，故宜權晦其本，老、莊但明其
本，亦宜深抑其跡。跡須拯世，非聖不能，本實明理，在賢可照。」其說
亦極通達持平也。

　　清談之始，蓋誠欲以闡明真理，然及後來，則亦變為沽名釣譽之具，
漸染口給御人之習矣。《齊書·王僧虔傳》：僧虔書誡其子曰：「曼倩有
云：談何容易？見諸玄，志為之逸，腸為之抽；專一書，轉通數十家注；
自少至老，手不釋卷；尚未敢輕言。汝開《老子》卷頭五尺許，未知輔嗣
何所道，平叔何所說，馬、鄭何所異，指例何所明，而便自呼談士，此最
險事。設令袁令命汝言《易》，謝中書挑汝言《莊》，張吳興叩汝言《老》，
端可復言未嘗看邪？談故如射，前人得破，後人應解，不解即輸賭矣。且
論注百氏，荊州八袠，又才性四本，聲無哀樂，皆言家口實，如客至之有
設也。汝皆未經拂耳瞥目，豈有庖廚不修，而欲延大賓者哉？就如張衡，
思俟造化，郭象言類懸河，不自勞苦，何由至此？汝曾未窺其題目，未辨
其指歸，六十四卦，未知何名，《莊子》眾篇，何者內外，八袠所載，凡
有幾家，四本之稱，以何為長，而終日欺人，人亦不受汝欺也。」案《三
國志·鐘會傳注》引孫盛論王弼《易注》，謂其「敘浮義則麗辭溢目，造陰
陽則妙賾無間。至於六爻變化，群像所效，日時歲月，五氣相推，弼皆擯
落，多所不關。雖有可觀者焉，恐將泥夫大道」。又《管輅傳注》引〈輅別
傳〉曰：輅為何晏所請，共論《易》九事，九事皆明。晏曰：「君論陰陽，
此世無雙。」時鄧颺與晏共坐，颺言「君見謂善《易》，而語初不及《易》中
辭義，何也？」輅尋聲答之曰：「夫善《易》者不論《易》也。」傳載孔曜薦
輅於裴徽曰：「俯覽《周易》，則齊思季主。」又曰：輅過鐘毓，共論《易》。
輅因言卜可知君生死之日。毓使筮其生日月，如言無蹉跌。毓大愕然，

曰:「君可畏也。死以付天,不以付君。」遂不復筮。然則輅之於《易》,實無所知,所曉者只是卜筮之術。其與何晏、鐘毓共談,亦恃明悟之資,初非經生之業也。然則玄學初興,重在明悟,不在多聞。及其抗辭求勝,則不得不炫博矜奇,如經生之專務應敵,破碎大道矣。不特此也,衛玠以玉人見稱。後劉惔、謝尚共論中朝人士,或問杜乂可方衛洗馬不?尚曰:「安得相比?其間可容數人。」惔又云:「杜乂膚清,叔寶神清。」王羲之目乂:「膚若凝脂,眼如點漆。」齊世風流,莫如張緒。袁粲謂其有正始遺風。每朝見,齊武帝恆目送之。劉悛之為益州,獻蜀柳數株,武帝以植於大昌靈和殿前,賞玩諮嗟,曰:「此楊柳風流可愛,似張緒當年。」此等直是以貌取人耳,尚何學問之可言哉?故凡學皆貴本原,惡流失,而尤惡其為嘩世取寵之資也。

　道家而外,諸子之學,稍以式微。數術與《易》相出入,又言哲理固有本於物理者,治之者尚較多。《後漢書·張衡傳》云:衡好玄經,謂崔瑗曰:「吾觀大玄,方知子雲妙極道數。乃與《五經》相擬,非徒傳記之屬。」《三國·吳志·陸績傳》言:績博學多識。星曆,算數,無不該覽。作《渾天圖》,注《易》,釋《玄》,皆傳於世。陳壽稱其於楊《玄》,是仲尼之丘明,老聃之嚴周。〈陸凱傳〉云:好《大玄》,論演其意,以筮輒驗。王肅亦嘗注《玄經》,見《隋書·經籍志》。(子部儒家。)《晉書·忠義傳》:劉敏元,好星曆、陰陽、術數,潛心《易》、《大玄》,不好讀史。常謂同志曰:「誦書當味義根,何為費功於浮辭之文?《易》者義之源,《大玄》理之門,能明此者,即吾師也。」又〈王長文傳〉:著書四卷擬《易》,名曰《通玄經》。有文言、卦象,可用卜筮。時人比之《大玄》。同郡馬秀曰:「楊雄作《大玄》,唯桓譚以為必傳後世。晚遭陸績,玄道遂明。長文《通玄經》,未遭陸績、君山耳。」此等皆可見魏、晉間人於《玄》鄉往之深。〈干寶傳〉:性好陰陽、術數,留思《京房夏侯勝》等〈傳〉。〈隱逸傳〉:

郭琦，善五行，作〈天文志〉、〈五行傳〉，注《穀梁》、《京氏易》，百卷。
索襲，遊思於陰陽之術。著天文、地理十餘篇，多所啟發。《魏書·屈遵
傳》：曾孫拔，少好陰陽學。蓋其學尚較他家為盛。然宋立五學，言陰陽
者已無其人。（見第一節。）《南史·劉傳》：講〈月令〉畢，謂學生嚴植之
曰：「江左已來，陰陽律數之學廢矣。吾今講此，曾不能得其方佛。」吳明
徹就周弘正學天文、孤虛、遁甲，略通其術，遂以英雄自許，陳武帝亦深
奇之。蓋尚玄談者多，能究心於數理者，亦已微矣。與道家相近者，莫如
法術之學。鍾會道論，實乃刑名，已見前。清談其名，華競其實，督責之
術，相須實亟，故亦有留意其說者。王坦之頗尚刑名學，著《廢莊論》；
李充幼好刑名之學，深抑浮虛之士是也。然亦能通其說而已，不能有所
發明羽翼，觀《隋志》名法之書，率皆三國以前物可知也。名家之學，與
法家相輔車，然寡實用，故其道尤微。《晉書·隱逸傳》：魯勝，著述為
世所稱，遭亂遺失，唯注《墨辯》存。其敘曰：「自鄧析至秦時，名家世
有篇籍，率頗難知，後學莫復傳習。於今五百餘歲，遂亡絕。《墨辯》有
《上》、《下經》，《經》各有《說》，凡四篇。與其書眾篇連第，故獨存。」
然則名家之書單行者，已皆亡佚，此可證今之《鄧析》、《公孫龍子》，皆
為偽物也。《三國·魏志·鍾會傳注》云：淮南人劉陶，善論縱橫，為當時
所稱。每與王弼語，嘗屈弼。王衍以好論縱橫之術，盧欽舉為遼東太守，
已見第二十二章第四節。《晉書·袁悅之傳》云：能長短說，甚有精理。
始為謝玄參軍，為玄所遇。丁憂去職，服闋還都，止齎《戰國策》，言天
下要唯此書。此皆好尚縱橫家言者，然亦無所發明羽翼。《隋志》有《鬼
谷子》三卷，皇甫謐注，蓋即謐之所緝。謐之言多不可信，此書不必即今
《鬼谷子》，然謐之書即存，亦未必可觀也。

第五節　史學

　　漢世述作，多在東觀；魏世始置著作郎，或隸中書，或隸祕書；已見
《秦漢史》第十九章第五節，及本編第二十二章第三節。《史通·史官建置
篇》曰：「舊事，佐郎職知博採，正郎資以草傳，如正佐有失，則祕監職
思其憂。其有才堪撰迷，學綜文史，雖居他官，或兼領著作。亦有雖為祕
書監，而仍領著作郎者。齊、梁二代，又置修史學士。陳氏因循，無所變
革。」案《隋書·經籍志》曰：「史官廢絕久矣。魏、晉已來，其道逾替。
南、董之位，以祿貴遊。政、駿之司，罕因才授。故梁世諺曰：上車不
落則著作，體中何如則祕書。」此其所以不得不別取他官，增設新職歟？
《隋書·百官志》謂梁有撰史學士，《陳書·文學傳》：張正見、阮卓，皆
嘗為撰史著士，蓋即劉知幾所云修史學士。史官不必能舉其職，喪亂時亦
或暫缺其官，然載筆之司，究為執政所重，故少獲安定，即復設立。元帝
渡江，祖納勸設史官，當時未用其議，未幾，王導復以為言，即於建武元
年十一月設立，是其事矣。（見紀。祖納，逖兄。元帝作相，引為軍諮祭
酒。納好弈棋。王隱以其少長五都，遊宦四方，華夷成敗，皆所聞見，勸
以記述。納因薦隱於元帝。元帝以問記室參軍鐘雅。雅曰：「納所舉雖有
史才，而今未能立也。」事遂停。然史云：「史官之立自納始，」蓋納實首
發其議者也。見《晉書·逖傳》。）割據僭偽諸國，亦多設定。《史通》言之
頗詳。亦有散見諸載記者。（《史通》云：「偽漢嘉平初，公師或以大中大
夫領左國史，撰其國君臣紀傳。前涼張駿時，劉慶遷儒林郎中常侍，在東
苑撰其國書。蜀李與西涼二朝，記事委之門下。南涼主烏孤，初定霸基，
欲造國紀，以其參軍郎韶為國紀祭酒，始撰錄時事。自餘偽主，多置著作
官，若前趙之和苞，後燕之董統是也。」嘉平，劉聰偽號。和苞撰《漢趙
紀》十卷，見《隋書·經籍志》，此外皆無可徵。諸國置史官之事，見於載
記者：《晉書·石勒載記》：勒偽稱趙王，命記室佐明楷、程機撰《上黨國

記》，中大夫傅彪、賈蒲、江軌撰《大將軍起居注》，參軍石泰、石同、石謙、孔隆撰《大單于志》。及僭號，又擢拜大學生五人為佐著作郎，錄述時事。〈李雄載記〉言雄興學校，置史官，已見第一節。〈符堅載記〉言：堅母少寡，將軍李威，有闡陽之寵，史官載之。堅收起居注及著作所錄而觀之。見其事，慚怒。乃焚其書，而大檢史官，將加其罪。著作郎趙泉、車敬等已死，乃止。《魏書·臨渭氐傳》亦載其事。又《北史·序傳》：涼武昭王時，有白狼、白兔、白雀、白雉、白鳩等集於園間。群下以為白祥金精所誕，皆應時邕而至，氐有神光、甘露、連理、嘉禾眾瑞，請史官記其事。昭王從之。此史官，當即知幾所謂門下也。）知幾又云：「元魏初稱制，即有史臣。雜取他官，不恆厥職。其後始於祕書置著作局。正郎二人，佐郎二人。其佐參史者，不過一二而已。普泰已來，參史稍替。別置修史局。其職有六人。當代都之時，史臣每上奉王言，下詢國俗，兼取工於翻譯者，來直史曹。及洛京之末，朝議又以為國史當專任代人，不宜歸之漢士。於是以谷纂、山偉，更主文籍。凡經二十餘年。其事闕而不載。」案《魏書·高宗紀》：和平元年（西元 460 年），六月，崔浩之誅也，史官遂廢，至是復置。著作之設，當在此時。別置修史局，則史無可考。〈序紀〉言魏之初，世事遠近，人相傳授，如史官之紀錄。（見第三章第八節。）〈序紀〉固不足信，然書契前事，十口相傳，則理所可有。〈奚斤傳〉云：斤聰明強識，善於談論。遠說先朝故事，雖未皆是，時有所得。聽者嘆美之。《北史·魏諸宗室傳》云：元丕，聲氣高朗，博記國事。饗燕之際，恆居坐端，必抗音大言，敘列既往成敗。代都所詢，蓋即此輩。《魏書·王慧龍傳》：曾孫遵業，位著作佐郎，與司徒左長史崔鴻同撰起居注。遷右軍將軍，兼散騎常侍，慰勞蠕蠕。乃詣代京，採拾遺文，以補起居所闕。則遷洛以後，仍未嘗不以是為重。末葉專任代人，事見〈山偉傳〉。（〈傳〉云：綦儁及偉等，諂說上黨王天穆及尒朱世隆，以為國書正應代人

修緝，不宜委之餘人。是以儁、偉等更主大籍。守舊而已，初無述著。故自崔鴻死後，迄終偉身，二十許載，時事蕩然，萬不記一。後人執筆，無所馮藉。史之遺闕，偉之由也。未及谷纂。〈劉仁之傳〉云：深為尒朱世隆所信用。出帝初，為著作郎，兼中書令。既非其才，在史未嘗執筆。則其時之失職者，尚不僅纂、偉二人也。）蓋由尒朱擅權，多行不義，且曾戕賊朝士，慮中原士大夫直筆書之，故如是也。知幾又云：「高齊及周，迄於隋代，其史官以大臣統領者，謂之監修國史，（齊世如高隆之、趙彥深、崔季舒、張雕虎，周世如柳敏等，皆嘗居此職。）自領則近循魏代，遠效江南。唯周建六官，改著作之正郎為上士，佐郎為下士。名字雖易，而班秩不殊。」又云：「又案《晉令》：著作郎掌起居集註，撰錄諸言行、勳伐，舊載史籍者。元魏置起居令史，每行幸燕會，則在御左右，記錄帝言及賓客酬對。後別置修起居注二人，多以餘官兼掌。」案《魏書·高祖紀》：太和十四年（西元 490 年），二月，初詔定起居注制。十五年（西元 491 年），正月，初分置左右史官。蓋即所謂別置二人者？然〈鄧淵傳〉言：太祖詔淵撰國記，淵撰十餘卷，唯次年月起居行事而已，未有體例，蓋即起居注之倫？足見其有紀錄，由來已久。後來劉芳從駕南巡，撰述行事，亦起居注之類也。起居注直書其事，另無裁斷，（《陳書·文學傳》：何之元作《梁典》，其《序》曰：「臧榮緒稱史無裁斷，猶起居注耳。」起居注亦有病其繁蕪，加以刪削者，如徐勉刪起居注為六百卷是也。然此等刪削，亦不足語於裁斷。）然實為撰述之本，故歷代皆重視其事，廢絕之時甚少，（如魏建義初辛紹先曾孫貢，天平中陳元康、盧玄曾孫元明，西魏大統四年（西元 538 年）申徽，皆嘗從事於此，皆流離顛沛之際也。）而其書之傳者亦頗多。（《隋志》著錄，凡四十四部，一千一百八十九卷。）《隋書·經籍志》：雜史類有《梁皇帝實錄》，（一三卷，周興嗣撰，記武帝事。一五卷，謝吳撰，記元帝事。）霸史類有《敦煌實錄》，（劉景撰，景，唐

189

人避諱之字，即劉昞也。）蓋就此略加刪削者。此為官家史料大宗。間有
別行記錄者，如《宋書‧蕭思話傳》言：太祖使思話上平定漢中本末，下
之史官；《梁書‧蕭子恪傳》言：子恪啟撰高祖集，並《普通北伐記》；（其
書凡五卷，亦見本傳。）則似清世之方略矣。史事雖設官記錄，然斷不能
備，故仍或求諸私家。《北齊書‧文宣帝紀》：天保元年（西元550年），八
月，詔曰：「朕以虛寡，嗣弘王業。思所以讚揚盛績，播之萬古。雖史官
執筆，有聞無墜，猶恐緒言遺美，時或未書。在位王公，文武大小，降及
民庶，爰至僧徒，或親奉音旨，或承傳旁說，凡可載之文籍，悉宜條錄封
上。」其詢訪所及，亦可謂廣矣。官書固難信據，私家撰述，亦或苟阿所
好，不必皆實。南朝之普斷立碑，（《南史‧裴松之傳》：松之以世立私碑，
有乖事實，上表陳之。以為「諸欲立碑者，宜悉令言上，為朝議所許，然
後聽之。庶可以防遏無徵，顯彰茂實。」由是普斷。）北朝之不受行狀，
（《魏書‧甄琛傳》：琛死，大臣議諡文穆。吏部郎袁翻以為不實，奏請改
諡孝穆。且言「今之行狀，皆出自其家，任其臣子，自言君父之行，是以
極辭肆意，無復限量。請自今已後，明勒太常、司徒：有如此者，悉請裁
量，不聽為受。」）蓋以此也。

　　撰述之體，當時史家所習用者，為紀傳及編年。（《隋書‧經籍志》：
史部分目十三：曰正史，曰古史，曰雜史，曰霸史，曰起居注，曰舊事，
曰職官，曰儀注，曰刑法，曰雜傳，曰地理，曰譜系，曰簿錄。自起居注
已下，皆只可謂之史材，非編纂已成之史籍也。雜史者，其書出於私家，
〈志〉所謂「靈、獻之世，天下大亂，史官失其常守，博達之士，愍其廢
絕，各紀聞見，以備遺亡，是後群才景慕，作者甚眾」者也。霸史則以其
為偏方割據，別立一門耳。其實二者之體例，皆與正史、古史同。古史即
編年也，《隋志》以其體放自《春秋》，謂之古史。劉知幾作《史通》，其
《古今正史篇》，亦以紀傳、編年，二體並列。）而紀傳之體，尤為見重。

（可看《魏書・高祐傳》。）一以作者率循遷、固，一亦以紀傳之體，兼有書志，可詳典章經制，於史實之網羅，尤為該備也。（分史事為理亂興衰、典章經制二類，說見馬貴與《文獻通考序》。此非貴與一人之私言，乃自來史家之公意也。高祐修魏史奏云：「紀傳區別，表志殊貫，如此修綴，事可備盡，」亦是此意。）自《漢書》而降，所謂正史，悉系斷代為書，頗為主通史者所非議。然自唐以前，修史之家，實未嘗謂史當斷代。特往史所重，偏在政事，而其記載多出史官，一姓之興亡，自為政局一大變，新朝繼起，必命史臣，蒐集前朝之事，編纂成書，而斷代之體，遂成於無意之間耳。東京以降，紀傳之體，作者多家，而通行者率不過一種。《後漢書》為范曄。（謝承《後漢書》，成於三國之世，已見《秦漢史》第十九章第五節。此外《隋志》所著錄者，又有薛瑩《後漢記》，司馬彪《續漢書》，華嶠《後漢書》，謝沈《後漢書》，張瑩《後漢南記》，袁山松《後漢書》。《梁書・蕭子恪傳》，言其弟子顯，嘗採眾家《後漢》，考正同異，為一家之書，傳末敘所著書，有《後漢書》一百卷，則又《隋志》所未著錄也。編年之體，《隋志》所著錄者，有袁彥伯《後漢記》，張璠《後漢記》，袁曄《獻帝春秋》三家。案范曄書十志未成，今《後漢書》中之志，乃後人以司馬彪書補之者也。華嶠書十典亦未成，其子徹、暢，相繼成之，見《晉書》本傳。）《三國志》為陳壽。（三國史記，王化有《蜀書》，韋曜有《吳書》，已見《秦漢史》第十九章第五節。《魏書》，正元中成於王沈。《晉書》本傳云：與荀、阮籍同撰，多為時諱，未若陳壽之實錄。據《史通・古今正史篇》，同撰者又有韋誕、應璩、孫該、傅玄，《晉書・玄傳》又有繆施。《隋志》著錄：正史類有環濟《吳紀》，編年類有孫盛《魏氏春秋》，陰澹《魏紀》，孔舒元《魏氏春秋》，據《史通》，又有魚豢《魏略》，事止明帝。王隱《蜀記》，張勃《吳錄》。《魏書・張彝傳》：彝子始均，嘗改陳壽《魏志》為編年之體，廣益異聞，為三十卷。又《儒林・梁祚傳》：祚撰並

陳壽《三國志》，名曰《國統》。）《晉書》則唐代官纂之本。（晉史撰述，始於陸機。《史通·古今正史篇》云：「機為著作郎，撰三祖紀，束皙為佐郎，撰十志，會中朝喪亂，其書不存。」而《隋志》古史類有機《晉紀》四卷。案《晉書·干寶傳》載王導請立國史疏，謂：「宣皇帝廓定四海，武皇帝受禪於魏，而紀傳不存於王府。」則似王室無其書，而民間猶有傳本也。王隱為著作郎，撰《晉書》。後為虞預所毀，免官。依庾亮於武昌，書乃得成。而虞預竊隱之作，亦成《晉書》四十餘卷，事見《晉書》本傳。隱之書，《隋志》正史類著錄八十六卷，《注》云：本九十三卷，《史通》雲八十九卷，未知孰是。要其書於西都舊事，最為該備，則無疑也。干寶為著作郎，著《晉紀》，自宣帝迄愍帝，凡二十卷，亦見《晉書》本傳。《隋志》在古史類，云二十三卷。過江而後，《史通》云：「自鄧粲、孫盛、王韶之、檀道鸞已下，相次繼作。遠則偏紀兩帝，近則唯敘六朝。至宋，湘東太守何法盛，始撰《晉中興書》，勒成一家，首尾該備。齊隱士東莞臧榮緒，又集東西二史，合成一書。皇家貞觀中，有詔以前後史十有八家，製作雖多，未能盡善，乃敕史官，更加纂錄。採正典與舊說數十餘部，兼引魏史、十六國書。為〈紀〉十，〈志〉二十，〈列傳〉七十，〈載記〉三十，並〈敘例〉、〈目錄〉，合為百三十二卷。自是言晉史者，皆棄其舊本，競從新撰者焉。」此即今之《晉書》，而唐人稱為《新晉書》者也。鄧粲、孫盛，《晉書》皆有傳。王韶之，《宋史》有傳。盛之書，本傳云：有兩本，其說殊不足信，韶之之書，有荀伯子同撰，見《宋書·伯子傳》。法盛書，《南史·徐廣傳》謂其竊諸郗紹，說亦似不足信。十八家，浦起龍《史通通釋》云：「隋唐二志，正史部凡八家，其撰人則王隱、虞預、朱鳳、何法盛、謝靈運、臧榮緒、蕭子雲、蕭子顯也。編年部凡十一家，其撰人則陸機、干寶、曹嘉之、習鑿齒、鄧粲、孫盛、劉謙之、王韶之、徐廣、檀道鸞、郭季產也。蓋十九家，豈緣習氏獨主漢斥魏，以為異議，遂

廢不用歟?」說近臆測,疑事毋質,不必盡求其人以實之可也。《隋志》著
錄,又有梁時有其書,而作〈志〉時已亡之者:鄭忠《晉書》七卷,庾銑
《東晉新書》七卷其不著錄而見於史傳者:晉荀綽有《晉後書》十五篇,謝
沈有《晉書》三十餘卷,沈約有《晉書》百一十卷。未成而頗傳於世者:崔
浩有《晉後書》五十餘卷。有志而未成者:齊有袁炳,魏有宋世景、裴伯
茂、魏長賢。沈約之書,據《宋書·自序》,凡成百二十卷,遇盜失其第五
帙。以《梁書》所載卷數核之,所失者凡十卷。《序》云:「源流雖舉,而
採綴未周。」以被敕撰國史,後又撰起居注,遂無暇搜撰,則其書實未
成。《宋書·謝靈運傳》云:太祖令撰《晉書》,粗立條流,竟不能就。其
書實亦未卒業也。)《宋書》成於沈約。(《宋書》,何承天草立紀傳,止於
武帝功臣,其所撰書,唯天文、律歷。此外悉委山謙之。謙之病亡,蘇寶
生續造諸傳。元嘉名臣,皆其所撰。寶生被誅,徐爰踵成前作。起自義熙
之初,迄於大明之末。其臧質、魯爽、王僧達諸傳,則系孝武自造。自永
元至於禪讓,十餘年間,闕而不續。永明五年(西元487年),沈約被敕撰
著。六年(西元488年),十月,表上之,云:「所撰諸志,須成續上。」
事見《宋書》約〈自序〉。其書實多因徐爰之舊,故於革易之際,為宋諱
者,反甚於為齊。說見《廿二史札記》。《齊書·文學·王智深傳》言:世
祖使沈約撰《宋書》,又敕智深撰《宋紀》,成三十卷。世祖後召見於璿明
殿,令拜表奏上。表未奏而世祖崩。隆昌元年(西元494年),敕索其書。
《梁書·裴子野傳》,謂其曾祖松之,宋元嘉中,受詔續修何承天《宋史》,
未及成而卒。子野嘗欲繼成先業。及齊永明末,沈約所撰《宋書》既行,
子野更刪撰為《宋略》二十卷。《史通·古今正史篇》云:松之之卒,史佐
孫沖之表求別自創立,為一家之言。沖之盛曾孫,事見〈臧質〉、〈鄧琬
傳〉。其書蓋未及成。《齊書·劉祥傳》云:祥撰《宋書》,譏斥禪代。尚書
令王儉密以啟聞。武帝銜而不問。〈陸澄傳〉云:欲撰《宋書》,竟不成。《隋

志》著錄，沈約、裴子野而外，紀傳類有徐爰、孫嚴《宋書》各六十五
卷，古史類有王琰《宋春秋》二十卷。）《齊書》成於蕭子顯。（子顯之書，
《梁書》本傳作六十卷，《隋志》同。今本止五十九卷，蓋佚〈自序〉一篇？
其略，猶存於《南史》本傳中也。《齊書》撰述，始於檀超、江淹。建元二
年（西元 480 年），初置史官，以超、淹掌其職。超史功未就而死。淹所撰
凡十三篇，見《南史》本傳。《隋志》正史類，亦著錄淹《齊史》十三卷。
《梁書‧淹傳》云：淹所著《齊史》十志，行於世。十志，《南史》作傳志。
按《史通》云：「淹始受詔著述，以為史之所難，無出於志，故先著十志，
以見其才。」云先著，後必更有所述，則《南史》是也。此外《隋志》又有
沈約《齊紀》二十卷，劉陟《齊紀》十卷。約著《齊紀》，亦見《梁書》本
傳。以上皆紀傳體。其編年體，則《隋志》有吳均《齊春秋》三十卷。均作
是書，求借齊起居注及群臣行狀。梁武帝不許。均遂私撰。書成，奏之。
書稱帝為齊明帝佐命。帝惡其實錄，使詰其事之不實者，焚之。均坐免
職。然其私本仍行。事見《梁書》、《南史》本傳及《史通》。《齊書‧檀超
傳》云：豫章熊襄著《齊典》，上起十代。其《序》云：「《尚書‧堯典》謂
之《虞書》，故通謂之齊。」《南史》同。其書所述，蓋不僅齊事。《隋志》
不著錄，而有王逸《齊典》五卷，蕭萬《齊典》十卷，皆在古史類。《梁
書‧裴子野傳》，言其欲撰《齊梁春秋》，始草創，未就而卒。）《梁》、《陳
書》成於姚思廉。（梁史：《史通》云：武帝時，沈約、周興嗣、鮑行卿、
謝昊相承撰錄，已有百篇。承聖淪沒，並從焚蕩。《梁書‧沈約傳》言：
所著有《高帝紀》十四卷。《隋志》著錄謝昊《梁書》四十九卷。《注》云：
本一百卷。蓋相承至昊，共得百篇，非昊一人所撰也。陳初，杜之偉、許
亨，太建時顧野王，並知梁史，亨書成者五十八卷，皆見《陳書》本傳。
亨子善心，《隋書》有傳，云：其父嘗撰《齊書》五十卷。《梁書》紀傳，隨
事勒成，及闕而未就者，目錄注為一百八卷。梁室交喪，一時亡散。陳初

為史官，依舊目錄，更加修撰，且成百卷。已有六帙五十八捲上祕閣訖。善心禎明二年（西元 588 年）聘隋而陳亡。其書存者六十八卷，又並缺落失次。善心隨見補葺，成七十卷。《陳書》所著，蓋其上祕閣之本？《隋志》著錄許亨《梁史》五十三卷，則又有所闕也。以上皆紀傳體。其編年體：《隋志》著錄，有劉璠《梁典》三十卷，何之元《梁典》三十卷，陰僧仁《梁撮要》三十卷，姚勖《梁後略》十卷，蕭韶《梁大清紀》十卷，蕭世怡《淮海亂離志》四卷。劉璠之書，實成於其子祥之手，事見《周書》本傳。何之元之書，起齊永元二年（西元 500 年），迄王琳遇獲，見《陳書》本傳。《史通》謂之元與璠合撰《梁典》三十篇，合字蓋各字之誤？姚勖，僧垣子，事見《周書・僧垣傳》。蕭韶，見《南史・梁宗室傳》。云其書承湘東之旨，多非實錄。陳史：《史通》云：初有顧野王、傅，各為撰史學士。《武文二帝紀》，即其所修。《唐志》有野王、《陳書》各三卷，而《隋志》有陸瓊《陳書》四十二卷，《注》云訖宣帝，疑野王、之書，亦苞括其中矣。姚察在梁、陳二代，皆知史職。隋開皇九年（西元 589 年），敕其撰成二史。事見《陳書》本傳。然其書仍未能成，至唐貞觀中，乃成於其子思廉之手焉。）晉世北方諸國，總集於崔鴻之《十六國春秋》。其書雖成於魏世，而專詳僭偽，不著晉朝，民族大義，可謂較然彰著。嬴秦以後，吾國久成統一之局，偏隅割據者，原不能視之為國，故至唐世，遂將其行事，編為載記，入之《晉書》，視如漢末之群雄矣。（十六國史，《史通》述之較詳，今錄其說如下。〈古今正史篇〉曰：「前趙劉聰時，領左國史公師彧撰〈高祖本紀〉及〈功臣傳〉二十人，甚得良史之體。凌修譖其訕謗先帝，聰怒而誅之。劉曜時，和苞撰《漢趙記》十篇，事止當年，不終曜滅。後趙石勒，命其臣徐光、宗歷、傅暢、鄭愔等撰《上黨國記》、《起居注》、《趙書》。其後又令王蘭、陳宴、程陰、徐機等相次撰述。至石虎，並令刊削，使勒功業不傳。其後燕太傅長史田融，宋尚書庫部郎郭仲產，北中郎

將王度，追撰石事，集為《鄴都記》、《趙記》等書。前燕有《起居注》，杜輔全錄，以為《燕記》。後燕建興元年（西元 386 年），董統受詔草創後書。著〈本紀〉並〈佐命功臣〉、〈王公列傳〉，合三十卷。其後申秀、范亨，各取前後二燕，合成一史。南燕有趙郡王景暉，嘗事德、超，撰二主《起居注》。趙亡，仕於馮氏，仍撰《南燕錄》六卷。蜀李勢散騎常侍常璩撰《漢書》十卷。後入晉祕閣，改為《蜀李書》。璩又撰《華陽國志》，具載李氏興滅。前涼張駿十五年，命其西曹邊瀏集內外事，以付秀才索綏，作《涼國春秋》五十卷。又張重華護軍參軍劉慶，在東苑專修國史二十餘年，著《涼記》十二卷。建康太守索暉，從事中郎劉昞，又各著《涼書》。前秦史官，初有趙淵、車敬、梁熙、韋譚，相繼著述。苻堅嘗取而觀之。見苟太后幸李威事，怒而焚滅其本。後著作郎董誼，追錄舊語，十不一存。及宋武帝入關，曾訪秦國事。又命梁州刺史吉翰問諸仇池，並無所獲。先是秦祕書郎趙整，參撰國史。值秦滅，隱於商洛山，著書不輟。有馮翊車頻，助其經費。整卒，翰乃啟頻纂成其書。以元嘉九年（西元 432 年）起，至二十八年（西元 451 年）方罷。定為三卷。而年月失次，首尾不倫。河東裴景仁，又正其訛闕，刪為《秦紀》十一篇。後秦扶風馬僧虔、河東衛隆景、並著秦史，及姚氏之滅，殘闕者多。泓從弟和都仕魏，又追撰《秦記》十卷。夏天水趙思群，北地張淵，於真興、承光之世，並受命著其國書。及統萬之亡，多見焚燒。西涼與西秦、北燕，其史或當代所書，或他邦所錄。段龜龍記呂氏，宗欽記禿髮氏，韓顯宗記呂、馮氏。唯此三者可知，自餘不詳誰作。魏世，黃門侍郎崔鴻，乃考核眾家，辨其同異。除煩補闕，錯綜綱紀。易其國書曰錄，主紀曰傳。都謂之《十六國春秋》。鴻始以景明之初，求諸國逸史。逮正始元年（西元 504 年），鳩集稽備，而猶闕蜀事，不果成書。推求十五年，始於江東購獲。乃增其篇目，勒為十卷。鴻歿後，永安中，其子繕寫奏上，請藏諸祕閣。由是偽史宣

布，大行於時。」案高祖，劉淵偽號。《隋志》有田融《趙書》十卷，王度
《二石傳》二卷，《二石偽治時事》二卷，范亨《燕書》二十卷。《注》云：
記慕容儁事。張詮《南燕錄》五卷，王景暉《南燕錄》六卷，皆《注》云：
記慕容德事。又有遊覽先生《南燕書》七卷。《魏書‧酈範傳》：範弟子惲，
撰慕容氏書不成。〈崔逞傳〉：慕容暐時舉上計掾，補著作郎，撰《燕記》；
〈封懿傳〉：懿撰《燕書》，頗行於世，則《隋志》皆不著錄。常璩之書，《隋
志》名《漢之書》，十卷。《華陽國志》亦著錄，十二卷。又云：梁有《蜀平
記》十卷，《蜀漢偽官故事》一卷，亡。劉景《涼書》十卷，《注》云：記張
軌事。又有《敦煌實錄》十卷。景為昞避諱字，已見前。《魏書‧昞傳》
云：《涼書》十卷，《敦煌實錄》二十卷。《隋志》又有張諮《涼記》八卷，
《注》亦云記張軌事。喻歸《西河記》二卷，《注》云：記張重華事。符堅焚
史，事已見前。裴景仁之書，《隋志》著錄為十一卷。又有何仲熙《秦書》
八卷，《注》云：記符健事。景仁之書，亦見《南史‧沈懷文傳》，云十卷。
姚和都書，《隋志》亦著錄。真興，勃勃偽號，承光，昌偽號，夏、西涼、
西秦三國，《隋志》皆無書。段龜龍書，《隋志》著錄十卷。宗欽，《魏書》
有傳，云欽在河西，撰《蒙遜記》十卷，無足可稱。不云記禿髮氏。《隋
志》有《拓跋涼錄》十卷，不著撰人。韓顯宗，《魏書》亦有傳。云撰《馮
氏燕志》十卷，不云記呂氏。則《史通》宗欽記禿髮氏，韓顯宗記呂、馮
氏二句有誤。浦起龍改為「宗欽記沮渠氏，失名記禿髮氏，韓顯宗記馮
氏」，與《魏書》、《隋志》雖合，然合段龜龍記呂氏，凡有四種，與「唯此
三者可知」句，文義又屬不符。浦氏又改唯此為「唯有」，云「本有四種，
其一失名，故云三者」。殊屬牽強。則元文雖誤，浦氏所改，亦未為是
也。《隋志》有《涼書》十卷，高道讓撰。又《涼書》十卷，《注》云：沮渠
國史，而不著撰人。道讓，謙之字。其父崇。崇父潛，妻沮渠牧犍女武威
公主。公主痛本生絕胤，以崇繼牧犍後，後乃啟復本姓，事見《魏書‧崇

傳》。韓顯宗書，《隋志》不著錄，而有高閭《燕書》十卷，《注》云：記馮跋時事。崔鴻之書，《魏書》本傳云：鴻二世仕江左，故不錄僭晉、劉、蕭之書。又恐識者貴之，未敢出行於外。世宗聞其撰錄，遣散騎常侍趙邕詔鴻隨成者送呈。鴻以其書有與國初相涉，言多失體，且既未訖，迄不奏聞。鴻後典起居注，乃妄載其表，云謹以所訖者附臣邕呈奏。自正光以前，不敢顯行其書。自後，以其伯光貴重當朝，知時人未能發明其事，乃頗相傳讀。亦以光故，執事者遂不論之。子子元，永安中，乃奏其父書。據此，知鴻書於十六國事與魏相關者，必多存直筆，而惜乎其已亡也。初不肯順虜意進呈，而後乃妄載其表，蓋以為書經呈奏，則攻擊者較難為辭，此史家欲存史蹟之苦心。正光以後，魏已無復綱紀，鴻故敢行其書，不必由於光之當權。至於永安，則拓跋氏僅亦守府矣，此其子所以又欲借中祕之力而存之也。《北史·崔亮傳》：齊文襄嘗言崔肇師合誅。左右問其故。曰：「崔鴻《十六國春秋》，述諸僭偽，而不及江東。」左右曰：「肇師與鴻別族」，乃止。虜惡其書如此，則其書之能秉大義可知，鴻可謂明於夷夏之界矣。其書，《魏書》云子元奏進者一百二卷。浦起龍因改《史通》勒為十卷之十字為一百二，然《史通》此句，或指其得蜀事後所增卷數言之，亦未可專輒也。）《魏書》成於魏收，號為穢史。隋世嘗命改造，然其書未能行。（魏初命鄧淵著國記，後又命崔鴻總史事，浩之誅，以史事為名，已見第八章第六節。其後高允、劉模，並典史事，史言其大較續浩故事，可見浩書實未嘗廢，其誅，特以此為名而已。史又言允雖久典史事，而不能專勤著述。又言允年已九十，目手稍遜，多遣模執筆，而指授裁斷之。如此五六歲。允所成篇卷，著論上下，模與有功焉。則允雖屍其名，主其事者實模也。〈高祖紀〉：太和十一年（西元 487 年），十二月，詔祕書丞李彪、著作郎崔光改析國記，依紀傳之體。〈彪傳〉云：自成帝已來，至於太和，崔浩、高允，著述國書，編年敘錄，為春秋之體。遺錄時事，

三無一存。彪與祕書令高祐，始奏從遷固之體，奏見〈祐傳〉。據其辭，則紀傳之體，起於皇始，蓋自此以前，事跡希簡，且無年月，不能編年，故不能作本紀。今《魏書》之〈序紀〉，其體，或亦沿自祐等邪？彪後因事失官。世宗踐阼，求以白衣修史，如王隱故事。其表云：自太和十五年（西元 491 年）以來，頻有南轅，載筆遂寢。其時居史職者，傅毗、陽尼、邢產、宋弁、韓顯宗等，皆登年不永；程靈虯改從他職；唯崔光一人不移任，而亦侍、官兩兼，故載述致闕焉。〈崔光傳〉云：光雖領史官，以彪意在專功，表解侍中著作以讓彪，世宗不許。景明二年（西元 501 年），秋，彪卒。四年（西元 503 年），以孫惠蔚代光領著作。首尾五載，無所厝意。明帝立，詔光還領著作。光年耆多務，疾病稍增，而自強不已。然其書終未能成。正光四年（西元 523 年）卒。臨卒，言弟子鴻於肅宗。五年（西元 524 年），正月，詔鴻以本官修輯國史。尋亦卒。《魏書·自序》云：世宗時，命邢巒追撰高祖起居注。書至太和十四年（西元 490 年）。又命崔鴻、王遵業補續焉。下訖肅宗，事甚委悉。尒朱兆入洛，官守奔散。國史典書高法顯密埋史書，故不遺落。領著作郎山偉，自以為功，得封東阿縣伯，法顯止獲男爵。偉與綦儁等更主史籍，無所述作，已見前。北齊文宣天保二年（西元 551 年），詔魏收撰魏史。國史而外，兼以濟陰王暉業《辨宗室錄》為據。五年（西元 554 年），三月，奏上〈紀〉百一十卷。十一月，復奏十〈志〉。事見《魏書·自序》。收之修《魏書》，史言其多快恩怨，私親戚，所引史官，恐其陵逼，亦唯取先相依附者。致為諸家子孫所訴。文宣先重收才，收又誣訴者欲相屠害，致訴之者轉以獲罪。然猶以群口沸騰，敕且勿施行，令群臣博議，聽有家事者入署，不實者陳牒。於是投牒者相次。收無以抗之。時左僕射楊愔，右僕射高德正，勢傾朝野，與收皆親。收遂為其家並作傳。二人不欲言史不實，抑塞訴辭。終文宣世，更不重論。孝昭皇建元年（西元 560 年），詔收更加研審。收奉詔，頗有改

正。乃詔行之。群臣仍多言魏史不實。武成復敕更審。收又回換。收既緣史事，多憾於人，齊亡之歲，收塚被髮，棄其骨於外焉。以上皆見《北齊書・收傳》。其說不知皆實否。然〈傳〉言陽休之父固為北平太守，以貪虐，為中尉李平所彈獲罪，載在《魏起居注》。而收書云：固為北平，甚有惠政，坐公事免官。又云：李平深相敬重，其事固信而有徵，則收書之有曲筆，似無可解免也。〈崔傳〉云：為常侍，求人修起居注。或曰：「魏收可。」曰：「收輕薄徒耳。」更引祖鴻勳為之。〈收傳〉言其意存實錄，好詆陰私。又曰：至於親故之家，一無所說。是則伉直私曲，兼而有之。〈高柔傳〉云：收撰魏史，啟柔等與同其事。柔性頗專固，自是所聞，收常為嫌憚。又云：柔在史館未久，逢勒成之際，志存偏黨。與其內外通親者，並虛美過實。深為時論所譏。則阿私所好者，正不獨收一人，特收主持其事，遂為眾矢之的耳。訴收穢罪者，事見《北齊書》盧潛、李構、王松年等〈傳〉。《北史・崔光傳》：光子劼，嘗恨魏收書，欲更作編年紀，竟不能就。光家世史學，使其成之，其書當有可觀也。齊後主武平四年（西元573年），五月，詔史官更撰《魏書》，見〈紀〉。其事蓋無所成？隋高祖詔魏澹別成魏史，時稱簡正，事見《隋書・澹傳》及《北齊書・魏蘭根傳》。《隋書・薛道衡傳》：從子德晉，嘗佐澹修《魏書》。然〈潘徽傳〉言：煬帝又詔楊素更撰《魏書》，素薨而止，則魏澹之書，論者必仍有不滿也。）《北齊書》成於李百藥。（《史通・古今正史篇》：「高齊史：天統初，太常少卿祖孝徵述獻武起居，名曰《黃初傳天錄》。時中書侍郎陸元規，常從文宣征討，著《皇帝實錄》，唯記行師，不載他事。自武平後，史官陽休之、杜臺卿、祖崇儒、崔子發等相繼註記，逮於齊滅。隋祕書監王劭，內史令李德林，並少仕鄴中，多識故事。王乃馮述起居注，廣以異聞，造編年書，號曰《齊志》，十有六卷。李在齊預修國史，創紀傳書二十七卷。至開皇初，奉詔續撰，增多《齊史》三十八篇。已上送官，藏之祕府。皇

家貞觀初，敕其子中書舍人百藥，仍其舊錄，雜採他書，演為五十卷。今之言齊史者，唯王、李二家焉。」《自注》云：「王劭《齊志》，〈序〉云二十卷，今世間傳者，唯十六卷。」《隋志》著錄，則止十卷。又有崔子發《齊紀》三十卷。〈杜臺卿傳〉云：撰《齊紀》二十卷。〈榮毗傳〉：兄建緒，仕周，平齊之始，留鎮鄴城，因著《齊紀》三十卷。《隋志》皆不著錄。）《周書》成於令狐德棻。（宇文周史：《史通》云：「大統有祕書丞柳虯，兼領著作，直辭正色，事有可稱。至隋開皇，中祕書監牛弘追撰《周紀》十有八篇，略敘紀綱，仍皆抵忤。皇家貞觀初，敕祕書丞令狐德棻、祕書郎岑文字共加修緝，定為《周書》五十卷。」《隋志》有牛弘《周史》十八卷，《注》云未成。）事亦皆在唐世。《史通·古今正史篇》云：「太宗以梁、陳及齊、周、隋氏，並未有書，乃命學士分修，仍使祕書監總知其務。合為五代紀傳，並目錄凡二百五十二卷。書成下於史閣。唯有十志，斷為三十卷，尋擬續奏，未有其文。又詔左僕射于志寧、太史令李淳風、著作郎韋安仁、符璽郎李延壽同撰。其先撰史人，唯令狐德棻重與其事。太宗崩後，刊勒始成。其篇第雖編入《隋書》，其實別行，俗呼為《五代史志》。」云合為五代紀傳，則梁、陳、齊、周、隋之史，實未嘗各別為書。然則續修之志，亦與五代紀傳合為一書，無所謂編入《隋書》也。五代既合為一書宋、齊、元魏何緣分立？隋實混一區宇，而亦繼南北朝之後，則晉又何不可冠於南北朝之前？然則當時史家，果未嘗謂史當斷代。李延壽雖與官修，仍採雜史，補益官書，（延壽與官修而必別為私史，意實在此，觀其自序可知。）編為南北紀傳，而亦入隋於其中，其〈自序〉稱以擬《史記》；知幾論史，亦入之通史之家；其明證也。然意雖在於會通，書實成於各別。合居一簡，未免無所取裁。當時雖合為一書，後人仍目為斷代，蓋以此也。

　　欲合隆古至於當代，萃為一編者，當時亦非無其人。梁武帝之《通史》，其最著者也。此書，《梁書·本紀》云六百卷，《史通·古今正史篇》

云六百二十卷，〈紀〉蓋以成數言之。《隋志》作四百八十卷，則有闕佚也。帝嘗躬制〈贊〉、〈序〉，（亦見〈本紀〉。）又語蕭子顯曰：「此書若成，眾史可廢。」其重視之可知。《史通》云：其書「自秦已上，皆以《史記》為本，而別採他說，以廣異聞。至兩漢已還，則全錄當時紀、傳。（《梁書‧吳均傳》言：此書起三皇，迄齊代，均草〈本紀〉、〈世家〉已畢，唯〈列傳〉未就卒。）而上下通達，臭味相依。又吳、蜀二主，皆入世家。五胡及拓跋氏，列於夷狄傳。大抵其體皆如《史記》，所異者唯無表而已。」斷代之書，所以不能合為通史者，實以兩朝銜接之際，不免復重、矛盾，今云上下通達，臭味相依，當有以祛此弊。云唯無表，則亦有志。表事不容刊落，蓋當別有剸裁。（《齊書‧檀超傳》。超掌史職，上表立條例，即謂封爵各詳本傳，無假年表。）此書實鄭樵《通志》之先河也。顧野王嘗撰《通史要略》一百卷，未就，（《陳書》本傳。）蓋又欲就斯書，加以刪略。熊襄《齊典》，所述不僅齊事，說已見前。宋江夏王義恭嘗撰《要記》五卷，起前漢訖晉太元，（《宋書》本傳。）蓋亦通史之體。北朝元暉，（常山王遵曾孫。《史通》誤作濟陰王暉業。）招集儒士崔鴻等，撰錄百家要旨，以類相從，名為《科錄》，凡二百七十卷。上起伏羲，迄於晉、宋，凡十四代。（《魏書‧昭成子孫傳》。《北史‧魏諸宗室傳》無宋字。）其書《史通》列為古今正史，而《隋志》入之子部雜家，蓋以為類書也。《魏書‧儒林‧平恆傳》云：自周以降，暨於魏世，帝王傳代之由，貴臣升降之階，皆撰錄品第，商略是非，號曰《略注》，合百餘篇，似亦《科錄》之類。《周書‧明帝紀》言：帝集公卿已下有文學者八十餘人，於麟趾殿刊校經史。又捃採眾書，自羲、農已來，迄於魏末，敘為《世譜》，凡五百卷。《隋書‧蕭濟傳》：陳亡後濟子從典入隋，楊素奏使續《史記》迄於隋，其書未就，則亦梁武作《通史》之志也。

　　斯時史家，頗知講求體例。華嶠《修漢後書》，以皇后入外戚傳為不

安，而改之為紀。(《晉書》本傳。)檀超之掌史職，嘗上表立條例，詔內外詳議。其時王儉、袁彖，均有所論，見《齊書·超》及〈彖傳〉。修史既皆斷代，故其起訖之間，最煩論議。晉初作本朝之史，即議立限斷。或云當起正始，(魏廢帝立之歲。)或云當始嘉平，(宣王殺曹爽之歲。)或云當起泰始，(武帝篡魏之歲。)見《晉書·賈充傳》。徐爰修宋史，起元義熙，載與高帝並起及為帝所戡定之人，而不取桓玄。表請詳議。詔曰：「項籍、聖公，編錄二漢，〈桓玄傳〉宜在宋典。餘如爰議。」後沈約修《宋書》，則並桓玄、譙縱、盧循、馬魯及劉毅、何無忌、魏詠之、檀憑之、孟昶、諸葛長民等並刪之，事見《宋書·爰傳》及〈自序〉。魏收監修國史，議立齊元，陽休之、李德林等亦有議論，見《北齊書·休之》、《隋書·德林傳》。此皆論一史之斷限者也。其分立時正統之論，則習鑿齒首及之。《晉書·鑿齒傳》載其臨終上疏曰：「臣每謂皇晉宜越魏繼漢，不應以魏後為之恪，而身微官卑，無由上達。今沉淪重疾，謹力疾著論一篇寫上。」其論曰：「今若以魏有代王之德，則其道不足，有靜亂之功，則孫、劉鼎立。昔共工霸有九州，秦政奄平區夏，猶不見序於帝王，淪沒於戰國，何況暫制數州之人，威行境內而已？若以晉嘗事魏，拘惜禪名，則惑之甚者也。禪代之義，不同堯、舜，校實定名，必彰於後，人各有心，事胡可掩？成業者繫於所為，不繫所藉。立功者言其所濟，不言所起。有定天下之大功，為天下之所推，孰如見推於暗人，受尊於微弱？」論足王天下與否，純以功德為準，而破拘於君臣之分，繆託禪讓之名，實頗合民貴君輕之義也。(鑿齒正統之說，當以此論所言為正。〈傳〉又言：鑿齒以桓溫覬覦非望，著《漢晉春秋》以裁正之，於三國時，蜀以宗室為正，則近臆度。)《晉書·天文志》云：「魏文帝黃初六年(西元 225 年)，五月，壬戌，熒惑入大微。七年(西元 226 年)，五月，帝崩。《蜀記》稱明帝問黃權：天下鼎立，何地為正？對曰：驗天文。往者熒惑守心，而文帝崩，吳、

蜀無事，此其徵也。案三國史並無熒惑守心之文，疑是入大微。」以天象
定正偽，則冥漠之說矣。

　　史也者，所以記人群之行事，以資鑒戒，非徒為一二人作起居注也。
此義也，昔時史家，久已知之。然史官緣起，本君大夫之私人，所記者特
其私事，記言記行，皆以表彰其人為主，此等見解，相沿不易化除，而視
史家之褒貶為一身之榮辱者遂多矣。《齊書・崔祖思傳》：祖思陳政事曰：
「古者左史記言，右史記事，君舉必書，盡直筆而不汙，故上無妄動，知
如絲之成綸。今者著作之官，起居而已。述事褒諛為體。世無董、狐，書
法必隱。時闕南史，直筆未聞。」即深惜史職不舉，不足使人歆懼者也。
宋文帝欲封王曇首等，會燕集，出詔示之。曇首曰：「豈可因國之災，以
為身幸？陛下雖欲私臣，當如直史何？」封事遂寢。荀丕惡於王儉，又
上書極諫齊武帝，言甚直。帝不悅。竟於荊州獄賜死。徐孝嗣聞之曰：
「丕縱有罪，亦不應殺，數千年後，其如竹帛何？」（《南史・齊豫章王嶷
傳》。）魏孝文謂史官曰：「直書時事，無諱國惡。人君威福自己，史復不
書，將何所懼？」皆謂史筆，足儆人君。然君既賞罰任情，史又何所恃以
奮其直筆？《齊書・王智深傳》：世祖使沈約撰《宋書》，疑立〈袁粲傳〉，
以謚世祖。世祖曰：「袁粲自是宋家忠臣。」約又多載孝武、明帝諸鄙瀆
事。上遣左右謂曰：「孝武事跡，不容頓尒。我昔經事宋明帝，卿可思諱
惡之義。」於是多所省除。則視人君之意旨為進退矣。世祖敕智深撰《宋
紀》，令奏上，未及而崩，郁林又索其書，已見前。〈傳〉言智深初為袁粲
所接，及撰《宋紀》，意常依依，世祖之索之，蓋意實有所不釋然，故郁
林猶繼其志也。劉祥撰《宋書》，譏斥禪代，世祖銜而不問，亦已見前。
《南史》言祥又於朝士多所貶忽，著連珠十五首以寄其懷。或以啟上，卒
以是徙廣州，則亦未嘗不以他事中之矣。觀此，可知人君之於直筆，畏忌
之深。《周書・柳虯傳》：虯上疏曰：「古人君立史官，非但紀事而已，蓋

所以為監戒。漢、魏已還，密為記注，徒聞後世，無益當時。且著迷之人，密書其事，縱能直筆，人莫之知。何止物生橫議，亦自異端互起。故班固致受金之名，陳壽有求米之論。著漢、魏者非一氏，造晉史者至數家。後代紛紜，莫知準的。諸史官記事者，請皆當朝顯言其狀，然後付之史閣。庶令是非明著，得失無隱。使聞善者自修，有過者知懼。」事遂施行。〈文帝紀〉：魏恭帝元年（西元 554 言），四月，帝大饗群臣。魏史柳虯執簡書於朝曰：「廢帝文皇帝之嗣子。年七歲，文皇帝託於安定公，曰：是子才由於公，不才亦由於公，宜勉之。公既受重寄，居元輔之任，又納女為皇后，遂不能訓誨有成，致令廢黜，負文皇帝付屬之意，此咎非安定公而誰？」太祖乃令太常盧辯作誥諭公卿。此其所謂顯言於朝者也，豈不令人作惡？虯以大統十四年（西元 548 年）除祕書丞，祕書雖領著作，不參史事，自虯為丞，始令監掌焉。十六年（西元 550 年），修起居注，仍領丞事。周文之委任之，豈不以其能破密書之局，則知公論之莫予壽，而可以釋然於懷也邪？

人君如此，人臣亦然。魏孝文譴婦人冠帽著小襦襖，任城王澄言著者猶少，孝文斥為一言喪邦，欲使史官書之，已見第二十一章第三節。梁取漢中，魏將乙速孤佛保自刎死，文帝詔著作錄之。（《北史・節義傳》。）丘冠先死於蠕蠕，齊武帝賜其子雄錢一萬，布三十匹，雄不受。詣闕上書曰：「臣父執節如蘇武，守死如谷吉，遂不書之良史，甄之褒策，萬代之後，誰死社稷？」（《南史・孝義傳》。）謝朓之死，謂門賓曰：「寄語沈公：君方為三代史，亦不得見沒。」皆視史家之褒貶為榮辱之大者也。源懷銇陳其父賀擁立高宗及執立高祖之功，不沾茅土之錫。詔曰：「宿老元臣，雲如所訴，訪之史官，頗亦言此，可依授北馮翊郡開國公。」可見私家勳伐，亦以書於國史者為準。故有見錄者則引為殊榮，如李孝伯與張暢對問，書於《宋史・暢傳》，其孫豹子，欲求其君之披覽是也。其或見遺，

則以為大戚，如訴魏收者或云遺其家世職位，或云其家不見記錄，或云妄有非毀是也。〈收傳〉言：收性頗急，夙有怨者，多沒其善。每言何物小子，敢共魏收作色？舉之則使上天，按之則使入地。則藉此以肆其恣睢者，又有之矣。收〈自序〉曰：武定四年（西元546年），獻武於西門豹祠宴集，謂司馬子如曰：「魏收為史官，書吾等善惡，聞北伐時諸貴常餉史官飲食，司馬僕射頗曾餉不？」因共大笑。仍謂收曰：「卿勿見元康等在吾目下趨走，謂吾以為勤勞。我後世身名在卿手，勿謂我不知。」又言齊文宣詔收撰魏史，敕收曰：「好直筆，我終不作魏大武誅史官。」神武、文宣皆粗才，能作是語，可知此等見解入人之深矣。《南史‧王韶之傳》曰：韶之為晉史，序王珣貨殖，王廞作亂。珣子弘、廞子華並貴顯，韶之懼為所陷，深附結徐羨之、傅亮等。少帝即位，遷侍中，出為吳郡太守。羨之被誅，王弘入相，領揚州刺史。弘雖與韶之不絕，諸弟未相識者，皆不復往來。韶之在郡，嘗慮為弘所繩，夙夜勤勵，政績甚美。弘亦抑其私憾。文帝兩嘉之。〈裴子野傳〉云：齊永明末，沈約撰《宋書》，稱松之已後無聞焉。子野撰《宋略》云：戮淮南太守沈璞，以其不從義師故也。約懼，徒跣謝之，請兩釋焉。嘆其述作曰：「吾弗逮也。」蓋直道之難行如此。《隋書‧盧思道傳》云：齊天保中，魏史未出，思道先已誦之，由是大被笞辱。蓋亦以秉筆者為恩怨所叢，慮其或受牽率，故當其未成之時，諱莫如深也。

史氏之初，本系記錄故事，以備方來之參證，其為用，略如後世之檔案，先代學者，留意於此者極多。《宋書‧殷景仁傳》云：景仁於國典、朝儀、舊章、記注，莫不撰錄，識者知其有當世之志。《梁書‧孔休源傳》：高祖嘗問吏部尚書徐勉曰：「今帝業初基，須一人有學藝、解朝儀者，為尚書儀曹郎。為朕思之，誰堪其選？」勉對曰：「孔休源識鑒清通，諳練故實。自晉、宋起居注，誦略上口。」高祖亦素聞之。即日除儀曹郎中。

是時多所改作每逮訪前事，休源即以所誦記，隨機斷決，曾無疑滯。吏部郎任昉嘗謂之為孔獨誦。其有裨實用如此。王彪之博聞多識，練悉朝儀。自是家世相傳，並諳江左舊事。緘之青箱。世人謂之王氏青箱學。（《宋書‧王淮之傳》。）王偉之少有志尚，當世詔命表奏，輒手自書寫。泰元、隆安時事，小大悉撰錄之。（《宋書‧王韶之傳》。偉之，韶之父也。韶之因此私撰《晉安帝陽秋》，既成，時人謂宜居史職，即除著作佐郎，使續後事。訖義熙九年（西元413年）。）許懋尤曉故事，深為儀注之學。（《梁書》本傳。）劉諒尤博悉晉代故事，時人號曰皮里晉書。（《梁書‧劉孝綽傳》。）江蒨好學，尤悉朝儀、故事，撰《江左遺典》三十卷，未就。（《梁書》本傳。）凡此皆後世所謂掌故之學。《隋志》有舊事、儀注兩門皆其書，刑法一門，律令而外，有制、科、議、議駁、彈事、奏事、決事、駁事，亦其類也。

漢世治古史者，當以韋曜、譙周、趙曄、袁康為巨擘。曜之《洞紀》，意在網羅放佚，求其完備。周之《古史考》，則是正舊聞，求其足信。曄與康之《吳越春秋》、《越絕書》，則皆著傳說於竹帛，使其不致湮滅者也。（參看《秦漢史》第十九章第五節。）魏、晉以降，此風未替。皇甫謐有《帝王世紀》，蓋《洞記》之倫。（此書起三皇，盡漢、魏，見於《隋志》。其體例與《洞紀》之起庖犧至秦、漢，而黃武以後別作者同。《隋志》又有何茂材《續帝王世紀》十卷，疑本謐書續以晉以後事。）其書在晉、南北朝之世，最為通行。（觀義疏言古事，多引此書，罕引《史記》可知。）故當時即有為作音注者。（《隋志》有虞綽《帝王世紀音》四卷。《北史‧文成五王傳》，安豐王猛之子延明，曾注《帝王世紀》。）來奧有《帝王本紀》，似亦《世紀》之類。楊曄有《華夷帝王世紀》，則似兼詳外國者也。（《隋志》所著錄者，又有甄鸞《帝王世錄》一卷。此書蓋但記世系，故卷帙甚少。《劉‧先聖本紀》十卷，所謂先聖，蓋亦指古帝王，〈志〉云：「自

後漢已來，學者多鈔撮舊史，自為一書。或起自人皇，或斷之近代，亦各其志。而體制不經。又有委之說，迂怪妄誕，真虛莫測，然其大抵皆帝王之事」可證也。王子年《拾遺記》二卷，今尚存，可見迂怪妄誕之概，然亦多記古帝王事也。又有姚恭《年曆帝紀》十卷，不著撰人《帝王諸侯世略》十一卷，蓋亦主年代、世系。又有孟儀《周載》八卷，《注》云：記前代下至秦，蓋古史之較略者。又有潘傑《王霸記》五卷，蓋亦記古帝王，下逮戰國。）《晉書·陳壽傳》云：壽撰《古國志》五十篇。壽嘗師事譙周，其書或與周同調。〈司馬彪傳〉云：彪以周為未盡善，條《古史考》中凡百二十二事為不當，多據《汲塚紀年》之義，亦行於世，則又周之諍友。然立說雖異，其途轍則同也。〈楊方傳〉：謂方嘗撰《吳越春秋》，《隋志》作《吳越春秋削繁》。又有皇甫遵《吳越春秋》十卷，不著撰人《吳越記》六卷，蓋皆以趙、袁二氏之書為不雅馴而改之。又有沈氏《南越志》八卷，則其所記，當較袁氏之書為廣也。又有何承天《春秋前傳》十卷，《春秋前雜傳》九卷，樂資《春秋後傳》三十一卷，蓋記戰國前事，而附麗於《春秋》，如司馬光《通鑒》、劉恕《通鑒外紀》之例也。（此節所引《隋志》之書，皆在雜史類。）

　　一地方之史實，亦有留心搜緝者。常璩之《華陽國志》，其傳於今而可見者也。崔慰祖著《海岱志》，起大公，迄西晉人物；（本傳云：四十卷，半未成。《隋志》在雜傳類，二十卷。）王遵業著《三晉記》；（十卷。見《北史·王慧龍傳》。遵業，慧龍曾孫也。）蓋亦其倫。《隋志》云：「後漢光武，始詔南陽撰作風俗。故沛、三輔有耆舊節士之序，魯、廬江有名德先賢之贊。郡國之書，由是而作。」此後世方誌之權輿，當時作者，蓋以人物為重。然一地方之史實，苞含其中者，必不少矣。宋段國有《吐谷渾記》一卷，《隋志》入霸史類，其地實在域外，亦可稱為外國史也。

　　傳記之作，此時最為浩繁。有該括全國者，如《隋志》所著錄之《海

內先賢傳》、《四海耆舊傳》是也。有域於一地者，如陳壽之《益部耆舊傳》，劉義慶之《江左名士傳》是也。有專詳一類人者，如嵇康之《聖賢高士傳》，諸家之《孝子傳》，梁元帝之《忠臣傳》，鐘岏之《良吏傳》，張隱之《文士傳》，范宴之《陰德傳》，王瑱之之《童子傳》，諸家之《列女傳》，不著撰人之《美婦人傳》是也。此實正史類傳之倫。其相容並苞者，則謂之《雜傳》。任昉、賀蹤、陸澄皆有其書。蹤書本七十卷，昉書本百四十七卷，可見其搜採之博。就官守而傳其人者，有梁元帝之《丹陽尹傳》。網羅一時人物者，有袁敬仲之《正始人士傳》，戴逵之《竹林七賢論》，專記一人者，如不著撰人之《東方朔傳》，《毌丘儉記》，管辰之《管輅傳》。家傳亦有多家。就所知者而識之，則梁元帝之《懷舊志》也。僧、道亦有列傳，如《高僧傳》、《眾僧傳》、《尼傳》、《列仙傳》是。其專傳一人者，則有如《法顯傳》、《正一真人、三天法師、張君內傳》、《嵩高寇天師傳》。所傳並有非人者，如《靈鬼志》、《志怪》、《神錄》等是。梁元帝著《古今同姓名錄》一卷，則人名辭典之先河也。

　　譜牒之作，斯時亦盛，以俗重閥閱故也。譜皇室者，如不著撰人之《漢氏帝王譜》、《宋譜》是。元暉業之《辨宗錄》，亦其類也。又有諸家之《百家譜》。一家之譜，則有如《京兆韋氏譜》、《謝氏譜》。譜一方巨族者，如《益州譜》、《冀州姓族譜》。官纂之書，以地、以姓為別，如梁有王司空《新集諸州譜》十一卷，又有《諸姓譜》一百一十六卷，梁武帝總責境內十八州譜六百九十卷，蓋其最巨者矣。譜牒之書，亦非僅記世次。如《隋志》有《楊氏家譜狀並墓記》一卷，裴子野有《續裴氏家傳》二卷。（《南史》本傳。）陸煦著《陸史》十五卷，《陸氏驪泉志》一卷是。（《梁書·陸杲傳》。參看第十七章第二節。）

　　宋元嘉中，使何承天立史學，石勒使任播、崔濬為史學祭酒，已見第一節。私家亦有以此傳授者。《隋志》云：「正史作者尤廣。一代一史，至

數十家，唯《史記》、《漢書》，師法相傳，並有解釋。《三國志》及范曄《後漢》，雖已音注，既近世之作，並讀之可知。梁時明《漢書》者有劉顯、韋稜，陳時有姚察，隋代有包愷、蕭該，並為名家。（該、愷並見《隋書·儒林傳》，云：於時《漢書》學者，以蕭、包二人為宗匠。聚徒教授，著錄者數千人。其盛，不下於傳經也。愷從王仲通受《史記》、《漢書》，李密師事愷，受《史記》、《漢書》，閻毗受《漢書》於該，皆見本傳。該梁鄱陽王恢之孫，愷東海人。《北史·崔贍傳》云：穎川荀濟，自江南入洛，贍學於濟，故得經史有師法。《隋書·儒林傳》：又有吳郡張沖，撰《前漢音義》十二卷。〈文學傳〉：劉臻，精於《兩漢書》，時人稱為《漢》聖，〈楊汪傳〉：汪受《漢書》於臻。臻亦梁人，江陵陷沒歸蕭詧者也。然則是時史學，實自南而北也。《舊唐書·儒林傳》：秦景通，與弟尤精《漢書》。當時習《漢書》者皆宗師之。常稱景通為大秦君，為小秦君。不經其兄弟指授，則謂之不經師匠，無足採也。又有劉訥，亦為當時宗匠。可見史學專門傳授之風，至唐初而未絕也。）《史記》傳者甚微。」諸史述其時之人，熟精漢史者甚多，（《梁書·文學傳》云：臧嚴於學多所諳記，尤精《漢書》，諷誦略皆上口。〈張緬傳〉：尤明後漢及晉代眾家，客有執卷質緬者，隨問便對，略無遺失。《南史·梁宗室傳》：吳平侯景之子勵，聚書至三萬卷，披玩不倦尤好《東觀漢記》，略皆誦憶。劉顯執卷策，勵誦應如流。乃至卷次，行數，亦不差失。《陳書·蕭濟傳》：第三子從典，篤好學業，博涉群書，於班史尤所措意。）《史記》則除裴駰作注外，（駰松之子，見《宋書·松之傳》。）治者較罕，（除前引蕭愷事王仲通與《漢書》並受外，唯《晉書·劉殷傳》言：殷有七子，五子各受一經，一子受《太史公》，一子受《漢書》。《南史·吳喜傳》云：喜出身為領軍府白衣吏。少知書。領軍將軍沈演之使寫起居注。所寫既畢，暗誦略皆上口。演之嘗作讓表，未奏失本，喜經一見，即寫無所脫漏。演之甚知之。因此涉獵《史》、《漢》，頗見古

今，則不過涉獵而已，非真治學者也。）蓋漢事近己而俗變相類，為用較切，而言古史者，《史記》之席，又為譙周、皇甫謐等書所奪也。《隋志》所云傳受，蓋重在訓詁、音釋，此馬融從班昭受讀《漢書》之舊，（見《秦漢史》第十九章第五節。）實尚不足語於史學。斯時史學之可稱者，一在補苴罅漏，一在提要鉤玄。補苴罅漏之功，見於註釋，《史通》言三國之志：「異聞錯出，其流最多。宋文帝以《國志》載事，傷於簡略，乃命裴松之兼採眾書，補註其闕。」（《古今正史篇》。）《宋書·松之傳》，稱其「鳩集傳記，廣增異聞」，蓋其所用心，實在於此。崔慰祖欲更注遷、固二史，採《史》、《漢》所漏二百餘事。（《齊書·文學傳》。）劉昭伯父彤，集眾家《晉書》注干寶《晉紀》，昭又集後漢同異，以注范曄書，世稱博悉。彤書四十卷，昭書一百八十卷。（《梁書》本傳。）卷帙並遠逾於舊。王規亦集後漢眾家異同，注《續漢書》二百卷。（《梁書》本傳。）此等皆名為注，實則補也。蔡謨總應劭以來注《漢書》者，為之集解。（《晉書》本傳。）《梁元帝注漢書》百十五卷，（〈本紀〉。）其世子方等注范曄《後漢書》未就。（《南史》本傳。）吳均注范曄《後漢書》九十卷。（《梁書·文學傳》。）此等雖專於註釋，亦必有薈萃之功。唯韋稜著《漢書續訓》二卷，（稜叡孫，見《南史·叡傳》。）則或專於音訓耳。提要鉤玄之功，見於抄撮。有為校勘同異者，如張緬抄《後漢》、《晉書》眾家異同，為《後漢紀》四十卷，《晉抄》三十卷，又抄《江左集》，未及成。（《梁書》本傳。）裴子野抄合後漢事四十餘卷。是也。（《南史》本傳。）有欲刪繁就簡者，如袁峻抄《史記》、《漢書》，各為二十卷，（《南史·文學傳》。）於仲文撰《漢書刊繁》三十卷，（見《北史·于慄磾傳》。仲文，慄磾八世孫。）劉延明以三史文繁，著《略記》百三十篇，八十四卷，（《北史》本傳。）阮孝緒有《正史削繁》九十四卷是也。（《隋志》雜史類。）《隋志》有漢衛颯《史要》十卷，《注》云：約《史記》要言，以類相從，（亦見雜史類。）此蓋《科

錄》之先河。又有王蔑《史漢要集》二卷，《注》云：抄《史記》，入《春秋》
者不錄。（亦見雜史類。）蓋合《史》、《漢》及《春秋》去其重者也。

第六節　文學美術

　　晉、南北朝，為文字趨於靡麗之世。以諸葛亮之綜事經物，而人或怪
其文采不豔，（見《秦漢史》第十九章第六節。）即可見當時之風尚。《抱
朴子·喻蔽篇》，述時人論王仲任者，病其「屬辭比義，不盡美」，亦此
等見解也。葛氏雖正其非，然其所作之文，亦繁而不殺。〈鈞世篇〉論今
人之文學，不必不如古人，其說多通。然又云：「俱論宮室，奚斯路寢之
頌，何如王生之賦〈靈光〉？同說遊獵，叔日盧鈴之詩，何如相如之言〈上
林〉？並美祭祀，〈清廟〉、〈雲漢〉之辭，何如郭氏〈南郊〉之豔？等稱征
伐，〈出軍〉、〈六月〉之作，何如陳琳〈武軍〉之壯？」則亦病古之醇素，
而貴後之雕飾矣，可見自拔於風氣之難也。（《晉書·劉頌傳》詳載其奏
疏，且稱之日：「遊目西京，望賈誼而非遠，眷言東國，顧郎而有餘。」
可謂以言存其人矣，然又譏其文慚華婉。〈傅咸傳〉云：「好屬文論，雖綺
麗不足，而言成規鑒。」皆眷眷於文辭。此等皆時人之議論，為史氏改採
者也。）曹魏之世，文章雖尚華飾，去古尚不甚遠。晉初潘、陸，稍離其
真，然迄宋世，尚有雅正之作。至齊、梁而雕琢塗澤愈甚矣。北方文字，
初較南方為質樸，至其末葉，乃亦與之俱化焉。（南朝文學之華靡，至梁
之叔世而極。所謂宮體是也，見《南史·徐摛傳》。北朝則大盛於北齊後
主之世。祖珽奏立文林館，召引文學之士，一時稱盛焉。見《北史·文苑
傳》。〈傳〉云：「永明、天監之際，太和、天保之間，洛陽、江左，文雅
尤盛。彼此好尚，雅有異同，江左宮商發越，貴於清綺。河朔辭義貞剛，
重乎氣質。氣質則理勝其辭，清綺則文過其意。理深者便於時用，文華者

宜於詠歌。此南北辭人得失之大較也。」然又云：「革車電邁，渚宮雲徹，梁荊之風，扇於關右。狂簡之徒，斐然成俗。流宕忘反，無所取裁。」則周人雖欲復古，亦未能自立於風氣之外矣。）

斯時綴述之家，多務蒐集辭藻。葛洪所謂以古書當山淵，採伐漁獵其中者也。（〈鈞世篇〉。）辭藻富麗者，吐屬仍貴自然。《顏氏家訓·文章篇》曰：「沈隱侯曰：文章當從三易：易見事一也，易識字二也，易讀誦三也。邢子才常曰：沈侯文章，用事不使人覺，若胸臆語也。深以此服之。」用事若胸臆語，則於語言之法無背，此行文之正軌也。若乃有意堆砌，致使辭浮於意，則雖庾信之富麗，論者且訾為辭賦之罪人矣。（《周書·信傳論》。）又其甚者，如《顏氏·勉學篇》所譏：「既不學問，而又羞為鄙樸。道聽塗說，強事飾辭。一二百件，傳相祖述，尋問莫知緣由，施安時復失所。」則為絕物也矣。此等人並不讀書，然讀書者亦不必皆善雕飾。劉晝以舉秀才不第，發憤緝綴辭藻，已見第二十二章第四節。晝制一首賦，以〈六合〉為名。自謂絕倫，吟諷不輟。以呈魏收。收謂人曰：「賦名六合，其愚已甚，及見其賦，又愚於名。」此真可發一笑。顏氏云：「學問有利鈍，文章有巧拙。鈍學累功，不妨精熟，拙文研思，終歸蚩鄙。但成學士，自足為人，必乏天才，勿強操筆。」（〈文章篇〉。）學問自有其真，夫豈鈍根所能就？顏氏所云，亦經生呫嗶之業耳。然善用所長，亦足自立，究愈於強用所短者也。而一時風氣鼓蕩，必率天下之人而出於一途。則知流俗波靡，未有不毀壞人才者。君子所以貴獨立不懼，遁世無悶也。

斯時之文字，有文筆之分。文貴華豔，筆則仍頗質實，與口語相去，初不甚遠。然二者已不必兼長。《晉書·摯虞傳》云：東平大叔廣，樞機清辯。廣談虞不能對，虞筆廣不能答。〈樂廣傳〉云：廣善清言，而不長於筆。累遷侍中河南尹。將讓尹，請潘岳為表。嶽曰：「當得君意。」廣乃作二百句語，述己之志。嶽因取次比，便成名筆。時人咸云：「若廣不假

嶽之筆，嶽不取廣之志，無以成斯美也。」《齊書・劉繪傳》：繪以辭辯，敕接虜使。事畢，當撰語辭。繪謂人曰：「無論潤飾，未易，但得我語亦難矣。」皆可見口舌筆札，二者自有懸違也。然口語次比，便可成筆，則其相去究不甚遠，故雖不讀書者，亦或能為之。《齊書・周顒傳》言顒善尺牘，而沈攸之送絕交書，太祖仍口授令顒裁答。《魏書・楊大眼傳》云：大眼雖不學，恆遣人讀書，坐而聽之，悉皆記識。令作露布，皆口授之，而竟不多識字也。《周書・梁臺傳》云：不過識千餘字，而口占書啟，辭意可觀。此尚與王平所識不過十字，而能口授作書無異。（見《秦漢史》第十九章第六節。）大抵當時古書，苟非有意塗澤者，仍是盡人所能解。《晉書・石勒載記》言：勒嘗使人讀《漢書》，聞酈食其勸立六國後，大驚曰：「此法當失，何得遂成天下？」至留侯諫，乃曰：「賴有此耳。」此與楊大眼使人讀書坐而聽之正同。〈赫連勃勃載記〉：劉裕入長安，遣使遺勃勃書。勃勃命其中書侍郎皇甫徽為文而陰誦之。召裕使前，口授舍人為書，封以答裕。裕覽其文而奇之。苟與語言相去甚遠，必非勃勃所能記也。《宋書・劉穆之傳》云：穆之與朱齡石並便尺牘。常於高祖坐與齡石答書。自旦至中，穆之得百函，齡石得八十函，而穆之應對無廢也。此等書翰，亦必僅就口語，略事翦裁耳。《魏書・胡叟傳》云：好作文。既善為典雅之辭，又工為鄙俗之句。〈成淹傳〉云：子霄，亦學涉，好為文詠，但辭採不倫，率多鄙俗。與河東姜質等朋遊相好，詩賦間起。知音之士，共所嗤笑。閭巷淺識，頌諷成群，乃至大行於世，則知俗語亦可為文，但不為文士所貴耳。

　　文士之於語言，既但用之於筆，則高文典冊，必也競事塗澤，寖失其真矣。窮而思返，實始北周。《周書・蘇綽傳》曰：自有晉之季，文章競為浮華，遂成風俗，太祖欲革其弊，因魏帝祭廟，群臣畢至，乃命綽為〈大誥〉奏行之。自是之後，文筆皆依此體。恭帝元年太祖命盧辯作誥

喻公卿，（見第五節。）及閔帝時魏帝禪詔，冊文，亦皆蘇綽〈大誥〉之流也。此等文字，雖似質實，實則仍以古語堆砌，未能達其真意。此仍是塗澤，不過其所塗澤者不同耳。故史臣譏其「矯枉非適時之用」焉。（〈王褒庾信傳論〉。）

　　賦體多學漢人，間有漸趨妍俊者，如〈雪〉、〈月〉、〈恨〉、〈別〉諸賦是也。詩體亦仍漢世之五言。如陶潛之高曠，謝靈運之工整，鮑照之雄駿，可謂各自名家。然較諸漢、魏以前之作，如《古詩》十九首等，則真樸漸漓矣。樂府之體，稍為文人所效為。《宋書·樂志》云：「凡樂章古辭，今之存者，並漢世街陌謠謳。吳哥、雜曲，並出江東，晉、宋已來，稍有增廣。古者天子聽政，使公卿大夫獻詩，耆艾修之，而後王斟酌焉。秦、漢闕採詩之官，歌詠多因前代。與時事既不相應，且無以垂示後昆。漢武帝雖頗造新哥，然不以光揚祖考，崇述正德為先，但多詠祭祀見事及其祥瑞而已，商、周雅頌之體闕焉。」觀此，可知是時之詩，民間歌謠見採者日希，文人之所為愈盛矣。

　　視書法為藝事之風，降而益甚。古篆稍廢，通行最廣者，實唯隸書。作隸求其姿媚，則有八分書，亦曰楷法。其專講實用者，仍稱為隸書，亦曰章程書。統觀晉、南北朝諸史，善隸草者最多，工楷法者已少，古篆則幾於絕無矣。此可見雖云藝事，仍不能不受實用之牽率也。江式六世祖瓊，善蟲篆古訓，子孫世傳家業。此在當時，蓋為孤學。式上表求作《古今文字》，言曹喜、蔡邕、張揖、邯鄲淳、韋誕、衛覬皆能篆，瓊即受學於覬者，此皆魏、晉間人。〈表〉稱「題篆宮禁，猥同上哲」，〈傳〉言式篆體尤工，洛京宮殿諸門版題皆式書，似題署尚皆用篆。然《晉書·王羲之傳》言：太元中，新起太極殿，謝安欲使其子獻之題榜，而難言之，試謂曰：「魏時凌雲殿榜未題，而匠者誤釘之，不可下，乃使韋仲將縣橙書之。比訖，鬚髮盡白，裁餘氣息。還語子弟，宜絕此法。」獻之揣知其旨，正

色曰：「仲將魏之大臣，寧有此事？使其若此，有以知魏德之不長。」安遂不之逼。獻之，〈傳〉僅言其工草隸而已。《魏書·盧玄傳》言代京宮殿，多其孫淵所題，亦僅雲其六世祖志法鐘繇書，傳業累世。繇亦僅工章程書耳。〈竇瑾傳〉：子遵，善楷、篆。北京諸碑及臺殿樓觀宮門題署多遵書，此當皆用楷、篆。然《周書·藝術傳》言：冀儁善隸書。趙義深少學楷隸，雅有鐘、王之則。當時碑榜，唯文深及儁而已。平江陵後，王褒入關。貴遊等翕然，並學褒書。文深之書，遂被遐棄。文深慚恨，形於言色。後知好尚難反，亦攻習褒書。然竟無所成。轉被譏議，謂之學步邯鄲焉。至於碑榜，餘人猶莫能逮。王褒亦每推先之。宮殿樓閣，皆其跡也。世宗令至江陵書景福寺碑，漢南人士，亦以為工。雖外任，每須題榜，輒復追之。儁固僅以善隸稱，文深雖楷、隸並言，然云有鐘、王之則，則所工者亦隸書也。然則碑榜亦不必篆分矣。古篆之用日少，此識之者所由日希歟？（見第一節。）

　　衛恆作《四體書勢》：一為古文，二為篆書，三為隸書，四為草書，行書即該於隸書之中。蓋行、楷（八分）皆隸之小變，不足獨成一體也。然則晉、南北朝諸史所稱善隸書者，亦未始不可兼該行、楷矣。而楷法之名，亦漸移於章程書，不專指八分。《北齊書·趙彥深傳》：子仲將，善草隸。雖與弟書，書字楷正。云：「草不可不解。若施之於人，即似相輕易。若與當家中卑幼，又恐疑所在宜爾。是以必須隸筆。」此云楷正，即指隸書，事甚明白。然其所謂隸筆，未必不苟行書，不必皆如今之正書，亦理之可信者也。《四體書勢》於行書稱鐘、胡，而荀勗領祕書監，立書博士，置弟子教習，以鐘、胡為法，可見行書為用之廣矣。史於行書，亦間有別諸隸書者，如《魏書·崔玄伯傳》，言其尤善草、隸、行押之書是也，然甚少。

　　當時工書者，頗多衣冠中人。南則王、謝，（如《晉書·王導傳》言

其孫岷善行書，〈謝安傳〉亦言其善行書。）北則崔、盧，（見《魏書・崔玄伯》、玄伯子〈浩〉及〈盧淵傳〉。）並為史所豔稱，而王羲之尤稱「古今之冠」。（《晉書》本傳語。）書藝既為世所重，名人筆跡，亦因之見寶。齊太祖嘗示王僧虔古蹟十一袠，就求能書人名。僧虔得民間所有袠中所無者十一卷奏之。又上羊欣所撰《能書人名》一卷。（《齊書》本傳。又〈劉繪傳〉，繪善隸書，亦嘗撰《能書人名》。）梁武帝天監初，殷鈞為祕書郎，啟校定祕閣四部書，更為目錄。又受詔料簡西省法書古蹟，別為品目。（《梁書》本傳。）西陽王大鈞，年七歲，高祖嘗問讀何書？對曰：學《詩》。因命諷誦，音均清雅。賜王羲之書一卷。（《梁書・太宗十一王傳》。）陳時，征北軍人於丹徒盜發晉郗曇墓，大獲王羲之書及諸名賢遺蹟。事覺，其書並沒縣官，藏於祕府。世祖以始興王伯茂好古，多以賜之。（《陳書・世祖九王傳》。）此皆天家之藏。桓玄愛王羲之父子書，各為一袠，置左右玩之。（《晉書・羲之傳》。）江祐遠致餉遺，或取諸王名書。（《南史》本傳。）此則士大夫之篤嗜成癖者也。北方則多寶崔、盧之書。《魏書・崔浩傳》言；世寶其跡，多裁割綴連，以為模楷。《梁書・文學・周興嗣傳》言：次均王羲之書千字，使興嗣為文。此皆世所謂集字。《魏書・崔玄伯傳》：玄伯父潛，為兄渾誄手筆草本，延昌初，著作佐郎王遵業買書於市，遇得之。深藏祕之。武定中，遵業子松年，以遺黃門郎崔季舒。人多摹拓之。則又後世鉤摹展拓之本矣。

　　詔令、奏議，要密者或出親書，蓋欲以防詐偽。蔡興宗說宋明帝為手詔以慰殷琰，已見第九章第五節。劉道濟之死，裴方明等使書與相似者為教，酬答籤疏。蕭穎胄死，州中祕之，亦使似其書者假為教命。此皆施於軍機緊急之時。謝兄朓，在吳興，論啟公事稽晚，輒代為啟，齊明帝見非其手跡，被問，見原，此則施之平時者矣。冀儁特務模寫，周太祖令偽為魏帝敕書與費也頭，令將兵助太祖討侯莫陳悅。儁依舊敕模寫，及代舍人

主書等署，與真無異，此固稟分使然，亦其時多用手筆，故有工於模放者邪？《宋書‧武三王傳》言：衡陽王義季素拙書，文帝聽使餘人書啟事，唯自署名，則非特許必出親筆，故梁昭明太子疾，武帝敕參問，輒自力手書啟也。萬幾日不暇給，或武人實不能書者，亦須自署名。《南史‧恩幸傳》云：齊高帝在領軍府，令紀僧真學手跡下名。篡位後報答書疏，皆付僧真。上觀之，笑曰：「我亦不復能別也。」〈王敬則傳〉云：敬則不識書，止下名。〈侯安都傳〉云：安都日益驕慢，表啟封訖，有事未盡，乃開封自書之，云又啟某事。然則本不自書也。手跡之為用既廣，留意於其工拙者遂多。劉穆之說宋高祖，已見第二節。《魏書‧崔玄伯傳》：弟子衡學崔浩書，頗亦類焉。天安元年（西元 466 年），擢為內祕書中散。班下詔命及御所覽書多其述。此則虜主不能書，而使工書者為代也。北齊高祖令工書人韓毅在東館師友諸王。後主在東宮，世祖亦選善書人性行純謹者令侍書。（《北齊書‧儒林傳》。）亦以世重書法，故加意教習也。

　　書工有徒取機速能集事者。《齊書‧倖臣傳》：劉系宗，泰始中為主書。太祖廢蒼梧，明日，呼正直舍人虞整，醉不能起。系宗歡喜奉命。使寫諸處分敕令及四方書疏。使主書十人，書吏二十人配之。事皆稱旨。此等但求能赴事機，未必更求筆跡之美。若崔衡供職，兼及虜主所覽；《梁書‧張率傳》：敕使撰婦人事二十餘條，使工書人琅邪王深、吳郡范懷約、褚洵等繕寫，以給後宮；則兼求其書法之工矣。然當時雖重書法，於工書者仍賤視之。觀王獻之對謝安語可見。《宋書‧羊欣傳》：元顯每使欣書，嘗辭不奉命。元顯怒，乃以為其後軍府舍人。此職本用寒人，欣意貌恬然，不以高卑見色，論者稱焉。觀劉系宗本為竟陵王誕子景粹侍書，誕舉兵，廣陵城內皆死，敕赦之，又以為東宮侍書，則知作書本寒人事也。《梁書‧劉顯傳》：嘗為上朝詩，沈約見而美之。時約郊居宅新成，因命工書人題之於壁。〈文學傳〉：約郊居宅新構閣齋，劉杳為贊二首，並以所撰

文章呈約。約即命工書人題其贊於壁。此等工書人，亦必寒素可隨意使令者。《顏氏家訓‧雜藝篇》言：「真草書跡，微須留意，江南諺云：尺牘書疏，千里面目也。」然又言：「此藝不須過精。（見第二節。）王褒地冑清華，才學優敏，後雖入關，亦被禮遇，猶以書工，崎嶇碑碣之間，辛苦筆硯之役。嘗悔恨曰：使吾不知書，可不至今日邪？」趙文深書見遐棄而以為恨，褒書見推重而亦以為恨，膏粱寒素，自處之不同，概可見矣。《宋書‧謝靈運傳》云：靈運詩書，皆兼獨絕，每文竟，手自寫之，文帝稱為二寶。然則當時士夫，自寫文字者絕少，書工之見役使者必多也。

　　圖畫仍以人物為主。王粹圖莊周於室，廣集朝士，使嵇含為之贊。（《晉書‧忠義嵇紹傳》。）宋明光殿以胡粉塗壁，畫古賢、烈士。（《宋書‧百官志》。）王綸之為豫章太守，圖畫陳蕃、華歆、謝鯤象於郡朝堂。顧野王與王褒並為梁宣城王賓客。王於東府起齋，命野王畫古賢，褒書贊。韋叡居家無事，慕萬石、陸賈之為人，畫之於壁以自玩。石季龍造大武殿初成，圖畫自古賢聖、忠臣、孝子、烈士、貞女。（《晉書‧藝術‧佛圖澄傳》。〈傳〉又云：皆變為胡狀。旬餘，頭悉縮入肩中，唯冠彷彿微出。季龍大惡之，祕而不言也。《宋書‧五行志》亦云：石虎末，大武殿前所圖賢聖人像人頭悉縮入肩中。說雖怪誕，然其圖畫人像，自系實事也。）皆畫古人於屋壁，以資鑒戒。李玄盛於南門外臨水起堂，名曰靖恭之堂，以議朝政，閱武事。圖贊自古聖帝、明王、忠臣、孝子、烈士、貞女，親為序頌。當時文武臣僚，亦皆圖焉。則兼及今人矣。齊武帝時，藩邸嚴急，諸王《五經》之外，唯得看《孝子圖》，已見第十章第一節。王僧虔子慈，年八歲，外祖宋江夏王義恭迎之內齋，施寶物，恣所取，慈取素琴、石硯及《孝子圖》而已。《隋書‧經籍志》：梁有《孝經圖》一卷，《孝經孔子圖》二卷，雜傳類又有《陳留先賢像贊》一卷，《會稽先賢像贊》五卷，皆裝成卷帙者。魏肅宗欲釋奠，豫詔有司，圖飾聖賢，（見第一節。）則

祠祀者亦有畫像也。(《宋書·自序》:世祖以沈伯玉容狀似畫圖仲尼像,常呼為孔丘,此孔子像不知在廟中?抑在屋壁上?或裝成卷帙?然當時孔子畫像必頗多,則可想見也。)畫今人者:王玄謨子寬,泰始初為隨郡太守,逢四方反,父在建康,寬棄郡自歸。以母在西,為賊所執,請西行。遂襲破隨郡,收其母。事平,明帝嘉之,使圖寬形以上。齊高帝圖功臣,劉僧副在焉。(《南史·劉善明傳》。)竟陵王子良開西邸延才俊,使工圖其像,王亮、宗夬皆與焉。(並見《梁書》本傳。)桓康隨武帝起兵。所經村邑,恣行暴害。江南人畏之,以其名怖小兒。畫其形於寺中。病瘧者寫形帖著床壁,無不立愈。(《南史》本傳。)馮道根為豫州,梁高祖引與燕,召工圖其形象。柳仲禮遷司州,帝思見其面,亦使畫工圖之。張緬居憲司,號為勁直,帝遣畫工圖其形於臺省,以勵當官。陳武帝定杜僧明等之亂,帝亦遣畫工圖其容貌而觀之。昭明太子起樂賢堂,使圖工先圖劉孝綽。王秀之欽慕宗測,令陸探微畫其形,與己相對。(《南史·隱逸傳》。)夏侯亶遷吳興太守,在郡有惠政,吏人圖其像,立碑頌美。齊武成於華林起玄洲苑,備山水臺觀之麗,詔於閣上畫魏收。許惇遷守陽平,治為天下第一,特加賞異,圖形於閣。凡此皆徒畫其人。《南史·宋宗室諸王傳》:長沙景王道憐之孫韞,人才凡鄙。在湘州、雍州,使善畫者圖其出行鹵簿羽儀,常自披玩。嘗以示蔡興宗,興宗戲之,陽若不解畫者,指韞形問之曰:「此何人而在輿?」韞曰:「正是我。」其庸鄙類如此。《梁書·康絢傳》:絢身長八尺,容貌絕倫。雖居顯官,猶習武藝。高祖幸德陽殿戲馬,敕絢馬射。撫弦貫的,觀者悅之。其日,上使畫工圖絢形,遣中使持以問絢,曰:「卿識此圖不?」其見親如此。此圖中蓋亦有多人?齊武帝志存恢復,使毛惠秀畫《漢武北伐圖》,置琅邪城射堂壁,遊幸輒觀焉。(《齊書·王融傳》。)此圖除人物外,當更有他景色以資點綴也。然特以資點綴而已,所重者仍在人物,故有以善畫一種人物稱者,如《齊書·劉繪傳》言:滎

陽毛惠遠善畫馬，繪弟瑱善畫婦人，當世並為第一是也。顧愷之之畫，特重古今，觀《晉書》本傳所言，亦僅善於人物而已。《顏氏家訓‧雜藝篇》云：「武烈太子，偏能寫真。坐上賓客，隨宜點染，即成數人。以問童稚，皆知姓名矣。」《南史‧陳本紀》云：袁彥聘隋，竊圖隋文帝狀以歸。後主見之，大駭，曰：「吾不欲見此人。」此說不知信否？然當時有此速繪之術，自不誣也。

山水畫似亦起於此時，但不多耳。《宋書‧隱逸傳》：宗炳，好山水，愛遠遊。西陟荊巫，南登衡嶽。因而結宇衡山。欲懷尚平之志，（即《後書‧逸民傳》之向長，字子平。《注》云：〈高士傳〉作尚。）有疾還江陵。嘆曰：「老、疾俱至，名山恐難遍睹，唯當澄懷觀道，臥以遊之。」凡所游履，皆圖之於室。謂人曰：「撫琴動操，欲令眾山皆響。」此所畫者，必為山水無疑。炳孫測，見《齊書‧高逸傳》。云：欲遊名山，乃寫祖炳所畫《尚子平圖》於壁上，則仍為人物矣。《宋書‧王微傳》，微報何偃書曰：「性知畫績，盤紆糾紛，或記心目。故兼山水之愛。一往跡求，皆放象也。」此所言者，或亦山水畫。

佛畫、佛像，亦隨佛教而俱興。《梁書‧諸夷傳》述縣光宅寺云：大同中，出舊塔舍利，敕市寺側數百家宅地，以廣寺域。造諸堂殿並瑞像周迴閣等，窮於輪奐焉。其圖諸經變，並吳人張繇運筆。繇丹青之工，一時冠絕。又云：師子國，晉義熙初，始遣獻玉像。經十載乃至。像高四尺二寸。玉色潔潤。形制殊特，殆非人工。此像歷晉、宋世在瓦官寺。寺先有徵士戴安道手製佛像五軀，及顧長康《維摩畫圖》，世人謂為三絕。至齊東昏，遂毀玉像，前截臂，次取身，為嬖妾潘貴妃作釵釧。戴安道名逵，其子顒，見《宋書‧隱逸傳》。云：自漢世始有佛像，形制未工。逵特善其事，顒亦參焉。宋世子鑄丈六銅像於瓦官寺，既成，面恨瘦，工人不能治，乃迎顒看之。顒曰：「非面瘦，乃臂胛肥耳。」既錯減臂胛，瘦患即

除，無不嘆服焉。元魏造像，規模尤大，見第二十四章第二節。

畫工見賤，尤甚於書工。《顏氏家訓‧雜藝篇》云：「吳郡顧士端，出身湘東國侍郎，後為鎮南府刑獄參軍。有子曰庭，西朝中書舍人。父子並有琴書之藝，尤妙丹青。常被元帝所使，每懷羞恨。彭城劉嶽，橐之子也。仕為驃騎府管記、平氏縣令。才學快士，而畫絕倫。後隨武陵王入蜀。下牢之敗，遂為陸護軍畫支江寺壁，與諸工巧雜處。鄉使三賢都不曉畫，直運素業，豈見此恥乎？」其見輕可謂甚矣。然名畫與法書，同為人所寶愛。《隋書‧經籍志》簿錄類，有《陳祕閣圖書法書目錄》一卷，《法書目錄》六卷，《書品》二卷，《名手畫錄》一卷。

魏復雅樂，始自杜夔，已見《秦漢史》第十九章第六節。晉初，荀勖典知樂事，又修律呂，事見《晉書‧勖傳》及《宋書‧樂志》。〈志〉云：江左以無雅樂器及伶人，省大樂並鼓吹令。是後頗得登哥食舉之樂，猶有未備。明帝太寧末，又詔阮孚等增益之。成帝咸和中，乃復置大樂官，鳩習遺逸。而尚未有金石也。初荀勖修正鐘磬，事未竟而勖薨。惠帝元康三年（西元 293 年），詔其子蕃修定金石，以施郊廟。（事亦見《晉書‧裴秀傳》。）尋直喪亂，遺聲舊制，莫有記者。庾亮為荊州，與謝尚共為朝廷修雅樂。亮尋薨，庾翼、桓溫，專事軍旅，樂器在庫，遂至朽壞焉。晉氏之亂也，樂人悉沒戎虜。（《晉書‧劉弘傳》云：伶人避亂，多至荊州。下書郡縣，使安慰之。須朝廷旋反，送還本署。則時伶人亦有南奔者，朝廷未能存撫耳。）及胡亡，鄴下樂人，頗有來者。謝尚時為尚書僕射，因之以具鐘磬。太元中，破苻堅，又獲樂工揚蜀等，閒練舊樂，四廂金石始備焉。《隋書‧音樂志》曰：慕容垂破慕容永於長子，盡獲苻氏舊樂。垂息為魏所敗，其鐘律令李佛等將大樂細伎奔慕容德於鄴。德遷都廣固，子超嗣立，其母先沒姚興，超以大樂伎百二十人詣興贖母。及宋武帝入關，悉收南度。文帝元嘉九年（西元 432 年），太樂令鐘宗之更調金石。至十四年

（西元 417 年），典書令奚縱復改定之。齊代因而用之。梁武帝思弘古樂。天監元年（西元 502 年），下詔訪百寮。是時對者七十八家，咸多引流略，浩蕩其辭，言樂之宜改，而不言改樂之法。帝既素善鐘律，詳悉舊事，遂自制定禮樂。其後臺城淪沒，樂府不修。王僧辯破侯景，諸樂並送荊州。經亂，工器頗闕。元帝詔有司補綴。才備，荊州陷沒。西人不知採用，工人有知音者，併入關中，隨例沒為奴婢。又云：清樂，其始即清商三調是也。並漢末舊曲。樂器形制，並歌章古辭，與魏三祖所作者，皆被於史籍。屬晉朝遷播，夷羯竊據，其音分散。苻永固平張氏，始於涼州得之。宋武平關中，因而入南，不復存於內地。及平陳後獲之。高祖聽之，善其節奏，曰：「此華夏正聲也。昔因永嘉，流於江外，我受天命，今復會同」云云。此洛京亂後，雅樂流播之大略也。

　　《隋志》又云：道武克中山，大武平統萬，或得其宮縣，或收其古樂。於時經營是迫，雅器斯寢。孝文頗為詩歌，以勖在位。謠俗流傳，布諸音律。大臣馳騁漢、魏，旁羅宋、齊。功成奮豫，代有製作。莫不各揚廟舞，自造郊歌，宣暢功德，輝光當世，而移風易俗，浸以陵夷。《周書‧斛斯徵傳》云：孝武西遷，雅樂廢闕，徵博採遺逸，稽諸典故，創新改舊，方始備焉。《隋志》又云：齊文宣將有創革，尚樂典御祖珽，自言舊在洛下，曉知舊樂。上書曰：「魏氏來自雲朔，肇有諸華，樂操土風，未移其俗。至道武帝皇始元年（西元 396 年），破慕容寶於中山，獲晉樂器，不知採用，皆委棄之。天興初，吏部郎鄧彥海奏上廟樂，創制宮縣，而鐘管不備。樂章既闕，雜以簸邏回歌。初用八佾，作始皇之舞。至大武帝平河西，得沮渠蒙遜之伎，賓嘉大禮，皆雜用焉。此聲所興，蓋苻堅之末，呂光出平西域，得胡戎之樂，因又改變，雜以秦聲，所謂秦漢樂也。至永熙中，錄尚書長孫承業，共臣先人太常卿瑩等，斟酌繕修，戎華兼採。至於鐘律，煥然大備。自古相襲，損益可知。今之創制，請以為準。」珽因

採魏安豐王延明及信都芳等所著樂說而定正聲，始具宮縣之器。仍雜西涼之曲。樂名廣成，而舞不立號。所謂洛陽舊樂者也。（〈志〉又載牛弘奏云：「後魏洛陽之曲，據魏史云：大武平赫連昌所得，更無明證。」）〈何妥傳〉：妥請興雅樂，表言：「江東宋、齊以來，至於梁代，所行樂事，猶皆傳古。侯景篡逆，樂師分散，四舞、（鞞、鐸、巾、拂。）三調，（清、平、瑟。）悉度偽齊。齊氏雖知傳受得曲，而不用之於宗廟朝廷也。」《隋志》又言：後周太祖輔魏之時，高昌款附，乃得其伎，教習以備宴饗之禮。及天和六年（西元 571 年），武帝罷掖庭四夷樂，（《周書・本紀》在九月。）其後帝聘皇后於北狄，得其所獲康國、龜茲等樂，更雜以高昌之舊，並於大司樂習焉。採用其聲，被於鐘石，取周官制以陳之。明帝武成二年（西元 560 年），正月朔旦，會群臣於紫極殿，始用百戲。武帝保定元年（西元 561 年），詔罷之。（亦見《周書・本紀》。）及宣帝即位，廣召雜伎，增修百戲，魚龍漫衍，常陳殿前。（見〈紀〉大象元年（西元 579年）。）武帝以梁鼓吹熊羆十二案，每元正大會，列於縣間，與正樂合奏。宣帝時，革前代鼓吹製為十五曲。晨出夜還，恆陳鼓吹。〈志〉又載牛弘謂「後周之樂，皆是新造，雜有邊裔之聲，戎音亂華，皆不可用」云。魏、齊、周三朝之樂，大略如此。

　　晉、南北朝，實為外國音樂流傳中國之世。據《隋書・音樂志》：煬帝定清樂、西涼、龜茲、天竺、康國、疏勒、安國、高麗、禮畢為九部。除清樂並漢末舊曲，禮畢出自晉太尉庾亮家外，（亮卒，其伎追思亮，因假為其面，執翳以舞，像其容。取其謚以號之，謂為文康樂。每奏九部樂終則陳之，故以禮畢為名。）餘皆來自異域。西涼者，起苻氏之末，呂光、沮渠蒙遜等據有涼州，變龜茲聲為之，號為秦漢伎。魏大武平河西得之，謂之西涼樂。至魏、周之際，遂謂之國伎。龜茲者，起自呂光滅龜茲，因得其聲。呂氏亡，其樂分散。後魏平中原，復獲之。其後聲多變

易。至隋，有西國龜茲，齊朝龜茲，土龜茲等，凡三部。天竺者，起自張重華據有涼州，重四譯來貢男伎。康國，起自周代聘北狄為後，得其所獲西戎伎，因其聲。疏勒、安國、高麗，並起自後魏平馮氏及通西域，因得其伎云。〈志〉又云：吹笛、彈琵琶、五絃及歌舞之伎，齊自文襄以來，皆所愛好。至河清以後，傳習尤盛。後主唯賞胡戎樂，耽愛無已。於是繁手淫聲，爭新哀怨。故曹妙達、安未弱、安馬駒之徒，至有封王開府者。遂服簪纓而為伶人之事。後主亦能自度新曲。親執樂器，悅玩無倦。倚弦而歌，別採新聲，為無愁曲。音均窈窕，極於哀思。使胡兒、閹官之輩齊唱和之。莫不隕涕。雖行幸道路，或時馬上奏之。樂往哀來，竟以亡國。蓋時外國音樂，率較中國舊樂為幽怨、高亢，故俗好之如此云。《顏氏家訓・雜藝篇》云：「禮曰：君子無故不撤琴瑟。古來名士，多所愛好。洎於梁初，衣冠子弟，不知琴者，號有所闕。」此亦習俗使然，好尚未必存焉也。

角抵百戲，仍頗盛行。《晉書・武帝紀》：泰始元年（西元286年），十二月，禁樂府靡麗百戲之伎。〈成帝紀〉：咸康七年（西元341年），十二月，除樂府雜伎。然《齊書・禮志》言：「晉中朝元會，設臥騎、倒騎、顛騎，自東華門馳往神虎門，此亦角抵雜戲之流也。」則除之究不能盡矣。《抱朴子・對俗篇》言：「幻化之事，九百有餘。」可想見其盛況。《周書・崔猷傳》謂大統時，太廟初成，四時祭祀，猶設俳優角抵之戲，則北朝亦迄有之也。俳優者，《北齊書・尉景傳》言：神武令優者石董桶戲之。董桶剝景衣曰：「公剝百姓，董桶何為不剝公？」猶是詼諧剽剝之舊也。

《齊書・崔祖思傳》：高帝初即位，祖思啟陳政事曰：「前漢編戶千萬，大樂伶官，方八百二十九人。孔光等奏罷不合經法者四百四十一人，正樂定員，唯置三百八十八人。今戶口不能百萬，而大樂雅鄭，元徽時校試，千有餘人，後堂雜伎，不在其數。」〈王晏傳〉：晏弟詡，永明中為少府卿。

六年（西元 488 年），敕位未登黃門郎，不得畜女伎。詡與射聲校尉陰玄智坐畜伎免官禁錮。《南史・王琨傳》：大明中，尚書僕射顏師伯豪貴，下省設女樂，要琨同聽。侍酒行炙，皆悉內伎。《陳書・章昭達傳》：每飲會，必盛設女伎雜樂，備盡羌胡之聲。音律姿容，並一時之妙。雖臨寇對敵，旗鼓相望，弗之廢也。壯士軍前半死生，美人帳下猶歌舞，豈況平時之酣歌恆舞哉？然滿堂而飲酒，一人鄉隅而飲泣，則四坐為之不樂；朱門酒肉臭，路有凍死骨；果何以致和氣之應乎？曷怪墨翟有〈非樂〉之篇也。

第七節　自然科學

　　自然科學之中，天文、曆法，措意者頗多。《宋書・天文志》曰：言天者有三家：一曰宣夜，二曰蓋天，三曰渾天。而天之正體，經無前說，馬書、班志，又闕其文。漢靈臺議郎蔡邕，於朔方上書曰：「言天體者三家，宣夜之學，絕無師法，周髀術數具存，考驗天狀，多所違失，唯渾天近得其情。今史官所用候臺銅儀，則其法也。官有器而無本書，前志亦闕而不論，本欲寢伏儀下，思唯微意，按度成數，以著篇章。罪惡無狀，投畀有北，灰滅兩絕，勢路無由。宜問群臣及巖穴，知渾天之意者，使述其義。」時閹官用事，邕議不行。案《晉書・天文志》載漢祕書郎郗萌，能記宣夜先師相傳之說，則其師法似非全絕。故晉成帝時，虞喜能因其說以造〈安天論〉焉。蓋天之說，著於《周髀》，後漢時，王充據之以駁渾儀。（《晉書・天文志》。）梁武帝於長春殿講義，別擬天體，亦全同《周髀》之文。（《隋書・天文志》。）渾天之說，信者最多。揚雄即難蓋天八事，以通渾天。（《隋志》。）鄭玄又難其二事，為蓋天之學者不能通。（《宋志》。）而桓譚亦駁王充之說，吳陸績始推渾天意，王蕃傳劉洪乾象歷，亦主渾天。晉葛洪譏虞喜，釋王充，說頗同蕃。宋何承天，梁祖暅，亦信渾天之

說。《梁書‧儒林傳》云：先是儒者論天，互執渾蓋二義，崔靈恩立義，以渾蓋為一焉。其說未知如何。案宣夜之說，謂天了無質。（其見為蒼蒼然者，以高遠無極，仰而瞻之，眼瞀精絕。猶旁望黃山皆青，俯察深谷窈黑，青非正色，黑非有體。）日、月、眾星，自然浮生虛空之中。以七曜或逝或住，或順或逆，伏見不常，進退不常，由其無所根係為證。（虞喜〈安天論〉，謂天有常安之形，地有居靜之體，光曜布列，各自執行。）蓋天之說，則謂天似蓋笠，地法覆槃，天地各中高外下。北極之下，為天地之中，其地最高，滂沱四，三光隱映，以為晝夜。又謂天圓如張蓋，地方如棋局，天旁轉如推磨而左行。日月右行，天左轉。（故日月實東行，而天牽之以西沒。譬之蟻行磨石之上，磨左旋而蟻右去，磨疾而蟻遲，不得不隨磨左回。）天形南高而北下，日出高故見，入下故不見。天之居之如倚蓋，故極在人北。（極在天中，今在人北，所以知天之形如倚蓋。）渾天之論，則謂天如雞子，地如中黃，孤居於天內，天大而地小。天表里有水。天地各乘氣而立，載水而行。周天三百六十五度四分度之一，又中分之，則半覆地上，半繞地下。（故二十八宿，半見半隱。）天之轉，如車轂之運焉。（皆見《隋志》。）其非天之正體相同，然渾天之術，於推步最便，故後人率遵其說也。（《隋志》載葛洪之言，謂張平子、陸公紀之徒，咸以推步莫密於渾象。又載祖暅之言，謂「自來論天者多矣，群氏糾紛，至相非毀。竊覽同異，稽之典經，仰觀辰極，旁矚四維，規日月之升降，五星之見伏，校之以儀象，覆之以晷漏，則渾天之理，信而有徵。」束晳云：「物有惑心，形有亂目，誠非斷疑定理之主。故仰遊雲以觀日月，日月常動而雲不移，乘船以涉水，水去而船不徙矣。」察群像必資徵實，夫固為學自然之軌轍也。）

　　渾天之器，有儀有像。《隋書‧天文志》云：「《書》：舜在璇、璣、玉衡，以齊七政。璇璣，謂渾天儀也。故《春秋文耀鉤》云：唐堯即位，

義和立渾儀。而先儒或因星官書北第二星名璇，第三星名璣，第五星名玉衡，仍七政之言，以為北斗七星。載筆之官，莫之或辨。史遷、班固，猶且致疑。馬季長創謂璣衡為渾天儀。鄭玄亦云：其轉運者為璣，其持止者為衡，皆以玉為之。七政者，日、月、五星也。以璣視其行度，以觀天意也。故王蕃云：渾天儀者，義和之舊器，積代相傳，謂之璣衡，其為用也，以察三光，以分宿度者也。又有渾天象者，以著天體，以布星辰。而渾象之法，地當在天中，其勢不便。故反觀其形，地為外匡。於已解者，無異在內，然斯二者，以考於天蓋密矣。又云：古舊渾象，莫知何代所造。今案虞喜云：洛下閎為漢孝武帝於地中轉渾天，定時節，作大初歷，或其所制也。」案《堯典》乃東周後人所述，星官書亦出其時，以之相釋，正得其實。指為渾儀，而以為出於堯時，則謬矣。此造作讖緯者之妄談，馬、鄭無識，誤襲之也。渾象出於洛下閎，亦近臆測。古不知何人之業，往往附諸一知名之人，一部《世本・作篇》，蓋莫非如是，虞喜之說，亦仍其故智耳。漢世作者，以張衡為最精，已見《秦漢史》第十九章第七節。王蕃以古制局小，以布星辰，相去稠，不得了察，張衡所作，又復傷大，難可轉移，乃改作之，大小居二者之中。陸績作渾象，形如鳥卵，以施黃赤二道，不得如法。績說云：天東西徑三十五萬七千里直徑亦然，則績意以天為正圓。器與言謬，頗為後人所譏。偽劉曜光初六年（西元 323 年），史官丞南陽孔挺造銅儀，則古渾儀之法。宋高祖定咸陽得之。何承天、徐爰、沈約著宋史，咸以為即張衡所造，誤也。後魏道武天興初，命太史令晁崇修渾儀。明元永興四年（西元 536 年），詔造太史候部鐵儀，唐時太史候臺尚用之。渾天像有機而無衡。梁末祕府有，以木為之，吳太史令陳苗云：先賢製木為儀，名曰渾天，謂此。宋文帝元嘉十三年（西元 436 年），詔太史更造渾儀。太史令錢樂之，依案舊說，採效儀象，鑄銅為之。以為渾儀，則內闕衡管，以為渾象，而地不在外，是參兩法，別為一體。吳時

有葛衡，改作渾天，使地居於天中，以機動之，天動而地止，以上應晷度，則樂之之所放述也。十七年（西元 440 年），又作小渾天，亦象天而地在其中。此晉、南北朝之世天文儀器之大略也。（亦據《隋志》。）

自後漢行四分曆後，靈帝時，會稽東部尉劉洪，悟其於天疏闊，更作乾象曆。魏文帝黃初中，太史丞韓翊造黃初曆。校議未定，會帝崩而寢。明帝景初元年（西元 237 年），尚書郎楊偉造景初曆。表上，帝遂改正朔，施行偉曆。帝崩，復用夏正。劉氏在蜀，仍漢四分曆。孫氏用乾象曆。晉武帝踐阼，因魏景初曆，改名泰始。始楊偉推五星尤疏闊，故渡江以後，更以乾象五星法代偉曆。（以上據《晉志》。）宋武代晉，改泰始為永初，此特更其名而已。元嘉二十年（西元 443 年），何承天表上所作元嘉曆。二十二年（西元 445 年）行之。大明六年（西元 462 年），祖沖之表言其謬，上所創新曆。八年（西元 464 年），孝武欲以明年改元行之，而是歲晏駕。齊高祖代宋，改元嘉曆為建元，亦徒更其名而已。梁天監九年（西元 510 年），改用沖之之曆。（《南史・祖沖之傳》：子暅之。父所改何承天曆，時尚未行，梁天監初，暅之更修之，於是始行焉。《顏氏家訓・雜藝篇》云：算術亦是六藝要事，江南此學殊少。唯范陽祖暅精之。河北多曉此術。）大同十一年（西元 545 年），制詔更造新曆。未及施用，而遭侯景亂，遂寢。陳武受禪，亦無創改。（以上據《隋志》。）魏初仍用景初曆。世祖平涼土，得趙所修玄始曆。高宗踐阼，以代景初。真君中，崔浩為五寅元曆，未及施行，浩誅，遂寢。高祖太和中，詔祕書鐘律郎上谷張明豫為太史令，修綜曆事。未成，明豫物故。世宗景明中，詔太樂令公孫崇等同共考驗。正始四年（西元 507 年）冬，崇表請更造新曆，名景明曆。延昌四年（西元 515 年）冬，侍中國子祭酒領著作郎崔光表言：太和十一年（西元 487 年），臣自博士遷著作。時舊鐘律郎張明豫推步曆法，草創未備。及遷中京，轉為太史令。未幾喪亡。所造致廢。臣中修史。景明初，

奏求奉車都尉領太史令趙樊生，著作佐郎張洪，給事中領太樂令公孫崇等造歷。功未及訖，樊生又喪，洪出除涇州長史，唯崇獨專其任。暨永平初，亦已略舉。時洪府解停京，又奏令重修前事。更取太史令趙勝，太廟令龐靈扶，明豫子龍祥，共集祕書，與崇等詳驗，推建密歷。崇及勝前後並喪。洪又除豫州司馬。靈扶亦除蒲陰令，唯龍祥在京，獨修前事。洪至豫州，仍續有所造。兼校書郎李業興，本雖不豫，亦私造歷。三家之術，並未施用。故貞靜處士李謐，私立曆法，言合紀次，求就其兄瑒追取，與洪等所造，遞相參考。」又求更取諸能算術兼解經義者，前司徒司馬高綽，駙馬都尉盧道虔，前冀州鎮東長史祖瑩，前並州秀才王延業，謁者僕射常景等，日集祕書，與史官同檢疏密。神龜初，光表總合洪、龍祥、業興、道、虔前太極採材軍主衛洪顯，殄寇將軍太史令胡榮，雍州沙門統道融，司州河南人樊仲遵，定州鉅鹿人張僧豫九家，共成一歷。請定名為神龜歷。肅宗以歷就，大赦改元，因名正光歷，班於天下。其九家共修，以龍祥、業興為主。孝靜世，復頗乖舛。齊獻武王入鄴，覆命業興改正。以年號為目，命曰興和歷。（以上據《魏志》。）文宣受禪，命散騎侍郎宋景業造天保歷，施用之。後主武平七年（西元 576 年），董峻、鄭元偉立議非之，而上甲寅元歷。又有廣平人劉孝孫、張孟賓，同知歷事。孟賓受業於張子信。並棄舊事，更制新法。爭論未定，遂屬國亡，西魏入關，尚行李業興正光曆法。至周明帝武成元年（西元 559 年），始詔有司造周曆。及武帝時，甄鸞造天和歷。大象元年（西元 579 年），太史上士馬顯又上景寅元歷。（以上據《隋志》。）然改歷之事，至隋世乃成。

地理之學，留意者亦多。《隋書·經籍志》言：「漢初蕭何得秦圖書，故知天下要害，武帝時計書既上太史，郡國地誌，固亦在焉。」病「史遷所記，但述河渠」。又云：「其後劉向略言地域。丞相張禹，使屬朱貢條記風俗。班固因之，作〈地理志〉。其州國郡縣，山川夷險，時俗之異，經

星之分，風氣所生，區域之廣，戶口之數，各有攸敘。是後載筆之士，管窺末學，不能及遠，但記州郡之名而已。晉世，摯虞依《禹貢》、《周官》作《畿服經》。其州郡及縣分野、封略、事業、國邑、山陵、水泉、鄉亭、城、（疑奪郭字。）道里、土田、民物、風俗、先賢、舊好，靡不具悉，凡一百七十卷，今亡。而學者因其經歷，並有記載，然不能成一家之體。齊時，陸澄聚一百六十家之說，依其前後遠近，編而為部，謂之《地理書》。任昉又增澄書八十四家，謂之《地記》。陳時，顧野王抄撰眾家之言，作《輿地誌》。隋大業中，普詔天下諸郡，條其風俗、物產、地圖，上於尚書。故隋代有《諸郡物產土俗記》一百三十一卷，《區宇圖志》一百二十九卷，《諸州圖經集》一百卷。」案〈志〉所謂但記州郡之名者蓋官書？所謂因其經歷，並有記載者，蓋私家之作？作志者之意，蓋以網羅宏富，條理分明為貴？故訾此等記載，不能成一家之體也。（陸澄、任昉之書，蓋叢書體？故亦不能成一家之言。）此類記載，取材實多。有根據官書，專記州郡建置者，如《元康三年地記》、《元嘉六年地記》、《九州郡縣名》、《並帖省置諸郡舊事》是也。有兼及戶口者，如《元康六年戶口簿記》是也。其專詳一地方情形者，則為諸州圖經。專志風俗者，如《陳留風俗傳》。演繹舊聞者，如揚雄《蜀王本紀》，記山水者，如劉澄之《永初山川古今記》，宋居士《衡山記》，謝靈運《遊名山志》、《居名山志》、《水經》，庾仲容《江記》，釋道安《四海百川水源記》。記宮室者，有《洛陽宮殿簿》，楊衒之《洛陽伽藍記》，劉璆、釋曇鸞《京師寺塔記》。記塚墓者，有李彤《聖賢塚墓記》。記道里者，有蔡允恭《並州入朝道里記》。談沿革者，有京相璠《春秋土地名》，不著撰人《古來國名道里記》。記外國者，如法顯《佛國記》，不著撰人《交州以南外國傳》，楊莩《交州異物誌》，不著撰人《諸蕃風俗記》。存錄荒誕傳說者，如託諸東方朔之《十洲記》、《神異經》。王儉七志，七日圖譜，記地域及圖書，（參看下節。）可見其卷帙

之浩繁矣。

地圖之作，亦較前世為精。《晉書·裴秀傳》言：「秀為司空，職在地官。以《禹貢》山川地名，從來久遠，多有變易，後世說者，或強牽引，漸以闇昧，於是甄擿舊文，疑者則闕。古有名而今無者，皆隨事注列。作《禹貢地域》十八篇奏之，藏於祕府。」此蓋合古今地理為一書，亦可雲作今圖而兼詳其沿革也。其《序》云：「祕府既無古之地圖，又無蕭何所得。唯有漢氏輿地及括地諸雜圖，各不設分率，又不考正準望，亦不備載名山大川。」其例實未盡善。顧又云：「晉文帝命有司撰訪吳蜀地圖。蜀土既定，六軍所經，地域遠近，山川險易，徵路迂直，校驗圖記，罔或有差。」以當時粗疏之技，安能成此精審之作？其必諛媚非實明矣。秀所製圖，其體有六：一曰分率，二曰準望，三曰道里，四曰高下，五曰方邪，六曰迂直。其言曰：「有影像而無分率，則無以審遠近之差。有分率而無準望，雖得之於一隅，必失之於他方。有準望而無道里，則施於山海絕隔之地，不能相通。有道里而無高下、方邪、迂直之校，則徑路之數，必與遠近之實相違。」蓋以分率定其地之所在，而以準望校之；以道里著準望所不及，而以高下、方邪、迂直核道里之實。在未知測經緯度之法時，所能為者，亦不過如是而已。《宋書·謝莊傳》云：莊分《左氏經傳》，隨國立篇，製木方丈，圖山川土地，各有分理。離之則州別郡殊，合之則內為一。以木製圖，蓋由當時簡牘，尚與繒素並用？（見第二節。）而其可分可合，亦可見其分率之審也。《隋志》所載，冀州、齊州、幽州，皆有圖經；隋有《諸州圖經集》，已見前；而其先已有《周地圖記》一百九卷；可見各地皆有圖。《魏書·沮渠牧犍傳》，世祖詔公卿為書讓牧犍，有「民籍地圖，不登公府」之語，可見上計之制仍存。《南史·宋宗室及諸王傳》：陳文詔訴父饒為竟陵王誕府吏，恆使入山圖畫道路，不聽歸家。又〈張弘策傳〉，謂當指建業時，凡磯浦、村落，軍行宿次，立頓處所，弘策豫為

圖，皆在目中。此等則皆供一時之用，不必精審也。《隋志》有張氏《江圖》一卷，劉氏《江圖》二卷，其亦弘策所為之類歟？

　　醫學情形就《隋志》醫方類之書觀之，可分八類：一論醫理，二言明堂針灸，三論診法，四論病源候，五本草、藥錄、採藥法、種藥法，六醫方，七食經，八獸醫。此純為醫家之學。其養身、養性、導引、合丹、服食、房中之說，則當與神仙家相出入也。方藥有來自外國者：如《雜戎狄方》，當來自西北，《龍樹菩薩》、《婆羅門》、《耆婆》、《乾陁利》諸方，當來自南海，（香方亦當來自南海。）《西域諸仙所說藥方》，《西域名醫所集藥方》，則當來自西胡也。《魏書·西域傳》：悅般國，真君九年（西元448 年），遣使朝獻。並送幻人，稱能割人喉脈令斷，擊人頭令骨陷。皆血出，或數升，或盈斗。以草藥內其口中，令嚼嚙之，須臾血止，養創一月復常，又無痕瘢。世祖疑其虛，乃取死罪囚試之，皆驗。云中國諸名山，皆有此草。乃使人受其術而厚遇之。此事或誇誕失實，然必有此類方藥，則無疑也。

　　《北齊書·馬嗣明傳》云：嗣明少明醫術，博綜經方。《甲乙》、《素問》、《明堂》、《本草》，莫不咸誦，其所學可謂甚博。然此特名醫如是。《宋書·范曄傳》言：孔熙先善於治病，兼能診脈，則尋常醫家，於脈法且未能盡通也。（《魏書·徐謇傳》言：顯祖欲驗其所能，乃置諸病人於幕中，使謇隔而脈之，深得病形，兼知色候，說亦近誕，謇善診脈當不誣，謇固亦非常醫也。）《晉書·魏詠之傳》云：詠之生而兔缺。年十八，聞荊州刺史殷仲堪帳下有名醫能療之，乃西上。仲堪召醫視之。醫曰：「可割而補之，但須百日進粥，不得笑語。」詠之曰：「半生不語，而有半生，亦當療之，況百日邪？」遂閉口不語，唯食薄粥。而卒獲差。此醫之技，蓋可謂精。《魏書·長孫道生傳》：曾孫子彥，少嘗墜馬折臂，肘上骨起寸餘。乃命開肉鋸骨，流血數升，言戲自若。時以為逾於關羽。此醫之技，

亦足與華佗爭勝矣。《晉書·盧欽傳》：欽子浮，以病疽截手，則斷一支以全生命，昔時醫者亦知之，毒蛇螫手，壯士斷腕，非譬喻之辭也。又〈溫嶠傳〉：蘇峻平後，固辭還藩。先有齒疾，至是拔之因中風，至鎮未旬而卒。嶠之致病，或由拔齒為之，則手術之未盡善者矣。〈劉曜載記〉：曜之敗，被創十餘，通中者三。為石堪所執，送於石勒。勒使金創醫李永療之。《宋書·魯爽傳》：程天祚為虜所獲，以妙善針術，為拓跋燾所愛賞。《齊書·陳顯達傳》：顯達討桂陽王，（休範。）矢中左眼，拔箭而鏃不出。地黃村潘嫗善禁。先以釘釘柱，禹步作氣，釘即時出。乃禁達顯目中鏃出之。《南史·張融傳》：有薛伯宗，善徙癰疽。公孫泰患背，伯宗為氣封之，徙置齋前柳樹上。明旦癰消。樹邊便起一瘤，如拳大。稍稍長。二十餘日，瘤大膿爛，出黃赤汁斗餘。樹為之痿損。此乃咒由之科。凡此，皆醫之以一技鳴者也。

　　神仙家與醫家，關係本極密，故二家之學，仍相出入。葛洪、陶弘景之留心方書，即其明證。（洪有《金匱藥方》百卷，《肘後要急方》四卷，弘景有《本草集註效驗方》、《肘後百一方》，見《晉書》、《南史》本傳。）《宋書·羊欣傳》：言欣素好黃老，有病不服藥，飲符水而已。此蓋張角之術，在宋世為天師道之流，見下章第三節。然又言兼善醫術，撰藥方十卷，則初非不知醫藥，蓋張角之術，原亦與神仙家相出入，即其以符水飲人，亦未必非咒由科之支流餘裔也。〈王微傳〉言：微兼解醫方。載其報何偃書曰：「生平好服上藥，起年十二時病虛耳，所撰服食方中，粗言之矣。家貧乏役，春秋令節，輒自將兩三門人入草採之，意在取精，世人便言希仙好異。」亦以所服食者與希仙者相出入，故見疑於世人耳。徐謇常吞服道符，又欲為魏孝文合金丹。祖珽長於醫藥，齊武成欲撲殺之，乃大呼曰：「莫殺臣，為陛下合金丹。」二家關係之密，可以想見。此時沙門亦有善醫術，而其技初非傳自外國者。《魏書·藝術傳》：李修父亮，少學

醫術，未能精究。世祖時，奔劉義隆於彭城，又就沙門僧坦，研習眾方，略盡其術。針灸、授藥，莫不有效。此其學已不能皆來自域外。又〈崔彧傳〉，言其少嘗詣青州，逢隱逸沙門，教以《素問》九卷及《甲乙》，遂善醫術，則更明為中國之學矣。蓋時道佛雖互相排，然其術則初非彼此不相知；抑二家為行其教計，於醫藥等便民之術，亦多所研習也。參看下章自明。

信巫不信醫者仍多此符水之所由足以惑眾也。《晉書·顧榮傳》言：元帝所幸鄭貴嬪有疾，以祈禱頗廢萬幾。榮上牋，言貴嬪未安，藥石實急，請塞鬼道淫祀。帝王如此，細民可知。褚澄、徐嗣，（附〈澄傳〉。《南史》作徐嗣伯，附〈張融傳〉。）皆號善醫，而《南史》所載治驗，率荒誕不經，即薛伯宗亦如是，可見其時之風氣矣。《南史·張融傳》云：融與東海徐文伯兄弟厚。文伯，濮陽太守熙曾孫也。熙好黃老，隱於秦望山。有道士過求飲，留一瓠與之，曰：君子孫宜以道術救世，當得二千石。熙開之，乃《扁鵲鏡經》一卷。因精心學之。遂名振海內。傳業至於文伯。觀醫家之以此自張，而知附會失實之辭，亦不必盡出於愚民矣。

《晉書·孝友傳》：顏含兄畿，得疾，就醫自療，遂死於醫家。醫學：就醫家治療。（後復活。）〈衛瓘傳〉：瓘與子恆、嶽、裔及孫等九人同遇害，而恆二子璪、玠在醫家得免，蓋亦就醫自療也。《魏書》言李亮，四方疾苦，不遠千里往從之。亮大為聽事，以舍病人。時有死者，則就而棺殯，親往吊視。史言此，意以著亮之仁厚，其實為舍以舍病者，恐當時醫家類然也。醫之所舍，必也能自給之人，若貧病者，則莫或顧卹矣。《梁書·儒林傳》：嚴植之，性仁慈，好陰德。少嘗山行，見一患者。問其姓名，不能答。載與俱歸，為營醫藥。六日而死，植之為棺斂殯之，卒不知何許人也。嘗緣柵塘行，見患人臥塘側。下車問其故。雲姓黃氏，家本荊州，為人傭賃。疾既危篤，船主將發，棄之於岸。植之惻然，載還治之。

經年而黃氏差。請終身充奴僕，植之不受，遣以資糧遣之。此等義舉，非可恆遇；即有仁心者，亦必有力而後能為之。《齊書·孝義傳》：江泌，歷仕南中郎行參軍。所給募役，去役得時病，莫有舍之者。吏扶杖投泌。泌親自隱恤。吏死，泌為買棺。無僮役，兄弟共輿埋之。可見荒僻之地，呼籲無門，貧病之士，哀號莫恤之狀。《晉書·孝義傳》：庾袞，咸寧中大疫，二兄俱亡，次兄毗復殆。癘氣方熾，父母兄弟，皆出次於外。袞獨留不去。病之能傳染者，固以走避為宜，然竟任病者之顛連而莫之或恤，則亦非人之相人偶之道矣。救恤之事，官家亦間有之。《宋書·文帝紀》：元嘉四年（西元 427 年），五月，京師疾疫，遣使存問，給醫藥。死者若無家屬，賜以棺器。二十四年（西元 447 年），六月，京邑疫癘。使郡縣及營署部司，普加履行，給以醫藥。二十八年（西元 451 年），四月，都下疾疫。使巡視給醫藥。〈孝武帝紀〉：大明元年（西元 457 年），四月，京邑疾疫。遣使按行，賜給醫藥。死而無收斂者，官為斂埋。四年（西元 460 年），四月，詔都邑節氣未調，癘疫尤眾。可遣使存問，並給醫藥。其死亡者，隨宜恤贍。此皆疾疫時之救療。《魏書·顯祖紀》：皇興四年（西元 470 年），三月，詔曰：「朕思百姓病苦，民多非命，明發不寐，疢心疾首，是以廣集良醫，遠採名藥，欲以救護兆民。可宣告天下：民有病者，所在官司，遣醫就家診視。所須藥物，任醫給之。」〈高祖紀〉：太和二十一年（西元 497 年），九月，詔敕司州、洛陽之民，年七十已上無子孫，六十已上無期親，貧不自存者，給以衣食。不滿六十而有廢痼之疾，無大功之親，窮困無以自療者，皆於別坊，遣醫救護。給醫師四人，豫請藥物以療之。〈世宗紀〉：永平三年（西元 510 年），十月，詔敕太常，於閒敞之處，別立一館。使京畿內外，疾病之徒，咸令居處。嚴敕醫署，分師療治。考其能否，而行賞罰。又經方浩博，流傳處廣，應病投藥，卒難窮究。更令有司，集諸醫工，尋篇推檢，務存精要，取三十餘卷，以班九

服。郡縣備寫，布下鄉邑。使知救患之術。（〈藝術傳〉：王顯，世宗詔顯撰藥方三十五卷，班布天下，以療諸疾。）此則不唯京邑，兼及四境，不唯疫癘，兼及平時矣。言之匪艱，行之唯艱，欲行諸詔，所集醫師所儲藥物，當得幾何？博施濟眾，堯、舜猶病，故終於別坊立館，僅在司洛，餘地止於班給方書也。延昌元年（西元 512 年），四月，以肆州地震，陷裂，死傷甚多。遣太醫、折傷醫，並給所須之藥就治之。亦僅災害時為然耳。《齊書‧劉善明傳》：上表陳事，凡十一條：其二，以為京師浩大，遠近所歸，宜遣醫藥，問其疾苦。年九十已上及六疾不能自存者，隨宜量賜，此北朝所已行，南朝則僅存願望而已。《梁書‧文惠太子傳》，言其與竟陵王子良，俱好釋氏，立六疾館以養窮民，其所及恐亦有限也。醫工貪厚糈，多集都邑，偏僻之地，乃更無人療治。《宋書‧隱逸傳》：戴顒，止於桐廬，僻遠難以養疾，乃出居吳下。僻遠之地，何以不能療疾？蓋亦以闕於醫藥耳。

　　醫家流品，仍為眾所賤視。《南史‧張融傳》言：徐文伯兼有學行，倜儻不屈意於公卿，不以醫自業。融謂曰：「昔王微、嵇叔夜，並學而不能。殷仲堪之徒，故所不論。得之者由神明洞徹，然後可至，故非吾徒所及。且褚侍中澄，當貴亦能救人疾。卿此更成不達。」答曰：「唯達者知其可貴，不達者多以為深累。既鄙之，何能不恥之。」醫家之地位可見。《北齊書‧斛律金傳》：行燕郡守馬嗣明，醫術之士，為金子羨所欽愛。北齊流品混雜，嗣明蓋以見愛而得官？又〈徐之才傳〉：父雄，事南齊，位蘭陵太守。以醫術為江右所稱。之才以豫章王綜啟其大善醫衛見徵。（魏孝明時。）藥石多效。又窺涉經史，發言辯捷，朝賢競相要引，為之延譽。又以首唱禪代，又戲謔滑稽，言無不至，於是大被狎暱。（齊文宣。）於和士開、陸令萱母子，曲盡卑狎。二家若疾，救護百端。蓋其父雖士流，之才則亦以嬖倖自居矣。流品既下，其人遂唯利是圖，而聲價既高，又或以

驕蹇取禍。〈李元忠傳〉言其善於方技，而性仁恕。見有疾者，不問貴賤，皆為救療。〈崔季舒傳〉言其大好醫術。天保中，於徙所無事，更銳意研精。遂為名手，多所全濟。雖位望轉高，未曾懈怠。縱貧賤廝養，亦為之療。此正由其本非醫家，是以能爾。《周書·藝術傳》：褚該，性淹和，不自矜尚，有請之者，皆為盡其藝術，時論稱其長者，則由其稟性使然。若徐謇，則史言其「性甚祕忌，承奉不得其意者，雖貴為王公，不為措療」矣。職是故，人亦遂以威力脅之，甚有以療治無效加之罪者。《魏書·孝文六王傳》，彭城王勰，高祖不豫，召徐謇至，勰引之別所，泣涕執手而謂之曰：「君今世元化。至尊氣力危惙，願君竭心，專思方治。若聖體日康，當獲意外之賞。不然，便有不測之誅。非但榮辱，乃存亡由此。」權戚矯偽，固不足論，然時人之所以待醫師者，則於此可見矣。其後謇治高祖有驗。車駕發豫州，次於汝濱，乃大為謇設大官珍膳。因集百官，特坐謇於上席。命左右宣謇救攝危篤。下詔褒美，以謇為大鴻臚卿，金鄉縣開國伯，食邑五百戶，賜錢一萬貫。明年，從詣馬圈，高祖疾勢遂甚，則又每加切誚，又欲加之鞭捶，幸而獲免。加膝墜淵，異於俄頃，方術之士，能不人人自危乎？然此已在高祖時，稍沾中國之化矣。若虜初入塞時，則更有甚於此者。〈神元平文諸帝子孫傳〉：上谷公紇羅之子題，擊慕容麟於義臺，中流矢薨。道武以太醫陰光為視療不盡術，伏法。則真如元勰所言，非但榮辱，存亡由之矣。王顯之死，雖由為時所疾，然亦託諸世宗之崩，侍療無效也。虜豈足與言藝術哉？

第八節　經籍

　　晉、南北朝之世，王室藏書情形，《隋書·經籍志》備言之。其言曰：「董卓之亂，獻帝西遷，圖書縑帛，軍人皆取為帷囊，所收而西，猶七十

餘載。兩京大亂，掃地皆盡。魏氏代漢，採綴遺亡，藏在祕書中外三閣。
魏祕書郎鄭默，始制中經。祕書監荀勗，又因中經，更著新簿。分為四
部，總括群書。一曰甲部，紀六藝及小學等書。二曰乙部，有古諸子家、
近世子家、兵書、兵家術數。三曰丙部，有史記、舊事、皇覽簿、雜事。
四曰丁部，有詩賦、圖贊、汲塚書。大凡四部，合二萬九千九百四十五
卷。但錄題及言，盛以縹囊，書用緗素。至於作者之意，無所論辯。
惠、懷之亂，京華蕩覆，渠閣文籍，靡有孑遺。東晉之初，漸更鳩聚。
著作郎李充，以勗舊部校之。其見存者，但有三千一十四卷，充遂總沒
眾篇之名，但以甲乙為次。自爾因循，無所變革。其後中朝遺書，稍流
江左。宋元嘉八年（西元 431 年），祕書監謝靈運造四部目錄，大凡六萬
四千五百八十二卷。元徽元年（西元 473 年），祕書丞王儉又造目錄，大凡
一萬五千七百四卷。儉又別撰《七志》。一曰《經典志》，紀六藝、小學、
史記、雜傳，二曰《諸子志》，紀古今諸子。三曰《文翰志》，紀詩賦。四
曰《軍書志》，紀兵書。五曰《陰陽志》，紀陰陽圖緯。六曰《術藝志》，紀
方技。七曰《圖譜志》，紀地域及圖書。其道、佛附見。合九條。然亦不
述作者之意。但於書名之下，每立一傳。而又作九篇條例，編乎首卷之
中。文義淺近，未為典則。齊永明中，祕書丞王亮，監謝朏又造四部書
目。大凡一萬八千一十卷。齊末兵火，延燒祕閣，經籍遺散。梁初，祕書
監任昉，躬加部集。又於文德殿內，列藏眾書，華林園中，總集釋典。大
凡二萬三千一百六卷，而釋氏不豫焉。梁有祕書監任昉、殷均四部目錄，
又文德殿目錄。其術數之書，更為一部，使奉朝請祖暅撰其名。故梁有五
部目錄。普通中，有處士阮孝緒，博採宋、齊已來王公之家，凡有書記，
參校官簿，更為《七錄》。一曰《經典錄》，紀六藝。二曰《記傳錄》，紀史
傳。三曰《子兵錄》，紀子書、兵書。四曰《文集錄》，紀詩賦。五曰《技
術錄》，紀數術。六曰《佛錄》。七曰《道錄》。其分部題目，頗有次序。割

析辭義，淺薄不經。梁武敦悅詩書，下化其上，四境之內，家有文史。元帝克平侯景，收文德之書及公私經籍，歸於江陵，大凡七萬餘卷。周師入郢，咸自焚之。（牛弘云：「侯景渡江，祕省經籍，雖從兵火，文德殿內書史，宛然猶存。蕭繹據有江陵，遣將破平侯景。收文德之書，及公私典籍，重本七萬餘卷，悉送荊州。」《南史·賊臣侯景傳》云：「王僧辯收圖書八萬卷歸江陵。」顏之推〈觀我生賦注〉云：「王司徒表送祕閣舊事八萬卷。」蓋以成數言之。顏氏又云：「北方墳籍，少於江東，三分之一。梁氏剝亂，散佚湮亡，唯孝元鳩書，通重十餘萬卷。」則並江陵所故有者言之也。牛弘又云：「周師入郢，繹悉焚之於外城，所收十才一二。」則元帝焚書，亦未能盡，但所餘不多耳。《梁書·昭明太子傳》云：於時東宮有書三萬卷。《賊臣·侯景傳》云：又登東宮牆射城內。至夜，簡文募人出燒東宮。臺殿遂盡。所聚圖書數百廚，一皆灰燼。先是簡文夢有人畫作秦始皇，雲此人復焚書，至是而驗。然則侯景之亂，東宮所失書，亦不少也。）陳天嘉中，又更鳩集。考其篇目，遺闕尚多。其中原則戰爭相尋，干戈是務。文教之盛，苻、姚而已。宋武入關，收其圖籍，府藏所有，才四千卷。赤軸青紙，文字古拙。後魏始都燕代，南略中原，粗收經史，未能全具。（《魏書·李先傳》：太祖問曰：「天下書籍，凡有幾何？朕欲集之，如何可備？」對曰：「不可計數。陛下誠欲集之，嚴制天下諸州郡縣，搜尋備送。主之所好，集亦不難。」太祖於是頒制天下，經籍稍集。〈高湖傳〉：子謐，天安中，除中散，專典祕閣。肅勤不倦，高宗深重之。拜祕書郎。謐以墳典殘缺，奏請廣訪群書，大加繕寫。由是代京圖籍，莫不審正。）孝文徙都雒邑，借書於齊。祕府之中，稍以充實。（《魏書·高祖紀》：太和十九年（西元 495 年），六月，詔求天下遺書，祕閣所無，有裨益時用者，加以優賞。〈世宗紀〉：永平三年（西元 510 年），六月，詔重求遺書於天下。〈薛野傳〉：孫曇寶，初補散騎，高祖詔採遺書於天下。〈儒

林傳〉：孫惠蔚，入東觀，上疏請依前丞盧昶所撰甲乙新錄，裨殘補闕，損並有無，校練句讀，以為定本。其先無者，廣加推尋，搜求令足。求令四門博士及在京儒生四十人，在祕書省專精校考，參定字義。詔許之。〈宋翻傳〉：弟道璵，世宗初，以才學被召。與祕書丞孫惠蔚典校群書，考正同異。）暨於尒朱之亂，散落人間。（《魏書·高道穆傳》：莊帝以祕閣圖籍，出內繁蕪，致多零落，詔道穆總集帳目。並牒儒學之士，編比次第。《隋書·李德林傳》：魏孝靜帝時，命當世通人正定文籍，以為內校書。）後齊遷鄴，頗更搜聚。迄於天統、武平，校寫不輟。（《隋書·郎茂傳》：茂在齊世，嘗奉詔於祕書省刊定載籍。）後周始基關右，外逼強鄰，戎馬生郊，日不暇給。保定之始，書止八千。後稍加增，方盈萬卷。（《周書·黎景熙傳》：六官建，為外史上士。武成末，遷外史下大夫。保定三年，時外史廨宇屢移，未有定所。上言曰：「外史之職，漢之東觀。自魏及周，公館不立。臣雖愚瞽，猶知其非。是以去年十一月中，敢冒陳奏。將降中旨，即遣修營。荏苒一周，未加功力。臣職思其憂，敢不重請。」帝納焉，於是廨宇方立。）周武平齊，先封書府。所加舊本，才至五千。隋開皇三年（西元 583 年），祕書監牛弘表請分遣使人，搜訪異本。每書一卷，賞絹一匹，校寫既定，本即歸主。於是民間異書，往往間出。及平陳已後，經籍漸備。（《隋書·裴矩傳》：伐陳之役，領元帥記室。既破丹陽，晉王廣令矩與高熲收陳圖籍。）檢其所得，多太建時書。紙墨不精，書亦拙惡。於是總集編次，存為古本。召天下工書之士，京兆韋霈，南陽杜頵等，於祕書內，補續殘缺。為正副二本，藏於宮中。其餘以實祕書內外三閣。凡三萬餘卷。」〈牛弘傳〉載弘表辭，論書有五厄，與此可以參觀。四部之分，本為藏庋，而後遂以為書之宏綱，《七志》、《七錄》等沿劉《略》而漸變者，則存為子目。求學術流別者，固當於子目觀之。校仇之家，或病四部之分，不合學術分類，亦未為知言也。（舊時書目，觀其名最不能

責其實者為集部。此由專門變為通學,著述者所苞率廣致之。欲救其弊,非撰類書不可。非編書目者所能為力也。)

十六國中,知收葺圖籍者,苻、姚而外,尚有沮渠氏。《魏書·闞駰傳》云:蒙遜甚重之,拜為祕書考課郎,給文吏三十人,典校經籍。刊定諸子三千餘卷。即此一部,已幾當姚秦所有之全數已。〈李順傳〉云:世祖克統萬,賜諸將珍寶雜物,順固辭,唯取書數十卷。觀其所取之少,而知赫連氏所藏之薄也。《宋書·蒙遜傳》:元嘉三年(西元 426 年),其世子興國遣使奉表,請《周易》及子、集諸書,太祖並賜之,合四百七十五卷。蒙遜又就司徒王弘求《搜神記》,弘寫與之。十四年(西元 437 年),茂虔奉表獻方物,並獻書合一百五十四卷。又求晉、趙起居注、諸雜書數十件,太祖賜之。觀其求請之殷,亦可知其搜求之切也。(晉、南北朝之世,外夷求書者,或與或不與。齊世祖時,虜遣使求書,朝議欲不與,王融上書請與之,見《齊書》本傳。吐谷渾易度侯求星書,則朝議不給。見《齊書·河南傳》。)

私家之藏,少者數千,多者亦逾萬卷。(《晉書·儒林傳》:范蔚,家世好學,有書七千餘卷。《齊書·褚淵傳》:父湛之卒,淵推財與弟,唯取書數千卷。〈劉善明傳〉:家無遺儲,唯有書八千卷。《梁書·沈約傳》:聚書至二萬卷,京師莫比。〈任昉傳〉:聚書至萬餘卷,率多異本。〈王僧孺傳〉:聚書至萬餘卷,率多異本,與沈約、任昉相埒。〈孔休源傳〉:聚書盈七千卷。《陳書·文學傳》:徐伯陽,家有史書,所讀者近三千餘卷。《南史·梁宗室傳》:吳平侯景之子勵,聚書至三萬卷。〈文學傳〉:崔慰祖,聚書至萬卷。《隋書·許善心傳》:九歲而孤,家有舊書萬餘卷。北方則沮渠蒙遜平酒泉,於宋繇室得書數千卷。魏任城王澄之子順,遇害,家徒四壁,無物斂屍,止有書數千卷。安豐王猛之子延明,鳩集圖籍,萬有餘卷。元晏,好集圖籍,家書多於祕閣。穆崇七世孫子容,求天下書,

逢即寫錄，所得萬餘卷。陽尼，有書數千卷。楊愔，前後賞賜，累積巨萬，散之九族，架篋之中，唯有書數千卷。祖珽，盜陳元康家書數千卷。李業興，愛好墳籍，鳩集不已，其家所有，垂將萬卷。黎季明，有書千餘卷。皆藏書家之佼佼者也。《魏書・逸士傳》：李謐之卒，學官四十五人上書，言其棄產營書，手自刪削，卷無重複者，四千有餘。則諸家之藏，皆非無重複，然其數已不少矣。）所藏或多奇祕，公家搜求、校理，往往資焉。如《晉書・張華傳》言：華雅愛書籍。身死之日，家無餘財，唯有文史，溢於几篋。嘗徙居，載書三十乘。祕書監摯虞，撰定官書，皆資華之本，以取正焉。天下奇祕，世所希有者，悉在華所。由是博物洽聞，世無與比。《齊書・陸澄傳》言：家多墳籍，人所罕見。《梁書・任昉傳》言：昉卒後，高祖使學士賀縱共沈約勘其書目。官所無者，就昉家取之。《魏書・江式傳》言：內徙代京，獻經史諸子千餘卷。《北齊書・文苑傳》：樊遜，天保七年（西元 556 年），詔令校定群書供皇太子。遜等十一人，同被尚書召共刊定，時祕府書籍，紕繆者多。遜乃議：太常卿邢子才，太子少傅魏收，吏部尚書辛術，司農少卿穆子容，前黃門郎司馬子瑞，故國子祭酒李業興，並是多書之家，請牒借本，參校得失。祕書監尉瑾移尚書都坐，凡得別本三千餘卷。五經諸史，殆無遺闕。其所裨益，亦云大矣。

　　私家著述，亦有自行呈獻者，如虞溥撰〈江表傳〉，子勃過江，上於元帝，詔藏於祕府是也。又有官就取之者，如陳後主敕人就張譏家寫所撰入祕閣是也。

　　刻版未興，書不易得，公私之藏，皆為借讀者所渴望。左思欲賦三都，自以所見不博，求為祕書郎。祕書郎四員，宋、齊已來，為甲族起家之選，居職例不數十日便遷。張纘乃固求不徙，欲遍觀閣內書籍。此求居藏書之府，以便借讀者也。不居職而求借者：皇甫謐自表就晉武帝借書，帝送一車與之。柳世隆啟齊太祖借祕閣書，上給二千卷。又有於人臣家開

館，以書充之者，如宋明帝之於王儉是已，見第一節。賜書之事，亦時有之。如《宋書·自序》：太祖賜沈亮書二千卷；《陳書·江總傳》：家傳賜書數千卷是也。此皆公家之藏也。私家之藏，公諸同好者：范蔚之書，遠近來讀者，恆有百餘人，蔚為辦衣食。崔慰祖，鄰里年少好事者，來從假借，日數十帙，慰祖親自取與，未嘗為辭。元宴，諸有假借，咸不逆其意。可謂廓然大公。其以交誼假借者，則如陸少玄，家有父澄書萬餘卷，張率與少玄善，遂通書籍，盡讀其書。無交誼而徑往求乞者，則如劉峻，從桑乾還，自謂所見不博，更求異書，聞京師有者，必往祈借，崔慰祖謂之書淫。又有依附藏書之家而讀之者。劉晝知宋世良家有書，求為其子博士，已見第一節。傅縡依湘州刺史蕭循，循頗好士，廣集墳籍，縡肆志尋閱，因博通群書，亦其類也。藏書之家，多在都邑，遂有不憚遠遊者。李鉉以鄉里寡墳籍遊京師，劉晝以里下少墳籍杖策入都是也。《顏氏家訓·治家篇》云：「借人典籍，皆須愛護。先有缺壞，就為補治。此亦士大夫百行之一也。濟陽江祿，讀書未竟，雖有急速，必待卷束整齊，然後得起。故無損敗，人不厭其求假。或有狼籍幾案，分散部帙，多為童幼婢妾所點汙，風雨犬鼠所毀傷，實為累德。吾每讀聖人之書，未嘗不肅敬對之，其故紙有五經辭義及賢達姓名，不敢穢用也。」（此蓋後人敬惜字紙之緣起？）蓋緣得之艱，故其珍之甚矣。以書贈人者：沈約，每見王筠文，諮嗟吟詠，以為不逮也。嘗謂筠：「昔蔡伯喈見王仲宣，稱曰：王公之孫也。吾家墳籍，悉當相與。僕雖不敏，請附斯言。」劉顯每共孔奐討論，深相嘆服。乃執奐手曰：「昔伯喈墳素，悉與仲宣。吾當希彼蔡君，足下無愧王氏。」所保書籍，尋以相付。見賢思齊，何其異世而同揆也？馬樞，梁邵陵王綸為南徐州刺史，素聞其名，引為學士。侯景亂，綸舉兵援臺，留書二萬卷以付樞。蔡大寶，嘗以書幹僕射徐勉，大為勉所賞異。乃命與其子游處。所有墳籍，盡以給之。皆可謂付託得人。陸瓊第三子從典，從父

瑜，特相賞愛。及瑜將終，家中墳籍皆付焉。孫惠蔚一子早卒，其家墳籍，多歸其族曾孫靈暉。或亦誠以其能讀而與之，非盡親族中相傳授也。

　　刻版之術雖未興，然賣書之風，亦已稍盛。齊武帝時，藩邸嚴急，諸王不得讀書，江夏王鋒，乃密遣人於市里街巷買圖籍，期月之間殆備，可見書之可劇買者多。劉勔負書若貨粥者，以幹沈約，事見第二十章第三節，則並有粥於道者矣。陽俊之多作六言歌詩，淫蕩而拙。世俗流傳，名為〈陽五伴侶〉，寫而賣之，在市不絕。俊之嘗過市，取而改之，言其字誤。賣書者曰：「陽五古之賢人，作此〈伴侶〉。君何所知？輕敢議論。」俊之大喜。(《北史·陽尼傳》。)則凡時俗流行之書，皆有寫賣者矣。崔亮傭書自業，從兄光勸亮往託李沖：「彼家饒書，因可得學。」亮曰：「弟妹飢寒，豈可獨飽？自可觀書於市，安能看人眉睫乎？」則雖書賈，似亦不禁人之借讀也。

　　古人言鈔，義與今異，已見第二節。謄寫非易，鈔最遂多。《梁書·王筠傳》，載其〈自序〉云：「予少好抄書，老而彌篤。雖遇見瞥觀，皆即疏記。後重省覽，歡興彌深。習與性成，不覺筆倦。自年十三四，齊建武二年（西元 495 年）乙亥，至梁大同六年（西元 540 年），四十載矣。幼年讀《五經》，皆七八十遍。愛《左氏春秋》，吟諷常為口實。廣略去取，凡三過五抄。餘經及《周官》、《儀禮》、《國語》、《爾雅》、《山海經》、《本草》，並再抄子史諸集皆一遍。未嘗倩人假手，並躬自鈔錄。大小百餘卷。不足傳之好事，蓋以備遺忘而已。」此鈔書者之自道也。鈔書而亦可假手，則雖鈔胥，亦與寫手有異矣。《宋書·傅隆傳》，言其歸老在家，手不釋卷，常手抄書籍。《齊書·高逸傳》：沈驎士遭火燒書數千卷。年過八十，耳目猶聰明，以火故，抄寫，燈下細書，復成二三千卷。《北史·崔逞傳》：崔謙好讀書，凡手抄八千餘紙。〈李彪傳〉：高悅兄閭，家富典籍，彪於悅家，手抄口誦，不暇寢食。凡此云抄，皆當有所廣略去取，非

徒寫錄也。鈔雖亦有所廣，要以擷取精要之意為多，故亦謂之抄略。《周書·薛憕傳》：言憕止其族父懷儁家，終日讀書，手自抄略：將二百卷，謂此也。陸澄之《地理書》凡百四十九卷，而其《地理書抄》不過二十卷，任昉增澄之書為《地記》，二百五十二卷，而其《地理書抄》不過九卷。（參看上節。）《宋書·何承天傳》：先是《禮論》有八百卷，承天刪減併合，以類相從，凡為三百卷，此亦所謂抄也。可見其去取之嚴矣，《晉書·鄭袤傳》：子默，起家祕書郎。考合舊文，刪省浮穢。中書舍人虞松謂曰：「而今而後，朱紫別矣。」與其過而廢之也，毋寧過而存之，刪省舊文，庸或不免可惜，然其汰除蕪穢之功，則自不可沒也。

　　抄書體例，蓋亦非一，而其有益於人者，則莫如類書。蓋學問愈進，則分科愈繁。就其全體而言之，則苦於遍覽之為難，而必有人焉以助其採擷，就其一科而言之，又苦於網羅之不備，而必有人焉以助其搜討；此類書之所以可貴也。魏文《皇覽》，蓋其開山。（見《秦漢史》第十九章第八節。）晉世摯虞，撰古文章，類聚區分，為三十卷，名曰《流別集》，蓋亦斯意。過江而後，作者仍多。齊竟陵王子良，集學士抄五經、百家，依《皇覽》例，為《四部要略》千卷。（《齊書》本傳。《南史·陸慧曉傳》：子良西邸抄書，令慧曉參知其事。）隨主子隆為荊州，召庾於陵為主簿，使與謝朓、宗夬，抄撰群書。梁武帝敕到洽鈔甲部書，張率治丙丁部書抄。（皆見《梁書》本傳。）簡文在雍州，撰《法寶聯璧》。（見《南史·陸杲》、〈庾肩吾〉，《文學·杜之偉傳》。）安成王秀蒐集經記，招劉孝標，使撰《類苑》。（《梁書》本傳，及《文學·劉峻傳》。）魏出帝時，詔撰《四部要略》。（《魏書·裴延儁傳》。）又召僧化與孫安都共撰兵法。（《魏書·術藝傳》。）安豐王延明，家有群書，欲抄集五經算事為《五經宗》，及古今樂事為《樂書》。（亦見《魏書·術藝傳》。）元暉《科錄》，周明帝《世譜》，已見第五節；北齊後主，雖曰無道，然其所撰《御覽》，則規模不可謂不

大。（見《北史・文苑傳序》。）此等皆妙選一時之英才為之。（《北齊書・文苑傳》謂：祖珽奏立文林館，奏撰御覽，當時操筆之徒，搜求略盡，可見其取材之多。又〈陽休之傳〉：其子闢疆，性疏脫無文藝，休之亦引入文林館，為時人所嗤鄙，又可見濫竽之不易也。）而流俗一見抄字，輒以為胥史之業，誤矣。鈔書亦有出於胥史者。《周書・寇儁傳》：儁以大統五年（西元 539 年）入關，拜祕書監。時軍國草創，墳典散逸。儁始選置令史，抄集經籍。四部群書，稍得周備。蓋不暇一一謄寫，故且採擷其大略也。然此令史，亦必非今俗所謂鈔胥之流矣。

　　照本移錄之謂寫，《梁書・王泰傳》言：齊永元末，後宮火，延燒祕書，圖書散亂殆盡，泰為丞，表校定繕寫是也。其事士大夫多不自為。穆子容求天下書，逢即寫錄，已見前。張纘晚頗好積聚，多寫圖書數萬卷。（《南史》本傳。）亦必出於假倩。《北齊書・循吏傳》：郎基，性慎，無所營求。曾語人云：「任官之所，木枕亦不須作，況重於此事？」唯頗令寫書。潘子義曾遺之書曰：「在官寫書，亦是風流罪過。」基答書曰：「觀過知仁，斯亦可矣。」可證其系役人為之也。唯寫錄亦有裨於精熟；又寫手必有力之家，乃能多畜；（《北齊書・祖珽傳》云：齊州客至，請賣《華林遍略》、文襄多集書人，一日夜寫畢，退其本曰：不須也。）故士大夫亦有自為之者。齊衡陽元王嗣子鈞，常手自細書，寫五經，部為一卷，置巾箱中。侍讀賀玠問曰：「殿下家自有墳素，復何須蠅頭細書，別藏巾箱中？」答曰：「巾箱中有五經，檢閱既易，且一更手寫，則永不忘。」此為求精熟起見者也。若袁峻家貧無書，每從人假借，必皆抄寫，（見第二節，此與《南史・王泰傳》手所抄寫二千許卷，皆以抄寫並言，蓋有抄亦有寫。）則以無可假倩而然矣。又《梁書・處士傳》：劉慧斐在匡山，手寫佛經二千餘卷。《周書・蕭大圜傳》：周明帝開麟趾殿，大圜與焉。《梁武帝集》四十卷，《簡文集》九十卷，各止一本。大圜入麟趾，方得見之。乃手寫二本，

一年並畢。識者稱嘆之。此則或以虔誠孝愛而然也。《梁書‧孔休源傳》：年十一而孤。居喪盡禮。每見父手所寫書，必哀慟流涕。時無刻書，抄寫之本，讀書者必人人有之也。

　　寫手之中，亦有高材屈居焉。吳喜寫起居注，暗誦略皆上口，已見第五節。王僧孺家貧，傭書養母，所寫既畢，諷誦亦通。（《梁書》本傳。）朱异以傭書自業，寫畢便誦，（《南史》本傳。）亦其倫也。此等事亦有傳言失實者。《梁書‧文學傳》云：任孝恭家貧無書，常崎嶇從人假借。每讀一遍，諷誦略無所遺。〈北史裴佗傳〉：佗子諏之，嘗從常景借書百卷，十許日便返。景疑其不能讀，每卷策問。應答無遺。此所借書，或與其故所讀者相出入，故能舉其大略。若《梁書‧陸倕傳》，謂其所讀一遍，必誦於口。嘗借人《漢書》，失〈五行志〉四卷，乃暗寫還之，略無遺脫，則必無是理矣。然寫錄一過，即能通知大略，則固事所可有也。

　　校勘之學，時人尚不甚精。《北齊書‧邢子才傳》云：有書甚多，而不甚讎校。見人校書，常笑曰：「天下書至死讀不可遍，焉能始復校此？且誤書思之，更是一適。」妻弟李季節，才學之士，謂子才曰：「世間人多不聰明，思誤書何由能得？」子才曰：「若思不能得，便不勞讀書。」此乃妄語，而史書之以為美談，誤矣。且如田肯之肯誤作宵，（見第二節。）何由思而得之邪？（即有義可通者，馮臆度之，亦易致誤。《顏氏家訓‧勉學篇》云：「觀天下書未遍，不得妄下雌黃，」自是學人語也。）

　　古書、古物，稍為時人所愛重，然辨別真偽之術未精，故多為作偽者所欺。古書之大批出土者，無過晉武帝時汲郡發塚所得。此事不徒空前，亦且古書出土如此之多，至今未曾再見，言考古者，誠不可不一審定其真偽也。此事見於《晉書》者：〈武帝紀〉云：咸寧五年（西元279年），十月，汲郡人不準掘魏襄王塚，得竹簡小篆、古書十餘萬言，藏於祕府。《律曆志》云：武帝太康元年（西元280年），汲郡盜發六國時魏襄王塚，亦得

玉律。又云：武帝泰始九年（西元 274 年），中書監荀勖校大樂，八音不和，始知後漢至魏，尺長於古四分有餘。勖乃部著作郎劉恭，依《周禮》制尺，所謂古尺也，依古尺更鑄銅律呂，以調聲均。以尺量古器，與本銘尺寸無差。又汲郡盜發六國時魏襄王塚，得古周時玉律及鐘磬，與新律聲均暗同。〈衛瓘傳〉：子恆，為《四體書勢》曰：「魏初傳古文者，出於邯鄲淳。恆祖敬侯，寫淳《尚書》，後以示淳，而淳不別。至正始中，立三字石經，轉失淳法，因科斗之名，遂效其形。太康元年（西元 280 年），汲縣人盜發魏襄王塚，得策書十餘萬言。按敬侯所書，猶有彷彿。古書亦有數種，其一卷論楚事者，最為工妙，恆竊悅之。」〈荀勖傳〉云及得汲郡塚中古文竹書，詔勖撰次之，以為中經，列在祕書。〈束皙傳〉云：初太康二年（西元 281 年），汲郡人不準盜發魏襄王墓，或言安釐王塚，得竹書數十車。其《紀年》十三篇，紀夏以來至周幽王為犬戎所滅。以事接之。（疑當作以晉事接之。）三家分，仍述魏事，至安釐王之二十年（西元前 257 年）。蓋魏國之史書？大略與《春秋》皆多相應。其中經傳大異，則為夏年多殷；益幹啟位，啟殺之；大甲殺伊尹；文丁殺季歷；自周受命至穆王百年，非穆王壽百歲也；幽王既亡，（幽當作厲，此傳寫之誤。）有共伯和攝行天子事，非二相共和也。其《易經》二篇，與《周易上下經》同。《易繇陰陽卦》二篇，與《周易》略同，繇辭則異。《卦下易經》一篇，似《說卦》而異。《公孫段》二篇，公孫段與邵陟論《易》。《國語》三篇，言楚、晉事。《名》三篇，似《禮記》，又似《爾雅》、《論語》。《師春》一篇，書《左傳》諸卜筮，師春似是造書者姓名也。《瑣語》十一篇，諸國卜夢、妖怪、相書也。《梁丘藏》一篇，先敘魏之世數，次言丘藏金玉事。《繳書》二篇，論弋射法。《生封》一篇，帝王所封。《大曆》二篇，鄒子談天類也。《穆天子傳》五篇，言周穆王遊行四海，見帝臺西王母。圖書一篇，畫贊之屬也。又雜書十九篇，《周食田法》，《周書》，論楚事，周穆王美人盛

姬死事。大凡七十五篇。七篇簡折書壞，不識名題。塚中又得銅劍一枚，長二尺五寸。漆書皆科斗字。初發塚者燒策照取寶物，及官收之，多燼簡斷札。文既殘缺，不復詮次。武帝以其書付祕書，校綴次第，尋考指歸，而以今文寫之。皙在著作，得觀竹書，隨宜分釋，皆有義證。〈王接傳〉云：時祕書丞衛恆考正汲塚書，未訖而遭難，佐著作郎束皙述而成之，事多證異義。（句疑有奪誤。）時東萊太守陳留王庭堅難之，亦有證據。皙又釋難，而庭堅已亡。散騎侍郎潘滔謂接曰：「卿才學理議，足解二子之紛，可試論之。」接遂詳其得失。摯虞、謝衡，皆博物多聞，咸以為允當。〈司馬彪傳〉云：初譙周以司馬遷《史記》，書周、秦以上，或採俗語百家之言，不專據正經，周於是作《古史考》二十五篇，皆憑舊典，以糾遷之繆誤。彪復以周為未盡善也，條《古史考》中凡百二十二事為不當，多據《汲塚紀年》之義，亦行於世。《儒林·續咸傳》云：著《遠遊志》、《異物誌》、《汲塚古文釋》，皆十卷，行於世。汲塚得書之事，見於《晉書》者如此。年代舛訛，古籍恆有，不足以疑其事之真。簡策煩重，十餘萬言，自可盈數十車，說亦相會。〈武帝紀〉言竹簡文字為小篆古書，〉束皙傳〉謂皆科斗，二者似不相符。然觀〈衛恆傳〉所言，則其時之人言字型之異者，非以其構造而以其筆畫形狀，則古書小篆，二者亦可並稱。（以構造言與小篆同，以筆畫形狀言之則異。）續咸之《古文釋》，蓋就其構造異於小篆者而釋之耳。此三者皆不足惑。然仍有甚可疑者。據〈衛恆傳〉，似策書雖有十餘萬言，其可知者不過數種。與〈束皙傳〉云文既殘缺，不復詮次者相符。皙之學，未聞遠逾於恆，何以所述成者能如是之多？杜預《春秋後序疏》引王隱《晉書·束皙傳》云：汲塚竹書，大凡七十五卷。其六十八卷，皆有名題。其七卷折簡碎雜，不可名題。有《周易上下經》二卷，《紀年》十二卷，《瑣語》十一卷，《周王遊行》五卷，說周穆王遊行天下之事，今謂之《穆天子傳》。此四部差為整頓。汲郡初得此書，表藏祕

府。詔荀勖、和嶠以隸字寫之。勖等於時即已不能盡識其書。今復闕落。又轉寫益誤。《穆天子傳》，世間偏多。整頓者不過四種，與衛恆之言，隱相符合。然則所謂六十八種者，不過能知其名題，而今《晉書·束皙傳》，乃皆能知其書之所述，其為無稽之語可知也。《隋書·經籍志》：古史家有《紀年》十二卷，《注》云：汲塚書並《竹書同異》一卷。〈志〉又論其事云：晉太康元年（西元 280 年），汲郡人發魏襄王塚，得古竹簡書。字皆科斗。發塚者不以為意，往往散亂。帝命中書監荀勖、令和嶠撰次為十五部八十七卷。多雜碎怪妄，不可訓知。唯《周易》、《紀年》，最為分了。其《周易》上下篇，與今正同。《紀年》皆用夏正建寅之月為歲首，起自夏、殷、周三代王事，無諸侯國別。唯特記晉國。起自殤叔；次文侯、昭侯，以至曲沃莊伯。盡晉國。滅，獨記魏事。下至魏哀王，謂之今王。蓋魏國之史記也？其著書皆編年相次，文意大似《春秋經》，諸所記事，多與《春秋左氏》扶同。《晉書·束皙傳》，並無自夏以來即有年紀之意，此所云則似有之。謂記魏事下至哀王，亦與〈皙傳〉不合。《四體書勢》云：魏文好古，世傳丘墳，歷代基發，真偽靡分，則以塚屬魏襄王，晉初亦在疑似之列。安釐王者，魏襄王之曾孫。據《史記》，其死在秦始皇四年（西元前 243 年），斯時魏已距亡不遠，能否如此厚葬，實有可疑。然則〈皙傳〉或言安釐王塚一語，正因其紀年迄於安釐王二十年（西元前 257 年）而云然，而或云迄於哀王，則造作者又有所增也。文似《春秋》，事同《左氏》，蓋造作者所摹放據依。夏年多殷，蓋歷人治古史者之異說。益幹啟位，大甲殺伊尹，文丁殺季歷，則其時之人，舜、禹之事，我知之矣之見解耳。穆王享國之年，共伯釋位之事，說已見《先秦史》第四章及第八章第八節。此數事蓋造作者之所特著，不與經傳舊說相會者也。《隋書·律曆志》載劉孝孫論歷語云：「案《竹書紀年》，堯元年在丙子。」則其紀年又不起於夏，與《經籍志》及《晉書·束皙傳》皆不符，可見依託《紀年》而

為偽者，非一家矣。《易繇陰陽卦》與《周易》略同，《繇辭》則異，此蓋世所傳《焦氏易林》之倫，世間自有此物。《卦下易經》，似《說卦》而異，蓋亦《易》家之所為。此篇言《易》之書特多，《易》固晉以來通行之學也。《名》三篇，似《禮記》，又似《論語》、《爾雅》，此合《偽家語》、《孔叢子》為一書。《師春》一篇，書《左氏》諸卜筮，似全與《左氏》同者，古書有如此略無出入者乎？《瑣語》，《隋志》在雜史家，云《古文瑣語》四卷。《注》云：汲塚書。雜史家又有《周書》十卷，《注》亦云汲塚書。又云：「似仲尼刪《書》之餘。」《顏氏家訓·書證篇》謂《瑣語》中有秦望碑。《史通·疑古篇》云：中有舜放堯於平陽事。與〈晳傳〉所云記卜夢妖怪相書者，相去絕遠。舜之放堯，豈可云瑣事？即卜夢妖怪相書，在迷信甚深之世，亦豈以為瑣事乎？鄒子談天，久成絕學。誰則聞之，而知其與大曆相似？《周王遊行》之誣，已見《先秦史》第八章第八節。此書《隋志》在起居注類，作《穆天子傳》六卷。《注》云：「汲塚書，郭璞注。」大體即今日之本，蓋無可疑。王隱云：《周王遊行》，今謂之《穆天子傳》，而今《晉書·束晳傳》亦謂之《穆天子傳》，則今《晉書》所據，實出隱書所據後也。然今《晉書·晳傳》盛姬死事，尚不在《穆天子傳》中，而今本不然，則今本又非作今《晉書》者之所見矣。亦可見造作者非一家也。晉初四部之分，特計藏庋之便，說已見前。汲塚書列於丁部者，蓋以不可詮次，附諸四部之末，（實非列於丁部。）猶今編書目者，於四部之外，別立叢部耳。若如《隋志》之說，可撰次為十五部，則既能分別部居矣，何不分隸四部之中，而必別為一部？而下雲多雜碎怪妄，不可紀知，又隱與王隱之說相合。則《隋志》此語，可信與否，亦正難言之也。要而觀之，則自有汲塚得書之役，因之而作偽者非一家，隨之而說其事者，亦非一人。有心之造作，益以無意之傳訛，其說乃紛如亂絲，彌不可理，真為荀勗、和嶠所隸寫，束晳、王庭堅、王接所考論者，蓋不知是否存十一於千百矣。然則以

大體言之，汲塚書雖經出土，經隸寫而整頓者，實無幾種。惠懷亂後，故簡與寫本全亡，傳於世者，悉皆偽物，過江後人之所說，正與明代之偽本同也。《隋書‧律曆志》云：梁武帝時，猶有汲塚玉律。（候氣。）此語之不足信，觀下論諸古物而可知。又非特如此汲塚果曾得玉律，抑治樂者妄為此說以自張，亦正難言之矣。

　　《梁書‧蕭琛傳》云：天監九年（西元 510 年），出為江夏太守。始琛在宣城，有北僧南度，唯齎一瓠蘆，中有〈漢書序傳〉。僧云：三輔舊老相傳，以為班固真本。琛固求得之。其書多有異今者，而紙墨亦古。文字多如龍舉之例，非隸非篆。琛甚祕之。及是，以書餉鄱陽王範。範乃獻於東宮。〈劉之遴傳〉云：範得班固所上（《南史》作撰。）《漢書》真本，獻之東宮。皇太子令之遴與張纘、到溉、陸襄等參校異同。之遴具異狀十事。其大略云：「案古本《漢書》，稱永平十六年五月二十一日己酉郎班固上，而今本無上書年月日字。又案古本〈敘傳〉號為《中篇》，而今本稱為〈敘傳〉。又今本〈敘傳〉載班彪行事，而古本云稚生彪，自有傳。又今本〈紀〉及〈表〉、〈志〉、〈列傳〉不相合為次，而古本相合為次，總成三十八卷。又今本〈外戚〉在〈西域〉後，古本〈外戚〉次〈帝紀〉下。又今本〈高五子〉、〈文三王〉、〈景十三王〉、〈武五子〉、〈宣元六王〉，雜在諸傳秩中，古本諸王悉次〈外戚〉外，在〈陳項傳〉前。又今本〈韓彭英盧吳述〉云：信唯餓隸，布實黥徒，越亦狗盜，芮尹江湖，雲起龍驤，化為侯王。古本〈述〉云：淮陰毅毅，杖劍周章，邦之傑子，實唯彭、英，化為侯王，雲起龍驤。又古本第三十七卷，解音釋義，以助雅詁，而今本無此卷也。」案改外戚為后妃，以次帝紀，類聚諸王，以次後傳，晉後乃有此例，顯為後人所改。音義亦必後人所附。〈韓彭英盧胡述〉，蓋不滿舊文者改之。其事皆顯而易見，而舊老相同，顧信為班固真本，當時論古者之無識，可見一斑矣。

　　《晉書·郭璞傳》云：元帝初鎮建業，王導令璞筮之。遇《咸》之《井》。璞曰：「東北郡縣有武名者當出鐸，以著受命之符。西南郡縣有陽名者井當沸。」其後晉陵武進縣人於田中得銅鐸五枚。歷陽縣中井沸，經日乃止。及帝為晉王，又使璞筮。遇《豫》之《睽》。璞曰：「會稽當出鐘以告成功，上有勒銘，應在人家井泥中得之。」大興初，剡縣人果於井中得一鐘，長七寸二分，口徑四寸半。上有古文奇書十八字，云會稽嶽命，餘字時人莫識之。《齊書·陸澄傳》云：竟陵王子良得古器，小口方腹而底平，可容七八升。以問澄。澄曰：「此名服匿，單于以與蘇武。」子良後詳視器底有字，彷彿可識，如澄所言。《梁書·劉顯傳》云：魏人獻古器，有隱起字，無能識者，顯案文讀之，無有滯礙。考校年月，一字不差。高祖甚嘉焉。《南史·何承天傳》云：張永嘗開玄武湖，遇古塚。塚上得一銅斗，有柄。宋文帝以訪朝士。承天曰：「此亡新威斗，王莽三公亡皆賜之，一在塚外，一在塚內。時三臺居江左者，唯甄邯為大司徒，必邯之墓。」俄而永又啟塚，內更得一斗，復有一石，銘大司徒甄邯之墓。《魏書·祖瑩傳》：孝昌中，於廣平立第，掘得古玉印。敕召瑩與黃門郎李琰之，令辨何世之物。瑩云：「此是于闐國王晉太康中所獻。」乃以墨塗字觀之，果如瑩言。時人稱為博物。此等皆藉文字以辨古物，以時人識古字者之少，（見第一節。）其信否殊不可知也。藉器物以考古事者，亦間有之。如《梁書·劉杳傳》云：嘗於沈約坐語及宗廟犧尊。約云：「鄭玄答張逸，謂為鳳皇尾娑娑然。今無復此器，則不依古。」杳曰：「此言未必可按。（《南史》作安。）古者樽彝皆刻木為鳥獸，鑿頂及背以出內酒。頃魏世魯郡地中得齊大夫子尾送女器，有犧尊，作犧牛形。晉永嘉中，賊曹嶷於青州發齊景公塚，又得二樽，形亦為牛象。二處皆古之遺器，知非虛也。」約大以為然。其一事也。其時發掘之事，皆出於偶然。其有意為之者，則多在古墓。汲塚即其最大者。齊文惠太子鎮襄陽時盜發古塚，陳時征北軍

人於丹徒發郗曇墓，亦其事也。見第一節及第六節。

　　《晉書‧惠帝紀》：元康五年（西元 295 年），十月，武庫火，焚累代之寶。〈張華傳〉云：武庫火，華懼因此變作，列兵固守，然後救之，故累代之寶及漢高斬蛇劍，王莽頭，孔子履等盡焚焉。（〈五行志〉略同。〈劉頌傳〉云：武庫火，頌弟彪，建計斷屋，得出諸寶器，蓋亦微有所出。）王莽頭經漢末大亂，是否尚存，已屬可疑，孔子履何由得之？漢高斬蛇，事本烏有，劍更不必論矣。天家掌故，有同東野人言如此。《齊書‧竟陵王子良傳》：升明三年（西元 481 年），為會稽太守。子良敦義愛古。郡閣下有虞翻舊床，罷任還，乃致以歸。後於西邸起古齋，多聚古人器服以充之。〈孔稚圭傳〉：父靈產，太祖餉以白羽扇、素隱几。曰：「君性好古，故遺君古物。」《梁書‧劉之遴傳》：之遴好古愛奇。在荊州，聚古器數十百種。又獻古器四種於東宮。〈處士傳〉：何點，竟陵王子良遺以嵇叔夜酒柸，徐景山酒鎗。《南史‧柳惲傳》：齊竟陵王子良嘗置酒後園，有晉太傅謝安鳴琴在側，援以授惲，惲彈為雅弄。〈齊高帝諸子傳〉始興王鑒為益州刺史。時有廣漢什邡段祖以淳于獻。古禮器，所以節樂也。〈王敬則傳〉：世子仲雄善彈琴。江左有蔡邕焦尾琴，在主衣庫，齊明帝敕五日一給。〈劉杳傳〉：昭明太子有瓠食器，以賜焉，曰：「卿有古人之風，故遺卿古人之器。」此等皆如世俗之玩骨董，其信否，觀俗所謂骨董者之信否而可知矣。劉曜所作渾儀，何承天等誤為張衡所造，已見上節。此事致誤，實緣不按題識，具見《隋志》。魏時，御史中尉王顯，與廣平王匡爭權量。奏匡曰：「匡表云：所據銅權，形如古志，明是漢作，非莽別造。及案權銘：黃帝始祖，德布於虞，虞帝始祖，德布於新。莽佐漢時，寧有銘新之號？」（《北史‧景穆十二王傳》。）二人論權量，誰曲誰直，姑不必論，而匡之不案銘文，則無可解免矣。《隋書‧律曆志》載梁武帝作〈鐘律論〉曰：「山謙之記云：殿前三鐘，悉是周景王所鑄無射也。遣樂官以

今無射新笛飲，不相中，以夷則笛飲，則聲均合和。端門外鐘，亦案其銘題，定皆夷則。其西廂一鐘，天監中移度東。以今笛飲，乃中南呂。驗其鑴刻，乃是大簇，則下金笛二調。重敕大樂丞斯宣達，令更推校，鐘定有鑿處，表裡皆然。借訪舊識，乃是宋泰始中使張永鑿之，去銅既多，故其調嘽下。以推求鐘律，便可得而見也。宋武平中原，使將軍陳傾致三鐘，小大中各一，則今之太極殿前二鐘，端門外一鐘是也。案西鐘銘，則云清廟撞鐘，秦無清廟，此周制明矣。又一銘云大簇鐘徵，則林鐘宮所施也。檢題既無秦、漢年代，直云夷則、大簇，則非秦、漢明矣。」此等雖案銘題，信否亦難遽定，乃後人或真信為三代時物，毋亦見卵而求時夜乎？（《殿本考證》，齊召南云：「三代樂器，流傳最遠者，莫如此事。《左傳》昭二十一年，天王將鑄無射。孔《疏》曰：秦滅周，其鐘徒於長安。歷漢、魏、晉，常在長安。及劉裕滅姚泓，又移於江東。歷宋、齊、梁、陳時鐘猶在。東魏使魏收聘梁，作〈聘遊賦〉，云珍是淫器，無射在懸是也。及開皇九年（西元 589 年）平陳，又遷於西京，置太常寺，時人悉得見之，至十五年（西元 595 年）敕毀之，可為此文之證。」）

　　毀壞古物之事，亦時有之。所謂三鐘者，入隋為文帝所毀。其事，《北史‧隋本紀》在開皇九年（西元 589 年），云「毀所得秦漢三大鐘，越二大鼓。」《隋書‧本紀》無之，而云：「十一年（西元 591 年），春，正月，丁酉，以平陳所得古器，多為妖變，悉命毀之。」則《北史》亦同。三鐘之毀，未知究在何時，然隋毀江東古物，恐必甚多，且不止一次。三鐘固不必周景王物，江東所云古器，亦不必皆信，然其有較古之物，則必不誣也。齊東昏侯毀晉義熙初師子國所獻玉像已見第六節。《宋書‧武三王傳》：魯郡孔子舊庭，有柏樹二十四株，經歷漢、晉，其大連抱。有二株先折倒。士人崇敬，莫之敢犯。江夏王義恭悉遣人伐取，父老莫不嘆息。義恭未為最暴橫者，當四夷交侵，武人跋扈之世，此等事之不見記載者，

必尚不知凡幾也。

　　著書假託古人者，此時仍有之。《晉書·曹志傳》：武帝嘗閱〈六代論〉，問志曰：「是卿先王所作邪？」（志，魏陳思王孽子）對曰：「先王有手所作目錄，請歸尋按。」還奏曰：「按錄無此。」帝曰：「誰作？」志曰：「以臣所聞，是臣族父囧所作。以先王文高名著，欲令書傳於後，是以假託。」帝曰：「古來亦多有是。」顧謂公卿曰：「父子證明，足以為審，自今已後，可無復疑。」託名高者以行其言，而已不欲屍其名，此乃廓然大公之心；不得議其欺世也。〈陸機傳〉：機從子瑁，吳平又作〈西州清論〉，傳於世。借稱諸葛孔明，以行其書也。亦曹囧之志也。《隋書·儒林傳》云：劉炫因牛弘奏請購求遺逸，偽造書百餘卷，題為《連山易》、《魯史記》等，錄上送官，取賞而去。後有人訟之，經赦免死，坐除名。則風斯下矣。然時書一卷不過賞絹一匹，炫負盛名，豈不能致百餘匹絹？則其造書非利官賞，蓋時俗莫辨真偽，乃藉此欺世，以炫其博洽耳。然其心亦足誅矣。《晉書·郭象傳》云：先是注《莊子》者數十家，莫能究其旨統。向秀於舊注外而為解義，妙演奇致，大暢玄風。唯〈秋水〉、〈至樂〉二篇未竟，而秀卒。秀子幼，其義零落。然頗有別本遷流。象為人行薄，以秀義不傳於世，遂竊以為己注。乃自注〈秋水〉、〈至樂〉二篇，又易〈馬蹄〉一篇，其餘眾篇，或點定文句而已。其後秀義別本出，故今有向、郭二注，其義一也。似象之為人，攘善無恥矣。然〈秀傳〉則但云秀為之隱解，象又述而廣之而已。則知此等傳說，亦難盡信也。

第二十四章　晉南北朝宗教

第一節　舊有諸迷信

　　玄學與迷信，不相容者也。故魏、晉以降，玄學盛行，而迷信遂澹。《晉書·天文志》：魏文帝黃初二年（西元 221 年），六月，戊辰晦，日有食之。有司奏免太尉。詔曰：「災異之作，以譴元首，而歸過股肱，豈禹、湯罪己之義乎？其令百官，各虔厥職。後有天地眚，勿復劾三公。」此詔雖仍引咎責躬，然已知天地之眚，無與於人事矣。摯虞對策曰：「古之聖明，原始以要終，體本以正末，故憂法度之不當，而不憂人物之失所，憂人物之失所，而不憂災害之流行。其有日月之眚，水旱之災，則反聽內視，求其所由。遠觀諸物，近驗諸身。於物無忤，於人無尤，此則陰陽之事，非吉凶所在也。」郤詵對策，與虞實同時事。亦曰：「水旱之災，自然理也。故古者三十年耕必有十年之儲。堯、湯遭之而人不困，有備故也。自頃風雨，雖頗不時，考之萬國，或境土相接，而豐約不同，或頃畝相連，而成敗異流，固非天之必害於人，人實不能均其勞苦。失之於人，而求之於天，則有司惰職而不勸，百姓殆業而咎時，非所以定人志，致豐年也。」皆以釋天時任人事為言，與漢人之論大異矣。《魏書·高祖紀》：承明十二年（西元 487 年），九月，甲午，詔曰：「日月薄蝕，陰陽之恆度耳。聖人懼人君之放怠，因之以設戒，故稱日蝕修德，月蝕修刑，乃癸巳夜，月蝕盡，公卿已下，宜慎刑罰，以答天意。」此詔辭旨，幾於自相矛盾，然亦知天變與人事無關。虜主而能為此言，可知釋天時，任人事，已成通常之見解矣。

　　然此特學者之見如是，習俗固未能驟變。魏自武帝，至於文、明，皆

禁淫祀，已見《秦漢史》第二十章第二、第六節。晉武帝泰始元年（西元
266 年），詔曰：「末代通道不篤，偘禮瀆神，縱欲祈請。曾不敬而遠之，
徒偷以其幸，妖妄相扇，舍正為邪，故魏朝疾之。其按舊禮，具為之制。
使功著於人者，必有其報，而妖淫之鬼，不亂其間。」猶是前世之志也。
然穆帝昇平中，何琦論祠五嶽，謂「今非典之祠，可謂非一。考其正名，
則淫昏之鬼。推其靡費，則四人之蠹。可俱依法令，先去其甚。」不見
省。（《宋書・禮志》。）而武皇之志荒矣。宋武帝永初二年（西元 481 年），
四月，詔曰：「淫祠惑民廢財，前典所絕。可並下在所，除諸房廟。」《宋
書・禮志》云：由是蔣子文祠已下，並皆毀絕。然又云：孝武孝建初，更
修起蔣山祠。所在山川，漸皆修復。明帝立九州廟於雞籠山，大聚群神。
則其廢之曾無幾時，旋且變本加厲矣。所謂蔣子文者，與蘇侯同為南朝嚴
祀之神。《宋書・禮志》云：蔣侯，宋代稍加爵位，至相國、大都督中外
諸軍事，加殊禮，鍾山王。蘇侯驃騎大將軍。案《晉書・簡文三王傳》言：
孫恩至京口，會稽王道子無他謀略，唯日禱蔣侯廟，為厭勝之術。又〈苻
堅載記〉言：淝水之役，堅望八公山上草木，皆類人形。初朝廷聞堅入
寇，道子以威儀鼓吹，求助於鍾山之神，奉以相國之號。堅見草木狀人，
若有力焉。則蔣子文在晉代，久受尊崇矣。齊東昏又加帝號，見第十章第
六節。《南史・曹景宗傳》述鍾離之役云：先是旱甚，詔祈蔣帝神求雨。
十旬不降。帝怒，命載荻，欲焚蔣廟並神影。爾日開朗，欲起火，當神上
忽有雲如傘。倏忽驟雨如寫。臺中宮殿，皆自振動。帝懼，馳召追停。少
時還靜。自此帝畏信遂深。自踐阼已來，未嘗躬自到廟，於是備法駕將朝
臣禮謁。是時魏軍攻圍鍾離，蔣帝神報敕必許扶助。既而無雨水長，遂挫
敵人。凱旋之後，廟中人馬腳盡有泥淫，當時並目睹焉。梁武非迷信者
流，蓋因大敵當前，藉此以作士氣也。陳高祖以十月乙亥即帝位，丙子即
幸鍾山祀蔣帝廟，（見〈紀〉。）亦是志矣。蔣子文行事，不見正史。《齊

書‧崔祖思傳》云：州闢主簿。與刺史劉懷珍於堯廟祀神。廟有蘇侯象。懷珍曰：「堯聖人，而與雜神為列，欲去之，何如？」祖思曰：「蘇峻今日，可謂四凶之五也。」懷珍遂令除諸雜神。《南史》云：所隨者為青州刺史垣護之，（祖思，清河東武城人。清河齊世屬冀州，如《齊書》意，懷珍當為冀州刺史。然當時青、冀二州，或可合一刺史也。）而載祖思對辭，則云：「使君若清蕩此坐，則是唐堯重去四凶，」不以蘇侯為蘇峻。峻凶逆，不應見祀，論者或以《南史》為可信。然《齊書》此語，不能杜撰。《南北史》多采異說，其所據依，實較諸官修之史為晚。《北史‧魏蘭根傳》言常山郡境有董卓祠，〈景穆十二王傳〉言鄴城有石季龍廟，董卓凶逆，豈減蘇峻？季龍尤異族淫暴之主也，二凶可祀，峻獨不可杞乎？然則《齊書》之說，殆為不誣。以此推之，蔣子文亦必非正神也。永初之除房廟，明言「先賢及以勳德立祠者，不在此例」。蔣子文若為正神，豈應其時亦見除毀邪。（或謂蘇侯神在建康，不應在青、冀，〈崔祖思傳〉所言者，或為別一蘇侯，此亦不然。《南史‧張沖傳》：言東昏遣薛元嗣等援沖，沖卒，與其子孜及程茂等共守，無他經略，唯迎蔣子文及蘇侯神於州聽上祀以求福，則蔣、蘇二神，流播及於荊郢矣。可至荊郢，何不可至青、冀邪？）

　　淫祀所奉，泛然不一。吳興郡有項羽神，俗謂甚靈驗，至於郡聽事安施床簟為神坐，太守皆避不敢居，見《宋書‧孔季恭》、《齊書‧李安民》、〈蕭惠基〉、《梁書‧蕭琛》諸傳。《南史》、〈陳本紀〉：高祖永定二年（西元558年），正月，遣策吳興楚王神為帝，蓋即所謂項羽神也。其見崇奉，亦不在蔣子文下矣。此與董卓、石季龍等，皆擇眾所共知之人而奉之，不計其善惡也。《齊書‧周山圖傳》云：義鄉縣長風廟神姓鄧，先為縣令，死遂發靈，此則所謂名宦之流，亦不必其人之果有功德也。後世所謂城隍神者，亦昉見於此時。（《南史‧梁武帝諸子傳》，謂邵陵王綸在郢州祭城隍神，將烹牛，有赤蛇繞牛口。《隋書‧五行志》以為武陵王紀之事。《北齊

書·慕容儼傳》云：儼在郢城，為侯瑱、任約所攻，於上流鸚鵡洲上造獲
㯹竟數里，以塞船路。人信阻絕，城守孤懸，眾情危懼。儼導以忠義，又
悅以安之。城中先有神祠一所，俗號城隍神，公私每有祈禱。於是順士卒
之心，相率祈請，須臾，衝風欻起，驚濤湧激，漂斷獲㯹。約復以鐵鎖連
緝，防禦彌切。儼還共祈請。風浪夜驚，復以斷絕。如此者再三。城人大
喜，以為神助。此〈傳〉言儼戰功，全不足信，然郢城有城隍神祠，儼曾
祠之，自不害為實語也。）案隍謂城下池，戰時憑城池以守，故祀其神，
後遂以為地方之神，若人間之有守令矣。《梁書·王神念傳》云：神念性
剛正，所更州郡，必禁止淫祠。為青、冀二州刺史，州東北有石鹿山，臨
海，先有神廟。妖巫欺惑百姓，遠近祈禱，糜費極多。神念至，便令毀
撤，風俗遂改。而《南史·陰子春傳》言：神念之毀神廟，棟上有一大虵，
長丈餘，役夫打撲不禽，得入海水。子春為朐山戍主、東莞太守。爾夜夢
人通名，云有人見苦，破壞宅舍。欽君厚德，欲憩此境。經二日而知之。
因辦牲醪請召，安置一處。數日，復夢一朱衣人，相問辭謝，云得君厚
惠，當以一州相報。子春心喜，供事彌勤。經月餘，魏欲襲朐山，間諜前
知，設伏破之，詔授南青州刺史。此則海濱怪物，廢於彼而興於此矣。要
之可以惑眾則藉之，無恆奉也。宋世祖之責百官讜言也，周朗上書曰：「凡
鬼道惑眾，妖巫破俗，其原本是亂男女，合飲食。因之以禱祝，從之以報
請。是亂不除，為害未息。凡一苑始立，一神初興，淫風輒以之而甚。今
修堤以北，置園百里，峻山以西，居靈十房，糜財敗俗，其可稱限？」飲
食男女，人之大欲存焉。凡民之所費誠多，而敢為矯誣者，則其大欲遂焉
矣。世豈有創教傳教之人，而真信教者哉？

　　然矯誣之徒，亦有實為救死之計者。《南史·孝義傳》云：諸暨東洿
里屠氏女。父失明，母痼疾。親戚相棄，鄉里不容。女移父母，遠住紵
舍。晝採樵，夜紡織，以供養。父母俱卒，親營殯葬，負土成墳。忽空中

有聲云:「汝至性可重,山神欲相驅使,汝可為人療病。」女謂是魅,弗敢從。遂得病積時。鄰舍人有溪蜮毒者,女試療之,自覺便差。遂以巫道為人療疾,無不瘥。家產日益,鄉里多欲娶之。女以無兄弟,誓守墳墓。為山劫所殺。此女所為,謂非矯誣得乎?然得以是為其罪乎?關二氏者,恆病其不耕而食,不織而衣。然如此女者,當其困窮之時,則親戚相棄,鄉里不容,及其為巫而多財,則又欲娶之以為利。風俗薄惡如此,而以藉矯誣以自活者為罪,有是理乎?

《隋書・地理志》云:揚州「俗重鬼神,好淫祀」。又云:「大抵荊州率敬鬼,尤重祠祀之事。」似淫祀之俗,南方為甚。然《魏書・肅宗紀》:神龜二年(西元 519 年),十二月,嘗詔除淫祀,焚諸雜神,則北方淫祀,亦不少矣。《北齊書・于翼傳》:翼出為安州總管。時屬大旱,涓水絕流。舊俗每逢亢陽,禱白兆山析雨。高祖先禁群祀,山廟已除。翼遣主簿祭之。即日澍雨霑洽。歲遂有年。民庶感之,聚會歌舞,頌翼之德。除之而民猶信之,則有其廢之,必有其舉之者矣。故破除迷信,實非政令所能為也。

巫術所重,祠祀而外,莫如厭詛。元凶劭為巫蠱,已見第九章第一節。及孝武起兵,劭又迎蔣侯神於宮內,厭祝祈請。竟陵王誕,陳談之上書告之,亦云:其弟詠之,見誕疏孝武年紀、姓諱,往巫鄭師憐家咒詛。盧江王褘,明帝泰始五年(西元 470 年)下詔,謂其「呪詛禱請,謹事邪巫。常被髮跣足,稽首北極。遂圖畫朕躬,勒以名字。或加之矢刃,或烹之鼎鑊。在江州得一女,云知吉凶,能行厭咒,大設供養,敬事如神。令其咒詛孝武,並及崇憲,祈皇室危弱,統天稱己」。陳長沙王叔堅為左道厭魅,已見第十五章第二節。《宋書・王悅傳》:悅為侍中,檢校御府大官、太醫諸署得奸巧甚多。及悅死,眾咸謂諸署咒詛之。明帝乃收典掌者十餘人,桎梏,云送淮陰,密令渡瓜步江投之中流。咒詛未必能殺人,怨奸巧之見發而為咒詛,則罪有可誅,明帝處諸典掌者雖云非法,然諸人若

果為咒詛，亦自有取禍之道也。司馬休之降虜，孫彌陁，選尚臨淮公主。彌陁先娶竇瑾女，與瑾並坐咒詛伏誅。（事見《魏書·休之傳》，亦見〈瑾傳〉。）北齊河間王孝琬怨執政，為草人而射之，和士開、祖珽譖其為草人乃以擬武成，已見第十四章第三節。《魏書·刑罰志》：神中，崔浩定律令，為蠱毒者，男女皆斬而焚其家。巫蠱者負殺羊，抱犬，沉諸淵。〈高祖紀〉：承明九年（西元484年），正月，詔：「諸巫覡假稱神鬼，妄說吉凶，及委巷諸卜，非墳典所載者，嚴加禁斷。」可見北方巫術之盛矣。厭勝之術，並有施諸死人者。賈后之殺武悼后也，妖巫謂后必訴冤先帝，乃覆而殯之，施諸厭劾符書、藥物。慕容儁夜夢石季龍齧其臂。寤而惡之，命發其墓，剖棺出屍，數其殘酷之罪，棄於漳水。姚萇以符登頻戰勝，亦於軍中立苻堅神主而請之。及敗苻師奴，禽梁犢，乃掘堅屍，鞭撻無數，裸剝衣裳，薦之以棘，坎土而埋之。侯景之葬梁武帝，使衛士以大釘於要地釘之，欲令後世絕滅。北齊孝昭不豫，見文宣為崇，厭勝之術備設，（《北齊書·廢帝紀》及〈孝昭紀〉。參看第十四章第三節。）皆是物也。

行序之說，本謂治法當隨時變易，後乃流為空談，入於迷信，已見《先秦史》第十五章第二節，《秦漢史》第二十章第三節。魏、晉以後，雖迷信已澹，而此故事仍存。晉武帝泰始元年（西元266年），有司奏晉行尚金。（《宋書·歷志》。）劉曜、石勒，皆承金為水德。（皆見〈載記〉。）慕容儁僭位，群下言承黑精之君，代金行之後，從之。〈韓恆傳〉云：（附〈儁載記〉後。）將定行次，眾論紛紜，恆時疾在龍城，儁召恆決之。未至，群臣議以燕承晉為水德。恆至，言於儁曰：「趙有中原，非唯人事，天所命也。且燕王跡始震。於《易》，震為青龍，受命之初，有龍見於都邑。龍為木德，幽契之符也。」儁初雖難改，後終從恆議，〈慕容暐載記〉云：郭欽奏議，以暐承石季龍為木德，暐從之。則〈儁載記〉所謂后從韓恆之議者，實暐時事也。〈姚萇載記〉：萇僭位，自謂以火德承苻氏木行。

案〈苻堅載記〉云：太元七年（西元 382 年），堅謀入寇。初堅即偽位，新平王彤，陳說圖讖。堅大悅，以彤為太史令。嘗言於堅曰：「謹按讖云：古月之末亂中州，洪水大起健西流，唯有雄子定八州，此即三祖陛下之聖諱也。又曰：當有草付臣又土，滅東燕，破白虜，氐在中，華在表。按圖讖之文，陛下當滅燕平六州。願徙汧、隴諸氐於京師，三秦大戶，置於邊地，以應圖讖之言。」堅訪王猛，猛以彤為左道惑眾，勸堅誅之。彤臨刑上疏曰：「臣以趙建武四年，從京兆劉湛學。明於圖記，謂臣曰：新平地古顓頊之墟，里名曰雞閭。此里應出帝王寶器，其名曰延壽寶鼎。顓頊有云：河上先生為吾隱之於西北，吾之孫有草付臣又土應之。湛又云：吾嘗齋於室，中夜，有流星大如半月，落於此地，斯蓋是乎？願陛下志之。平七州之後，出於壬午之年。」至是而新平人得之，以獻。堅以彤言有徵，追贈光祿大夫。（分氐戶，留鮮卑，當時蓋有深意，說見第六章第七節。彤在當時，蓋因違是策而見誅，既而造作妖言，則又託諸已受誅之人，以見其可信也。）則堅實自以為顓頊後。顓頊，必從相勝之說，乃得為木德，（見《秦漢史》。）豈堅時嘗行其說，葨乃又以相生之說承之歟？《魏書・禮志》云：太祖天興元年（西元 399 年），定都平城，即皇帝位。詔有司定行次。群臣奏以國家繼黃帝之後，宜為土德。故神獸如牛，牛土畜，又黃星顯曜，其符也。於是始從土德，數用五，服尚黃。（亦見〈本紀〉。）此時之拓跋氏，實受封於西燕，說見第六章第七節，豈亦從相勝之說，而以土承燕之水歟？（參看第三章第八節。）孝文太和十四年（西元 490 年），八月，詔議國之行次。（〈本紀〉。）〈禮志〉載中書監高閭議，謂：「居尊據極，允膺明命者，莫不以中原為正統，神州為帝宅。五德之論，始自漢劉。一時之議，三家致別：以為水德者，以嘗有水溢之應，不推運代相承之數。以為土德者，以亡秦繼歷相即為次，不推逆順之異。以為火德者，縣證赤帝斬蛇之符，越惡承善，不以世次為正。自茲厥後，乃以為

常。魏承漢，火生土，故魏為土德。晉承魏，土生金，故晉為金德。趙承晉金生水，故趙為水德。燕承趙，水生木，故燕為木德。秦承燕，木生火故秦為火德。（此說與《晉書・姚萇載記》不合，蓋憑臆為說，不依據故事也。）秦之未滅，皇魏未克神州，秦氏既亡，大魏稱制河朔。故平文之廟，始稱太祖。以明受命之證，如周在岐之陽。若繼晉，晉亡已久，若承秦，則中原有寄。又五緯表驗，黃星曜采。考氏定實，合德軒轅。承土祖木，事為著矣。秦、趙及燕，雖非明聖，各正號赤縣，統有中土。非若邊方僭擬之屬；遠如孫權、劉備，近若劉裕、道成，事系蠻夷，非關中夏。臣愚以為宜從尚黃，定為土德。」案魏亦五胡之一，若祧後趙、燕、秦，試問自居何等？韓恆、高閭，蓋欲避內華外夷之嫌，故為此認賊作子之說。然孝文之意，有異於是，閭亦未嘗不窺知之，故又請「集中祕群儒，人人別議，擇其所長」也。於是祕書丞李彪、著作郎崔光議，謂：「魏雖祖黃制朔，綿跡有因，然此帝業，神元為首。司馬祚終於郟鄏，而元氏受命於雲代。自周之滅，及漢正號，幾六十年，自有晉傾淪，暨登國肇號，亦六十餘載。物色旗幟，率多從黑。是又自然合應，玄同漢始。且秦並天下，革創法度，漢承其制，少所變易，猶仰推五運，竟蹈隆姬，而況劉、石、苻、燕，世業促褊，綱紀弗立，魏接其弊，自有彝典？豈可異漢之承木，舍晉而為土邪？」詔命群官議之。十五年，正月，司空穆亮等言：欲從彪等所議。詔可。（〈紀〉在十六年正月壬戌。）居然自附於華夏矣。周孝閔帝之立，百官奏議，以木承水，制可，見《周書・本紀》。

　　五德之說，明出學者推論，乃《宋書・歷志》曰：「鄒衍生在周時，不容不知周之行運。張蒼雖是漢臣，生與周接，司秦柱下，備睹圖書。秦雖滅學，不廢術數，則有周遺文，雖不畢在，據漢水行，事非虛作。然則相勝之義，於事為長。」竟以行序之說為古來實事，誤矣。又云：「漢高斷蚘，而神母夜哭，云赤帝子殺白帝子，然則漢非火而何？斯又不然。漢若

為火，則當云赤帝，不宜云赤帝子也。白帝子又何義況乎？蓋由漢是上德，土生乎火，秦是水德，水生乎金，斯則漢以土德為赤帝子，秦以水德為白帝子也。」立說雖巧，終近鑿孔。

圖讖之作，本由後漢君臣之矯誣，而儒者因之以阿世，自炎祚云亡，而其學漸微，其書亦寖闕佚矣。（《晉書·索靖傳》，言其兼通內緯，此尚是後漢經生之遺風。《魏書·高崇傳》：子謙之，圖緯之書，多所該涉。《周書·陸騰傳》：父旭，好緯候之學。此等皆是術數之家，與經學無涉。儒林傳中人兼治圖緯者，不過取證經說，所重者緯而非讖。藝術傳中人，則取證術數，而或流於妖妄矣。要之圖緯非復顯學也。乃如《魏書·燕鳳傳》云：明習陰陽讖緯，〈許謙傳〉云：善天文圖讖，則恐魏人欲以妖妄之說託之，乃妄言其善是耳。東渡之初，戴邈疏請興學，有曰：「圖讖無復孑遺於世，」可見其書之存者已不多也。見《宋書·禮志》。）然握有政權者，其矯誣如故。《齊書·高帝紀》云：「上姓名骨體，及期運曆數，並遠應圖讖，數十百條，歷代所未有。臣下撰錄，上抑而不宣，盛矣。」〈祥瑞志〉云：「齊氏受命，事殷前典。黃門郎蘇侃撰〈聖皇瑞應記〉。永明中，庾溫撰《瑞應圖》。其餘眾品，史注所載。今詳錄去取，以為〈志〉云。」〈紀〉所謂抑而弗宣者，即是物也。〈芮芮虜傳〉云：宋世，其國相希利墾解星算數術，通胡、漢語。嘗言：「南方當有姓名齊者，其人當興。」又云：國相邢基只羅回奉表曰：「京房讖云：卯金十六，草肅應王。歷觀圖緯，休徵非一，皆云慶鐘蕭氏，代宋者齊。」造妖言而託諸外夷，可謂匪夷所思矣。梁武佳人，然亦未能免俗。《梁書·本紀》云：禪讓時，太史令蔣道秀陳天文符讖六十四條。〈沈約傳〉：約謂高祖曰：「讖云：行中水，作天子。」〈處士傳〉：陶弘景問議禪代，援引圖讖，數處皆成梁字，令弟子進之。其矯誣如此。蓋宋、齊、梁、陳四代之興，宋、陳皆有外攘之功，齊、梁更多慚德，故其矯誣尤甚也。《晉書·石季龍載記》：季龍以讖文天

子當從東北來，備法駕自信都而還以應之。又以讖文言滅石者陵，而石閔徙封蘭陵公，惡之，改蘭陵為武興郡。（此說蓋閔所造作。）〈藝術傳〉：黃泓，父沈，善天文祕術，泓從父受業。永嘉之亂，與渤海高瞻避地幽州，說瞻曰：「讖言真人出東北。」瞻不從。泓乃率宗族歸慕容廆。〈苻洪載記〉：洪以讖文有草付應王，又其孫堅背有草付字，遂改姓苻氏。（此說蓋堅所造作，苻洪時尚未有也。苻實舊氏，見第五章第三節。）又云：王墮明天文圖緯，洪徵梁犢，以墮為司馬。謂洪曰：「讖言苻氏應王，公其人也。」〈苻生載記〉：健以讖言三羊五眼應符，故立為太子。〈苻堅載記〉：姚萇求傳國璽於堅，堅瞋目叱之曰：「圖緯符命，何所依據？五胡次序，無汝羌名。違天不祥，其能久乎？」〈苻登載記〉：馮翊郭質，起兵廣鄉以應登。宣檄三輔曰：「姚萇窮凶餘害，毒被人神，於圖讖曆數，萬無一分。」〈姚興載記〉：興以司馬休之為鎮南將軍揚州刺史。休之將行，侍御史唐盛言於興曰：「符命所記，司馬氏應復河、洛。休之既得濯鱗南翔，恐非復池中之物。」興曰：「脫如所記，留之適足為患。」遣之。（觀下引《南史》，魯宗之亦為讖，此說恐又休之所造作。）〈慕容垂載記〉：垂少好畋遊，因獵墜馬，折齒。慕容儁僭即王位，改命。（本名霸。）外以慕郤為名，內實惡而改之。尋以讖記之文，乃去夬，以垂為名焉。堅之敗於淮南也，垂軍獨全。堅以千餘騎奔垂。垂世子寶言於垂曰：「家國傾喪，皇綱廢弛。至尊明命，著之圖籙，當隆中興之業，建少康之功。」〈慕容德載記〉：劉藻自姚興至。太史令高魯，遣其甥王景暉隨藻送玉璽一紐，併圖讖祕文，曰：「有德者昌，無德者亡。應受天命，柔而復剛。」又有謠曰：「大風蓬勃揚塵埃，八井三刀卒起來，四海鼎沸中山頹。唯有德人據三臺。」群臣因勸德即尊號。（時以慕容寶尚存，未遽聽。）《魏書·竇李雄傳》：譙周著讖曰：「廣漢城北有大賊，曰流特；攻難得。歲在玄宮自相剋。」卒如其言。〈太宗紀〉：泰常五年（西元 420 年），五月，詔曰：「宣

武皇帝，體道得一，大行大名，未盡美，非所以光揚洪烈，垂之無窮也。今因啟緯圖，始睹尊號。天人之意，煥然著明。其改宣日道，更上尊諡曰道武皇帝，以彰靈命之先啟，聖德之玄同。告祀郊廟，宣於八表。」〈靈徵志〉云：太祖真君五年（西元 444 年），二月，張掖郡上言：「往曹氏之世，丘池縣大柳谷山石表龍馬之形，石馬脊文曰大討曹，而晉氏代魏。今石文記國家祖宗諱，著受命之符。」乃遣使圖寫其文。大石有五，皆青質白章，間成文字。其二石記張、呂之前已然之效，其三石記國家祖宗以至於今。其文記昭成皇帝諱，繼世四六天法平，天下太安，凡十四字。次記太祖道武皇帝諱，應王載記千歲，凡七字。次記太宗明元皇帝諱，長子二百二十年，凡八字。次記太平天王繼世主治，凡八字。次記皇太子諱，昌封泰山，凡五字。初上封太平王，天文圖錄，又授太平真君之號，與石文相應。太宗名諱之後，有一人像，攜一小兒。見者皆曰：「上愛皇孫，提攜臥起，不離左右，此即上像。」靈契真天授也。於是群臣參議：「宜以石文之徵，宣告四海，令方外僭竊，知天命有歸。」制可如所奏。〈衛操傳〉云：桓帝崩後，操立碑於大邗城南，以頌功德，云魏軒轅之苗裔。皇興初，雍州別駕雁門段榮於大邗掘得此碑。此更可謂極矯誣之致矣。造作妖妄，乃為夷狄竊以為資，豈不哀哉？然〈道武七王傳〉：陽平王熙之玄孫禹，頗好內學。每云晉地有福。孝昌末，遂詣尒朱榮。《北齊書・元坦傳》：（坦，魏咸陽王禧之子，事亦見《北史・魏獻文六王傳》。）子世寶，與通直散騎侍郎彭貴平因酒醉誹謗，妄說圖讖，有司奏當死。詔並宥之。坦配北營州，死配所。然則夷狄效中國而為矯誣，亦適足啟分崩離析之端，而速其自弊耳。豈不哀哉？北齊文宣之篡也，徐之才、宋景業亦以讖為言。（見〈之才〉及〈高德政傳〉。）武成禪位後主，則祖珽引《元命苞》以說，亦一丘之貉耳。

　　成則為王，敗則為寇，其實一也。秉政者既以此自張矣，睨而思奪之

者，安得不競相放效？《南史・宋武帝紀》：魯宗之為讖曰：「魚登日，輔帝室。」此強臣之造讖也。〈范曄傳〉：孔熙先使婢隨法靜尼南上見胡道世，付以籤書，陳說圖讖。其說徐湛之，則謂讖緯天文，並有徵驗。〈顏竣傳〉：竣為世祖主簿，有沙門釋僧含謂曰：「貧道嘗見讖記，當有真人應符，名諱次第，屬在殿下。」〈文五王傳〉：孝武使有司奏竟陵王誕，謂其徵引巫史，潛考圖緯。此宗戚之造讖也。《晉書・張軌傳》：晉昌張越，涼州大族，讖言張氏霸涼，自以才力應之，陰圖代軌。《魏書・傅豎眼傳》：祖父融，有三子：靈慶、靈根、靈越，並有才力。融以此自負。嘗密謂鄉人曰：「汝聞之不？鬲蟲之子有三靈，此圖讖之文也。」好事者然之。故豪勇之士，多相歸附。此豪右之造讖也。《晉書・石季龍載記》：貝丘人李弘，因眾心之怨，自言姓名應讖，遂連結奸黨，署置百僚。事發誅之。連坐者數百家。《魏書・太宗紀》：泰常元年（西元416年），三月，常山民霍季，自言名載圖讖。持一黑石，以為天賜玉印。聚黨入山為盜。州郡捕斬之。〈術藝傳〉：劉靈助妄說圖讖，言劉氏當王。則凡思蠢動者，無不以讖為資矣，此其所以終遭禁斷歟？

　　《隋書・經籍志》曰：「《易》曰：河出圖，洛出書，然則聖人之受命也，必因積德累業，豐功厚利，誠著天地，澤被生人。萬物之所歸往，神明之所福饗，則有天命之應。蓋龜、龍銜負，出於河、洛，以紀易代之徵。其理幽昧，究極神道。先王恐其惑人，祕而不傳。說者又云：孔子既敘六經，以明天人之道，知後世不能稽同其意，故別立緯及讖，以遺末世。」觀此，知當時所謂讖者，實有二科：一猶借重經義，與緯相雜，一則純為妖言矣。抑讖本民間之物，與學術並無關係，自攘竊者競事造作，以古者政事與天道，關係極密，而天文之學，遂為其所取資，乃亦隨之而遭禁斷焉。（魏道武之狂惑也，史言其慮如天文之占，因此大肆殺戮。道武是時，固病狂易，然以天文之占為慮，亦非虛語。《北史・魏宗室傳》云：

天賜六年（西元 409 年），天文多變，占者云：當有逆臣，伏屍流血。帝惡之。頗殺公卿，欲以厭當天災，秦王翰之子儀，內不自安，單騎遁走，帝使人追執之，遂賜死，其一徵也。《北齊書·神武帝紀》：武定五年（西元 547 年），正月朔，日食。神武曰：「日食其為我邪？死亦何恨。」《北史·后妃傳》：宣武皇后高氏，天文有變，靈太后欲以當禍，暴崩。《北齊書·孝昭六王傳》：河清三年（西元 564 年），五月，白虹圍日再重，又橫貫而不達，赤星見，武成以盆水盛星影而蓋之，一夜，盆自破。欲以百年厭之，遂斬之。不肯信福善禍淫之說，而又惴惴於變異如此，皆利害之見大切為之也。《齊書·天文志》云：「今所記三辰、七曜之變，起建元迄於隆昌。建武世，太史奏事，明帝不欲使天變外傳，並祕而不書，自此闕焉。」〈河南傳〉：拾寅子易度侯好星文，嘗求星書，朝議不給。畏忌如此，天文之學，安得不遭禁斷？）《隋志》云：「宋大明中，始禁圖讖。天監已後，又重其制。及高祖受禪，禁之愈切。煬帝即位，乃發使四出，搜天下書籍與讖緯相涉者皆焚之。為吏所糾者至死。自是無復其學。祕府之內，亦多散亡。」書籍之佚，實由喪亂弘多，印刷之術未興，流傳之本大少，與政令禁毀，關係實微。秦不禁醫藥卜筮種樹之書，而其傳於後者，亦不多於詩書百家語，即其明證。然昔時皇室，究為一大書府，至中祕所藏散亡，而其淹沒愈易矣。讖雖妖妄緯亦偽作，然其中究有漢人經說存焉，蘭艾同焚亦可惜也。天文圖讖之禁，初非僅如《隋志》所云。《晉書·武帝紀》泰始三年（西元 268 年），十二月，禁星氣讖緯之學。《南史·隱逸阮孝緒傳》言：齊武帝禁畜讖緯。《晉書·石季龍載記》：季龍禁郡國不得私學星讖，敢有犯者誅。〈苻堅載記〉：堅亦嘗禁老莊、圖讖之學。魏大武之滅佛，並禁師巫、讖記，事見下節。高祖承明九年（西元 485 年）之詔，（見上。）亦曰：「圖讖之興，起於三季。既非經國之典，徒為妖邪所憑。自今圖讖、祕緯，及名為《孔子閉房記》者，一皆焚之。留者以大辟論。」

〈世宗紀〉：永平四年（西元 512 年），五月，詔禁天文之學。〈肅宗紀〉：熙平二年（西元 517 年），五月，重申天文之禁，犯者皆大辟論。皆其事也。〈劉潔傳〉：潔使右丞張嵩求圖讖，問：「劉氏應王，繼國家後，我審有姓名否？」嵩對曰：「有姓而無名。」窮治款引。搜嵩家，果得讖書。潔及嵩等皆夷三族。潔事見第八章第三節，其死實別有原因。尋求圖讖，蓋忌潔者以此陷之，然可見讖書之易以陷人矣。《北史·藝術傳》：庾季才，宇文護執政，問以天道徵祥，對曰：「上臺有變，不利宰輔，公宜歸政天子，請老私門。」及護夷滅，閱其書記，有假託符命，妄造異端者皆誅。唯得季才兩紙，盛言緯候，宜免政歸權。周武帝謂斛斯徵曰：「季才甚得人臣之禮。」因賜粟帛。此雖意外獲福，其所乘亦危道也。是以通其說者皆兢兢焉。齊武帝之禁畜讖緯也，阮孝緒兼有其書，（云兼有，可見是時讖緯有別。）或勸藏之。答曰：「昔劉德重《淮南祕要》，適為更生之禍。杜瓊所謂不如不知，此言美矣。」客有求之。答曰：「己所不欲，豈可嫁禍於人？」乃焚之。《魏書·高允傳》：允雖明於曆數，初不推步，有所論說。唯遊雅數以災異問矣。允曰：「昔人有言：知之甚難，既知復恐漏洩，不如不知也。」《北齊書·儒林傳》：權會，妙識玄象。至於私室，輒不及言。學徒有請問者，終無所說。每云：「此學可知不可言。諸君並貴遊子弟，不由此進，何煩問也？今唯有一子，亦不以此術教之。」治其學者之畏慎如此，宜其學之易於失傳矣。

　　有意造作之讖，頗類謠辭，蓋取其簡而有韻，為眾所易傳、易記也。（讖多近鄙俗字亦以此，若其爾雅深厚，即為眾所不能解矣。）謠辭亦有造作者。《宋書·王景文傳》云：明帝以景文外戚貴盛，張永累經軍旅，疑其將來難信，乃自為謠言曰：「一士不可親，弓長射殺人。」《南史·文學傳》云：袁粲、王蘊雖敗，沈攸之尚存，卞彬意高帝事無所成，乃謂帝曰：「比聞謠云：可憐可念屍著服，孝子不在日代哭，列管暫鳴死滅族，

公頗聞不？」時蘊居父憂，與粲同死，故云屍著服。孝子不在日代哭者，褚字。彬謂沈攸之得志，褚彥回當敗，故言哭也。列管，謂蕭也。高帝不悅。及彬退，曰：「彬自作此。」《北史‧韋孝寬傳》云：孝寬參軍曲巖，頗知卜筮。謂孝寬曰：「來年東朝必大相殺戮。」孝寬因令巖作謠歌曰：「百升飛上天，明月照長安。」百升，斛也。又言「高山不摧自崩，槲樹不扶自豎。」令諜人多齎此文，送之於鄴。祖孝徵聞之，更潤色之，斛律明月竟以此誅。此等果如史說以否，雖不可知，然必時有造作謠辭之事，乃有此傳說也。吳人因童謠叛晉，已見第三章第九節。《晉書‧五行志》又云：孫皓天紀中，童謠曰：「阿童復阿童，銜刀浮渡江。不畏岸上獸，（當作虎，唐人避諱之字。）但畏水中龍。」武帝聞之，加王濬龍驤將軍。又云：司馬越還洛，有童謠曰：「洛中大鼠長尺二，若不早去大狗至。」及苟晞將破汲桑，又謠曰：「元超兄弟大落度，上桑打椹為苟作。」由是越惡晞，奪其兗州，隙難遂構焉。《南史‧賊臣傳》云：大同中，童謠曰：「青絲白馬壽陽來。」景渦陽之敗，求錦，朝廷給以青布，及舉兵，皆用為袍，采色尚青，景乘白馬，青絲為轡，欲以應謠。此等看似先有謠而後以事應之，又安知非欲作其事者，有意造為謠言邪？《晉書‧愍帝紀》云：初有童謠曰：「天子何在豆田中。」時王浚在幽州，以豆有藿，殺隱士霍原而應之。及帝如劉聰營，營實在城東豆田壁。〈原傳〉云：王浚稱制，謀僭，使人問之，原不答，浚心銜之。又有遼東囚徒三百餘人，依山為賊，意欲劫原為主，事亦未行。時有謠曰：「天子在何許？近在豆田中。」浚以豆為霍，收原斬之。〈浚傳〉曰：燕國霍原，北州名賢。浚以僭位示之，原不答，浚遂害之。浚謀僭位說不足信，已見第四章第二節。原雖列〈隱逸傳〉，實非恬退之人。（〈李重傳〉云：遷尚書吏部，留心隱逸，拔用燕國霍原等為祕書郎及諸王文學，故海內莫不歸心，則原嘗一出仕。此事〈原傳〉未載。）其見殺未知何由，然以風謠為其藉端，則必不誣矣。生於其心，未

有不害於其政者也。詩者,民幽約怨悱不能自言之情。作之一夫,播之眾口,民情大可見焉,故古有采詩之官。漢世刺舉,猶重風謠以此,造讖者必放謠辭亦以此。乃譸張者,遂因之而私造作焉。人心之變幻,誠不可測度矣。

龜卜之術,隨世益微,諸言卜者,實多指筮。《北齊書‧清河王嶽傳》云:初嶽家於雒邑,高祖每奉使入洛,必止於嶽舍。嶽母山氏夜起,見高祖室中有光,怪其神異,詣卜者筮之,遇《乾》之《大有》,即其一事也。《南史‧梁元帝紀》云:魏師至柵下,有然星墜城中,帝援曹筮之。卦成,取龜式驗之。因抵於城,日:「吾若死此下,豈非命乎?」筮而取驗龜式,似二者已可相通。豈莫能灼龜,乃以其繇供筮者之參證邪?(《魏書‧景穆十二王傳》:高祖詔太常卿王諶親命龜卜,易筮南伐之事,其兆遇《革》。雖並言卜,《革》亦《周易》卦名。)《齊書‧荀伯玉傳》云:太祖為明帝所疑,徵為黃門郎。伯玉勸遣騎入虜界,於是虜騎數百,履行界上。太祖以聞。猶懼不得留,令伯玉卜。(《南史》作占。)伯玉斷卦不成行。(詳見第九章第八節。)此所云卦,恐亦指《易》。《隋書‧經籍志》有《龜決》一卷,葛洪撰,洪多為言藝術者所依託,不必可信。《北史‧文苑傳》云:明克讓龜策、曆象,咸得其要,恐亦泛辭。〈王世充傳〉云:曉龜策,世充多詐,其說更不必實也。〈齊本紀〉云:文宣謀篡位,使李密卜之,遇《大橫》,日:「大吉,漢文帝之封也。」似系龜卜。然此文《北齊書》無之,文宣之篡,與漢文之立,事亦不倫,或出附會。唯《齊書‧柳世隆傳》言其善卜,別龜甲價至一萬,著《龜經祕要》二卷行於世,《南史》又言其子憚著《十杖龜經》,則必系龜卜之術耳。

筮術則似極盛。豈由其時,談玄之家,爭重《周易》,而占者亦受其賜歟?《晉書‧郭璞傳》言:璞撰前後筮驗六十餘事。又抄京、費諸家要最。更撰《新林》十篇,〈卜韻〉一篇。璞為術數之家,諸書當非依託。其

時言筮驗者，多誕謾不可信之辭，如陶焅是也。（見第二十章第五節。）此等誕謾之辭，而亦託諸筮，可見筮為人人之所知矣。《宋書・王微傳》云：太祖以其善卜，賜以名蓍。明帝以卜筮最吉，為後廢帝立江皇后，見第九章第六節。又帝諸子在孕，皆以《周易》筮之，即以所得之卦為小字，見〈後廢帝紀〉。（《齊書・劉休傳》云：泰始初，諸州反，休筮明帝當勝，靜處不與異謀。又云：後宮孕者，帝使筮其男女，無不如占。）《晉書・苻健載記》云：杜洪盡關中之眾來距，健筮之，遇《泰》之《臨》。《北史・許彥傳》云：從沙門法叡受《易》，大武徵令卜筮，頻驗，遂使左右，參與謀議，而齊神武館客如王春、趙輔和等，亦以善筮稱。（見《北史・藝術傳》。）皆王公大人之信筮者也。筮家亦分二派：一如吳遵等別有占書，（亦見《北史・藝術傳》。）蓋有專門傳授，一如權會，但用爻辭、彖、象辨吉凶，《易占》之屬，都不經口，（《北齊書・儒林傳》。）則儒者之業耳。魏樂平王及董道秀之死也，（見第八章第二節。）高允著《筮論》，曰：「道秀若推六爻以對曰：《易》稱亢龍有悔，窮高曰亢，高而無民，不為善也，則上寧於王，下保於己，福祿方至，豈有禍哉？今捨本而從其末，咎釁之至，不亦宜乎？」此則王公大人因信筮而取禍者也。

　　荀伯玉嘗隸子勳將孫沖，事敗還都，以賣卜自業。王叡父橋，解天文、卜筮，涼州平入京，以術自給。（《魏書・恩幸傳》。）吉士瞻年逾四十，忽忽不得志，乃就江陵卜者王先生計祿命。（《南史》本傳。）此等皆民間之賣卜者也。

　　望氣之術，亦屢有存者。《晉書・隱逸傳》：魯勝，嘗歲日望氣，知將來多故，便稱疾去官。〈藝術傳〉，臺產，善望氣之術。蓋尚真有所受？然矯誣者極多。《齊書・祥瑞志》云：元徽四年（西元 476 年），太祖從南郊，望氣者陳安寶見其身上黃紫氣屬天，此固顯然出於造作。《宋書・袁粲傳》云：順帝即位，使粲鎮石頭，有周旋人解望氣，謂粲：「石頭氣甚乖，往

必有禍。」亦安知非高祖之徒所造作邪？《南史・后妃傳》云：梁武帝鎮樊城，嘗登樓以望，見漢濱五采如龍，下有女子擘絖，則丁貴嬪也。造作讕言而及於嬪御，可謂善於矯誣矣。北齊孝昭以望氣者云鄴城有天子氣而殺濟南，已見第十四章第三節。（事亦見《北齊書・上洛王思宗傳》，云太史奏言鄴城有天子氣。）望氣蓋兵家所重？故《隋志》所載，兵家多有其書。《南史・梁宗室傳》言：元英謂望氣者言九月賊退，至九月而洛口軍果潰，可見軍中甚重此術也。

占夢之術蓋微？然仍有藉夢徵以惑人者。《南史・張敬兒傳》云：性好卜術，信夢尤甚。初征荊州，每見諸將帥，不遑有餘計，唯敘夢，云：「未貴時，夢居村中，社樹忽高數十丈，及在雍州，又夢社樹直上至天。」以此誘說部曲，自云貴不可言。其妻尚氏，亦曰：「吾昔夢一手熱如火，而君得南陽郡，元徽中夢一髀熱如火，君得本州，建元中夢半體熱，尋得開府，今復舉體熱矣。」敬兒亦以告所親，言其妻初夢、次夢，今舉體熱矣。其鄙倍真可發一噱。然亦有真信其事者。《晉書・劉曜載記》云：曜夢三人，金面丹唇，東向逡巡，不言而退，曜拜而履其跡。旦召公卿已下議之。朝臣咸賀，以為吉祥。唯太史令任義進曰：「秦兵必暴起，亡主喪師，留敗趙地。遠至三年，近至七日。」曜大懼，於是躬親二郊，飾繕神祠，望秩山川，靡不周及。大赦殊死已下。復百姓租稅之半。義之占夢，不知所操為何術？然曜因此而恐懼修省，則事必不誣，蓋胡人無識，又禍福之念大切，故不覺為所動也。

相術在諸術數中，可謂最有徵驗，故士大夫信者較多。《晉書・趙至傳》：嵇康謂至曰：「卿頭小而銳，童子白黑分明，有白起之風矣。」《南史・庾杲之傳》：從子夐，少聰慧。家富於財。好賓客，食必列鼎。又狀貌豐美，頤頰開張。人皆謂必為方伯，無餒乏之慮。及魏克江陵，卒至餓死。時又有水軍都督褚蘿。面甚尖危，有從理入口，竟保衣食而終。為此說

者，皆知前世行事者也。術家自炫，亦多依附舊聞。《陳書・章昭達傳》：少時嘗遇相者，謂曰：「卿容貌甚善，須小虧損，則當富貴。」梁大同中，為東宮直後，因醉墜馬，鬢角小傷，昭達喜之。相者曰：「未也。」及侯景之亂，率募鄉人援臺，為流矢所中，眇其一目。相者見之，曰：「卿相善矣，不久當貴。」此放英布當黥而王之說也。《南史・梁元帝紀》云：初從劉景受相術，因訊以年，答曰：「未至五十，當有小厄。」此放高元呂相魏文帝之事也。（見《秦漢史》第二十章第二節。）亦與委巷之言不同。然亦多惑人之談。《晉書・周訪傳》云：訪少時，遇善相者廬江陳訓，謂訪與陶侃曰：「二君皆位至方岳，功名略同，但陶得上壽，周得下壽，優劣更由此耳。」《宋書・武帝紀》：與何無忌等同建大謀。有善相者，相高祖及無忌等，並當大貴，其應甚近。唯云檀憑之無相。〈沈攸之傳〉云：與吳郡孫超之、全景文共乘小船出京都。三人共上引埭。有一人止而相之，曰：「君三人皆當至方伯。」其後攸之為郢、荊二州，超之廣州，景文豫州刺史。（亦見《齊書・呂安國傳》。）觀其所傳事極相類，便知其造作無實矣。《齊書・江祏傳》云：新立海陵，人情未服。高宗胛上有赤痣，常祕不傳。祏勸帝出以示人。晉壽太守王洪範罷任還，上袒示之，曰：「人皆謂此是日月相，卿幸無洩言。」洪範曰：「公日月之相在軀，如何可隱？轉當言之公卿。」上大悅。〈蕭諶傳〉云：諶好左道。吳興沈文猷相諶云：相不減高宗。諶喜曰：「感卿意，無為人言也。」諶被殺，文猷亦伏誅。王晏之死，以數呼相工自視，云當大貴。武陵王曄，巫覡言有非常之相，以此自負，武帝聞之，故無寵。此皆以相惑人，有所覬覦者，其事無足深論。《南史・江祏傳》云：魏軍南伐，齊明帝欲以劉暄為雍州，暄時方希內職，不願遠役，投於祏。祏謂帝曰：「昔人相暄，得一州便躓，今為雍州，儻相中乎？」上默然。俄召梁武帝。果如所言，則真溺虛辭而受實禍矣。

　　論相以骨法為主。蓋因人之肌肉，時有消長，故非骨骼變則相不能

變。《南史·呂僧珍傳》云：「一夜忽頭痛壯熱，及明而顴骨益大，其骨法蓋有異焉。」以此也。故世有所謂摸骨相者。《北齊書·神武紀》：劉貴嘗得一白鷹，與神武及尉景、蔡儁、司馬子如、賈顯智等獵於沃野。見一赤兔，每搏輒逸。遂至回澤。澤中有茅屋，將奔入，有狗自屋中出噬之，鷹兔俱死。神武怒，以鳴鏑射之。狗斃。屋中有二人出，持神武襟甚急。其母兩目盲，曳杖呵其二子曰：「何故觸大家？」出甕中酒烹羊以飯客。因自言善暗相。遍捫諸人皆貴，而指麾俱由神武。又曰：「子如歷位，顯智不善終。」飯竟出。行數里，還更訪之，則本無人居。乃向非人也。此所託者，即世所謂摸骨相也。〈方技傳〉云：皇甫玉善相人。顯祖試玉相術，故以帛巾襪其額，而使歷摸諸人，所操蓋即是術。又云：世宗時，有吳士雙，盲而妙於聲相，蓋亦暗相之一術也。

　　《晉書·王祥傳》云：初呂虔有佩刀，工相之，以為必登三公，可服此刀。虔謂祥曰：「苟非其人，刀或為害。卿有公輔之量，故以相與。」祥固辭，強之乃受。臨薨，以刀授弟覽，曰：「汝後必興，足稱此刀。」覽後奕世多賢才，興於江左矣。《南史·孝義傳》云：庾道愍尤精相版。宋明帝時，山陽王休祐屢以言語忤顏。見道愍，託以己版為他物，令占之。道愍曰：「此乃甚貴，然使人多愆。」休祐以褚彥回詳密，求換其版。他日，彥回侍帝，自稱下官。帝多忌，甚不悅。休祐具言狀。帝乃意解。〈恩幸傳〉云：綦毋珍之在西州時，有一手版，相者云當貴。每以此言動帝。（郁林王。）又圖黃門郎。帝嘗問之曰：「西州手版何在？」珍之曰：「此是黃門郎手版，官何須問？」帝大笑。此皆謂物能為禍福於人。《梁書·玉瑩傳》：遷左光祿大夫、開府儀同三司、丹陽尹。將拜，印工鑄其印，六鑄而龜六毀。既成，頸空不實，補而用之。居職六日，暴疾卒。此則謂人之禍福，物能示之先兆。皆古相器物之術也。相家著述：《北史·藝術傳》：來和著《相經》三十卷。蕭吉著《相經要錄》一卷。又有《相手版要訣》一卷。《隋

書·經籍志》，亦有《相手版經》六卷。又有梁《相手版經》、《受版圖》、《韋氏相版法指略鈔》、《魏徵東將軍程申伯相印法》各一卷，亡。

今俗推命之說，似起於南北朝時。吉士瞻就日者推祿命，已見前。此不知其所用為何術。《北史·孫紹傳》：與百寮赴朝，東掖未開，守門候旦。紹於眾中引吏部郎中辛雄於外，竊謂曰：「此中諸人，尋當死盡。唯吾與卿，猶享富貴。」未幾，有河陰之難。紹善推祿命，事驗甚多，知者異之。朝者甚多，紹必不能一一推其命造，此亦未知其所用者為何術。若《北齊書·方技傳》云：魏寧，以善推祿命，徵為館客。武成親試之，皆中。乃以己生年、月、日，託為異人而問之。寧曰：「極富貴。今年入墓。」武成驚曰：「是我。」寧變辭曰：「若帝王，自有法。」則即今推命之術矣。宇文護母與護書曰：「昔在武川，生汝兄弟，大者屬鼠，第二屬兔，汝身屬虵，」亦今生肖之說也。《北史·袁充傳》：仁壽初，充言上本命與陰陽律呂合者六十餘條而奏之。因上表曰：「皇帝載誕之初，非止神光瑞氣，嘉祥應感。至於本命行年、生月、生日，並與天地日月陰陽律呂運轉相符，表里合會，」亦據生年月日為說。重生日本胡俗，蓋華人至是始漸染之，故推命之術，亦起於是時也。《北史·藝術傳》：臨孝恭，著《祿命書》二十卷。

今俗有借壽及代死之說，此時亦已有之。《晉書·王羲之傳》：子徽之，與弟獻之俱病篤。時有術人，云人命應終，而有生人樂代者，則死者可生。徽之謂曰：「吾才位不如弟，請以餘年代之。」術者曰：「代死者，以己年有餘，得以足亡者耳。今君與弟算俱盡，向代也？」未幾，獻之卒。徽之奔喪，不哭，直上靈床坐，取獻之琴彈之。久而不調。嘆曰：「烏乎子敬，人琴俱亡。」因頓絕。先有背疾，遂潰裂。月餘亦卒。此求代死，若使當死者延年若干，生者禆之，算仍不盡，則即借壽之說矣。人之生死，俗蓋仍以為北主之，故祈請者皆於是。崔浩父疾，仰禱斗極，已

見第八章第六節。《梁書‧庾黔婁傳》：父易疾，夕每稽顙北辰，求以身代。俄聞空中有聲曰：「徵君壽命盡，不復可延。汝誠禱既至，止得申至月末。」及晦而易亡。亦其事也。《南史‧賊臣傳》：侯景與慕容紹宗相持，誑其眾，以為家口並見殺。紹宗遙謂曰：「爾等家口並完。」乃被髮鄉北以誓之。蓋亦以北主人生死，故鄉之立誓也。《南史‧袁君正傳》：為豫章內史。性不信巫邪。有萬世榮，稱道術為一郡巫長。君正在郡小疾，主簿熊嶽薦之。師云：「須疾者衣為信命。」君正以所著襦與之。事竟取襦，云神將送與北君。君正使檢諸身，於衣里獲之。以為亂政，即刑於市而焚神。一郡無敢行巫。此所焚者，當系北刻像或畫像也。《隋志》兵家多望氣之書，說已見前。其書，又有與星占同隸天文家者。兵家又有孤虛、陰陽、諸占、闢兵法。民間數術之書，多在五行家。如風角、九宮、遁甲、歲占、鳥情、禽獸語、災祥、卜筮、六壬、田家歷、歷家百忌、百事禁忌、嫁娶、產乳、拜官、占夢、相、相宅、圖墓等是也。又有《破字要訣》一卷，似即今之拆字。觀此，知讖多拆字為之，亦因乎習俗也。方技之家而外，士大夫亦或閒其術。兵家亦然。陳高祖，史言其好讀兵書，明緯候、孤虛、遁甲之術。吳明徹就周弘正學天文、孤虛、遁甲。齊神武攻玉壁，聽孤虛之言，於城北斷汾水起土山。其處天險千餘尺，功竟不就，死者七萬。（《隋書‧五行志》。）神武老於用兵，而因迷信以取禍如此，可見軍中方術之盛行矣。

蕭摩訶，武夫耳，而《陳書‧本傳》言：有潁禹者，隨之征討，其人涉獵經史，解風角、兵書，蓋兵之成敗，所繫者重，處其間者，不免皇惑無主，故諸方術，得以乘而中之也。《顏氏家訓‧決疑篇》曰：「卜筮者，聖人之業也，但近世無復佳師，多不能中。古者卜以決疑，今人疑生於卜。何者？守道信謀，欲行一事，卜得惡卦，反令怵怵。且十中六七，以為上手。粗知大意，又不委曲。凡射奇耦，自然半收，何足賴也？世傳

云：解陰陽者為鬼所疾，坎壈貧窮，多不通泰。吾觀近古已來，尤精妙者，唯京房、管輅、郭璞耳，皆無官位，多或罹災，此言令人益信。儻直世網嚴密，強負此名，便有詿誤，亦禍源也。及星文、風氣，率不勞為之。吾嘗學六壬式，亦直世間好匠，聚得《龍首》、《金匱》、《玉變》、《玉歷》十許種書。訪求無驗，尋亦悔罷。凡陰陽之術，與天地俱生，其吉凶德刑，不可不信，但去聖既遠，世傳術書，皆出流俗，言辭鄙淺，驗少妄多。至如反支不行，竟以遇害，歸忌寄宿，不免凶終，拘而多忌，亦無益也。」此當時士大夫之明哲者對數術之見解也。

　　五胡皆久居塞內或近塞，舊俗漸次消亡。其所信奉，亦多化於中國矣。《晉書·劉聰載記》云：聰子約死，一指猶暖，遂不殯斂。及蘇，言見元海於不周山。經五日，遂復從至崑崙山。三日而復返於不周。見諸王公卿相死者悉在。宮室壯麗。號曰蒙珠離國。元海謂約曰：「東北有遮須夷國，無主，久待汝父為之。汝父後三年當來。來後國中大亂，相殺害。吾家死亡略盡，但可永明輩十數人在耳。汝且還，後年當來，見汝不久。」約拜辭而歸。道過一國，曰猗尼渠餘國。引約入宮。與約皮囊一枚，曰：「為吾遺漢皇帝。」約辭而歸。謂約曰：「劉郎後年來，必見過，當以小女相妻。」約歸，置皮囊於機上。俄而蘇。使左右機上取皮囊。開之，有一方白玉，題文曰：「猗尼渠餘國天王敬信遮須夷國天王。歲在攝提，當想見也。」馳使呈聰。聰曰：「若審如此，吾不懼死也。」及聰死，與此玉並葬焉。此說一見即知為中國方士之流所造。《北史·斛律光傳》云：行兵用匈奴卜法，無不中。蓋其舊俗之猶存者，然亦廑矣。諸胡中唯拓跋氏距中國最遠，舊俗存者最多。其居平城，城西有祠天壇，立四十九木人，已見第十一章第二節。《齊書》又云：永明十年（西元 492 年），遣司徒參軍蕭琛、范雲北使。宏之西郊，即前祠天壇處也。宏與偽公卿從二十餘騎戎服繞壇，宏一周，公卿七匝，謂之蹋壇。明日，復戎服登壇祀天。宏又繞

三匝，公卿七匝，謂之繞天。此極似匈奴蹄林之俗。（《宋書·索虜傳》云：其俗以四月祠天，六月末，率大眾至陰山，謂之卻霜。）《北史·文明后傳》云：故事：國有大喪，三日之後，服御器物，一以燒焚。（參看第十一章第一節。）高允諫文成日：「今國家營葬，費損巨億，一旦焚之，以為灰燼。」《宋書·索虜傳》云：死則潛埋，無墳壟處所。至於葬送，皆虛設棺柩，立塚槨。生時車馬、器用皆燒之，以送亡者。案《後漢書·烏桓傳》云：其葬，肥養一犬，以採繩纓牽，並取死者所乘馬、衣物，皆燒而送之。拓跋氏本鮮卑，鮮卑俗與烏桓同，蓋其所由來者舊矣。然亦有受諸西域者。《魏書·后妃傳》云：故事：將立皇后，必令手鑄金人以成者為吉，不成則不得立。〈尒朱榮傳〉云：榮發晉陽，猶疑所立。乃以銅鑄高祖及咸陽王禧等六王子孫像，成者當奉為主。唯莊帝獨就。榮本欲篡位，亦以鑄金為象不成而罷。見第十二章第四節。金人本來自西域。《宋書·索虜傳》，載拓跋燾與文帝書，有云：「取彼亦須我兵刃，此有能祝婆羅門，使鬼縛送彼來也。」婆羅門芮芮信之，亦來自西域者也。

第二節　佛教流通

　　佛教流通，雖始漢世，然其漸盛，實在晉、南北朝之時。往史唯《魏書》特立〈釋老志〉，餘皆附見他列傳中。（《宋書》在〈南夷西南夷傳〉、《梁書》在〈海南諸國傳〉、《齊書》則見〈高逸傳〉中。）凡厥所述，頗多迷信之談。唯《隋書·經籍志》所論，頗足見其教義流傳之跡耳。今節錄其辭如下：《隋志》曰：「推尋典籍，自漢以上，中國未傳。或云久已流布，遭秦之世，所以湮滅。（佛教在西漢前傳入之說，昔人多不之信，以無信史可徵也。然楚王英在後漢初即信之，則其流傳，似當在西漢以前。日本羽溪了諦《西域之佛教緒論》云：「歐洲學者，謂西曆紀元前四百二十五

年至三百七十五年之間，自愛理諾亞海至山東、浙江緣海之貿易，曾為印度人所掌握。蓋經馬六甲海峽，過蘇門答剌、爪哇之西，來中國東海岸。所販來者，為印度洋、波斯灣之珍珠等。《拾遺記》四，載西曆紀元前三百五年，有身毒術人來見燕昭王。朱士行《經錄》及《白馬寺記》，亦云西域沙門室利防等十八人齎梵本經典至咸陽，其事約在公曆紀元前二百四十三年至二百四十七年之間。其時正與阿育王相直。阿育王遣使傳布佛教，事見石刻，信而有徵，則《拾遺記》等之說，似亦非盡子虛也。」案西曆紀元前四百二十五年，為入戰國後五十六年。三百七十五年，為入戰國後百有六年。三百五年，為入戰國後百七十六年。二百四十三年，為入戰國後二百三十八年。二百四十七年，為秦始皇三十年（西元前215年）。古代海外交通，雖乏信史，然如《呂覽》、《淮南》等書，已多述海外情形，雖是傳聞不審之辭，必不能鄉壁虛造。古事之淹沒不彰者多矣，謂戰國、嬴秦之世，佛教必未至中國，亦無確證也。）其後張騫使西域，蓋聞有浮屠之教？哀帝時，博士弟子秦景，（即〈魏略西戎傳〉之秦景憲，見《秦漢史》第二十章第七節。下文又云：明帝使秦景使天竺，其名氏必附會不審諦可知。使當作受月支使。）伊存口授浮屠經。中土聞之，未之信也。後孝明帝夜夢金人飛行殿庭，以問於朝，而傅毅以佛對。帝遣郎中蔡愔及秦景使天竺求之。得佛經四十二章，及釋迦立象。並與沙門攝摩騰、竺法蘭東還。愔之來也，以白馬負經，因立白馬寺於洛城雍門西以處之。其經緘於蘭臺石室。而又畫像於清涼臺及顯節陵上。（漢明帝迎佛之說，既不足信，建白馬寺等說舉不足信，不待論矣。《北齊書·韓賢傳》云：昔漢明帝時，西域以白馬負佛經送洛，因立白馬寺。其經函傳在此寺。形制純樸，世以為古物，歷代藏寶。賢無故斫破之。未幾而死。論者或謂賢因此致禍。謂經函藏於白馬寺，與經緘於蘭臺石室之說，又不相中，足見其皆傳聞不審之辭也。梁任公《翻譯事業研究》云：「佛典：印度境外之寫本，

先於境內，大乘經典之寫本，先於小乘。自西曆第四世紀以前皆如此。故初期所譯，率無元本，但憑譯人背誦而已。」此說如確，則不徒白馬負經之說不可信，下文所云齎佛經而來，及西行求得佛經之說，不可信者正多也。西曆第四世紀，自晉惠帝永寧元年（西元 301 年）至安帝隆安四年（西元 401 年）。）章帝時，楚王英以崇敬佛法聞。西域沙門齎佛經而至者甚眾。永平中，法蘭又譯《十住經》。其餘傳譯，多未能通。至桓帝時，有安息國沙門安靜齎經至洛翻譯，最為通解。靈帝時，有月支沙門支讖，天竺沙門竺佛朔等並翻佛經。而支讖所譯《泥洹經》二卷，學者以為大得本旨。漢末，太守竺融，亦崇佛法。（此人疑即笮融，見《秦漢史》第二十章第七節。《困學紀聞‧雜識》引石林葉氏云：晉、宋間，佛學初行，其徒未有僧稱，通曰道人。其姓皆從所受學。如支遁本姓關，學於支謙為支，帛道猷本姓馮，學於帛尸梨密為帛是也。至道安，始言佛氏釋迦，今為佛子，宜從佛氏，乃請皆姓釋。笮融疑學於天竺人而姓竺，笮、竺則同音字耳。）三國時，有西域沙門康僧會齎佛經至吳譯之。吳王孫權，甚大敬信。魏黃初中，中國人始依佛戒，剃髮為僧。（《梁任公佛教之初輸入》，據《歷代三寶記‧年表》：「魏甘露五年（西元 260 年），朱士行出家，漢地沙門之始。」謂朱士行為中國人出家最早者。石虎時，其臣王度言：漢、魏時，漢人皆不得出家，見後。二說與此皆異。要之其時漢人，即或出家，亦必不多也。）先是西域沙門來此譯小品經，首尾乖舛，未能通解。甘露中，有朱仕行者，往西域，至于闐國，得經九十章，晉元康中，至鄴譯之，題曰《放光般若經》。泰始中，有月支沙門竺法護，西遊諸國，大得佛經，至洛翻譯。部數甚多、佛教東流，自此而盛。石勒時，常山沙門衛道安，性聰敏，誦經日至萬餘言。以胡僧所譯《維摩》、《法華》，未盡深旨，精思十年，心了神悟，乃正其乖舛，宣揚解釋。時中國紛擾，四方隔絕。道安乃率門徒，南遊新野。欲令玄宗，所在流布，分遣弟子，各趨

諸方。法性詣揚州，法和入蜀，道安與慧遠之襄陽。後至長安。符堅甚敬之。道安素聞天竺沙門鳩摩羅什思通法門，勸堅致之。什亦承安令問，遙拜致敬。姚萇弘始二年（西元 400 年），羅什至長安，（鳩摩羅姓，什名，諸書作羅什者？古人於外國人姓名，率擷取其末二字以求簡，不計其義也。）時道安卒後已二十載矣，什深慨恨。什之來也，大譯經論。道安所正，與什所譯，義如一，初無乖舛。初晉元熙中，新豐沙門智猛策杖西行，到華氏城，得《泥洹經》及《僧祇律》。東至高昌，譯《泥洹》為二十卷。後有天竺沙門曇摩羅讖，復齎胡本，來至河西。沮渠蒙遜遣使至高昌取猛本，欲相參驗。未還而蒙遜破滅。姚萇弘始十年（西元 408 年），猛本始至長安，譯為三十卷。曇摩羅讖又譯《金光明》等經。時胡僧至長安者數十輩，唯鳩摩羅什才德最優。其所譯則《維摩》、《法華》、《成實論》等諸經，及曇無讖所譯《金光明》，曇摩羅讖所譯《泥洹》等經，並為大乘之學。而什又譯《十誦律》，天竺沙門佛陀耶舍譯《長阿含經》及《四方律》。兜法勒沙門雲摩難提譯《增一阿含經》，曇摩耶舍譯《阿毗曇論》，並為小乘之學。其餘經、論，不可勝記。自是佛法流通，極於四海矣。東晉隆安中，又有罽賓沙門僧伽提婆譯《增一阿含經》及《中阿含經》。義熙中，沙門支法領從于闐國得《華嚴經》三萬六千偈，至金陵宣譯。又有沙門法顯，自長安遊天竺。經三十餘國，隨有經、律之處，學其書、語，譯而寫之。還至金陵，與天竺禪師跋羅，（《魏書‧釋老志》作跋陀羅。）參共辨足，謂《僧祇律》。學者傳之。齊、梁及陳，並有外國沙門，然所宣譯，無大名部。梁武大崇佛法，於華林園中總集釋氏經典，凡五千四百卷。沙門寶唱撰經目錄。又後魏時，大武帝西征長安，以沙門多違法律，群聚穢亂。乃詔有司：盡坑殺之，焚破佛像。長安僧徒，一時殲滅。自余征鎮，豫聞詔書，亡匿得免者十一二。文成之世，又使修復。熙平中，遣沙門慧生使西域，採諸經、律，得一百七十部。永平中，又有天竺沙門菩提留

支，大譯佛經，與羅什相埒。其《地持》、《十地論》，並為大乘學者所重。後齊遷鄴，佛法不改。至周武帝時，蜀郡沙門衛元嵩上書稱僧徒猥濫，武帝出詔，一切廢毀。開皇元年（西元 581 年），高祖普詔天下，任聽出家。仍令計口出錢，營造經、像。而京師及並州、相州、洛州等諸大都邑之處，並官寫一切經，置於寺內。而又別寫，藏於祕閣。天下之人，從風而靡，競相景慕。民間佛經，多於《六經》數十百倍。大業時，又令沙門智果於東都內道場撰諸經目。分別條貫。以佛所說為三部：一曰大乘，二曰小乘，三曰雜經。其餘似後人假託為之者，別為一部，謂之疑經。又有菩薩及諸深解奧義，贊明佛理者，名之為論及戒律，並有大、小及中三部之別。又所學者錄其當時行事，名之為記，凡十一種。」梁任公《翻譯事業研究》，據元代《法寶勘同總錄》所載歷代譯人及其所譯，分為四期：第一期起後漢明帝永平十年（西元 67 年）至唐玄宗開元十八年（西元 730 年），譯人百七十六，所譯九百六十八部，四千五百七卷。自此至唐德宗貞元五年（西元 789 年）為第二期，譯人八，所譯百二十七部，二百四十二卷。下至宋仁宗景祐四年（西元 1037 年）為第三期，譯人六，所譯二百二十部，五百三十二卷。下至元世祖至元二十二年（西元 1285 年）為第四期，譯人四，所譯者二十部，百十五卷。又作〈千五百年前之留學生〉云：出國求法者：西曆三世紀後半（魏齊王芳嘉平三年（西元 251 年）至晉惠帝永康元年（西元 300 年）。）二人，四世紀（見前。）五人，五世紀（晉安帝隆安五年（西元 402 年）至齊東昏侯永元二年（西元 500 年）。）六十一人，六世紀（齊和帝中興元年（西元 501 年）至隋文帝開皇二十年（西元 600 年）。）十四人，七世紀（隋文帝仁壽元年（西元 601 年）至唐武後久視元年（西元 700 年）。）五十六人，八世紀前半（唐武後長安元年（西元 701 年）至玄宗天寶九年（西元 750 年）。）三十一人。五、七兩世紀最盛，六世紀中衰，蓋由佛經傳者已多，如食者之正圖消化，觀於此世紀為中國諸

宗建立之時而可見也。佛教宗振，梁氏《論中國學術思想變遷之大勢》列舉之，凡得十三家。除俱舍、攝論二宗起於隋文帝之世，華嚴、法相、真言三宗起於唐世外，其成實、三論、涅槃、（皆起晉安帝時。）律、地論、淨土、禪、（皆起梁武帝時。）天臺（起陳、隋間。）八宗，皆起於晉、南北朝之世云。

佛教漸興，蓋始漢末？《梁書・海南諸國傳》述梁武帝改造阿育王寺塔事云：阿育王即鐵輪王，王閻浮提一天下。佛滅度後，一日一夜，役鬼神造四萬八千塔，此即其一也。吳時，有尼居其地，為小精舍。孫琳尋毀除之。塔亦同泯。吳平後，諸道人復於舊處建立焉。晉中宗初渡江，更修飾之。至簡文咸安中，使沙門安法師程造小塔，未及成而亡。弟子僧顯，繼而修立。至孝武太元九年（西元 384 年），上金相輪及承露。其後西河離石縣，有胡人劉薩阿，遇疾暴亡，經十日更蘇。云見觀世音，語云：汝緣未盡，若得活，可作沙門。洛陽、齊城、丹陽、會稽，並有阿育王塔，可往禮拜。若壽終，則不墮地獄。語竟，如墮高巖，忽然醒寤。因此出家，名慧達。遊行禮塔。次至丹陽，未知塔處，乃登越城四望。見長干里有異氣色，因就禮拜。果是育王塔所。屢放光明。由是定知必有舍利。乃集眾就掘之。入一丈，得三石碑。並長六尺。中一碑有鐵函，函中有銀函函中又有金函，盛三舍利及爪髮各一枚。髮長數尺。即遷舍利近北，對簡文所造塔西造一層塔。十六年，又使沙門僧尚伽為三層塔。即高祖所開者也。初穿土四尺，得龍窟及昔人所舍金銀鐶釵鑷等諸寶物，可深九尺許，方至石磉。磉下有石函，函內有壺，以盛銀坩，坩內有鍍罌，盛三舍利。如粟粒大，圓正光潔，函內又有琉璃碗，內得四舍利及髮爪。爪有四枚，並沉香色。此事雖近怪迂，然梁武掘地，曾得諸物，不容虛誣。晉世營構，前有所承，則孫吳之世，丹陽即有塔及精舍，亦非虛構。漢、魏未許漢人出家，而吳已有尼，是南方佛教，更較北方為盛也。《隋書》言吳大帝深信

287

佛教。蓋有由矣。《魏書・釋老志》云：自洛中構白馬寺，盛飾佛圖，畫跡甚妙，為四方式。凡宮塔制度，猶依天竺舊狀而重構之。從一級至三、五、七、九，世人相承，謂之浮圖，或云佛圖。晉世洛中佛圖，有四十二所矣。漢明帝立白馬寺之說，既不足信，佛圖營構，疑必始於桓帝之時。董卓西遷，洛下悉成煨燼，則其修復，又當在黃初以後也。《宋書・五行志》云：晉惠帝元康中，京洛童謠曰：「南風起，吹白沙。」南風，賈后字也。白，晉行也。沙門，太子小名也。以佛語為名，可見其時洛中佛教，業已盛行矣。

　　佛教與火祆、天方、基督等，同自外來，而其流通獨盛者，以上之人信曇者多，故其推行無阻，且有風行草偃之效也。東晉帝、后，信佛者多，孝武及恭帝尤甚。（明帝嘗手畫佛像，見《晉書・蔡謨傳》。桓溫廢海西公，康獻褚皇后方在佛屋燒香，見本傳。〈孝武帝紀〉：太元六年（西元 381 年），正月，帝初奉佛法，立精舍於殿內，引諸沙門以居之。〈恭帝紀〉：帝深信浮屠法。造丈六金像，親於瓦官寺迎之，步從十許里。帝之見弒也，兵人進藥。帝不肯飲，曰：「佛教自殺者不得復人身。」乃以被掩殺之。見《宋書・褚叔度傳》。）宋明帝以故宅起湘宮寺，事見第十八章第四節。王奐嘗請幸其府，以不欲殺牲卻之。（見《齊書・奐傳》。）大漸時，正坐呼道人，合掌便絕，（見《南史・循吏虞願傳》。）頗類信淨土宗者所為。齊武帝立禪靈寺。（見《齊書・五行志》。）大漸時，命靈上慎勿以牲為祭，未山陵前，朔望只設菜食，而極惓惓於顯陽殿玉像，亦可見其皈依之篤。（豫章王嶷臨終顧命，亦與武帝遺命相類，見《齊書》本傳。文惠太子、竟陵王子良信佛，已見第十九章第五節。竟陵尤篤。嘗於雞籠山西邸招致名僧，講論佛法，造經唄新聲。數於邸園營齋戒，大集朝臣、眾僧，至於賦食、行水，或躬親其事焉。）梁武帝屢幸同泰寺捨身，郊廟牲牷，皆代之以面。（宗廟用蔬果，事在天監十六年（西元 517 年），見《梁

書‧本紀》。後依劉勰議，二郊亦不用牲，見〈勰傳〉。會同用菜蔬，已見第二十一章第一節。帝幸同泰寺捨身，前後凡四：一在大通元年三月，一在中大通元年九月，一在中大同元年三月，一在大清元年三月。中大同元年（西元 546 年）幸寺，《梁書‧本紀》不言捨身，而《南史》言之。據《陳書‧文學杜之偉傳》：是年帝幸同泰寺捨身，敕徐勉撰定儀注，勉以臺閣先無此禮，召之偉草具其儀，則《梁紀》失書也。中大通元年六月，以都下疫甚，於重雲殿為百姓設救苦齋，以身為禱，亦見《南史‧本紀》。其幸寺設會、講義，則自大通元年（西元 527 年）至侯景叛前皆有之。昭明太子亦於宮內別立慧義殿，為法集之所。侯景之立簡文帝也，升重雲殿，禮佛為盟，見《南史‧賊臣傳》。《周書‧蕭詧傳》云：尤長佛義。《隋書‧蕭巋傳》云：兼好內典。詧之殘賊，可謂甚矣。而《周書‧甄玄成傳》云：玄成以江陵甲兵殷盛，遂懷貳心，密書與梁元帝，申其誠款。有得其書者，進之於詧。詧常願不殺誦《法華經》人，玄成素誦《法華》，遂以獲免。家國鼎獫，乃思徼福於異域之神，豈不悖哉？）其敬信，尤為前古所未聞。陳武英略，今古無儔，豈其溺於虛寂？而亦出佛牙，設無遮大會，（〈本紀〉永定元年十月。）又幸大莊嚴寺講經，捨身及乘輿法物。（二年（西元 558 年）。）一時風氣所趨，誠不易自拔哉？（陳諸主亦皆信佛。〈世祖紀〉：天嘉四年（西元 563 年），四月，設無礙大會於太極前殿。《南史》云捨身。宣帝太建十四年（西元 582 年），兩設無礙大會，後一會並捨身及乘典御服。《南史‧後主紀》云：前後災異甚多，以為妖，乃自賣於佛寺為奴以禳之。）

　　五胡之主，亦多信佛者。石勒、石虎，皆頗信佛圖澄，事見《晉書‧澄傳》。慕容皝謂見二龍，號新宮曰和龍，立龍翔佛寺於山上。慕容寶參合之役，沙門支曇猛勸其戒備，而寶弗聽。慕容熙寵妾苻氏死，（見第六章第八節。）令沙門為之素服。苻堅謀南犯，群臣使道安諫。既敗，猶

召安於外殿，動靜諮問。（苻朗臨刑，為詩曰：「四大起何因？聚散無窮已。」）姚襄之敗，史載沙門智通勸其勿戰。然則班朝、治軍，沙門靡不與焉。諸胡中姚興頗知教義，故大乘之教，隆於其時，而其流通亦最盛。〈載記〉述其情形，謂公卿已下莫不欽附，沙門自遠而至者，五千餘人，州郡化之，奉佛者十室而九焉。屈丐至粗暴也，然《魏書・釋老志》云：義真之去長安，屈丐追敗之，道俗少長，咸見坑戮。惠始身被白刃，而體不傷。眾大怪異，言於屈丐。屈丐大怒，召始於前，以所持寶劍擊之，又不能害。乃懼而謝罪。則其殺戮，特行軍時玉石不分，平時亦未嘗不信沙門也。十六國中，涼州當西域交通之沖，佛法尤盛，已見第八章第五節。其餘波，遂及於拓跋氏焉。

　　魏之信佛，蓋起於拓跋珪入中原之時。〈釋老志〉云：天興元年（西元399 年），詔敕有司：於京城建飾容範，修整宮舍，令信鄉之徒，有所居止，此蓋代京有佛寺之始？又云：太宗亦好黃老，又崇佛法。京邑四方，建立影像。仍令沙門，敷導民俗，則踵事而增矣。然其興盛，要當待諸涼州既平，沙門、佛事東來之後，已見第八章第五節。未幾而有佛貍滅佛之禍，此事實因其疑沙門與蓋吳通謀而起，亦見第八章第五節矣。〈釋老志〉云：世祖得寇謙之道，以清淨無為，有仙化之證，遂信行其術。時司徒崔浩，博學多聞，帝每訪以大事。浩奉謙之道，尤不信佛。與帝言，數加非毀。嘗謂虛誕，為世費害。帝以其辯博，頗信之。帝既忿沙門非法，浩時從行，因進其說。詔誅長安沙門，焚破佛像。敕留臺下四方，令一依長安行事。又詔曰：「彼沙門者，假西戎虛誕，妄生妖孽，非所以一齊政化，布淳德於天下也。自王公已下，有私養沙門者，皆送官曹，不得隱匿。限今年二月十五日。過期不出，沙門身死，容止者誅一門。」時恭宗為太子監國，素敬佛道。頻上表陳刑殺沙門之濫。又非影像之罪。今罷其道，杜諸寺門，世不修奉，土木丹青，自然毀滅如是再三，不許。乃下詔

曰：「昔後漢荒君，信惑邪偽。妄假睡夢，事胡妖鬼，以亂天常。自古九州之中無此也。誇誕大言，不本人情。叔季之世，暗君亂主，莫不眩焉。由是政教不行，禮義大壞。鬼道熾盛，視王者之法蔑如也。自此已來，代經亂禍。天罰亟行，生民死盡。五服之內，鞠為丘墟，千里蕭條，不見人跡。皆由於此。朕承天緒，屬當窮運之敝，欲除偽定真，復羲、農之治。其一切蕩除胡神，滅其蹤跡。庶無謝於風氏矣。自今已後，敢有事胡神及造形象泥人、銅人者門誅。雖言胡神，問今胡人，共云無有。皆是前世漢人無賴子弟劉元真、呂伯彊之徒，乞胡之誕言，用老、莊之虛假，附而益之。皆非真實。至使王法廢而不行，蓋大奸之魁也。有非常之人，然後能行非常之事，非朕孰能去此歷代之偽物？有司宣告徵鎮諸軍刺史：諸有佛圖形象及胡經，盡皆擊破焚燒，沙門無少長悉坑之。」是歲，真君七年三月也。恭宗言雖不用，然猶緩宣詔書，遠近皆豫聞知，得各為計。四方沙門，多亡匿得免。在京邑者，亦蒙全濟。金銀寶像及諸經論，大得祕藏。而土木宮塔，聲教所及，莫不畢毀矣。〈本紀〉載真君五年正月戊申詔曰：「愚民無識，信惑妖邪，私養師巫，挾藏讖記、陰陽、圖緯、方伎之書。又沙門之徒，假西戎虛誕，生致妖孽，非所以一齊政化，布淳德於天下。自王公已下，至於庶人，有私養沙門、師巫及金銀工巧之人在其家者，皆遣詣官曹，不得容匿。限今年二月十五日。過期不出，師巫、沙門身死，主人門誅。明相宣告，咸使聞知。」此與〈志〉所載大武前詔，明系一事。〈志〉不及師巫及金銀工巧之人者，以專志釋老，故不及。〈紀〉又於七年三月，書徙長安城工巧二千家於京師，明系承此詔而來。然則五年正月戊申之詔，實七年二月中事，而〈紀〉誤系諸五年也。與師巫及讖記並禁，明系懲於義民光復之謀。其並及技巧者？夷性貪冒，欲徙諸其所居，正猶蒙古陷城，不殺工匠耳。太武通道，尚在真君以前，至七年乃有此禍，可見其別有原因，崔浩特迎機而導之耳。浩義士，寇謙之亦有心人，說見第

八章第六節。其欲去佛，未知何故，或誠以其為世費害，而假手於虜以除之邪？佛貍則安足語此？觀其詔言天罰亟行，浩蓋以此恐動之也。此舉在當時，自為拂逆人心之事，故必以非常之人行非常之事自解也。〈釋老志〉云：謙之與浩同從車駕，苦與浩諍，浩不肯。謂浩曰：「卿今促年受戮，滅門戶矣。」後四年，浩誅，備五刑，時年七十。此乃佞佛者怨毒之辭耳。又云：浩既誅死，帝頗悔之，業已行，難中修復。恭宗潛欲興之，未敢言。佛淪廢終帝世，積七八年，然禁稍寬弛，篤信之家，得密奉事，沙門專至者，猶竊法服誦習焉，唯不得顯行於京都矣。然則外州仍有之也，亦猶清禁基督教，而人民仍密奉事之歟？《齊書·魏虜傳》云：宋元嘉中，偽太子晃與大臣崔氏、寇氏不睦，崔、寇譖之。玄高道人有道術，晃使祈福，七日七夜。佛貍夢其祖父並怒，手刃向之曰：「汝何故信讒，欲害太子？」佛貍驚覺，下偽詔曰：「自今已往，事無巨細，必經太子，然後上聞。」晃後謀殺佛貍，見殺。（參看第十一章第一節。）初佛貍討羯胡於長安，殺道人且盡。及元嘉南寇，獲道人，以鐵籠盛殺之。後佛貍感惡疾，自是敬畏佛教，立塔寺浮圖。始終不離乎迷信，佛貍之毀佛而又漸弛其禁，此或其真像邪？文成立，復佛法。事在興安元年十二月，見《魏書·本紀》。

　　魏自文成而後，獻文、孝文皆信佛。（事皆見〈釋老志〉。高祖每與名德沙門談論，又集沙門講佛經，見〈韋閬〉及〈裴駿傳〉。《齊書·宗室傳》：建武二年（西元495年），虜主元宏寇壽春，遣道登道人進城內，施眾僧絹五百匹。）出帝亦頗知教義。（《魏書·李同軌傳》：永熙二年（西元534年），出帝幸平等寺，僧徒講說，敕同軌論難。）宣武於此尤篤，然佛事之勞費，亦至斯而益甚，導孝明世靈后奢縱之先路矣。（參看第十二章第一節。《魏書·陽尼傳》：世宗廣訪得失，尼從弟固上言：「請絕虛談窮微之論，簡桑門無用之費。」又〈張普惠傳〉：普惠以肅宗不親視朝，過崇佛

法，郊廟之事，多委有司，上疏言之，則奢費雖由胡后，肅宗亦未嘗不溺於佛也。）北齊文宣昏暴，武成、後主皆荒淫，於佛亦甚敬信。據〈高元海傳〉，則皆元海所教也。（《北齊書・文宣紀》：天保七年（西元 556 年），五月，帝以肉為斷慈，遂不復食。八年（西元 557 年），四月，庚午，詔諸取蝦、蟹、蜆、蛤之類，悉令停斷，唯聽捕魚。乙酉，詔公私鷹、鷂，俱亦禁絕。八月，庚辰，詔丘、郊、禘、祫、時祠，皆仰市取少牢，不得剖割。農、社，先蠶，酒肉而已。雩、禖、風、雨、司民、司祿、靈星、雜祀，果、餅、酒、脯。九年（西元 558 年），二月，己丑，詔限仲冬一月燎野，不得他時行火，損昆蟲、草木。十年（西元 559 年），正月，甲寅，帝如遼陽甘露寺。二月，丙戌，於寺禪居深觀，唯軍國大事奏聞。〈武成帝紀〉：河清元年（西元 562 年），正月，詔斷屠殺，以順春令。〈後主紀〉：天統五年（西元 569 年），二月，乙丑，詔禁網捕鷹、鷂，及畜養籠放之物。其去殺，幾與梁武帝無異。〈元海傳〉云：累遷散騎常侍。願處山林，修行釋典。文宣許之。乃入林慮山。經二年，絕棄人事。志不能固，自啟求歸。徵復本任。便縱酒肆情，廣納姬侍。又云：元海好亂樂禍，然詐仁慈，不飲酒啖肉。文宣天保末年，敬信內法，乃至宗廟不血食，皆元海所謀。及為右僕射，又說後主禁屠宰，斷酤酒。然本心非清，故終至覆敗。案元海勸武成奉濟南，未為非義。後與祖珽共執朝政，依違陸太姬間，蓋亦勢不得已。周建德七年（西元 578 年），於鄴城謀逆誅，尤可見其心存家國。既云縱酒肆情，又云不飲酒啖肉，未免自相矛盾。果其饕餮自恣，豈能說文宣、後主以斷殺，即言之，文宣、後主，又寧聽之邪？）周文帝亦頗能談義，且有信心。（《周書・薛善傳》云：太祖雅好談論。並簡名僧深識玄宗者百人，於第內講說。又命善弟慎等十二人兼講佛義，使內外俱通。由是四方競為大乘之學。〈儒林傳〉：盧光，嘗從太祖狩於檀臺山。獵圍既合，太祖遙指山上，謂群公等曰：「公等有所見不？」咸曰：「無。」

光獨曰：「見一桑門。」太祖曰：「是也。」即解圍而還。令光於桑門立處造浮圖。掘基一丈，得瓦缽，錫杖各一。太祖稱嘆，因立寺焉。）至武帝，乃又有廢佛之舉。

　　中國人之於佛，流俗雖不免迷信，士大夫之有識者，固多能知其教義。既能知其教義，自知其理與儒、道無二，而建寺、造像等，徒為煩費矣。此周武之所以廢佛也。《周書‧武帝紀》：天和三年（西元 568 年），八月，帝御大德殿，集百僚及沙門、道士等，親講《禮記》。四年（西元 569 年），二月，帝御大德殿，集百僚、道士、沙門等討論釋、老義。建德元年（西元 572 年），正月，帝幸玄都觀，親御法坐講說。公卿、道、俗論難。二年（西元 573 年），十二月，集群臣及沙門、道士等。帝升高坐，辨三教先後。以儒教為先，道教為次，佛教為後。三年（西元 574 年），五月，丙子，初斷佛、道二教。經、象悉毀。沙門、道士，並令還俗。並禁諸淫祀，禮典所不載者盡除之。六月，戊午，詔曰：「至道弘深，混成無際，體苞空有，理極幽玄。但岐路既分，派源愈遠。淳離樸散，形氣斯乖。遂使三墨八儒，朱紫交競，九流七略，異說相騰。道隱小成，其來舊矣。不有會歸，爭驅靡息。今可立通道觀。聖哲微言，先賢典訓，金科玉篆，祕跡玄文，所以濟養黎元，扶成教義，並宜弘闡，一以貫之。俾夫玩培塿者識嵩、岱之崇峻，守磽礫者悟渤澥之泓澄，不亦可乎？」觀此，知帝於佛道，特惡其煩費而欲絕之，是以與淫祀並禁。至於教義，原欲存之，且欲匯三為一，以息紛爭也。然此豈人力所可強為乎？宜其徒有此詔，終無所就也。此事《隋志》謂由衛元嵩上書而起，已見前。元嵩見《周書》、〈藝術傳〉，云：「好言將來，蓋江左寶志之流。尤不信釋教，嘗上疏極論之史失其事，故不為傳。」然此特會逢其適耳，周武之斷道、釋，初不由此。觀元嵩所攻專在釋，而周武所斷兼及道可知也。《記》曰：「堯、舜率天下以仁而民從之，桀、紂率天下以暴而民從之，其所令反其

所好而民不從。」是故「以身教者從，以言教者訟」。此天下之至言也。
〈紀〉又載建德五年（西元576年），九月，大醮於正武殿，以祈東伐。六
年（西元577年），五月，大醮於正武殿以報功。其事豈能無所勞費？躬道
之而躬自蹈之，何以使民從其令乎？宣帝甫立，即復佛像及天尊像，與二
像俱坐，大陳雜戲，令士民縱觀，（見第十五章第一節。）亦武帝有以啟
之矣？其明年，六月，庚申，遂復佛道二教。

　　教士之信教，必不如教民之篤也，同為教會中人，執掌事權者之信
教，又必不如不執事權者之篤。不然，則基督教不因馬丁路德之崛起而分
張，而第巴桑結，亦不至挾達賴喇嘛為傀儡矣。此凡教皆然，佛教亦莫能
外也。《晉書・藝術傳》云：鳩摩羅什，天竺人也。世為國相。父鳩摩羅
炎，聰懿有大節。將嗣相位，乃辭避出家。東度蔥嶺。龜茲王聞其名，郊
迎之，請為國師。王有妹，心欲當之，王乃逼以妻焉。羅什年七歲，母與
俱出家。年十二，攜到沙勒國，為性率達，不拘小檢，修行者頗共疑之，
然羅什自得於心，未嘗介意。年二十，龜茲王迎之還國。呂光獲羅什，見
其年齒尚少，以凡人戲之，強妻以龜茲王女。羅什距而不受，辭甚苦至。
光曰：「道士之操，不逾先父，何所固辭？」乃飲以醇酒，同閉密室。羅
什被逼，遂妻之。姚興破呂隆，迎羅什，待以國師之禮。嘗講經於草堂
寺。興及朝臣大德沙門千有餘人肅容觀聽。羅什忽下高坐，謂興曰：「有
二小兒登吾肩，欲障須婦人。」興乃召宮女進之，一交而生二子焉。興嘗
謂羅什曰：「太師聰明超悟，天下莫二，何可使法種少嗣！」（《魏書・釋
老志》：太和二十一年（西元497年），詔曰：「羅什法師，見逼昏虐，為
道殄軀，既暫同俗禮，應有子胤。可推訪以聞，當加救恤。」則是時於高
僧，亦頗重其胤嗣，其視戒律，尚不如後世之重也。）遂以伎女十人，逼
令受之。爾後不住僧坊，別立廨舍。諸僧多效之。什乃聚針盈缽，引諸僧
謂之曰：「若能見效食此者，乃可畜室耳。」因舉匕進針，與常食不別。諸

僧愧服，乃止。夫以學識論，什誠為大乘之光矣，以戒律論，炎與什，得不謂世濟其凶乎？以是推之，佛貍之殺曇無讖，雖云別有其由，謂讖必無誨淫之事，亦不可得也。（見第八章第五節。）此或西域沙門，自率其俗。然生共其樂，則死共其哀，無中外一也。龜茲王之待什，不為不厚，乃乘其敗亡之際，倚敵帥而奸其子，（誰知為呂光之逼之，抑什之求之邪？）得非凡夫之所羞乎？擁伎十人，別立廨舍，至於諸僧皆效，佛貍之殺道人雖虐，道人之非法，又豈虛也哉？武成後曇獻是通，（見第十四章第四節。）蔡興宗娶尼為妾，（見第九章第三節。）其小焉者矣。許榮上書晉孝武，病「尼僧成群，依傍法服，五戒粗誡，尚不能守」。聞人奭亦病「尼姎屬類，傾動亂時。」（皆見《晉書·簡文三王傳》。）柳元景罪狀臧質曰：「姬妾百房，尼僧千計，敗道傷俗，悖亂人神。」（《宋書·質傳》。）郭祖深欲罷僧尼白徒、養女，聽畜奴婢。婢唯著青布衣，僧尼皆令蔬食。（見《南史·循吏傳》）烏乎！當時僧尼之戒律，為何如哉？迷信者或將為之曲辯。然僧尼皆不耕而食，不識而衣，而人民且依託之以避賦役，（《宋書·劉粹傳》：遷雍州刺史，襄陽、新野二郡太守。在任簡役愛民。罷諸沙門二千餘人，以補府史。《魏書·李孝伯傳》：兄孫瑒，民多絕戶而為沙門，瑒上言：「南服未靜，眾役仍煩，百姓之情，方多避役。若復聽之，恐捐棄孝慈，比屋而是。」皆可見藉出家以避役者之眾。）而其建寺、造像，所費尤巨，終必有不能坐視者。此所以一時之君若臣，信佛者雖多，亦卒不能不加以限制也。（《顏氏家訓·歸心篇》云：「俗之謗佛者，大抵有五：其一以世界外事及神化無方為迂誕也。其二以吉凶禍福，或未報應為欺誑也。其三以僧尼行業，多不精純為奸慝也。其四以靡費金寶，減耗課役為損國也。其五以縱有因緣，如報善惡，安能辛苦今日之甲，利後世之乙為異人也。」一、二、五並關教理，非政事所當過問，亦非其所能過問，三、四兩端，固不可無以治之也。）

　　龜茲區區，而《晉書‧西戎傳》謂其國有佛塔廟千所，況中國乎？蕭惠開為父起四寺，國秩不下均兄弟，悉供僧眾。賀革（瑒子，事見《南史‧瑒傳》。）恨祿不及養，俸秩不及妻孥，專擬還鄉造寺，以申感思。何氏自晉司空充、宋司空尚之，並建立塔寺。至敬容，舍宅東為伽藍。趨權者助財造構，敬容並不拒，輕薄呼為眾造寺。及免職出宅，止有常用器物及囊衣而已。其佞媚至於如此，威權在手者，安得不竭民力以自為功？宋明帝起湘宮寺，虞願譏其所用皆百姓賣兒帖婦錢，（見第十八章第四節。）此真宜顫慄矣。前廢帝時，百姓欲為孝武帝立寺，疑其名。巢尚之應聲曰：「宜名天保。《詩》云：天保，下報上也。」（《南史‧恩幸傳》。）吾誰欺，欺天乎？然王恭，史言其調役百姓，修營佛寺，務在壯麗，士庶怨嗟，則勞民者又豈特人君為然哉？唐牡牧詩曰：「南朝四百八十寺，多少樓臺煙雨中。」緬想其時，江東風物，美則美矣，民脂民膏，竭於此者何限？若北朝則尤甚。《魏書‧釋老志》言：顯祖起永寧寺，構七級浮圖。高三百餘尺。基架博敞，為天下第一。皇興中，又構三級石佛圖。高十丈。鎮固巧密，為京華壯觀。高祖踐位，顯祖移御北苑崇光宮，建鹿野佛圖於苑中之西山。去崇光右十里。巖房禪坐，禪僧居其中焉。肅宗熙平中，於城內大社西起永寧寺。靈太后親率百僚，表基立剎。佛圖九層，高四十餘丈。（此佛圖後毀於火，事在出帝永熙三年（西元535年），即孝靜帝天平元年（西元534年），見《魏書‧靈徵志》及《北齊書‧神武帝紀》。）其諸費用，不可勝計。景明寺佛圖，亦其亞也。此皆虜主所為，（此特其最大者。此外，高祖又嘗為文明太后起報德佛寺，太后又立思燕佛圖於龍城，見〈后傳〉。靈后所起，在京城者又有大上公等寺。於外州，亦各造五級浮圖。見〈任城王澄傳〉。其造永寧寺，至減食祿十分之一焉，見《周書‧寇儁傳》。北齊後主造大寶林寺，已見第十四章第四節。）其貴戚、大臣、州郡牧守所營者，尚不在此數。（貴戚造構者如馮熙，自出家財，在

諸州鎮建佛圖精舍，合七十二處。多在高山秀阜，傷殺人牛。有沙門勸止之。熙曰：「成就後人唯見佛圖，焉知殺人牛也！」宋明帝用百姓賣兒帖婦錢，猶可委為不知，此則知之而猶為之，愚也而近於悖矣。大臣為之者如齊高隆之，以廣費人工，大營寺塔，為高祖所責。而州郡為之者尤多。魏城陽王長壽次子鸞為定州，繕起佛寺，公私費擾，世宗聞而奪祿一周。安同在冀州，大興寺塔，為百姓所苦。楊椿為定州，因修黑山道餘工，伐木私造佛寺，役使兵力，為御史所劾，除名為庶人。皆是物也。陸俟子馥為相州，徵為散騎常侍，吏民大斂布帛以遺，馥一皆不受，民亦不敢，以造寺，名長廣公寺。此雖非其所為，其勞民則無以異也，且安知民非承馥意而為之邪？〈肅宗紀〉：正光三年（西元 522 年），詔中尉端衡肅屬威風，以見事見劾，牧守輒興寺塔，為其一條，可見此風之盛。馮亮為魏所獲，不肯仕，隱居嵩高，宣武乃給其功力，令與沙門統僧暹、河南尹甄琛等周視形勝之處造閒居佛寺，曲盡山居之妙。輕用民力如此，民不將以佛為災邪？）讀《洛陽伽藍記》一書，猶可想見其時民力之竭為何如也。

　　與寺塔同其靡費者，時為造像。時雖亦有泥像，而用銅者殊多。晉恭帝造丈六金像，已見前。宋文帝時，蜀沙門法成，鳩率僧旅，幾於千人，鑄丈六金像，事見《魏書・胡叟傳》。〈釋老志〉：高宗興光元年（西元 454 年），為太祖已下五帝鑄釋迦立像五，各長一丈六尺。都用赤金二萬五千斤。顯祖於天宮寺造釋迦立像，高四十三尺。用赤金十萬斤，黃金六百斤。其靡金之多，殊可驚駭。又有玉、石像。齊武帝有顯陽殿玉像，已見前。〈釋老志〉：高宗復佛法之歲，詔有司鑄石像，令如帝身。又嘗於恆農荊山造珉玉丈六像一，世宗迎置洛濱之報德寺，躬觀致敬。其尤侈者則為石窟。高宗以曇曜言，於京城西武州塞鑿山石壁，開窟五所，鐫建佛像各一。高者七十尺，次六十尺。景明初，世宗詔大長秋卿白整，準代京靈巖寺石窟，於洛南伊闕山，為高祖、文昭皇在後營窟一所。永平中，

中尹劉騰，奏為世宗造石窟一，凡為三所。從景明元年（西元 500 年）至正光四年（西元 523 年）六月已前，用功八十萬二千三百六十六。即今所謂雲岡、伊闕石窟也。（雲岡，在今大同、左雲之間。伊闕，俗名龍門，在洛陽南。石窟雕像，本放印度，尚有在他處者。如敦煌之莫高窟，亦其一也，特皆不如此之弘麗耳。南朝亦有石窟，在今首都東北攝山，俗稱棲霞山，為齊、梁兩朝所造。鄭鶴聲、向達有〈攝山佛教石刻小紀〉，見《東方雜誌》二十三卷八期。云：佛龕凡二百九十四，佛像凡五百十五，即有遺誤，相去當不甚遠。）論者徒美其雕飾之奇偉，誰復念其所費民力之多邪？《魏書·靈徵志》：太和十九年（西元 495 年），徐州表言丈八銅像，汗流於地。（晉恭帝法成所造金像，皆長丈六，魏珉玉像亦然。《魏書·崔挺傳》云：光州故吏聞其凶問，莫不悲感，共鑄八尺銅像，於城東廣因寺起八關齋，追奉冥福，此蓋減其長之半？然則當時佛像，殆有定制，袁宏《漢紀》云佛長丈六尺，蓋即因其造像而附會也。然則此丈八或丈六之訛。袁宏《漢紀》引見《秦漢史》第二十章第七節。）《北齊書·循吏·蘇瓊傳》：徐州城中五級寺被盜銅像一百軀。可見地方佛像，亦多而且大。〈靈徵志〉又云：永安三年（西元 530 年），京師民家有二銅像，各長尺餘，一頭上生白豪四，一頰旁生黑豪一，此像較小，然可見民家亦有銅像也。《南史》、〈梁本紀〉：武帝大同元年（西元 535 年），四月，幸同泰寺，鑄十方銀像。三年（西元 537 年），五月，幸同泰寺，鑄十方金銅像。則又有以金銀為之者。

　　造像、建寺而外，靡財之事如設齋會等尚多。（如胡國珍之死，詔自始薨至七七，皆為設千僧齋，令七人出家，百日設萬人齋，二七人出家，其所費必甚巨。梁武以賀琛陳事，盛氣口授敕責之，曰：「功德之事，亦無多費。」吾誰欺，欺天乎？不特朝廷，即民間為齋會者，合聚飲食，所費亦必不少也。參看下引鄭子饒事。）當時之人，有極儉嗇，而於奉佛則

無所吝者。《晉書·何充傳》云：充性好釋典，崇修佛寺，供給沙門以百數，靡費巨億而不吝也。親友匱乏，無所施遺，以此獲譏於世。《宋書·宗室傳》云：臨川王義慶，性簡素，寡嗜欲，受任歷藩，無浮淫之過，唯晚節奉養沙門，頗致費損。有是蔽者蓋甚多。此猶靡財而已，甚有因奉佛而壞法亂紀者，如張暢子淹，為東陽太守，逼郡吏燒臂照佛。百姓有罪，使禮佛贖刑，動至數千拜。張彝除秦州刺史，為國造寺，名曰興皇。諸有罪咎者，隨其輕重，謫為土木之功，無復鞭杖之罰，為治如此，尚復成何事體邪？

　　百姓之苦如此，而僧尼則有甚富者。宋文北討，換取僧尼資財，（見第八章第七節。）潁冑起兵，亦資下方黃鐵，（見第二十章第五節。）侯景兵至，梁攝諸寺藏錢，（見《魏書·島夷傳》。）皆可見其儲藏之富。平時既資借貸，凶饑或助振施，（見第十九章第五節。）佞佛者或且以為有益於民，然觀僧祇、佛圖戶粟之所為，不亦所與者少，所取者多，藉振貸之名，行誅求之實乎？（見第二十一章第二節。）王僧達劫竺法瑤，得數百萬，（《宋書》本傳。）亦所謂多藏者必厚亡邪？

　　佛事之有害於民如此，故其限制，乃隨其興盛以俱來。《晉書·藝術傳》言：百姓以佛圖澄故多奉佛。皆營造寺廟，相競出家。真偽混淆，多生愆過。石季龍下書料簡。其著作郎王度奏曰：「佛方國之神，非諸華所應祠奉。漢代初傳其道，唯聽西域人得立寺都邑，以奉其神，漢人皆不出家。魏承漢制，亦循前軌。今可斷趙人，悉不聽詣寺燒香禮拜，以遵典禮，百關卿士，逮於眾隸，例皆禁之。其有犯者，與淫祠同罪。趙人為沙門者，還服百姓。」朝士多同度所奏。季龍以澄故下書曰：「朕出自邊戎，忝君諸夏，至於饗祀，應從本俗。佛是戎神，所應兼奉。其夷、趙百姓，有樂事佛者特聽之。」此所謂兔死狐悲，惡傷其類，非必為佛圖澄也。南朝論此者，以宋周朗、梁郭祖琛為最切。（朗欲申嚴佛律，疵惡顯著者，

悉皆罷遣。餘則隨其藝行，各為之條，使禪義、經誦，人能其一。食不過
蔬，衣不出布。祖琛請精加檢括，若無道行，四十已下，皆使還俗附農。
其論亡失戶口，已見第十七章第三節矣。又齊明帝即位，張欣泰陳便宜
二十條，其一條言宜毀廢塔寺，見《齊書》本傳。）其禁令，亦宋文帝時
即有之。《宋書‧夷蠻傳》云：元嘉十二年（西元435年），丹陽尹蕭摩之
請「自今已後，有欲鑄銅像者，悉詣臺自聞。興造塔寺、精舍，皆先詣在
所二千石通辭，郡依事列言本州，須許報，然後就功。其有輒造寺塔者，
皆依不承用詔書律。銅、宅、林苑，悉沒入官」。詔可。又沙汰沙門，罷
道者數百人。世祖大明二年（西元458年），有曇標道人，與羌人高闍謀
反。上因是下詔，精加沙汰。後有違犯，嚴加誅坐。於是設諸條禁，自非
戒律精苦，並使還俗。而諸寺尼出入宮掖，交關妃后，此制竟不能行。
齊武帝臨終顧命，於佛可謂惓惓，然亦云：「自今公私皆不得出家為道。
及起立塔寺，以宅為精舍，並嚴斷之。唯年六十，必有道心，聽朝賢選
序。」蓋誠有所不得已也。北朝禁令，具見《魏書‧釋老志》。云：世祖以
沙門眾多，詔罷年五十已下者。高宗復佛法詔云：「今制諸州、郡、縣，
於眾居之所，各聽建佛圖一區。任其財用，不制會限。其好樂道法，欲為
沙門，不問長幼，出於良家，性行素篤，無諸嫌穢，鄉里所明者聽其出
家。率大州五十，小州四十人。其郡遙遠臺者十人。」自正光至太和，京
城內寺新舊且百所，僧尼二千餘人。四方諸寺，六千四百七十八。僧尼七
萬七千二百五十八人。太和十年（西元486年），冬，有司奏：「前被敕：
以勒籍之初，愚民徼倖，假稱入道，以避輸課。其無籍僧尼，罷遣還俗。
重被旨：所檢僧尼，寺主維那，當寺隱審。其有道行精勤者，聽仍在道。
為行凡粗者，有籍無籍，悉罷歸齊民。今依旨簡遣。其諸州還俗者，僧尼
合一千三百二十七人。」奏可。十六年（西元492年），詔：「四月八日，
七月十五日，聽大州度一百人為僧尼，中州五十人，下州二十人以為常

準。著於令。」延昌中，天下州郡僧尼寺，積有一萬三千七百二十七所。徒侶逾眾。熙平二年（西元 517 年），春，靈太后令曰：「年常度僧，依限大州應百人者，州郡於前十日解送三百人，其中州二百人，小州一百人。州統、維那，與官精練簡取充數。若無精行，不得濫採。若取非人，刺史為首，以達旨論。太守、縣令、綱僚，節級連坐。統及維那，移五百里外異州為僧。自今奴婢悉不聽出家。諸王及親貴，亦不得輒啟請。有犯者以違旨論。其僧尼輒度他人奴婢者，亦移五百里外為僧。僧尼多養親識及他人奴婢子，年大私度為弟子，自今斷之。有犯還俗。被養者歸本等。寺主聽容一人，出寺五百里，二人千里。私度之僧，皆由三長。罪不及己，容多隱濫。自今有一人私度，皆以違旨論。隣長為首，里、黨各相降一等。縣滿十五人，郡滿三十人，（疑當作二十人。）州鎮滿三十人免官。僚吏節級連坐。私度之身，配當州下役。」時法禁寬弛，不能改肅也。正光以後，天下多虞，工役尤甚。於是所在編民，相與入道。假慕沙門，實避調役。猥濫之極，自中國之有佛法，未之有也。略而計之，僧尼大眾二百萬矣，其寺三萬有餘。此出家之限制也。其僧尼自外國來者，世宗永平二年（西元 509 年），冬，沙門統惠深上言：求精檢有德行合三藏者聽任。若無德行，遣還本國。若其不去，依此僧制治罪。其造寺者，惠深言：限僧五十以上，啟聞聽造。若有輒營置者，處以違敕之罪。其僧寺僧眾，擯出外州，詔從之。神龜元年（西元 518 年），冬，司空公尚書令任城王澄奏曰：高祖定鼎，〈都城制〉云：城內唯擬一永寧寺地，郭內唯擬尼寺一所，餘悉城郭之外。景明之初，微有犯禁。世宗仰修先志，爰發明旨：城內不造立浮圖、僧尼寺舍。但俗眩虛聲，僧貪厚潤。雖有顯禁，猶自冒營。至正始三年（西元 506 年），沙門統惠深，有違景明之禁，便云營就之寺，不忍移毀。求自今已後，更不聽立。先旨含寬，抑典從請。前班之詔，仍卷不行。後來私謁，彌以奔競。永平二年（西元 509 年），深等復立條制。

爾來十年，私營轉盛，罪擯之事，寂爾無聞。輒遣府司馬陸昶、屬崔孝芬都城之中，及郭邑之內，檢括寺舍，數乘五百。空地表剎，未立塔宇，不在其數。民不畏法，乃至於斯。自遷都已來，年逾二紀，寺奪民居，三分且一。昔如來闡教，多依山林，今此僧徒，戀著城邑，當由利引其心，莫能自止。非但京邑如此，天下州鎮亦然。如巨愚意：都城之中，雖有標榜，營造粗工，事可改立者，請於郭外，任擇所便。其地若買得，券證分明者，聽其轉之。若官地盜作，即令還官。若靈像既成，不可移撤，請依今敕，如舊不禁。悉令坊內行止，不聽毀坊開門，以妨里內通巷。若被旨者，不在斷限。郭內準此商量。其廟像嚴立，而逼近屠沽，請斷旁屠殺，以潔靈居。雖有僧數，而事在可移者，令就閒敞，以避隘陋。如今年正月敕後造者，求依僧制，案法科治。若僧不滿五十者，共相通容，小就大寺，必令充限。其他買還，一如上式。自今外州若欲造寺，僧滿五十已上，先令本州表列，昭玄量審，奏聽乃立。若有違犯，悉依前科。州郡已下，容而不禁，罪同違旨。奏可。未幾，天下喪亂，加以河陰之酷，朝士死者，其家多舍居宅，以施僧尼，京邑第舍，略為寺矣。前日禁令，不復行焉。元象元年（西元 538 年），秋，詔曰：「梵境幽玄，義歸清曠，伽藍淨土，理絕囂塵。前朝城內，先有禁斷。聿來遷鄴，率由舊章。而百闢士民，居都之始，城外新城，並皆給宅。舊城中暫時普借，更擬後須，非為永久。如聞諸人，多以二處得地，或舍舊城所居之宅，擅立為寺。宜付有司，精加隱括。且城中舊寺及宅，並有定帳。其新立之徒，悉從毀廢。」冬，又詔：「天下牧、守、令長，悉不聽造寺。若有違者，不問財之所出，並計所營功庸，悉以枉法論。」此造寺之制限也。然亦成具文，略計魏末之寺，凡三萬有餘云。

　　管理僧眾之官：南朝有僧正，其制始自姚興，以僧為之，見〈高僧傳〉。魏太祖以法果為道人統。高宗復佛法，以師賢為之。和平初，賢

卒，曇曜代之，更名沙門統。先是立監福曹，又改為昭玄，備有官屬，以斷僧務。（參看第二十二章第三節。）太和十年（西元 486 年），詔立僧制四十七條。（世宗詔眾僧犯殺人已上罪，仍依俗斷，餘犯悉付昭玄，見第二十二章第七節。《北史·崔暹傳》：僧尼猥濫，暹奏設科條篇為沙門法，上為昭玄都以檢約之。）皆見《魏書·釋老志》。州有統，郡、縣皆有維那，見第二十二章第四節。

佛教流傳之廣，其說輪迴，實為一大原因。蓋人不能無求報之心，而禍福之來，必不能如世人所責望者之直接。則懲勸之說，有時而窮。故摰虞病「道長世短，禍福舛錯，使怵迫之人，不知所守，或迷或放」，慧琳作《均善論》，亦病周、孔為教，止及一世也。（見《宋書·夷蠻傳》。）《晉書·羊祜傳》云：祜年五歲時，令乳母取所弄金鐶。乳母曰：汝先無此物。祜即詣鄰人李氏東垣桑樹中探得之。主人驚曰：「此吾亡兒所失物也，云何持去？」乳母具言之，李氏悲惋。時人異之，謂李氏子則祜之前身也。祜時佛教盛行未久，而已有此說，足見其流行之速矣。（言輪迴之事見於正史者尚多。如《晉書·藝術傳》言鮑靚為曲陽李家兒託生，《南史·梁元帝紀》言帝為眇目僧託生，《北史·李崇傳》言李庶託生為劉氏女是也。此特舉其最早者耳。）欲言報應，必有受報之體。佛說無我，又說輪迴，陳義雖高，終非恆情所能喻。故當時信佛者多主神不滅，而怵於迷信之弊者，則主神滅。范縝作〈神滅論〉，謂「浮屠病政，桑門蠹俗」，皆由「厚我之情深，濟物之意淺」。（以致竭財以赴僧，破產以趨佛，而不恤親戚，不利窮匱。家家棄其親愛，人人絕其嗣續。兵挫於行間，吏空於官府，粟罄於惰遊，貨殫於泥木。）欲使人知「陶甄稟於自然，森羅均於獨化，來也不御，去也不追」，此志也。然劉歆作〈革終論〉，謂：「神為生本，形為生具，死者神離此具，雖不可復反，而精靈遞變，未嘗滅絕。」實主神不滅之說者，而又謂：「神已去此，館何用存？神已適彼，祭何所祭？」《顏

氏家訓・終制篇》亦云：「四時祭祀，周、孔所教，欲人勿死其親，求諸內典則無益，殺生為之，翻增罪累。」則即主神不滅之說者，亦未嘗不可澹泊自將，不當因此轉增貪欲也。然能如是者寡矣。（輪迴之說，為眾所樂道者，畏怖貪欲之心中之耳。《晉書・王湛傳》：湛孫坦之，與沙門竺法師甚厚。每共論幽明報應。便要先死者當報其事。晉恭帝不肯自殺，慮不能得人身。宋彭城王義康亦然。皆畏怖之念為之也。《宋書・文五王傳》：太宗嘗指左右人謂王景文曰：「休範人才不及此，以我弟故，生便富貴。釋氏願生王家，良有以也。」然則當時佛徒，曾有願生王家之說。此則為貪欲所中矣。卒之如隋越王侗，將死，焚香禮佛，咒曰：「從今以去，願不生帝王尊貴之家。」哀哉！然貪欲者雖說輪迴，仍斤斤於見世。《魏書・盧景裕傳》：謂其為邢摩納所逼，起兵以應元寶炬，兵敗繫獄，至心誦經，枷鎖自脫。是時又有人負罪當死，夢沙門教誦經，覺時如所夢默誦千遍，臨刑刀折，主者以聞，赦之。此經遂行於世，號曰《高王觀世音》。此說今俗猶傳之。晉、南北朝時尤盛。《晉書・苻丕載記》：徐義為慕容永所獲，械埋其足，將殺之。義誦《觀世音經》。至夜中，土開械脫，於重禁之中，若有人導之者，遂奔楊佺期。《宋書・主玄謨傳》：玄謨圍滑臺，奔退，蕭斌將斬之，沈慶之固諫乃止。始將見殺，夢人告曰：「誦《觀音經》千遍則免。」既覺，誦之，將千遍。明日將刑，誦之不輟。忽傳呼停刑。皆是物也。王恭臨刑猶誦佛經，王叡聞黃瑤起兵入，還內禮佛，得毋臨命之際，猶有所冀辛邪？）

無識者之奉佛，則多出於迷信。高僧之見於正史者，佛圖澄，鳩摩羅什，僧陟，曇朧，惠始，惠香，靈遠，惠豐，（《晉書・北史・藝術傳》、《魏書・釋老志》。）其事跡無不矜奇弔詭者。甚至如寶志者，齊武帝曾忿其惑眾，收付建康獄，而俗猶盛傳其前知之事，（《梁書・何敬容傳》，載其前知敬容敗於河東王。《南史・梁武帝紀》，載其前知同泰寺之災。〈賊

臣傳〉載其前知侯景敗於三湘。甚至《隋書·律曆志》云：開皇官尺，或傳梁時有志公道人作此，寄入周朝，云與多須老翁。周太祖及隋高祖，各自以為謂已。夫周、隋二祖，寧不知其不足信？然猶爭欲當之者，以流俗信此等說，順之可以惑眾，抑此說即為所造，亦未可知也。《宋書·符瑞志》、《齊書·祥瑞志》，亦多以前知託諸僧眾，蓋自佛教行而矯誣之徒，又得一憑藉矣。）梁武帝亦敬事之，《南史》仍列諸〈隱逸傳〉，足見其時奉佛者之為何等矣。然能知高義者，亦自不乏。夫泥其跡則主奴之見深，探其原則筌蹄之義顯，是以當時明哲之士，多能和會三教。慧琳，道人也，作《均善論》，設為白學先生與黑學道士相難，初無左袒佛教之意。舊僧至謂其貶斥釋教，欲加擯斥。（《宋書·夷蠻傳》。）顧歡，道士之闢佛者也，亦不過謂佛、老立說，各因其俗，譬諸舟車，各有其用。且謂佛既東流，道亦西邁，故知世有精粗，道有文質，二者可以並行焉。其時又有孟景翼者，為道士。文惠太子召入玄圃，竟陵王子良使之禮佛，不肯。然所作〈正一論〉，亦云道之大象，即佛之法身。至於張融，則竟謂道之與佛，區極無二矣。（皆見《齊書·高逸傳》。）衛元嵩上書周武，啟廢佛之端，然《舊唐書·經籍志》載其《齊三教論》一卷，則其所惡者，亦僧徒之猥濫耳。此以釋道二家言也。至如儒家：則徐勉以謂孔釋二教，殊途同歸。（《梁書》本傳。）王褒謂儒道釋雖為教等差，而義歸汲引。（《梁書·王規傳》。）韋夐謂其跡似有深淺，其理殆無等級。（《周書》本傳。）即李士謙謂佛日、道月、儒五星，（《北史·李孝伯傳》。）雖有軒輊，仍非水火。其時釋家多通儒、道二家之義。如慧琳、慧始，皆嘗注《孝經》，琳與慧嚴，又皆注《道德經》，僧智解《論語》，慧觀作《老子義疏》是。（皆見《隋書·經籍志》。）周續之、雷次宗，皆名儒也，而皆入廬山事慧遠。（《宋書·隱逸傳》。）徐孝克旦講佛經，晚講禮傳。周弘正特善玄言，兼明釋典。沈重於紫極殿講三教義，朝士、儒生、桑門、道士至者二千餘

人。則合三家成通學矣。《魏書‧高謙之傳》云：涼國盛事佛道，謙之為論貶之，因稱佛是九流之一家。夫儒、道亦九流之一耳，此不足為貶辭也。〈李孝伯傳〉：兄孫瑒，以民多絕戶為沙門，上書言之，有「安有棄堂堂之政而從鬼教」之語。沙門統僧暹等以為謗毀佛法，泣訴於靈太后，太后責之。瑒自理曰：「人死曰鬼，《禮》曰：明則有禮樂，幽則有鬼神。佛道幽隱，名之為鬼，愚謂非謗。」亦如實之辭，非強辯也。匪特學者如是，即怪迂阿諛苟合之徒亦然。《宋書‧文五王傳》：竟陵王誕遷鎮廣陵，發民治城。誕循行，有人乾興揚聲大罵曰：「大兵將至，何以辛苦百姓？」誕執之，問其本末。答曰：「姓夷，名孫，家在海陵。天公去年與道、佛共議，欲除此間民人，道、佛苦諫得止。大禍將至，何不立六慎門？」誕問六慎門云何？答曰：「古時有言：禍不入六慎門。」誕以其狂悖，殺之。此人蓋有心疾，然其論，則後世下流社會中雜糅三教之論也。《齊書‧祥瑞志》言：永明三年（西元485年），七月，始興郡民龔玄宣云：去年二月，忽有一道人乞食。因探懷中，出篆書真經一卷六紙，又表北極一紙，又移付羅漢一紙，云：「從兜天宮下，使送上天子。」其糅合釋、道，更可發一噱。此固造作之辭，然造作者之見解，即其時流俗之見解也。《晉書‧隱逸傳》：鮑靚，東海人，年五歲，語父母云：「本是曲陽李家兒，九歲墜井死。」其父母尋訪得李氏，推問皆符驗。此明為佛說，而又云：靚學兼內外，明天文、《河洛書》，嘗見仙人授道訣，百餘歲卒。陶弘景，道家之巨擘也，而云：「夢佛授其菩提，記名為勝力菩薩。」乃詣鄮縣阿育王塔自誓受五大戒，居之不疑，在邦必聞之徒，其為道、為佛，亦不可究詰矣。此周武帝所由欲和會三教，自立皇極歟？

關佛者多以其出自外國為言。王度及魏大武詔即如此。《晉書‧蔡謨傳》：彭城王紘上言：樂賢堂有明帝手畫佛像，經歷寇難，而此堂猶存，宜敕作頌，成帝下其議。謨曰：「佛者夷狄之俗，非經典之制。」其意亦與

此同。苻堅命道安同輦，權翼謂毀形賤士，不宜參穢乘輿。宋文帝召見慧琳，常升獨榻，顏延之方之同子參乘。毀形者天竺之法，亦惡其來自外國也。張敷為江夏王義恭撫軍記室參軍。義恭就文帝求一學義沙門。會敷赴假還江陵，文帝令載沙門往。謂曰：「道中可得言晤。」敷不奉詔。（《宋書》敷自有傳，又附見其父邵傳中，皆載此事。）梁武帝銳意釋氏，天下從風，而韋叡自以信受素薄，位居大臣，不欲與俗俯仰，所行略如他日。此特士大夫之驕矜。即李安民奉佛法，不以軛下牛祀項羽神，（見上節。）亦惡其為淫祀故耳。要之當時不奉佛者，皆非不足其教義也。

　　僧人多有術藝。故周朗上疏，謂其假醫術，託卜數。沙門知醫，已見第二十三章第七節。臺城之陷，賀琛被創未死，賊輿送莊嚴寺療之，則當時佛寺，必有以醫療為務者。沈攸之將發江陵，使沙門釋僧桀筮之，此則沙門明於卜筮之徵也。不特此也，《魏書·山偉傳》言偉與袁昇李延孝、李奐、王延業等方駕而行，偉少居後。路逢一尼，望之嘆曰：「此輩緣業，同日而死。」謂偉曰：「君方近天子，當作好官。」昇等皆於河陰遇害。〈術藝傳〉言：王顯布衣為諸生，有沙門相顯，後當富貴。誠其勿為吏部官。由是世宗時或欲令攝吏部，每殷勤避之。及世宗崩，肅宗夜即位，倉卒百官不具，以顯兼吏部行事，竟遇害。《北史·藝術傳》云：魏正始前，有沙門學相，遊懷朔，舉目見人，皆有富貴之表。以為必無此理，燔其書。而後皆如言，乃知相法不虛也。則沙門又多通相法者。此等不過取信流俗，便於傳布其教。乃若關康之，嘗就沙門支僧納學算。（《南史·隱逸傳》。《宋書》無算字，蓋奪。）魏九家歷，沙門統道融居其一。（見第二十三章第七節。）《魏書·術藝傳》載殷紹上《四序堪輿表》云：初就大儒成公興學算。公興將之求沙門釋曇影，曇影又將之求道人法穆，從之學者四年。則沙門之於演算法，多有深造。慕容寶參合之役，支曇猛勸早為備，拓跋燾之圍縣瓠，毀浮圖，取金像為大鉤，施之沖車端，以牽樓堞。城內有一

沙門，頗有機思，輒設奇以應之。(《宋書・文九王傳》。)則其人並有通於兵、陰陽、技巧之學者矣。《隋書・經籍志》所載，音樂、小學、地理、天文、曆數、五行、醫方、《楚辭》諸門，皆有沙門撰著，而天文、曆數、醫方，傳自天竺者尤多，當時胡僧，幾如近世之基督教士，齎學藝以俱來矣。

　　僧人多有才學，故頗有參與政事者。宋廬陵王義真，嘗雲得志之日，以慧琳為豫州都督。(《宋書・武三王傳》。)元嘉中，琳遂參權要。賓客輻湊，四方贈賂相系，勢傾一時。(〈夷蠻傳〉。)而義康謀叛，法略道人法靜尼，亦並與其事。齊世則有楊法持。元徽中，宣傳密謀，後遂罷道，為寧朔將軍，封州陵縣男。(《齊書・倖臣傳》。)北齊神武之臣有潘相樂，本作道人。神武自發晉陽，至克潼關，凡四十啟而魏帝不答，遣僧道榮奉表關中，又不答，乃集百僚、四門耆老議所推立。四門，《北史》作沙門，蓋是？文宣嘗命親奉神武音旨者，條錄封上，中有沙門，(見第二十三章第五節。)可見沙門多參謀議也。《晉書・載記》：沙門吳進言於石季龍曰：「胡運將衰，宜苦役晉人，以厭其氣。」季龍於是使尚書張群，發近郡男女十六萬，車十萬乘，運土築華林苑及長牆於鄴北。姚襄之敗，沙門智通勸其無戰。慕容德之據廣固，謀及沙門朗公。更觀慕容寶之有支曇猛，沮渠蒙遜之有曇無讖。而知五胡之主，謀及沙門者，亦不乏矣。

　　凡藉宗教以資扇惑者，其所說教義，所立教條，不必皆其教之真諦也。特就眾所共知共信者，附會為說而已。洪秀全之於基督教，其顯而易見者也。佛教之為豪桀所資亦如是。《晉書・石季龍載記》云：有安定人侯子光，自稱佛太子，從大秦國來，當王小秦國。易姓名為李子揚。遊於鄠縣爰赤眉家。赤眉信敬之，妻以二女。轉相誑惑。京兆樊經、竺龍、(此人蓋亦道人，故以竺為姓。)嚴湛、謝樂子等聚黨數千人於杜南山。子揚稱大皇帝，建元曰龍興。此為藉佛教以圖作亂，見於記載最早者。其

後此等事迄不絕。宋文帝元嘉九年（西元 432 年）益州之亂，五城人帛氏奴等奉道人程道養為主，詐稱晉宗室司馬飛龍。（見《宋書·劉粹傳》。）二十八年（西元 451 年），又有亡命司馬順則，詐稱晉宗室近屬，據梁鄒城，又有沙門自稱司馬百年應之。（〈蕭思話傳〉。）孝武帝大明二年（西元 458 年），先是有南彭城蕃縣人高闍，沙門釋道方等，共相誑惑。與秣陵民藍宏期等謀為亂。又要結殿中將軍、太宰府將等，謀攻宮門，掩太宰江夏王義恭，分兵襲殺諸大臣，事發，黨與死者數百人。（〈王僧達傳〉。〈夷蠻傳〉云：闍為羌人，已見前。）此甚似清世林清之變矣。齊武帝永明十一年（493 年），建康蓮花寺道人釋法智與徐州民周盤龍等作亂。（《齊書·王玄載傳》。）梁武帝時，有沙門僧強，自稱為帝，攻陷北徐州。（《梁書·陳慶之傳》。）此皆在南朝者。其在北朝，則《魏書·本紀》所載：太祖天興五年（西元 403 年），有沙門張翹，自號無上王，與丁零鮮於次保聚眾據常山之行唐。高祖延興三年（西元 473 年），十二月，有沙門慧隱謀反。太和五年（西元 481 年），有沙門法秀謀反。十四年（西元 490 年），有沙門司馬惠御謀破平原郡。世宗永平二年（西元 509 年），有涇州沙門劉惠汪聚眾反。三年（西元 510 年），二月，有秦州沙門劉光秀謀反。延昌三年（西元 514 年），十一月，有幽州沙門劉僧紹聚眾反，自號淨居國明法王。四年（西元 515 年），六月，沙門法慶反於冀州，自稱大乘。九月，元遙破斬之。及渠帥百餘人，傳首京師。熙平二年（西元 517 年），正月，其餘賊復相聚結，攻瀛州。法慶與法秀，聲勢最為浩大。〈苟頹傳〉云：大駕行幸三川，頹留守京師。沙門法秀謀反，頹率禁衛收掩，畢獲，內外晏然。駕還飲至，文明太后曰：「當爾之日，卿若持疑，不即收捕，處分失所，則事成不測矣。今京畿不擾，宗社獲安，卿之功也。」亦釋道方之類也。《恩幸·王叡傳》云：法秀謀逆，事發，多所牽引。叡曰：「與其殺不辜，寧赦有罪，宜梟斬首惡，餘從疑赦。」高祖從之。得免者千餘人。

其徒黨可謂甚廣。據〈崔玄伯傳〉，是役也，崔道固兄子僧祐與焉。又〈閹官傳〉：平季父雅，亦與於此役，季以此坐腐形，而雅實為州秀才，則士大夫亦有與其事者。《齊書・魏虜傳》云：虜囚法秀，加以籠頭鐵鎖，無故自解脫，虜穿其頸骨，使咒之曰：「若復有神，當令穿肉不入。」遂穿而殉之。三日乃死。其遇漢人之酷如此。大乘之變，據《魏書・元遙傳》云：法慶為妖幻，說渤海人李歸伯，歸伯闔家從之。招率鄉人，推法慶為主。法慶以歸伯為十住菩薩、平魔軍司、定漢王。自號大乘。殺一人者為一住菩薩，殺十人者為十住菩薩。又合狂藥，令人服之，父子兄弟，不相知識，唯以殺害為事。於是聚眾殺阜城令，破渤海郡，殺害吏人。刺史（冀州）蕭寶夤遣長史崔伯驎討之，敗於煮棗城，伯驎戰歿，凶眾遂盛。所在屠滅寺舍，斬戮僧尼，焚燒經象，云新佛出世，除去惡魔。其好殺頗類孫恩，未知何故？或亦深疾末俗之惡，而思有所袪除歟？而亦兼及僧尼，又可見是時僧尼為眾所疾視之甚也。〈張彝傳〉云：元遙多所殺戮，積屍數萬。彝子始均，忿軍士重以首級為功，乃令檢集人首數千，一時焚爇，用息徼倖，此又可見虜視漢人如草芥矣。（大乘事跡，又見〈宇文福〉、〈高允〉、〈蕭寶夤〉、〈裴叔業〉、〈李叔虎〉、《酷吏・谷楷》、《閹官・封津》及《北齊書・封隆之傳》中。）《北齊書・皮景和傳》云：吳明徹寇淮南，景和率眾拒之。有陽平人鄭子饒，詐依佛道，設齋會，用米麵不多，供贍甚廣。密從地藏，漸出餅飯，愚人以為神力，見信於魏、衛之間。將為逆亂，謀洩，掩討漏逸，乃潛渡河，聚眾數千，自號長樂王。已破乘氏縣，又欲襲西兗州城。景和自南兗州遣騎數百擊破之，生禽子饒送京師，烹之。《魏書・盧玄傳》：高祖議伐蕭頤，玄子淵表曰：「臣聞流言：關右之民，比年以來，設為齋會，假稱豪貴，以相扇惑。顯然於眾坐之中，以謗朝廷。無土之心，莫此為甚。愚謂宜速懲絕，戮其魁帥。不爾，懼成黃巾、赤眉之禍。」子饒之所為，則所謂設為齋會者也。顯謗朝廷於眾坐之中，

可見其非不知政治。然則所謂假稱豪貴者，果編氓假稱之歟？抑實有豪貴，參與其事也？能為道地，多出餅飯，其人亦非甕牖繩樞之子矣。〈源賀傳〉：賀出為冀州刺史，武邑郡奸人石華告沙門道可與賀謀反。〈逸士傳〉：馮亮居嵩高，與僧徒禪誦為業，逆人王敞事發，連山中沙門，亮亦被執赴尚書省，詔特免雪。亮遂不敢還山，寓居景明寺，久之乃還山室。沙門之易與亂事相連如此。異族竊據之際，有心人欲謀光復往往藉宗教為結合之資。自胡元薦居，白蓮會聲勢始大，明代稍微，及清又盛。雖三合會亦自託於少林寺僧。闔第八章第五節觀之，而知元魏時佛徒之稱兵者，必有民族義士，廁身其間矣。然附從之者，究以所謂豪傑之徒為多，故其宗旨不能盡純，久之或且寖忘其本。此觀於近世白蓮、三合之徒之數典忘祖而可知也。曇洛椎埋發墓，（見第二十一章第五節。）天恩橫行閭肆，（見第十八章第三節。）皆可想見僧徒中有何等人。此高宗之復佛法，所以必限欲為沙門者，出於良家，無諸嫌穢歟，〈釋老志〉：高祖延興二年（西元472年），四月，詔比丘不在寺舍，遊涉村落，交通姦猾，經歷年歲。令民間五五相保，不得容止無籍之僧。精加隱括，有者送付州鎮，其在畿郡，送付本曹。若為三寶巡民教化者，在外齎州鎮維那文移，在臺者齎都維那等印牒，然後聽行。違者加罪。世宗永平二年（西元509年），沙門統惠深上言，與經、律法師，群議立制。有不安寺舍，遊行民間者，脫服還民。皆懼其為黃巾赤眉之禍也。然藉資宗教，思教養其民以相保者，亦自有之。《北齊書·陸法和傳》云：不知何許人也。隱於江陵百里洲。衣食居處，一與苦行沙門同。者老自幼見之，容色常不定，人莫能測也。或謂自出嵩高，循遊遐邇。侯景遣任約擊江陵，法和乃詣湘東乞徵約。召諸蠻夷弟子八百人。湘東遣胡僧祐領千人與同行。至赤沙湖，武陵王紀兵來。王琳與法和經略，一戰而殄之。以為都督郢州刺史。部曲數千人，通呼為弟子。唯以道術為化，不以法獄加人。（市不立丞，見第二十二章第五節。）

天保六年（西元 555 年），清河王嶽進軍臨江，法和舉州入齊。文宣以為荊州刺史。梁將侯瑱，來逼江夏，齊軍棄城而退。法和入朝。詣闕通名，不稱官爵，不稱臣，但云荊山居士。以官所賜宅營佛寺。自居一房，與凡人無異焉。案法和所用者蠻眾，史又言其語帶蠻音，蓋久習於蠻者。其所為則甚似張魯，以是時佛教盛行，故自託於佛耳，此固無教不可託也。

第三節　道教建立

　　古無所謂宗教也，人倫日用之道，幽深玄遠之思，諸子百家之學，蓋無不相容並苞焉？佛教東來，說愈微眇，出世入世，道乃殊科。夫佛道則誠高矣妙矣，然究為外來之教，不能舉吾所固有者而盡替之也。儒教重政治、倫紀，勢不能談空說有，與佛教爭短長。於是有萃吾故所崇奉，文之以哲理，以與佛教對峙者，則道教是已。

　　道教之淵源何自邪？曰：其正源，仍為漢末張角、張魯之教，晉時稱為天師道。《晉書·何充傳》云：郗愔及弟曇奉天師道，而充與弟準，崇信釋氏。謝萬譏之云：「二郗諂於道，二何佞於佛。」〈王羲之傳〉云：王氏世事張氏五斗米道，凝之彌篤。孫恩之攻會稽，寮佐請為之備，凝之不從。（時為會稽內史。）方入靖室請禱。出，語諸將佐曰：「吾已請大道，許鬼兵相助，賊自破矣。」既不裝置，遂為孫恩所害。（《魏書·僭晉傳》曰：恩之來也，弗先遣軍。乃稽顙於道室，跪而咒說，指麾空中，若有處分者。官屬勸其討恩。凝之曰：「我已請大道出兵，凡諸津要，各有數萬人矣。」）獻之遇疾，家人為上章。道家法應首過，問其有何得失？對曰：「不覺餘事，唯憶與郗家離婚。」獻之前妻，郗曇女也。（案豈以為同教中人故，離婚倍覺耿耿邪？）〈王恭傳〉云：淮陵內史虞珧子妻裴氏，有服食之術。常衣黃衣，狀如天師。道子悅之，令與賓客談論。（案元凶劭號嚴

道育為天師，亦知服食。）〈殷仲堪傳〉云：仲堪少奉天師道。精心事神，不吝財賄。而篤行仁義，賙於周急。桓玄來攻，猶勤請禱。《齊書·高逸傳》云：褚伯玉，年十八，父為之婚，婦入前門，伯玉從後門出。孔稚珪從其受道法。《南史·孔珪傳》云：父靈產，泰始中晉安太守。有隱遁之志。於禹井立館，事道精篤。吉日，於靜屋四向朝拜，涕泣滂沱。東出過錢唐北郭，輒於舟中遙拜杜子恭墓。自此至都，東鄉坐不敢背側。〈沈攸之傳〉云：齊武帝制以攸之弟雍之孫僧昭為義興公主後。僧昭，別名法朗。少事天師道士。常以甲子及甲午日夜，著黃巾，衣褐，醮於私室。時記人吉凶，頗有應驗。自雲為泰山錄事，幽司中有所收錄，必僧昭署名。中年為山陰縣，梁武陵王紀為會稽太守，宴坐池亭，蛙鳴聒耳。王曰：「殊廢絲竹之聽。」僧昭咒厭，十餘口便息。及日晚，王又曰：「欲其復鳴。」僧昭曰：「王歡已闌，今恣汝鳴。」即便喧聒。又嘗校獵，中道而還。左右問其故。答曰：「國家有邊事，須還處分。」問何以知之？曰：「鄉聞南山虎嘯知耳。」俄而使至。復謂人曰：「吾昔為幽司所使，實為煩碎，今已自解。」乃開匣出黃紙書，上有一大字，字不可識。曰：「教分判如此。」及大清初，謂親知曰：「明年海內喪亂，生靈十不一存。」乃苦求東歸。既不獲許，及亂，百口皆殲。觀此諸事，可知所謂天師道者即五斗米道，而與太平道同原。太平道好爭鬥，晉世孫恩一派，蓋其嫡傳。《宋書·毛修之傳》云：修之不信鬼神，所至必焚除房廟。蔣山廟中有佳牛好馬，修之並奪取之，而其在洛，敬事嵩山寇道士，蓋亦漢世黃巾中黃大乙之舊。（見《秦漢史》第二十章第六節。）《隋書·地理志》云：梁州崇奉道教，有張魯遺風，則五斗米道之流傳，亦未嘗絕。然此二者，皆不能成為全國通行之大教。唯於吉一派，頗與士大夫往來。吉雖為孫策所殺，其道在江東，蓋迄未嘗絕，至晉世，遂成為所謂天師道者，而流行於士大夫之間。夫其教流行於士大夫之間，則能掃除鄙倍，去其與政治不相容者，且加之以文

飾，而豹變之機至矣。

〈王羲之傳〉又云：羲之雅好服食養性，不樂在京師。既去官，與道士許邁共修服食，採藥不遠千里，而虞玑子妻，亦有服食之術，是神仙家與天師道同流也。案神仙家與醫藥經、經方，《漢志》同隸方技，其術本自相通。二張皆以符水為人治病，亦未必不通醫藥。小民急治病，士夫覬長生，覬長生而服食、養性重焉矣。重養性則輕婚宦矣，此褚伯玉所以逃婚，孔靈產所以隱遁也。故神仙家亦道教之一源也。神仙家之說，至魏、晉之世，亦稍符於哲理。嵇康作《養生論》，謂神仙由「特受異氣，稟之自然，非積學所能致」。「道養得理，上獲千餘歲，下可數百年，以世皆不精，故莫能得」。其說云：「服藥求汗，或有不獲，而愧情一集，渙然流離。終朝未餐，囂然思食，而曾子銜哀，七日不饑。夜分而坐，則低迷思寢，內懷殷憂，則達旦不瞑。勁刷理鬢，醇醴發顏、僅乃得之，壯士之怒，赫然殊觀，植髮衝冠。」以此知「精神之於形骸，猶國之有君」。而「豆令人重，榆令人瞑，合歡蠲忿，萱草忘憂，薰辛害目，豚魚不養，蝨處頭而黑，麝食柏而香，頸處險而瘦，齒居晉而黃」，「凡所食之氣，蒸性染身，莫不相應」，則形質亦未可忽。夫「為稼於湯世，偏有一溉之功者，雖終歸於焦爛，必一溉者後枯」，理無可惑。然則「田種者一畝十斛，謂之良田，而區種可百餘斛」。「謂商無十倍之價，農無百斛之望」，特「守常不變」之論，「以多自證，以同自慰，謂天地之理盡此」，實未為是也。此其所信者雖非，而其所以信之者，則皆據事理立論，與迷信者殊科矣。（《宋書·顧覬之傳》：覬之命弟子願著《定命論》，謂：「齊疆、燕平，厥驗未著，李覃、董芬，其效安在？喬、松之侶，雲飛天居，夷、列之徒，風行水息，良由理數縣挺，實乃鐘茲景命。」《顏氏家訓·養生篇》云：「神仙之事，未可全非，但性命在天，或難種植。」皆與嵇氏同意。）神仙家之論，存於今而可考者，莫如《抱朴子》之完。其說曰：「幻化之

事，九百有餘，按而行之，莫不皆效。」此其所以信「仙之可得」也。（〈對俗〉。）又曰：「神仙方書，試其小者，莫不效焉。」（〈對俗〉。）「校其小驗，則知其大效，睹其已然，則明其未試。」（〈塞難〉。）此其所以信「長生可得，仙人無種」也。（〈至理〉。）求仙之術，葛氏所信者為金丹。亦以「泥壤易消，而陶之為瓦，則與二儀齊其久，柞柳速朽，而燔之為炭，則可億載而不敗」，（〈至理〉。）以是信物質之可變。又謂「金玉在於九竅，則死人為之不朽，鹽滷沾於肌髓，則脯臘為之不爛」，（〈對俗〉。）以是信藥物之有功耳。又云「雲、雨、霜、雪，皆天地之氣，而以藥作之，與真無異」，可見「變化之術，何所不為」。且「化作之金，乃是諸藥之精」，轉「勝於自然者」。而且「得其要，則不煩聖賢大才而可為」。（〈黃白〉。）此其所以信丹之可作也。然則何以成者甚寡？曰：此由道士皆貧，不得備其藥劑；又其法得之不易；既得之，又必入名山，不則當於海中大島嶼作之，其事彌難耳。（葛氏謂導引、房中、服藥、禁咒，只能延年，愈疾，外攘邪惡，皆不能免於死；而且命不可以重禱延，疾不可以豐祀除；故唯金丹為足恃，說見〈金丹〉、〈釋滯〉、〈微旨〉等篇。其所以堅信金丹而賤草木之藥者，則以金石之質，堅於草木，而金又堅於石也。當時方士，信丹者甚多。《梁書·處士·陶弘景傳》云：大通初，令獻二丹於高祖。《南史》則云：天監中獻二丹於武帝，中大通初又獻二丹。又云：弘景既得神符祕訣，以為神丹可成，而苦無藥物。帝給黃金、硃砂、曾青、雄黃等。後合飛丹，色如霜雪，服之體輕。帝服飛丹有驗，益敬重之。《魏書·釋老志》云：京兆人韋文秀，隱於嵩高，徵詣京師。世祖曾問方士金丹事，多日可成。文秀對曰：「神道幽昧，變化難測，可以暗遇，難以豫期。臣昔受教於先師，曾聞其事，未之為也。」然〈崔逞傳〉言：逞子頤，與方士韋文秀詣王屋山造金丹，不就，則文秀實非不事此者，特不欲為虜主言之耳，〈術藝傳〉：徐謇欲為高祖合金丹，乃入居崧高，採營其物，歷歲無所成，

遂罷。入山改採,當為植物,然云金丹,則當僅以之為助,仍以礦物為主也。《北史‧藝術傳》云:有張遠遊者,文宣時,令與諸術士合九轉金丹。及成,帝置之玉匣,云:「我貪人間作樂,不能飛上天,待臨死時取服耳。」案〈葛氏金丹篇〉言丹之名甚多,而最貴者為還丹及金液。還丹,亦曰神丹,成之凡九轉,故又稱九丹。得其一即仙。金液效與還丹同,而較還丹為易作。其所謂仙者?則上士舉形升虛,謂之天仙,中士遊於名山,謂之地仙,下士先死後蛻,謂之屍解仙。既已得仙,則昇天住地,各從所好。又服還丹金液之法,若欲留在世間,可但服其半,錄其半,後求昇天,乃盡服之。說見〈論仙〉、〈對俗〉兩篇,實與張遠遊之說密合,而神丹之名,亦與陶弘景所欲作者同。足見其說皆有傳授,雖不足信,述之者則初非欺人也。作金丹必入名山或大島嶼者?〈金丹篇〉述其師鄭隱之言曰:「合大藥皆當祭,祭則大乙、元君、老君、玄女皆來鑒。若令俗間愚人得經過聞見之,諸神便責作藥者不遵承經戒,致令惡人有譭謗之言,則不復佑助人,邪氣得進,而藥不成。」又云:「老君告之:諸小山皆不可於其中作金液、神丹,凡小山皆無正神為主,多是木石之精,千歲老物,血食之鬼。此輩皆邪炁,不念為人作福,但能作禍。善試道士。須當以術關身及將從弟子,然或能壞人藥也。」)其堅信長生之可求如此,然問以長生之理,則曰:「松、喬之徒,雖得其效,亦未必測其所以然,」(〈對俗〉。)坦然自承其不知焉。又設難曰:理之明顯,事之昭著如此,聖如周、孔,何莫之為?則曰:「受氣結胎,各有星宿。命屬生星,則其人必好仙道,求之必得。命屬死星,則其人不信仙道,不修其事。」(〈塞難〉。)「俗所謂聖人者,皆治世之聖人,非得道之聖人」也。(〈辨問〉。〈遐覽篇〉論符,謂「世間有受體使術用符獨效者」,亦同此意。)其持論之緻密如此,安得謂與迷信同科邪?葛氏之論,亦有類乎迷信者,如云:「按《易內戒》、《赤松子經》、《河圖記命》符皆云:天地有司過之神,隨

人所犯輕重，以奪其算，（算三日，紀三百日。）又言身中有三屍，魂靈鬼神之屬也。欲使人早死，此屍當得作鬼，放縱遊行，饗人祭酬。是以每到庚申之日輒上天白司命，道人所為過失。又月晦之夜，灶神亦上天，白人罪狀。大者奪紀，小者奪算。吾亦未能審此事之有無。然山川、草木、井灶、汙池，猶皆有精氣，況天地為物之至大者，於理當有精神則宜賞善而罰惡。但其體大而網疏，不必機發而響應耳。」（〈微旨〉。）又云：「山無大小，皆有神靈，又有老魅。」「入山無術，必有患害。」因此而著諸符。然又曰：「天地之情狀，陰陽之吉凶，茫茫乎其難詳也，吾不必謂之有，亦不敢保其無。」（〈登陟〉。）則於此等說，特過而存之耳。於說之不能決者，過而存之，而又明著其存之之意，正見其立論之矜慎，亦非迷信也。

　　然此等議論，究尚未足登談玄者之堂。故神仙家之言，又有更進於此者。《抱朴子》首篇〈暢玄〉曰：「玄者，自然之始祖，而萬殊之太宗也。其高則冠蓋乎九霄，其曠則籠罩乎八隅。來焉莫見，往焉莫追。乾以之高，坤以之卑。雲以之行，雨以之施。胞胎元一，範鑄兩儀。吐納泰始，鼓冶億類。」以宇宙萬物，皆一玄之所彌綸，幾乎哲學家一元之論矣。然又云：「玄之所在，其樂不窮，玄之所去，器弊神逝。」則似又岐形與氣而二之。又引《仙經》述貞一之說曰：「一有姓氏、服色。男長九分，女長六分。或在臍下二寸四分下丹田中。或在心下絳宮金闕中丹田。或在人兩眉間，卻行一寸為明堂，二寸為洞房，三寸為上丹田也。此乃道家所重，世世歃血，口傳其姓名耳。」又述其師說曰：「一在北極大淵之中。道術諸經所思存唸作，可以卻惡防身者，乃有數千法，亦各有效。然思作數千物以自衛，率多煩難。若知守一之道，則一切除棄此輩。故曰：能知一則萬事畢也。」又曰：「玄一之道，亦要法也。無所不關，與貞一同功。吾內篇第一名之為〈暢玄〉者，正以此也，守玄一復易於守貞一。守貞一有

姓字、長短、服色。曰玄一，但此見之。初求之於日中，所謂知白守黑，欲死不得者也。然先當百日潔齋，乃可候求。亦不過三四日得之。得之守之，則不復去矣。守玄一併思其身分為三人。三人已見，又轉益之，可至數十人，皆如己身。隱之顯之，皆自有口訣。此所謂分形之道。左君及薊子訓、葛仙公所以能一日至數十處，及有客坐上，一主人與客語，門中又有一主人迎客，而水側又有一主人投釣也。」（〈地真〉。）此則不成語矣。蓋以其仍受舊說之牽率，故如此也。《齊書·高逸傳》云：杜京產，杜子恭玄孫也。世傳五斗米道。與同郡顧歡同契，歡為道教中名人。其答袁粲之難曰：「神仙有死，權便之說。神仙是大化之總稱，非窮妙之至名。至名無名，其有名者，二十七品。仙變成真，真變成神，或謂之聖，各有九品。品極則入空寂，無為無名。若服食、茹芝，延壽兆，壽盡則死，藥極則枯，此修考之士，非神仙之流也。」（《齊書》本傳。）其說較葛氏彌有進矣。然如此則無體。無體則辛苦修為，誰受其報？此必非俗情之所能甘。抑無擬人之神，以資崇奉，而徒皈心於虛寂，亦非俗情之所能喻也。此雖無負於哲理，而必不能成為宗教，故建立道教之士，又必別闢一途焉。

　　一切迷信若方術，果何以結合之，使之成為一大宗教乎？曰：文之以當時通行之哲理，更益之以佛說之虛誕，其要道也。觀於《魏書·釋老志》及《隋書·經籍志》之說，而道教之所以成為宗教者，思過半矣。《魏書·釋老志》曰：「道家之原，出於老子。其自言也：先天地生，以資萬類。上處玉京，為神王之宗，下在紫微，為飛仙之主。千變萬化，有德不德，隨感應物，厥跡無常。授軒轅於峨嵋，教帝嚳於牧德，大禹問長生之訣，尹喜受道德之旨。至於丹書紫字，升玄飛步之經，玉石金光，妙有靈洞之說，如此之人，不可勝記。其為教也，咸蠲去邪累，澡雪心神，積行樹功，累德增善。乃至白日昇天，長生世上。所以秦皇、漢武，甘心不息，

靈帝置華蓋於灌龍，設壇場而為禮。及張陵受道於鵠鳴，因傳天官章本千有二百。弟子相授，其事大行。齋祠跪拜，各成法道。有三元、九府、百二十官，一切諸神，咸所統攝。又稱劫數，頗類佛經。其延康、龍漢、赤明、開皇之屬，皆其名也。及其劫終，稱天地俱壞。其書多有禁祕，非其徒也，不得輒觀。至於化金銷玉，行符敕水，奇方妙術，萬等千條。上雲羽化飛天，次稱消災滅禍。故好異者往往尊事之。」《隋書・經籍志》曰：「道經者？云有元始天尊，生於太元之先，稟自然之氣，沖虛凝遠，莫知其極。所以說天地淪壞，劫數終盡，略與佛經同。以為天尊之體，常存不滅。每至天地初開，或在玉京之上，或在窮桑之野，授以祕道，謂之開劫度人。然其開劫，非一度矣。故有延康、赤明、龍漢、開皇，是其年號。其間相去，經四十一億萬載。所度皆諸天仙上品。亦有大上老君、大上丈人、天真皇人、五方天帝，及諸仙官，轉共承受，世人莫之與也。所說之經，亦稟元一之氣，自然而有，非所造為。亦與天尊，常在不滅。天地不壞，則蘊而莫傳，劫運若開，其文自見。凡八字，盡道體之奧，謂之天書，字方一丈，八角垂芒，光輝照耀，驚心眩目，雖諸天仙，不能省視。天尊之開劫也，乃命天真皇人，改囀天音而辯析之。自天真已下，至於諸仙，展轉節級，以次相授。諸仙得之，始授世人。然以天尊經歷年載，始一開劫，受法之人，得而寶祕，亦有年限，方始傳授。上品則年久，下品則年近。故今授道者經四十九年，始得授人。推其大旨，蓋亦歸於仁愛、清靜，積而修習，漸致長生，自然神化。或白日登仙，與道合體。（案此即顧歡之說。）其受道之法，初受《五千文籙》，次受《三洞籙》，次受《洞玄籙》，次受《上清籙》。籙皆素書，紀諸天曹官屬佐吏之名有多少。又有諸符錯在其間。文章詭怪，世所不識。受者必先潔齋，然後齋金環一，並諸贄幣，以見於師。師受其贄，以籙授之。仍剖金環，各持其半，云以為約。弟子得籙，緘而佩之。其潔齋之法，有黃籙、玉籙、金

籙、塗炭等齋。為壇三成，每成皆置綿蕝，以為限域。傍各開門，皆有法象。齋者亦有人數之限。以次入於綿蕝之中，魚貫面縛，陳說愆咎，告白神祇。晝夜不息，或一二七日而止，其齋數之外有人者，並在綿蕝之外，謂之齋客，但拜謝而已，不面縛焉。而又有諸消災、度厄之法，依陰陽數術，推人年命，書之如章表之儀，並具贄幣，燒香陳讀，雲奏上天堂，請為除厄，謂之上章。夜中於星辰之下，陳設酒脯、餌、幣物，歷祀天皇、大一，祀五星、列宿，為書如上章之儀以奏之，名之為醮。又以木為印，刻星辰日月於其上，吸氣執之，以印疾病，多有愈者。又能登刃入火，而焚敕之使刃不能割，火不能熱。而又有諸服餌，辟穀、金丹、玉漿、雲英蠲除滓穢之法，不可殫記。云自上古黃帝、帝嚳、夏禹之儔，並遇神人，咸受道籙。年代既遠，經史無聞焉。推尋事跡，漢時諸子，道書之流有三十七家，大旨皆去健羨，處沖虛而已，無上天官符籙之事。」綜觀二說，以老子或天尊影射自然之力，誠如孟景翼之言，猶佛家之說法身。（見上節，始蓋即傅會老子，繼乃又造一元始天尊也。）開劫之說，亦竊諸佛。仁愛、清靜，累積功德，則所以隨順世俗。白日昇天，長生世上，取諸神仙家。凡諸方術，亦多自此而來。章醮印敕，節級之煩，傳授之祕，蓋太平、五斗米道之舊也。凡此皆後人所謂雜而多端者，而其能成為一大教，則正由此，以其能網羅一切也。考諸漢時而無可見，可見其為魏、晉後所造作矣。其為誰造作不可知，亦必非一人所為，一時所成也。

　　道教之成為宗教，必在其經籙既具之後。《隋志》云：「陶弘景受道經、符籙，梁武帝素與之遊。帝弱年好道，先受道法。及即位，猶自上章。朝士受道者眾。三吳及邊海之際，信之逾甚。陳武世居吳興，故亦奉焉。」蓋至梁、陳之世，而江左之道教，規模粗立，非復其為天師道時之舊矣。然梁武究為明哲之主，且學問深邃，故其事道之篤，卒不敵其信佛之誠，而道教之大受崇奉，必有待於虜朝焉。《魏書・釋老志》云：「太祖

好老子之言，誦詠不倦。天興中，儀曹郎董謐，因獻服食仙經數十篇。於是置仙人博士，立仙坊，煮煉百藥。封西山以供其薪蒸。令死罪者試服之。非其本心，多死無驗。太祖猶將修焉。太醫周澹，苦其煎採之役，欲廢其事，乃陰令妻貨仙人博士張矅妾，得矅隱罪。矅懼死，因請辟穀。太祖許之。給矅資用，為造淨室於苑中，給灑掃民二家。而煉藥之官，仍為不息。久之，太祖意少懈，乃止。」此所信者實方士耳，與道教無涉也。至世祖時而寇謙之起。〈志〉云：謙之少修張魯之術。有仙人成公興，至謙之從母家傭賃，謙請回賃興，代己使役。乃將還，令其開舍南辣田。謙之算七矅，有所不了，興曰：「先生試隨興語布之。」俄然便決。謙之嘆伏，請師事之。興固辭不肯，但求為謙之弟子。未幾，令謙之絜齋三日，共入華山。令謙之居一石室。自出採藥，還與謙之。食藥不復饑。乃將謙之入嵩山。有三重石室，令謙之住第二重。歷年，興謂謙之曰：「興出，後當有人將藥來。得但食之，莫為疑怪。」尋有人將藥而至，皆是毒蟲、臭惡之物，謙之大懼出走。興還問狀，謙之具對。興嘆息曰：「先生未便得仙，政可為帝王師耳。」興事謙之七年而卒。明日中，有叩石室者。謙之出視。見兩童子，一持法服，一持缽及錫杖。謙之引入。至興屍所。興歘然而起。著衣、持、缽、執杖而去。先是有京兆灞城人王胡兒，其叔父亡，頗有靈異。曾將胡兒至嵩高別館，同行觀望。見金室玉堂。有一館，尤珍麗，空而無人，題曰成公興之館。胡兒怪而問之。其叔父曰：「此是仙人成公興館。坐失火燒七間屋，被謫為寇謙之作弟子七年。」始知謙之精誠遠通，興乃仙者，謫滿而去。謙之守志嵩嶽，精專不懈。神瑞二年（西元 415 年），十月，乙卯，忽遇大神，稱大上老君。謂謙之曰：往辛亥年，嵩嶽鎮靈集仙宮主表天曹：稱自天師張陵去世已來，地上曠誠，修善之人，無所師授。嵩嶽道士上谷寇謙之，立身直理，行合自然，才任軌範，宜處師位。吾故來觀汝。授汝天師之位。賜汝雲中音誦新科之

誠二十卷，號曰《並進言》。吾此經誡，自天地開闢以來，不傳於世，今運數應出。汝宣吾新科，清整道教。除去三張偽法租米、錢稅，及男女合氣之術。大道清虛，豈有斯事？專以禮度為首，而加之以服食、閉練。使王九疑人長客之等十二人授謙之服氣、導引、口訣之法，遂得辟穀，氣盛體輕，顏色殊麗。弟子十餘人，皆得其術。泰常八年（西元423年），十月，戊戌，有牧土上師李譜文來臨嵩嶽。云老君之玄孫。昔居代郡桑乾。以漢武之世得道，為牧土宮主，領治三十六土人鬼之政。地方十八萬里有奇，蓋歷術一章之數也？其中為方萬里者有三百六十萬。遣弟子宣教，云：「嵩嶽所統廣漢平土方里，以授謙之。賜汝天中三真大文錄，劾召百神，以授弟子。文錄有五等。壇位，禮拜，衣冠儀式，各有差品。凡六十餘卷。號曰《錄圖真經》。付汝奉持。轉佐北方泰平真君，出天宮靜論之法。能興造克就，則起真仙矣。又地上生民，末劫垂及。其中行教甚難。但令男女立壇宇、朝夕禮拜。若家有嚴君，功及上世。其中能修身、練藥、學長生之術，即為真君種民。」藥別授方，銷練金丹云八石玉漿之法，皆有訣要。上師李君手筆有數篇。其餘皆正真書曹趙道覆所書古文、鳥跡、篆、隸雜體。又言：「二儀之間，有三十六天。中有三十宮，宮有一主。最高者無極至尊。次曰大至真尊，次天覆地長陰陽真尊，次洪正真尊，姓趙，名道隱，以殷時得道，牧土之師也。」牧土之來，赤松、王喬之倫，及韓終、張安世、劉根、張陵，近世仙者，並為翼從。牧土命謙之為子。與群仙結為徒友。幽冥之事，世所不了，謙之具問，一一告焉。經云：佛者，昔於西胡得道。在四十二天，為延真宮主。勇猛苦教，故其弟子皆髡形、染衣、斷絕人道。諸天衣服悉然。（此初無關佛之意，可見崔浩說大武滅佛，非素定之計也。）始光初，奉其書獻之。世祖乃令謙之止於張矅之所，供其食物。時朝野聞之，若存若亡，未全信也。崔浩獨異其言。因師事之，受其法衛。於是上疏贊明其事，曰：「臣聞聖王受命，則

有天應。而《河圖》、《洛書》,皆寄言於蟲獸之文,未若今日,人神接對,手筆燦然,辭旨深妙,自古無比。斯誠陛下侔蹤軒、黃,應天之符也。豈可以世俗常談,而忽上靈之命?臣竊懼之。」世祖欣然。乃使謁者奉玉帛牲牢祭嵩嶽,迎致其餘弟子在山中者。於是崇奉天師,顯揚新法,宣布天下,道業大行。及嵩高道士四十餘人至,遂起天師道場於京城之東南。重壇五層,遵其新經之制。給道士百二十人衣食。齊肅祈請,六時禮拜。月設廚會數千人。真君三年(西元 442 年),謙之奏曰:「今陛下以真君御世,建靜輪天宮之法,開古以來,未之有也。應登受符書,以彰聖德。」世祖從之。於是親至道壇受符籙。自後諸帝每即位皆如之。恭宗見謙之奏造靜輪宮,必令其高不聞雞鳴狗吠之聲,欲上與天神交接,功役萬計,經年不成,乃言於世祖曰:「人天道殊,卑高定分。今謙之欲要以無成之期,說以不然之事,財力費損,百姓疲勞,無乃不可乎?必如其言,未若因東山萬仞之上,為功差易。」世祖深然恭宗之言,但以崔浩贊成,難違其意,沉吟者久之,乃曰:「吾亦知其無成。事既爾,何惜五三百功?」九年(西元 448 年),謙之卒,葬以道士之禮。崔浩實有覆虜之計,謙之蓋亦同心,已見第八章第六節。《北史・李先傳》:先少子皎,天興中密問先曰:「子孫永為魏臣,將復事他姓邪?」皎為謙之弟子,亦謙之不甘臣虜之一證也。隆靜輪之宮至於天,豈不知其勞民?所圖者大,則不得復恤其小矣,此民族義士之苦心也。崔浩雖敗,道教初不因之而廢,足見謙之藏機之深,而其志竟不得遂,徒使後人譏為迷信之魁,豈不哀哉?

　　道教之寺,名曰崇虛。〈釋老志〉云:太和十五年(西元 491 年),詔以昔京城之內,居舍尚希,今者里宅櫛比,移寺於都南桑乾之陰,嶽山之陽,給戶五十,以供齋祀。仍名為崇虛寺。可召諸州隱士,員滿九十人。〈高祖紀〉云:所移者為道壇,改曰崇虛寺,蓋以寺該於道壇之中也。〈志〉又云:遷洛移鄴,踵如故事。其道壇在南郊,方二百步。以正月七日、七

月七日、十月十五日,壇主、道士、哥人一百六人行拜祠之禮。諸道士罕能精至,又無才術可高,武定六年(西元 546 年),有司執奏罷之。其有道術如河東張遠遊、河間趙靜通等,齊文襄王別置館京師而禮接焉。《隋書・經籍志》曰:遷洛已後,置道場於南郊之旁,方二百步。正月、十月之十五日,並有道士、哥人百六人拜而祠焉。後齊武帝遷鄴,遂罷之。文襄之世,更置館宇,選其精至者使居焉。後周承魏,崇奉道法,每帝受籙,如魏之舊,尋與佛法並滅,其事已見上節。齊世道士屬崇虛局,局隸太常之太廟署,見《隋書・百官志》。

自道教既興之後,昔日神仙之家,方術之士,世遂皆稱為道教之徒。其實此教在張角、張魯等推行於民間之時,可稱為一宗教,至其受政府崇奉之後,則轉失其宗教之性質矣。如齊文襄之所館,實方士也。方士之中,亦有精心學道者。《抱朴子・金丹篇》,自言所見道士數百,各有數十卷書,亦未能悉解,但寫畜之而已,此等必非欺人之人,或轉受欺於人也。(《魏書・釋老志》云:河東羅崇之,常餌松脂,不食五穀。自稱受道於中條山。世祖令崇還鄉里立壇祈請。崇云:「條山有穴,與崑崙,蓬萊相屬,入穴中得見仙人,與之往來。」詔令洞東郡給所須。崇入穴,行百餘步,遂窮。後召至,有司以崇誣罔不道,奏治之。世祖曰:「崇修道之人,豈至欺罔以詐於世?或傳聞不審而至於此。今治之,是傷朕待賢之意。」遂赦之。以世祖之酷而能如是,蓋深審其無他也。)然欺人者實不少。〈勤求篇〉謂可有十餘人。〈袪惑篇〉述其欺詐之狀,真可發一笑。然葛氏於其師鄭隱,(葛氏受業鄭隱,見〈遐覽篇〉。)崇信甚至,而隱恐即欺人之人。何者?隱信金丹甚篤,〈黃白篇〉謂其與左慈試作有成,不應不服,然則何以不仙去邪?而葛氏曾不之知,故人不可以有所蔽也。

方士中之一派,奔走於貴人之間。河間太妃之去鄴,必待道士而後決,已見第三章第三節。三王之起兵也,趙王倫拜道士胡沃為太平將軍。

又令近親於嵩山著羽衣，詐稱王子喬，作神仙書，述倫祚長久以惑眾。皆其最得信任者也。此等人日與貴人為緣，亦有為其所害者，如孟欽、王嘉是。然自其徒言之，仍不妨以為未嘗遇害，且別有異跡。（孟欽、王嘉，皆見《晉書·藝術傳》。欽洛陽人，苻堅召詣長安。惡其惑眾，命苻融誅之。俄而欽至。融留之。遂大燕郡寮。酒酣，目左右收欽，欽化為旋風，飛出第外。頃之，有告在城東者。融遣騎追之。垂及，忽然已遠。或有兵眾距戰，或前溪澗，騎不得進，遂不知所在。堅末，復見於青州，苻朗尋之，入於海島。蓋其人實為堅所殺，而其徒造為此言也。嘉字子年，為姚萇所殺。然道家甚尊信之。〈傳〉云：其所造《牽三歌讖》，事過皆驗，累世猶傳之。）李少君明系病死，葛洪且信為屍解，（《抱朴子·論仙》。）人之有所蔽者，誠不可以常理喻也。此等人迄不絕。如北齊文宣所信之由吾道榮，周文帝所信之李順興，皆其人也。（皆見《北史·藝術傳》。）因之圖讖之類，亦或託之道家。如《隋書·經籍志》所載《老子河洛讖》、《嵩高道士歌》等是矣。又一派則遊行民間。《晉書·藝術傳》云：戴洋，吳興長城人，年十二，遇病死。五日而蘇。說死時天使為酒藏吏，授符籙，給吏從、幡麾。將上蓬萊、崑崙、積石、大室、恆、盧、衡等山。既而遣歸。逢一老父，謂之曰：「汝後當得道，為貴人所識。」及長，遂善風角。為人短陋，無風望，然好道術，妙解占候、卜數。吳末為臺吏，知吳將亡，託病不仕。及吳平，還鄉里。後行至瀨鄉，經老子祠，皆是昔死時所見使處，但不復見昔物耳。因問守藏應鳳曰：「去二十餘年，嘗有人乘馬東行，過老君而不下，未及橋墜馬死者不？」鳳言有之。所問之事，多與洋同。此人乃以占候、卜數遊行民間者，而亦自託於老子，無怪老子之多受附會矣。此等託辭誑惑之徒，初未必有為亂之意，然亦或為亂人所假藉。晉初有李脫者，自言八百歲，故號李八百，為王敦所殺，已見第四章第三節。《抱朴子·道意篇》論淫祀之宜絕云：「諸妖道百餘種，皆殺生血食，獨李

家道無為為小差。或問李氏之道，起於何時？答曰吳大帝時，蜀中有李阿者，穴居不食，傳世見之，號為八百歲公。人往往問事，阿無所言但占問顏色。若顏色欣然，則事皆吉，若顏容慘戚，則事皆凶，若含笑者，則有大慶，若微嘆者，即有深憂，如此之候，未曾一失也。一旦忽去，不知所在。後有一人，姓李名寬，到吳而蜀語。能咒水治病，頗愈。於是遠近翕然，謂寬為李阿，因共呼之李八百。而實非也。自公卿已下，莫不云集其門。後轉驕貴，不復得常見，賓客但拜其外門而退。其怪異如此。於是避役之吏民，依寬為弟子者，恆近千人。而升堂入室，高業先進者，不過得祝水及三部符、道引日月行氣而已。了無治身之要，服食神藥，延年駐命不死之法也。吞氣斷穀，可得百日以還亦不堪久。此是其術至淺可知也。予親識多有及見寬者，皆云：寬衰老羸悴，起止欬噫，目瞑耳聾，齒墮髮白，漸又昏耗，或忘其子孫，與凡人無異也。然民復謂寬故作無異以欺人。豈其然乎？吳曾大疫，死者過半。寬所奉道室，名之為廬。寬亦得溫病，託言入廬齋戒，遂死於廬中。而事寬者猶復謂之化形屍解之仙，非真死也。」綜觀其事，蜀中蓋有一穴居不食之士，李阿已非其人，李寬更無論矣。然即寬亦非有意於為亂，事之者之多，特為避役計耳。然至李脫，則竟別有所圖矣。范長生亦不過索隱行怪之徒，如桔橰俯仰以求自免，（見第三章第六節。）而後隗文、鄧定，竟立其子賁為帝，（為晉平西將軍周撫龍驤將軍朱壽所擊斬。撫，周訪子，見《晉書・周訪傳》。）則更非賁始願所及矣，故事之推波助瀾，不可測也。《抱朴子・袪惑篇》曰：有道士白和，忽去不知所在。有一人於河北自稱為白和。遠近往奉事之，大得致遺，甚富。而白和弟子，聞和再出，大喜，往見之，乃定非也。此人因亡走矣。此則李寬之敗露較速者也。

兩晉南北朝史 —— 晉南北朝政治制度至宗教

作　　者：呂思勉

發 行 人：黃振庭

出 版 者：複刻文化事業有限公司

發 行 者：複刻文化事業有限公司

E-mail：sonbookservice@gmail.
com

粉 絲 頁：https://www.facebook.
com/sonbookss/

網　　址：https://sonbook.net/

地　　址：台北市中正區重慶南路
一段 61 號 8 樓

8F., No.61, Sec. 1, Chongqing S. Rd.,
Zhongzheng Dist., Taipei City 100,
Taiwan

電　　話：(02)2370-3310

傳　　真：(02)2388-1990

印　　刷：京峯數位服務有限公司

律師顧問：廣華律師事務所 張珮琦
律師

定　　價：450 元

發行日期：2024 年 06 月第一版

國家圖書館出版品預行編目資料

兩晉南北朝史 —— 晉南北朝政
治制度至宗教 / 呂思勉 著 . --
第一版 . -- 臺北市：複刻文化事
業有限公司 , 2024.06
面；　公分
POD 版
ISBN 978-626-7426-94-4(平裝)
1.CST: 魏晉南北朝史
623　　113008245

電子書購買

爽讀 APP

臉書